EL AJEDREZ
Aprender y progresar

Veinte conversaciones con Anatoli KARPOV

Anatoli Karpov
Gran Maestro Internacional

6 Edición

Editorial PAIDOTRIBO

Quedan rigurosamente prohibidas, sin la autorización escrita de los titulares del "copyright", bajo las sanciones establecidas en las leyes, la reproducción parcial o total de esta obra por cualquier medio o procedimiento, comprendidos la reprografía y el tratamiento informático y la distribución de ejemplares de ella mediante alquiler o préstamo públicos.

Título de la obra: *Les échecs. Apprendre et progresser*

Traducción: Marge

Director de colección y revisor: Josep Escaramís

© Ed Economica

© 2004, Anatoli Karpov
    Editorial Paidotribo
    Consejo de Ciento, 245 bis, 1º 1ª
    08011 Barcelona
    Tel.: 93 323 33 11 – Fax: 93 453 50 33
    http: //www.paidotribo.com/
    E-mail:paidotribo@paidotribo.com

Sexta edición:
ISBN: 84-8019-229-1
Fotocomposición: Editor Service, S.L.
Diagonal, 299 – 08013 Barcelona
Impreso en España por A & M Grafic

ÍNDICE

A propósito de este libro, 5

Primera conversación
  El abecé del ajedrez..9
Segunda conversación
  Las catástrofes en las aperturas..20
Tercera conversación
  Las aperturas abiertas..32
Cuarta conversación
  Las aperturas semiabiertas 41
Quinta conversación
  Las aperturas cerradas...51
Sexta conversación
  El arte de la táctica 62
Séptima conversación
  Una antología de combinaciones destacables....................75
Octava conversación
  El gran maestro sacrifica su dama 84
Novena conversación
  El plan en la partida de ajedrez..103
Décima conversación
  La penetración en el centro 119
Undécima conversación
  Los peones van a dama 129

Duodécima conversación
Los secretos de los finales de torres 140
Decimotercera conversación
Alfiles y caballos en el tablero 155
Decimocuarta conversación
Treinta y cinco encuentros por la corona 167
Decimoquinta conversación
Las miniaturas de los reyes 192
Decimosexta conversación
Las sorpresas en las aperturas 204
Decimoséptima conversación
La estética de los estudios en el ajedrez...216
Decimoctava conversación
Partidas memorables 230
Decimonovena conversación
Las matemáticas en el tablero 241
Vigésima conversación
El ordenador juega y analiza 249

Anécdotas de ajedrez, 261

Índice de partidas y estudios, 267

A propósito de este libro

Hace tiempo que soñaba con escribir un libro dedicado al ajedrez y por fin se presenta la ocasión de hacerlo. Después de interrogarme a mí mismo sobre su tema preciso, finalmente he decidido salirme un poco del manual estándar para principiantes. En efecto, existen muchos libros de iniciación, son fáciles de encontrar y no es necesario ser campeón del mundo para enseñarle a alguien el movimiento del caballo. Por ello, sólo he dedicado el principio de la obra al abecé del ajedrez para pasar a continuación a aspectos más interesantes. Tampoco he querido limitar mi público a los principiantes, por lo que he multiplicado los temas desmarcándome de los enfoques tradicionales.

La consecuencia de todo ello es un libro muy diversificado y denso, destinado a todas las categorías de jugadores, desde los jóvenes jugadores aficionados hasta los jugadores expertos que sueñan con ser maestros. Esta obra debe tomarse como un manual escolar, un libro de lectura popular, en el que cada cual hallará algo útil e interesante.

Había comenzado dando a los capítulos un nombre de manual, "lecciones de ajedrez", pero he creído que el término "conversación" resulta más conveniente para el género que he escogido.

El libro está compuesto de veinte conversaciones que abordan los temas más diversos. El lector hallará en ellas los elementos necesarios para jugar o las trampas que deben evitarse en las aperturas, pero también las sorpresas desagradables de que han sido víctimas los grandes maestros en estos comienzos de partida.

El lector aprenderá también los principios de los desarrollos y de los finales, descubrirá notables combinaciones, cautivadores combates y miniaturas de campeones del mundo. Sin duda, revivirá las peripecias de las sucesivas conquistas de la corona mundial, se maravillará ante los estudios célebres y conocerá los éxitos de los ordenadores ante el tablero.

Todo jugador tiene un interés especial en las aperturas, ya que la continuación de la partida depende en gran medida de esa primera decisión. Por ello, he dedicado exclusivamente cinco conversaciones (de dificultad variable) a la fase inicial del juego, además de hablar de ella en otras conversaciones.

Las combinaciones de sacrificios inesperados y de jugadas de gran profundidad son muy atrayentes y el libro está lleno de ardides tácticos y de combinaciones. Una de las conversaciones se dedica completamente a las combinaciones más espectaculares, aquellas en que la pieza más fuerte del juego, la dama, se inmola en el altar de la victoria.

Los problemas de estrategia del juego posicional también se desarrollan en mi obra. Dado que el autor es uno de los "reyes del ajedrez", el lector hallará numerosas partidas de los campeonatos del mundo. En muchas conversaciones, hago referencia a las obras de mis colegas campeones del mundo. Muestro algunas de sus partidas íntegramente, otras sólo a partir del momento más interesante. Presento asimismo fases finales e incluso estudios compuestos por campeones del mundo. También he dedicado una conversación entera a las más memorables de mis partidas.

Por supuesto, podía haber añadido más conversaciones, puesto que muchos temas importantes sólo están esbozados; pero el ajedrez es inagotable y nadie podría abarcar su inmensidad.

El libro es realmente sustancioso y supera el nivel existente en la bibliografía del ajedrez.

Considero por otra parte, que no es necesario insistir en el contenido de cada conversación, pues el título de cada capítulo habla por sí solo.

Una observación más: los ajedrecistas, principiantes o experimentados, observan siempre con gusto las partidas y las combinaciones interesantes y gustan menos de leer las consideraciones filosóficas de los grandes maestros. Al trabajar en este libro siempre he recordado el siguiente principio: ¡menos palabras y más acción! Las conversaciones incluyen ejemplos simples pero también otros más complejos e instructivos.

He intentado escribir un libro al alcance de todos los jugadores sin distinción de edad o de conocimientos; el lector juzgará si lo he logrado.

El interés por el ajedrez va en aumento. En muchos países se introducen las lecciones de ajedrez (obligatorias u optativas) en la escuela y la presente edición puede servir de manual escolar. Dado que mis lectores pueden ser también escolares, he reservado dos conversaciones para ilustrar los vínculos que unen al ajedrez con otros campos de la actividad humana, en particular con las matemáticas y la informática. Este material inhabitual ampliará el horizonte de mis jóvenes lectores y tal vez les impulse a estudiar en serio estas importantes disciplinas.

Como conclusión, quisiera agradecer la ayuda de Evgueni Guik, maestro de ajedrez, escritor y licenciado en matemáticas, en especial en las dos últimas conversaciones, temas en los que es un especialista.

PRIMERA CONVERSACIÓN

"No se nace gran maestro. Se requieren años de estudio, de combate, de alegrías y de penas."

P. Keres, gran maestro

El abecé del ajedrez

Por supuesto, me gustaría abordar enseguida conversaciones serias e interesantes sobre el ajedrez propiamente dicho, pero el lector de este libro tal vez no haya tocado unas piezas de ajedrez desde hace tiempo y quizá haya olvidado su movimiento o cómo se anotan las partidas... Sería posible incluso, aunque me parecería increíble, ¡que aún no sepa jugar al ajedrez...! El lector entenderá entonces que, en este libro, la idea de conversación comporta un carácter iniciático. Por ello, antes de ir más lejos, vamos a recordar las reglas del juego y a dar brevemente la información indispensable relativa a las piezas del ajedrez.

Pero si usted ya conoce el abecé del ajedrez, puede saltarse estas páginas y abordar directamente las siguientes conversaciones.

Como todo el mundo sabe, para jugar al ajedrez hay que ser dos. El tablero se compone de sesenta y cuatro casillas cuadradas o escaques, de colores alternados claro (las casillas blancas) y oscuro (las casillas negras). El tablero debe estar dispuesto entre los jugadores de modo que cada uno tenga en el ángulo de su derecha una casilla blanca.

tava, por las casillas h1, h2, ..., h8. Hemos indicado el código de cada casilla.

Habitualmente, las columnas "d" y "e" se denominan centrales, al igual que las casillas d4, d5, e4 y e5. La parte de la izquierda se denomina ala de dama y la de la derecha, ala de rey.

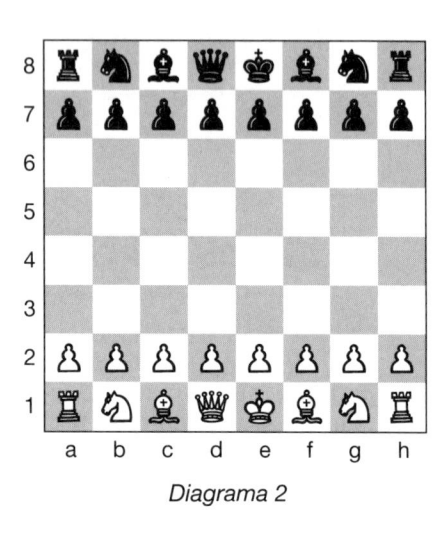

Diagrama 1

Diagrama 2

Para poder leer este libro, usted debe conocer la anotación del ajedrez, es decir, saber cómo anotar las posiciones y las jugadas.

En el diagrama 1, vemos que las **columnas verticales** del tablero se designan por letras de la "a" a la "h" y que las **líneas horizontales** están numeradas del 1 al 8.

Por tanto, cada casilla del tablero se codifica mediante una letra y un número según un sistema de coordenadas. La primera columna vertical está compuesta por las casillas a1, a2, ..., a8; la segunda, por las casillas b1, b2, ..., b8; ... y la oc-

Ante usted tiene (diagrama 2) la posición de las piezas antes del comienzo de la partida. Observará que, al principio, cada campo posee ocho piezas y ocho peones.

Las blancas: el rey en e1, la dama en d1, las dos torres en a1 y h1, los dos alfiles en c1 y f1, los dos caballos en b1 y g1 y ocho peones en las casillas a2, b2, ..., h2.

Las negras: el rey en e8, la dama en d8, las dos torres en a8 y h8, los dos alfiles en c8 y f8, los dos caballos en b8 y g8 y los ocho peones en las casillas a7, b7, ..., h7.

Los jugadores principiantes confunden a veces los lugares de los reyes y de las damas.

Veamos un medio sencillo de recordarlos: el rey blanco está en una casilla negra y el rey negro en una casilla blanca. Las damas están en las casillas contiguas.

También se dice que las damas se encuentran en su color, la dama blanca está en una casilla blanca y la dama negra en una casilla negra.

La correspondencia entre las piezas reales y sus representaciones en el diagrama no debe plantearle problemas. Gracias a la anotación del ajedrez, podemos escribir las partes y las distintas posiciones en el tablero. A título de ejemplo, es frecuente que en los periódicos que relatan los torneos de ajedrez se den, en anotación, las posiciones de las partidas aplazadas.

En la anotación del ajedrez, se utilizan las abreviaturas siguientes: **R** (rey), **D** (dama), **T** (torre), **A** (alfil), **C** (caballo) y **P** (peón, abreviatura que desaparece en la anotación).

Veamos cómo se escribe la posición inicial de las piezas:

Blancas: Re1, Dd1, Ta1, Th1, Ac1, Af1, Cb1, Cg1, a2, b2, c2, d2, e2, f2, g2, h2.

Negras: Re8, Dd8, Ta8, Th8, Ac8, Af8, Cb8, Cg8, a7, b7, c7, d7, e7, f7, g7, h7.

Se anotan siempre las posiciones (y las jugadas) mirando el tablero desde el bando blanco. Es algo molesto para el jugador que tiene las negras, pero resulta fácil acostumbrarse.

Veamos ahora el movimiento de las piezas:

EL REY

Es la pieza principal. A partir de una casilla determinada, puede desplazarse a una de las casillas adyacentes a la suya.

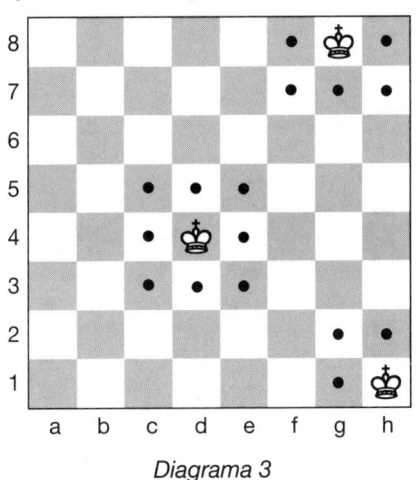

Diagrama 3

Como puede verse, a partir de la casilla d4, el rey tiene ocho casillas a su disposición: c5, d5, e5, c4, e4, c3, d3, e3. Al borde del tablero, por ejemplo en g8, tiene cinco. En el rincón, por ejemplo en h1, sólo le quedan tres. El rey puede realizar un movimiento particular llamado **enroque**, que veremos más adelante.

LA DAMA

Es la pieza más fuerte. A partir de una casilla determinada, puede desplazarse cualquier número de casillas en vertical, en horizontal y en diagonal. Sus trayectorias se indican en el diagrama.

Desde la casilla e5, la dama puede ir a 27 casillas. Cuanto más

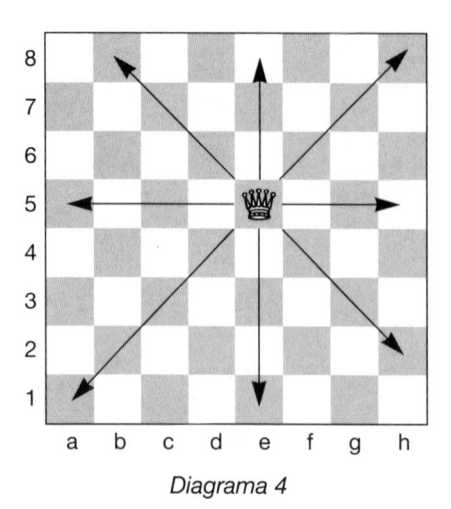

Diagrama 4

se acerca al borde del tablero, más disminuye este número. Desde una casilla de ángulo, la dama puede realizar 21 movimientos.

LA TORRE

Es la pieza más "rectilínea". Se desplaza cualquier número de casillas siguiendo las columnas o las líneas del tablero. El número de jugadas que puede efectuar la torre (14) es independiente de su posición en el tablero.

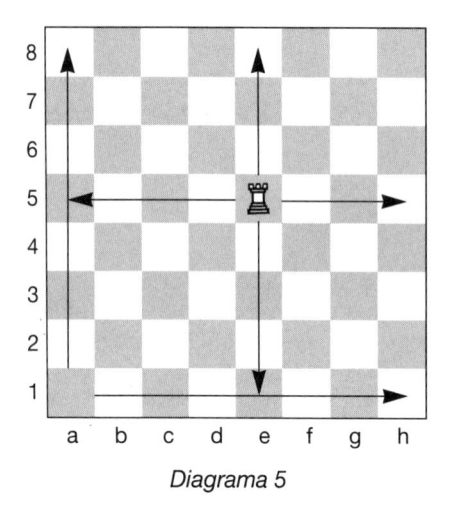

EL ALFIL

Se desplaza sobre las diagonales de cualquier número de casillas. A partir de e4, el alfil puede realizar 13 jugadas. Cuanto más se acerca al borde, más disminuye este número. Así, en el rincón, sólo le quedan 7 casillas.

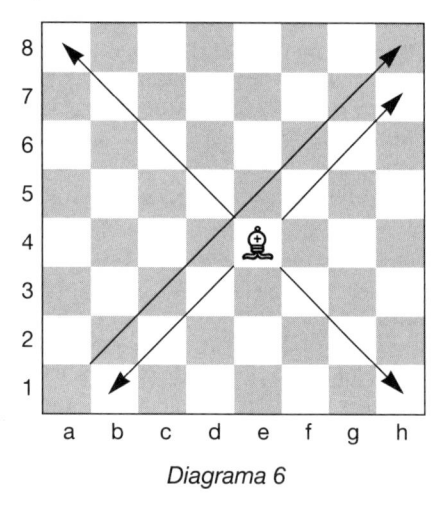

Diagrama 6

Los alfiles permanecen siempre en casillas del mismo color. Al alfil que se desplaza sobre las casillas negras se le llama el alfil de casillas negras y al alfil que se desplaza sobre las casillas blancas, alfil de casillas blancas.

EL CABALLO

Es la pieza más "astuta" del tablero. Avanza en "L", una casilla sobre la columna o la línea en que

Diagrama 5

se encuentra y luego dos casillas sobre la línea o la columna perpendicular.

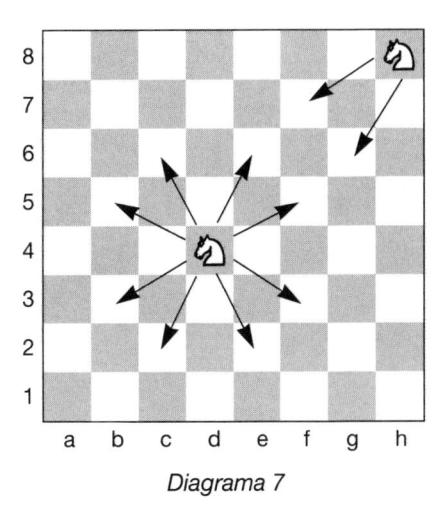

Diagrama 7

Desde la casilla d4, el caballo puede ocupar ocho casillas. Cuanto más se acerca al borde del tablero, más disminuye este número. Desde una casilla de ángulo, sólo le quedan dos jugadas posibles. En cada uno de sus movimientos, el caballo, a diferencia del alfil, cambia el color de la casilla en que se encuentra. Desde una casilla blanca, "salta" a una casilla negra, desde una casilla negra va a una casilla blanca, etc. A diferencia de las piezas de gran alcance (la dama, las torres o los alfiles), que tienen a tiro todas las casillas del tablero entre las casillas iniciales y las casillas finales, el caballo se desplaza en el espacio. No tiene casillas "intermedias". La dama y la Torre son piezas pesadas (además la dama es una combinación de una torre y de un alfil). El alfil y el caballo son piezas ligeras. Si una pieza puede ir a una casilla determinada, también puede capturar (comer) la pieza o el peón que se encuentre en ella. Todas las casillas a las que puede ir una pieza se dice que están bajo su control. También se dice que esta pieza amenaza o ataca las piezas del adversario que ocupan esas casillas.

EL ENROQUE

La jugada particular en que se juegan simultáneamente dos piezas (el rey y la torre) se llama enroque. Cada bando puede realizar el enroque una sola vez en la partida (enroque corto o enroque largo).

Durante el enroque corto de las blancas, el rey se desplaza de e1 a g1 y la torre de h1 a f1. Si deciden realizar el enroque largo, moverán su rey a c1 y su torre a d1. Las negras realizan el enroque del mismo modo. Si quieren efectuar el enroque corto, el rey irá a situarse en g8 y la torre en f8. Para el enroque largo, su rey irá a c8 y su torre a d8.

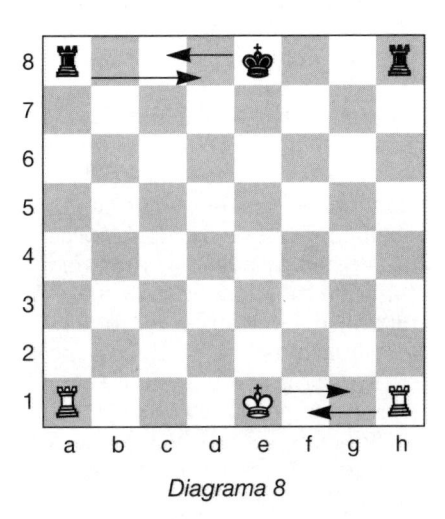

Diagrama 8

El enroque es imposible si el rey o la torre que "lo acompaña" han sido movidos ya en el transcurso de la partida. También lo es cuando el rey está en jaque o lo estará a causa de la jugada. Además, evidentemente las casillas entre las dos piezas afectadas deben estar vacías.

EL PEÓN

El peón no captura de la misma forma que avanza.

Desde su casilla inicial el peón puede avanzar una o dos casillas. Desde cualquier otro lugar, sólo puede avanzar un paso. El peón captura en diagonal, en la casilla inmediata. Por tanto, ataca también a las piezas que se encuentran en esas casillas "en diagonal".

Cuando un peón alcanza el borde extremo del tablero (la octava línea para las blancas y la primera para las negras), se dice que **se corona** o **promociona** y se transforma en cualquier pieza del color de su bando, es decir, que después de su jugada (incluida una captura), es retirado del tablero y sustituido de inmediato por una dama, una torre, un alfil o un caballo. La presencia en el tablero de esas mismas piezas no tiene importancia. Teóricamente, es posible tener simultáneamente nueve damas blancas y nueve damas negras o diez torres (alfiles o caballos) de cada color en una misma partida. En la práctica, esa situación no se produce nunca.

Por supuesto, el peón no puede transformarse en rey.

Veamos las posibles jugadas y capturas de los peones en el diagrama 9:

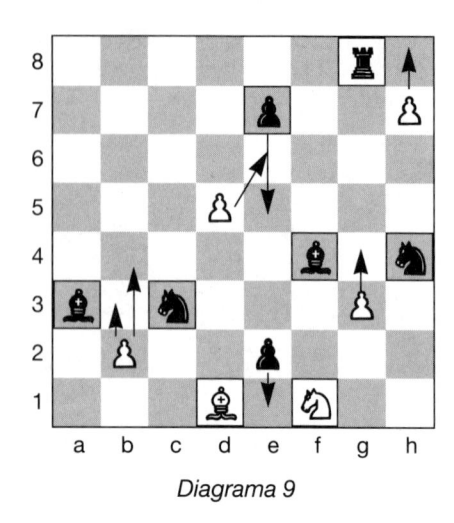

Diagrama 9

Peones blancos

El peón b2 puede capturar el alfil en a3, jugar en b3 o en b4. El peón g3 puede capturar el alfil f4 o el caballo h4, o también avanzar una casilla, y el peón h7 puede ir a h8 o capturar la torre g8 transformándose, en uno u otro caso, en una pieza de su elección.

Peones negros

El peón e7 puede jugar en e6 o en e5 (en este caso se expone a la captura al paso de las blancas) y el que está en e2 puede capturar el alfil d1 o el caballo f1, o también avanzar a e1 transformándose a su vez en una pieza de su elección.

El peón dispone además de una jugada particular, llamada **"comer al paso"**. Digamos que si un peón blanco se encuentra en la quinta línea, por ejemplo en d5, y el peón negro avanza desde e7 a e5, es decir, dos casillas sobre la columna adyacente para colocarse a su lado, entonces ese peón blanco puede comer el peón negro al paso (ver las flechas en el diagrama 9) como si el peón negro se desplazase sólo una casilla, de e7 a e6. Un peón negro que ocupe la cuarta línea también tiene derecho a "comer al paso". Si el peón no utiliza ese derecho de inmediato, ya no puede hacerlo en la jugada siguiente.

EL JAQUE

El ataque del rey enemigo por parte de una pieza se llama jaque. Si se da jaque, el adversario está obligado a defenderse en la jugada siguiente. Se puede parar el jaque de tres maneras: mover el rey; capturar la pieza que ha dado jaque al rey o intercalar una de las piezas propias entre el rey y la pieza adversaria que ha dado el jaque (por supuesto, al hacer su jugada, ni el rey blanco ni el rey negro deben hallarse en jaque). Si no hay posibilidad de escapar al jaque, se dice que al rey se le ha dado "mate".

El objetivo de la partida de ajedrez es dar mate al rey adversario. Si le da "mate", usted ha ganado. En realidad, pocas son las partidas en que se llega hasta el final. Si el adversario ve que el mate es imparable, abandonará la partida antes.

La partida puede acabar en tablas por una de las cuatro razones siguientes:

1) Los adversarios la anulan de mutuo acuerdo (ninguno de los jugadores encuentra solución de victoria).

2) El rey está "ahogado". Se trata de una situación poco habitual. Uno de los bandos no tiene ninguna jugada reglamentaria que realizar, sin que esté en jaque.

3) Cuando la misma posición, con el turno del mismo jugador, va a aparecer en el tablero por tercera vez o acaba de hacerlo.

4) Cuando se han realizado 50 jugadas consecutivas al menos sin captura de piezas ni movimiento de peones. Es la regla de las 50 jugadas. Comporta cierto número de excepciones (para ciertas posiciones, se aumenta el número de jugadas), de las que hablaremos más adelante. La regla de las 50 jugadas está destinada a limitar la duración de la partida.

La partida la inicia siempre el jugador que lleva las piezas blancas. Los jugadores juegan uno tras otro desplazando sus piezas según las reglas del juego sobre las casillas libres del tablero o sobre las que están ocupadas por piezas adversarias (salvo el rey), de las que se apoderan entonces. Cuando una pieza captura, se retira del tablero la pieza del adversario (esta jugada se llama capturar, comer o tomar) y se coloca en su lugar la que captura. La partida prosigue así hasta el final, hasta que se llega a un resultado: la victoria de un bando o las tablas.

La información anterior es suficiente para permitirle jugar. No incluimos aquí las reglas de las competiciones ni sus sistemas. Si usted quiere jugar en un torneo, aprenderá rápidamente todos los detalles necesarios.

Una cosa más: al ajedrez se juega habitualmente con un reloj, ya que, si no se limitase la duración del juego, su adversario podría dormirse sobre el tablero...

Los ritmos de juego son muy variados. En un encuentro del campeonato del mundo, cada uno de los jugadores debe efectuar 40 jugadas en dos horas y media (y luego 16 jugadas por hora). En los torneos de grandes maestros, el ritmo es de 40 jugadas en dos horas y luego de 20 jugadas por hora. En los torneos semirrápidos, muy populares, cada jugador dispone de 30, 15 o 10 minutos. Por último, en los torneos de partidas rápidas o relámpagos (*blitz*), los jugadores disponen en total de cinco minutos cada uno. Cuando se juega con reloj, es decir, con un tiempo limitado, la partida puede acabar con la caída de la bandera de uno de los jugadores. Si ese jugador aún no ha efectuado el número de jugadas necesarias, pierde por tiempo. Así, cuando queda poco tiempo para efectuar el número de jugadas requeridas por el ritmo, el jugador debe jugar muy deprisa para terminar su partida antes de la caída de la bandera.

Veamos ahora cómo anotar una partida, ya que si no conoce la anotación no podrá leer los libros dedicados al juego. Se inscribe la partida mediante una notación propia del ajedrez. Se escribe el número de la jugada, el desplazamiento de las blancas y luego de las negras, etc.

Pongamos un ejemplo:
17. Dd4-f6, Ah7-b1.

En la 17ª jugada de las blancas, la dama se desplaza de la casilla d4 a la casilla f6 y el alfil negro, de la casilla h7 a la casilla b1. Si el rey está en jaque, se escribe el signo "más" [+]; si se le ha dado mate, se inscribe el símbolo [#]. Si se captura la pieza, el guión [-] es sustituido por una cruz [x].

Otro ejemplo:
21. Cd3xf4, c3-c2+; 22. Rd1-c1, g2xf1=D#.

En la 21ª jugada de las blancas, el caballo captura yendo de d3 a f4 y el peón negro va de c3 a c2 dando jaque. En el siguiente movimiento, el rey retrocede de d1 a c1 y el peón negro g2, capturando la pieza que se encuentra en f1 se transforma en dama y da mate al rey adversario. La partida ha terminado.

6. ..., d7-d5; 7. c5xd6 a.p., O-O-O; 8. O-O, Ag5xe3+; 9. Rg1-f1. Tablas.

Esta es la fase final de una partida a partir de la sexta jugada de las negras, que han avanzado el peón "d" dos casillas. Las blancas lo han comido al paso (**a.p.**), las negras han hecho el enroque largo y las blancas el enroque corto (así se anotan). El alfil negro en g5 ha capturado e3 haciendo un doble jaque (con el alfil en e3 y la torre en g8) y por último, tras la novena jugada de las blancas, los dos jugadores han concluido en tablas.

Esta anotación se denomina anotación completa, pero, para ahorrar espacio, se utiliza a menudo la anotación abreviada, que consiste en suprimir para cada jugada las casillas iniciales.

Veamos cómo se anotan en anotación abreviada los ejemplos anteriores:

– 17. Df6, Ab1
– 21. Cxf4, c2+; 22. Rc1, gxf1=D#
– 6. ..., d5; 7. cxd6, O-O-O; 8. O-O, Axe3+; 9. Rf1. Tablas.

Si dos piezas o más pueden ocupar una misma casilla, se añade una letra o un número para diferenciarlas. Por ejemplo, en la 17ª jugada dos damas pueden ir a f6 (partiendo de d4 y d8) y a b1 dos alfiles (partiendo de h7 y a2); se escribe entonces: 17. D4-f6 o D8-f6 según la dama que juega y 17. ..., Ahb1 o Aab1 según el alfil que juega.

Una jugada floja se acompaña de un signo de interrogación (**?**) y una jugada muy floja de dos (**??**). Asimismo, una jugada fuerte se acompaña de un signo de admiración (**!**) y una jugada muy fuerte de dos (**!!**). Una jugada osada e inhabitual pero con buenas perspectivas va seguida de (**!?**) y, si es dudosa, se invierten estos signos (**?!**).

Por ejemplo:
21.Cd3xf4?!, c2+!; 22. Rcl??, gxf1=D#.

La anotación completa es más explícita, pero la anotación abreviada resulta más económica.

En este libro, las jugadas principales de las partidas y de los finales figuran en anotación completa, las variantes y las ramificaciones (subvariantes) en anotación abreviada.

Si, para una posición determinada, las primeras jugadas no nos interesan, utilizaremos una numeración de las jugadas independiente a partir de la primera jugada.

Ello afectará a las combinaciones y a los estudios. En un problema, se nos propone dar mate en cierto número de jugadas.

En el estudio, se debe hallar la victoria o las tablas.

Veamos ahora tres partidas cortas en anotación completa:

1. f2-f3, e7-e6; 2. g2-g4??, Dd8-h4#.

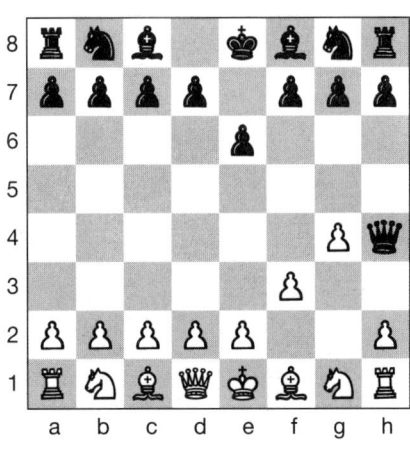

Diagrama 10

Es la partida de ajedrez más corta (¡en dos jugadas!) llamada el mate del loco.

1. e2-e4, e7-e5; 2. Af1-c4, Cb8-c6; 3. Dd1-h5, Cg8-f6??; 4. Dh5xf7#.

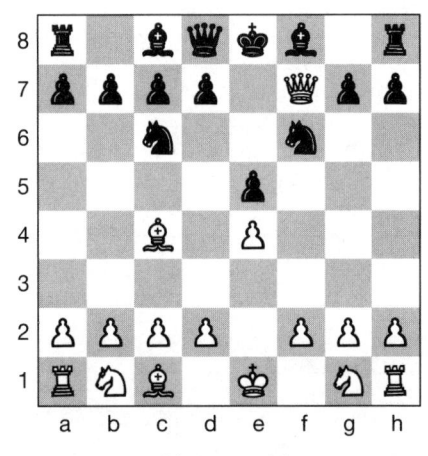

Diagrama 11

El mate realizado en cuatro jugadas en f7, se da muy a menudo en las partidas de los principiantes. Se le llama "el mate del pastor".

1. e2-e4, e7-e5; 2. Cg1-f3, Cb8-c6; 3. Af1-c4, d7-d6; 4. Cb1-c3, Ac8-g4; 5. O-O, Cc6-d4?; 6. Cf3xe5!, Ag4xd1??; 7. Ac4xf7+, Re8-e7; 8. Cc3-d5#.

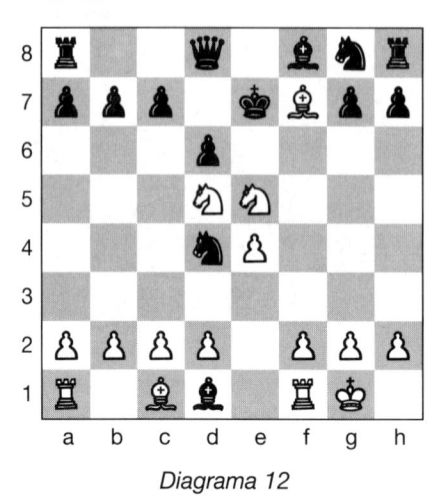

Diagrama 12

Tras el error de las negras en la quinta jugada, las blancas asestan una sexta jugada mortal. Las negras capturan la dama y, en dos jugadas, las blancas les dan mate con el "mate de Legal".

Un gran número de mates de este tipo serán objeto del capítulo siguiente.

Existe aún en el ajedrez un gran número de términos y denominaciones específicas; veamos algunos:

EL ZUGZWANG

Es la situación en la que todas las jugadas posibles son malas.

EL ZUGZWANG RECÍPROCO

Es un zugzwang de las blancas y de las negras.

EL ATAQUE DOBLE

Es una jugada mediante la cual una pieza ataca al mismo tiempo dos piezas adversarias.

EL MATE AHOGADO

Es un mate de caballo en que todas las casillas que rodean al rey adversario están ocupadas por piezas y peones de su propio bando.

LA VARIANTE FORZADA

Es una serie de jugadas que se impone a uno de los bandos.

EL JAQUE PERPETUO

Es la persecución sin fin del rey mediante jaques sucesivos.

LA PIEZA LOCA

Es una dama o una torre que da jaques al rey sacrificándose, pero cuya captura provocaría un ahogo.

Esta lista no es exhaustiva, pues algunos términos no necesitan una explicación particular: una columna abierta o semiabierta, un peón pasado o un peón aislado, peones doblados, un bloqueo, un jaque a la descubierta, etc.

Lo mismo sucede con términos como la estrategia y la táctica, el ataque y la defensa, el contraataque y el contrajuego.

Cada etapa de la partida posee su propia terminología: la apertura, el desarrollo, la fase final e incluso la combinación.

A lo largo de este libro encontraremos esos términos y muchos otros.

Hablando de la fuerza de cada pieza, diremos que todo depende de la situación concreta en el tablero. Por tanto, estos valores son relativos. Asignándolos en primer lugar a la movilidad de las piezas evitaremos los simples cálculos aritméticos.

La unidad de valor es la del peón. El valor bruto del caballo es de 3 unidades, el del alfil de 3, 5, el de la torre de 5 y el de la dama de 9 unidades.

Según otros criterios, estos valores pueden variar. Así, una pieza ligera puede valer tres peones; la torre, una pieza ligera y dos peones; la dama, dos torres, etc.

Los jugadores sin experiencia se alegran a menudo de haber cambiado una torre por dos piezas ligeras, pero está muy lejos de ser un cambio equitativo.

Recordemos una vez más que la fuerza de las piezas es un concepto relativo y que el ajedrez está lleno de excepciones en las que se transgrede esta escala de valores.

Veamos un ejemplo paradójico:

¡Qué asombroso panorama! Un solo peón blanco, en apariencia completamente inofensivo, acaba con todo un ejército de piezas enemigas, sin dejar ni rastro de él.

1. f3-f4, Da2-a1; 2. f4-f5, a3-a2; 3. f5-f6, Cb1-a3; 4. f6-f7, Ac2-b1; 5. f7-f8=D.

El peón se transforma en dama y el rey negro está en peligro.

5. ..., Td2-c2; 6. Df8-f3, Te2-d2.

El rey se ha reservado una salida pero no puede escapar.

7. Df3xh3+, Rf1-e2; 8. Dh3-h5+, Re2-f1 9. Rh2-g3!, Ca3-c4; 10. Dh5-h1+, Rf1-e2; 11. Rg3-g2 ... y luego **12. Dh1-f1.**

Al llegar al final de esta primera conversación, algo pesada pero no obstante necesaria, espero que este divertido ejemplo le haya gustado. Sin embargo, temo que ahora juegue sus piezas de cualquier manera en el tablero...

Por supuesto, el ejemplo que he dado es una excepción a la regla y la ventaja material, sobre todo si es grande, asegura habitualmente la victoria.

En los manuales de ajedrez se dan finales fáciles con un solo rey en el campo de las negras contra una dama, una torre, dos alfiles o un alfil y un caballo para darle mate. Dejaremos de lado esos ejemplos para interesarnos solamente por todo lo necesario para jugar.

Nuestro abecé del ajedrez ha terminado, las piezas están en su lugar; podemos comenzar.

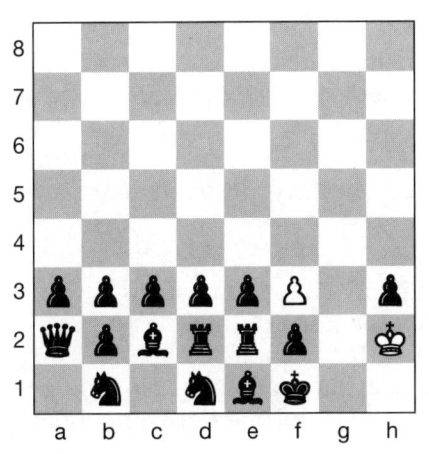

Diagrama 13

SEGUNDA CONVERSACIÓN

> *"En el ajedrez no podemos conformarnos con reglas generales. Los libros sólo nos ayudan a desarrollar un pensamiento individual."*
>
> **(M. Euwe, 5º campeón del mundo)**

Las catástrofes en las aperturas

El comienzo de una partida de ajedrez encierra multitud de peligros. Los jugadores experimentados dedican gran parte de su tiempo al estudio de las variantes de aperturas. Tal vez siguen albergando en su inconsciente esa sensación de temor de su primera partida, cuando un adversario experimentado les llevó despiadadamente a las emboscadas más simples.

En esta conversación, pasearemos al lector por varios de esos desafortunados acontecimientos sobrevenidos durante las primeras jugadas de la partida. La dificultad de las trampas de aperturas irá en aumento. Hay trampas en las que han caído incluso grandes maestros muy famosos, pretendientes a la corona del campeonato del mundo.

Ante todo, la mayoría de las catástrofes en las aperturas sucede a causa de la debilidad y de la mala protección de los puntos f7, g7, h7 en el bando de las negras, y de las diagonales a4-e8, b1-h7, h1-a8. Para las blancas las casillas fatales correspondientes son f2, g2, h2 cerca de su rey, y las diagonales h4-e1, b8-h2, h8-a1. Por último, el debilitamiento del control de las casillas e6 y e3 puede ocasionar serias dificultades y un verdadero desastre.

No es necesario establecer un repertorio de las distintas trampas en la apertura (las tres conversaciones siguientes tratarán de las aperturas y su clasificación).

Cuando una combinación tiene éxito, ello se debe a menudo a la suma de varios factores y no siempre es posible determinar cuál ha sido decisivo. Pero algunas veces el motivo de la victoria es a la vez único y completamente claro.

¿A cuántos de ustedes no les han dado mate al menos una vez en la vida con el mate de Legal? (Ya he hablado de él en la primera conversación.) Existe desde hace doscientos cuarenta años.

Legal - Saint-Brie
París, 1750

1. e2-e4, e7-e5; 2. Cg1-f3, d7-d6; 3. Af1-c4, Ac8-g4?

Le recuerdo que la clavada del caballo no es interesante en este tipo de situación.

4. Cb1-c3, g7-g6?

Se trata de un error grave, había que jugar 4. ..., Cf6.

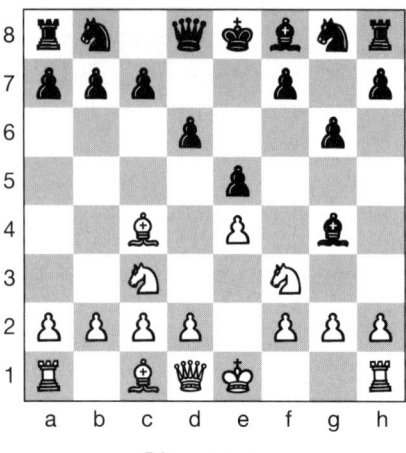

Diagrama 14

5. Cf3xe5!, Ag4xd1.

El mal menor habría sido 5. ..., dxe5; 6. Dxg4, perdiendo un peón con una mala posición. Una ventaja de las blancas como ésta es decisiva.

6. Ac4xf7+, Re8-e7; 7. Cc3-d5#.

Este mate tiene lugar sea cual sea el orden de las jugadas pero siempre con un alfil g4 no defendido.

Veamos dos ejemplos más:

1. e4, e5; 2. Cf3, d6; 3. Ac4, Ag4; 4. Cc3, Cc6; 5. O-O, Cd4?; 6. Cxe5!, Axd1; 7. Axf7+, Re7; 8. Cd5#.

1. e4, e5; 2. Cf3, Cc6; 3. Ac4, h6?; 4. Cc3, d6; 5. d4, Ag4; 6. dxe5, Cxe5?; 7. Cxe5!, Axd1; 8. Axf7+, Re7; 9. Cd5#.

El caso del mate de Legal invertido, es decir, del bando de las negras, es objeto de la partida siguiente.

Oudheusden - De Vries
Amsterdam, 1934

1. e2-e4, e7-e5; 2. Cb1-c3, Cb8-c6; 3. f2-f4, Af8-c5; 4. Cg1-f3, d7-d6; 5. f4-f5?

La continuación normal es 5. Ac4.

5. ..., Cg8-f6; 6. h2-h3?

Debilita la diagonal e1-h4. En general, en la apertura no se deben hacer jugadas de peones extremos si no son necesarias.

6. ..., d6-d5!; 7. Cf3xe5.

Si 7. ..., Cxe5, 8. d4.

7. ..., Cf6xe4!; 8. Ce5-f3.

Para poder parar el terrible jaque en h4.

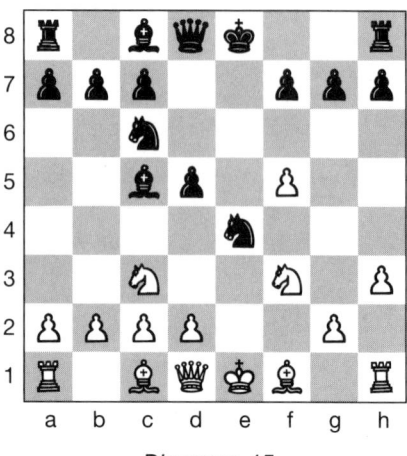

Diagrama 15

Las negras juegan a pesar de todo:

8. ..., Dd8-h4+!!; 9. Cf3xh4, Ac5-f2+; 10. Re1-e2, Cc6-d4+; 11. Re2-d3, Ce4-c5#.

En el ajedrez como en la vida, la glotonería es un feo defecto. Muchas trampas se basan en el deseo del jugador de saborear una pieza o un peón desgraciadamente envenenados...

Mülock - Kostic
Colonia, 1912

1. e2-e4, e7-e5; 2. Cg1-f3, Cb8-c6; 3. Af1-c4, Cc6-d4?

Esta jugada en sí misma es mala.

4. Cf3xe5?

La ventaja es para las blancas después de 4. c3, 4. Cxd4 o 4. O-O. Pero, ¡tenían tantas ganas de capturar el peón!

4. ..., Dd8-g5!
5. Ce5xf7, Dg5xg2; 6. Th1-f1, Dg2xe4+; 7. Ac4-e2, Cd4-f3#.

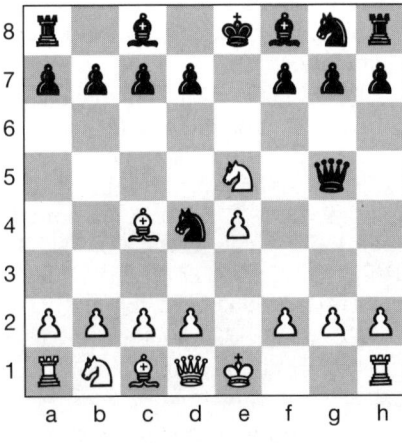

Diagrama 16

Veamos ahora combinaciones y trampas de apertura más complicadas.

1. e2-e4, e7-e5; 2. Cg1-f3, Cb8-c6; 3. Af1-c4, Cg8-f6.

Estas jugadas constituyen la defensa de los dos caballos y las encontrará a menudo.

4. Cf3-g5.

Ahora el peón f7 es atacado dos veces y las negras deben jugar:

4. ..., d7-d5!; 5. e4xd5.

La mejor respuesta, conocida desde hace mucho tiempo, es 5. ..., Ca5, con un juego complicado más o menos igual. Pero ¿por qué las negras no pueden simplemente capturar el peón d5?

5. ..., Cf6xd5?

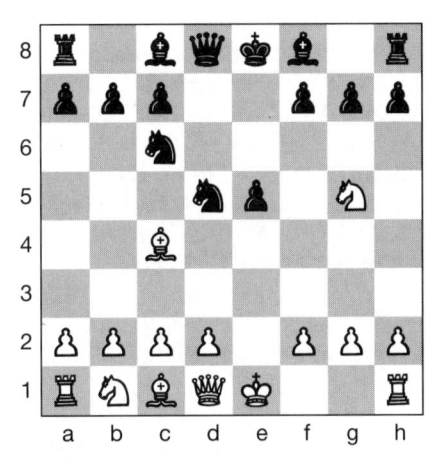

Diagrama 17

No deben capturar el peón, pues ahí está la clásica trampa:

6. Cg5xf7!, Re8xf7; 7. Dd1-f3+, Rf7-e6; 8. Cb1-c3.

El caballo d5 tiene las manos atadas y para salvarlo las negras tienen dos soluciones:

Diagrama 18

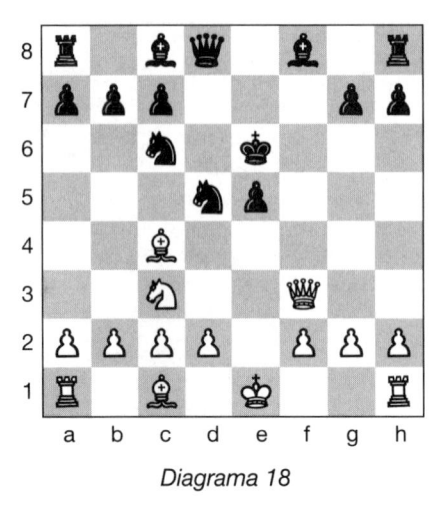

8. ..., Cc6-b4; 9. Df3-e4, c7-c6; 10. d2-d4, Dd8-d6; 11. f2-f4, b7-b5; 12. f4xe5, Dd6-d7; 13. O-O! Y las blancas ganan.

8. ..., Cc6-e7; 9. d2-d4!, b7-b5! Resistencia más obstinada: **10. Cc3xb5, c7-c6; 11. Cb5-c3, e5xd4; 12. Cc3-e4, Dd8-a5+; 13. Ac1-d2, Da5-b6; 14. O-O, Ac8-b7; 15. Tf1-e1, Re6-d7; 16. Df3-f7, c6-c5; 17. c2-c3, Db6-g6; 18. Ce4xc5+, Rd7-c8; 19. Ac4xd5, Ab7xd5; 20. Df7xg6, h7xg6; 21. c3xd4.**

Y las blancas tienen todas las bazas para ganar con tres peones contra una pieza. El héroe de la siguiente trampa es el caballo de rey blanco, que efectúa una intrusión decisiva en la retaguardia del bando adversario.

Leonhardt - Amateur

1. e2-e4, e7-e5; 2. Cg1-f3, d7-d6; 3. d2-d4, Cb8-d7; 4. Af1-c4, c7-c6; 5. Cf3-g5, Cg8-h6; 6. a2-a4, Af8-e7?

Las negras caen en una trampa. Había que jugar 6. ..., Df6 o 6. ..., Dc7.

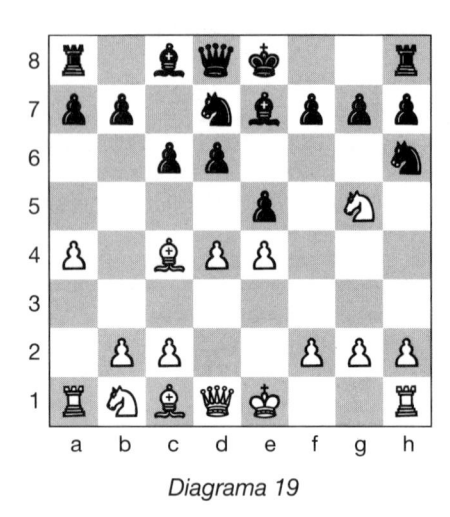

Diagrama 19

7. Ac4xf7+!, Ch6xf7; 8. Cg5-e6, Dd8-b6

Pierde también 8. ..., Da5+ a causa de 9. Ad2, Db6; 10. a5, Dxb2; 11. Ac3!

9. a4-a5, Db6-b4+; 10. c2-c3, Db4-c4; 11. Ce6-c7+, Re8-d8; 12. b2-b3!

Y la dama negra ha caído en una emboscada.

Destaquemos que la jugada 6. ..., Ae7? es fatal incluso después de 6. O-O. En este caso sigue 7. Ce6!, fxe6; 8. Axh6, Cb6! (y no 8. ..., gxh6; 9. Dh5+Rf8; 10. Axe6 con el mate); 9. Axg7, Cxc4; 10. Axh8, Rf7; 11. b3, Cb6; 12. f4, y las blancas obtienen una gran ventaja.

En la partida siguiente las negras realizan una combinación única.

¡Cuando la vi por primera vez, me quedé boquiabierto!

Rusakov - Verlinski
Moscú, 1947

1. e2-e4, e7-e5; 2. c2-c3, Cb8-c6; 3. d2-d4, Cg8-f6; 4. Ac1-g5, h7-h6; 5. Ag5-h4, g7-g5; 6. Ah4-g3, e5xd4; 7. e4-e5, d4xc3; 8. e5xf6, c3xb2; 9. Dd1-e2+.

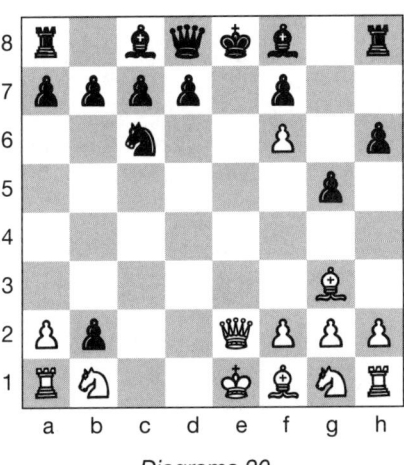

Diagrama 20

El sacrificio de pieza parece incorrecto. El peón b2 será capturado y todo habrá terminado.

Pero...

9. ..., Dd8-e7!!; 10. f6xe7, Af8-g7!!

¡Es fantástico! Las blancas tienen una dama más, pero ahora la de las negras vuelve al tablero. Las blancas pierden una torre y llega el fracaso.

Noordijk - Landau
Rotterdam, 1912

1. e2-e4, Cg8-f6; 2. e4-e5, Cf6-d5; 3. Cg1-f3, d7-d6; 4. Af1-c4!, Cd5-b6?

Había que jugar 4. ..., e6. El retroceso del caballo a b6, ordinario en situaciones similares, en este caso tiene consecuencias desastrosas.

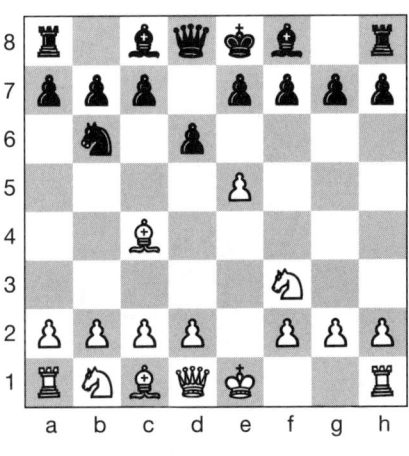

Diagrama 21

5. Ac4xf7+!, Re8xf7; 6. Cf3-g5+, Rf7-g6.

Ahora el rey negro está condenado a seguir la corriente que le llevará finalmente a un precipicio... Por otra parte, incluso después de 6. ..., Re8; 7. e6!, Axe6; 8. Cxe6, Dc8; 9. De2, las negras están atenazadas.

Otra hermosa variante: 6. ..., Rg8; 7. Df3, De8; 8. e6!, h6? (8. ..., Axe6; 9. Cxe6 y la posición de las negras queda destruida); 9. Df7+!, Dxf7; 10. exf7#.

7. Dd1-f3, Rg6xg5.

No hay salvación posible a pesar de que 7. ..., De8; 8. h4, h5; 9. e6!, etc.

8. Df3-f7!, g7-g6; 9. d2-d4+, Rg5-h5; 10. Df7-f4!, h7-h6; 11. h2-h3, g6-g5; 12. Df4-f7+, Rh5-h4; 13. g2-g3#.

La siguiente combinación ilustra la penetración de las piezas blancas en e6 y f7.

Holzhausen - Tarrasch
Frankfurt, 1912

1. e2-e4, e7-e5; 2. Cg1-f3, Cb8-c6; 3. Af1-c4, Cg8-f6; 4. d2-d4, e5xd4; 5. O-O, d7-d6; 6. Cf3xd4, Af8-e7; 7. Cb1-c3, O-O; 8. h2-h3, Tf8-e8; 9. Tf1-e1, Cf6-d7?

El control de los puntos f7 y e6 se debilita por un momento y el castigo viene de inmediato.

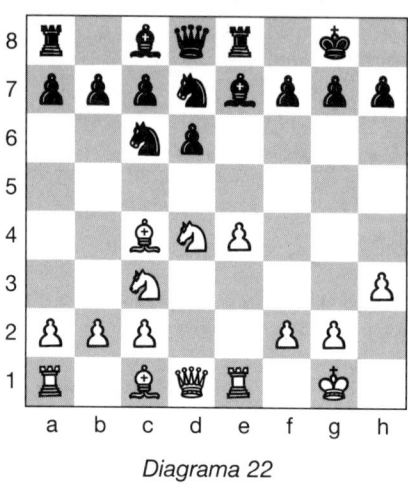

Diagrama 22

10. Ac4xf7+!, Rg8xf7; 11. Cd4-e6!!

Las negras abandonan, ya que pierden la dama o se les da mate: 11..., Rxe6; 12. Dd5+, Rf6; 13. Df5#.

Se observan con bastante frecuencia combinaciones en que se atrae el rey negro al centro del tablero para darle mate a continuación. Veamos otro sorprendente ejemplo:

Bastrikov - Chamkovich
Sochi, 1958

1. e2-e4, c7-c5; 2. Cg1-f3, Cb8-c6; 3. d2-d4, c5xd4; 4. Cf3xd4, Cg8-f6; 5. Cb1-c3, g7-g6; 6. Ac1-e3, Af8-g7; 7. Af1-c4, O-O; 8. Ac4-b3.

Protegiéndose de la contrajugada Cxe4 seguida de d7-d5, las blancas tienden al mismo tiempo una trampa.

8. ..., Cc6-a5?

Por supuesto, había que continuar con 8. ..., d6.

9. e4-e5!, Cf6-e8?

Pierde seguidamente, como por otra parte 9. ..., Cxb3; 10. exf6, Cxa1; 11. fxg7, Cxc2+; 12. Dxc2, Rxg7; las blancas obtienen una ventaja decisiva.

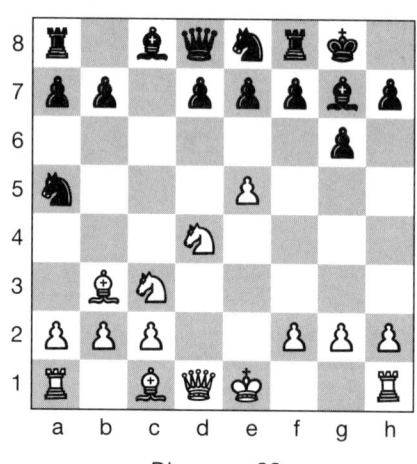

Diagrama 23

10. Ab3xf7+!

Las negras abandonan.

Esta partida obtuvo una gran popularidad, hecho aún más sorprendente porque, un año más tarde, en el campeonato de Estados Unidos, Reshevsky, que jugaba contra Fischer, se encontró en la misma situación.

Si el rey negro captura el alfil (en otras respuestas, el caballo salta a e6) entonces 11. Ce6!, dxe6; 12. Dxd8 (dando la dama, pero 11.

..., Rxe6; 12. Dd5+, Rf5; 13. g4+, Rxg4; 14. Tg1+, Rh5; 15. Dg2 y el mate es imparable) y las negras siguieron luchando, pero sin esperanza.

Veamos otro ejemplo:
1. e2-e4, c7-c5; 2. Cg1-f3, b7-b6; 3. d2-d4, c5xd4; 4. Cf3xd4, Ac8-b7; 5. Cb1-c3, a7-a6; 6. Af1-c4, b6-b5?
Esta iniciativa en el ala es visiblemente prematura.
7. Ac4-b3, b5-b4?; 8. Cc3-a4, Ab7xe4; 9. Ca4-c5, Ae4xg2; 10. Th1-g1, Ag2-c6.

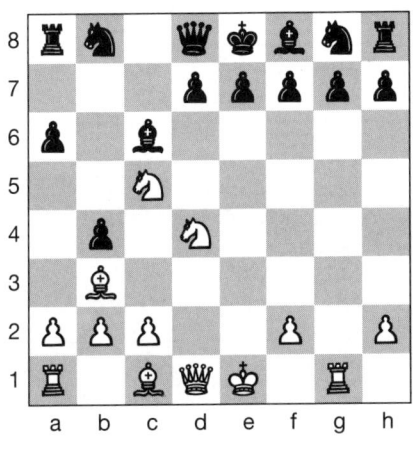

Diagrama 24

11. Ab3xf7+!, Re8xf7; 12. Tg1xg7+!!

Y las blancas dominan con 12. ..., Axg7; 13. Dh5+!, Rf8; 14. Cde6+, o bien 12. ..., Rxg7; 13. Cde6+.

Hasta ahora hemos visto miniaturas que comienzan con 1. e2-e4.

El lector no debe imaginarse que no hay catástrofes en las demás aperturas.

Veamos la partida más rápida jugada por maestros.

Gibaud - Lazard
París, 1924

1. d2-d4, Cg8-f6; 2. Cb1-d2, e7-e5!; 3. d4xe5, Cf6-g4; 4. h2-h3??
¡Una distracción imperdonable!
Las blancas abandonarán después de 4. ..., Ce3!!

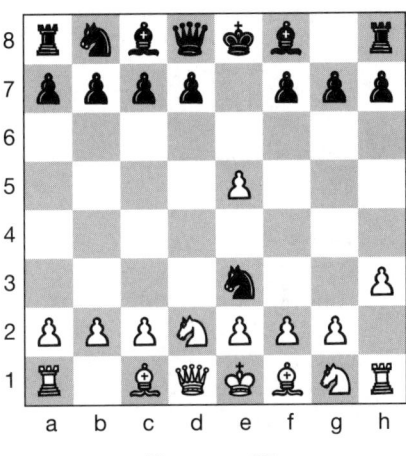

Diagrama 25

Y ahora observe el combate de grandes maestros más corto (salvo las tablas, claro está).

Razuvaev - Kupreichik
Dubna, 1970

1. c2-c4, e7-e5; 2. Cb1-c3, Cb8-c6; 3. Cg1-f3, f7-f5; 4. d2-d4, e5-e4; 5. Ac1-g5, Cg8-f6; 6. d4-d5?

Para las blancas era una variante estándar y natural, pero no habían visto este sacrificio inesperado de dama:

6. ..., e4xf3; 7. d5xc6, f3xg2.

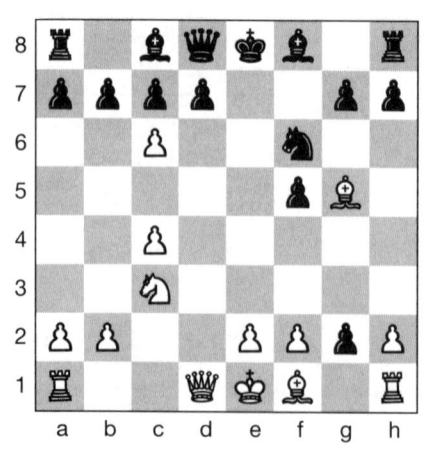

Diagrama 26

8. c6xd7+?
Después de 8. Axg2, las blancas perdían un peón pero, ahora, ¡pierden como mínimo un alfil!
8. ..., Cf6xd7!! Las blancas abandonan.

A veces el peón d5 es el centro de la batalla de la apertura.

Mayet - Harrwitz
Berlín, 1848

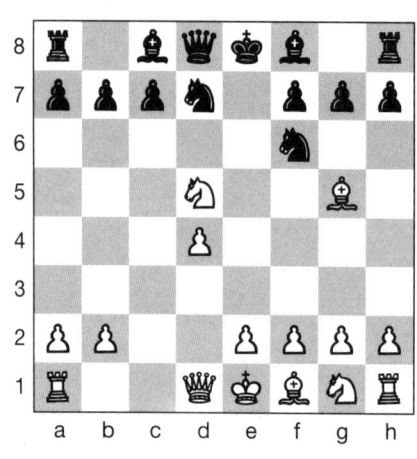

Diagrama 27

1. d2-d4, d7-d5; 2. c2-c4, e7-e6; 3. Cb1-c3, Cg8-f6; 4. Ac1-g5, Cb8-d7; 5. c4xd5, e6xd5; 6. Cc3xd5??

Descuido típico, que se observa bastante a menudo en las partidas de aficionados.

6. ..., Cf6xd5!

Todo está ahí; dada la debilidad de la diagonal a5-e1, las negras recuperan la dama, quedando con una pieza más.

7. Ag5xd8, Af8-b4+, etc.

El gran maestro Fine, aspirante a la corona, cayó en una variante más complicada de la misma trampa...

Fine - Yudovich
Moscú, 1937

1. d2-d4, d7-d5; 2. c2-c4, e7-e6; 3. Cb1-c3, Cg8-f6; 4. Cg1-f3, c7-c5; 5. Ac1-g5, c5xd4; 6. Cf3xd4, e6-e5!; 7. Cd4-b5.

La buena jugada era: 7. Cf3. En la partida Fine - Winter (Hastings, 1936), después de 7. ..., d4?; 8. Cd5, Cxd5; 9. Axd8, Ab4+; 10. Dd2, Axd2+; 11. Rxd2, Rxd8; 12. cxd5, las blancas obtuvieron ventaja. Las negras prepararon un refuerzo de la variante.

7. ..., a7-a6!

Más tarde Yudovich confesó que había reflexionado mucho sobre esta jugada, aunque la había preparado con antelación. ¡Es un truco psicológico para "asustar" al adversario!

8. Cc3xd5?

Si 8. ..., axb5; 9. Cxf6+, gxf6; 10. Dxd8+, Rxd8; 11. Axf6+ con una torre más. Si las blancas hubiesen sabido lo que les esperaba, habrían jugado 8. Da4! con un combate complicado.

8. ..., a6xb5!; 9. Cd5xf6+, Dd8xf6!!

¡Es una jugada bien conocida que aclara la situación!

10. Ag5xf6, Af8-b4+; 11. Dd1-d2, Ab4xd2+; 12. Re1xd2, g7xf6.

Y las blancas abandonan.

Un jugador experimentado no suele caer en esta trampa, pero a veces puede verse demasiado tarde.

Schlechter - Perlis
Berlín, 1911

1. d2-d4, d7-d5; 2. c2-c4, c7-c6; 3. Cg1-f3, Ac8-f5; 4. Dd1-b3, Dd8-b6; 5. c4xd5.

Momento importante; cada bando tiene interés en que el otro tome la iniciativa de cambiar las damas. En este caso, la columna "a" se abre. Las negras debían jugar 5. ..., Axb1, pero decidieron librarse de las damas de inmediato.

5. ..., Db6xb3; 6. a2xb3, Af5xb1; 7. d5xc6!

Si 7. Txb1, cxd5, la mejor configuración de los peones negros compensaba por completo los dos alfiles blancos.

Sólo en ese momento las negras descubrieron que en 7. ..., Ae4, jugada en la que habían pensado, las blancas iban a jugar 8. Txa7!!, Txa7; 9. c7!!

En la partida, después:

7. ..., Cb8xc6; 8. Ta1xb1, las blancas ganan un peón.

La miniatura jugada doscientos años después de la época del gran Philidor ilustra a la perfección la conocida fórmula: "El peón es el alma del ajedrez".

Las diez jugadas blancas son jugadas de peones. El adversario abandonó a continuación.

Kjuot - Fasingbauer
Milwaukee, 1950

1. e2-e4, c7-c5; 2. b2-b4, c5xb4; 3. a2-a3, Cb8-c6.

La buena jugada era 3. ..., d5.

4. a3xb4, Cg8-f6?

Había que jugar 4. ..., Cxb4.

Diagrama 28

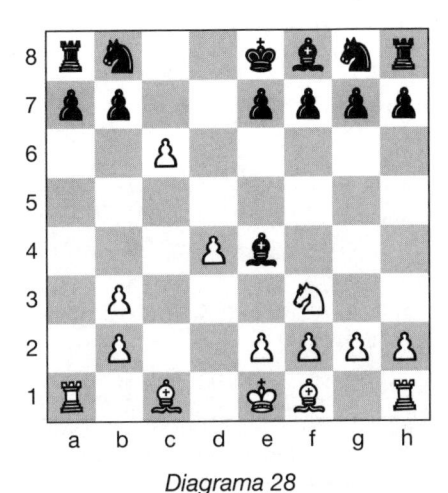

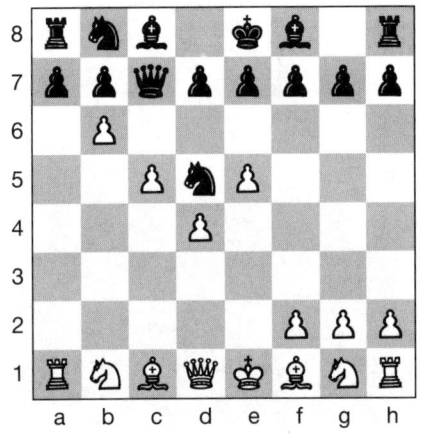

Diagrama 29

5. b4-b5!, Cc6-b8; 6. e4-e5, Dd8-c7; 7. d2-d4!, Cf6-d5; 8. c2-c4, Cd5-b6; 9. c4-c5!, Cb6-d5; 10. b5-b6!

Las negras abandonan a causa de 10. ..., Dd8; 11. Txa7, Txa7; 12. bxa7, Da5+; 13. Cc3, Cxc3!; 14. axb8=D, Cxd1+; 15. Ad2! con una pieza más para las blancas.

Las derrotas rápidas en la apertura se explican a menudo por la precipitación de los jugadores y por la subestimación del adversario.

Resulta aún más sorprendente que se caiga en las trampas a veces incluso en el juego por correspondencia.

Warren - Zelman
(Torneo por correspondencia, 1930)

1. d2-d4, Cg8-f6; 2. c2-c4, e7-e5; 3. d4xe5, Cf6-e4; 4. a2-a3, d7-d6; 5. e5xd6, Af8xd6; 6. g2-g3?

Negligencia de las blancas; había que pensar (teniendo, a pesar de todo, varios días de reflexión) en la seguridad de la dama. La siguiente jugada es decisiva.

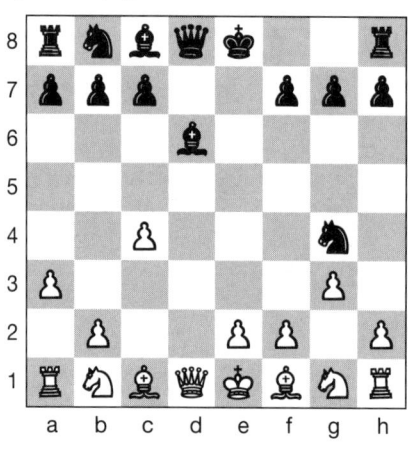

Diagrama 29 B

6. ..., Ce4xf2!

Las blancas abandonan, ya que 7. Rxf2, Axg3+ gana la dama. Sin duda, es la partida por correspondencia más corta. En la otra partida, las negras ganan hábilmente la dama.

Veich - Penrose
Buxton, 1950

1. d2-d4, d7-d5; 2. c2-c4, e7-e6; 3. Cg1-f3, Cg8-f6; 4. g2-g3, d5xc4; 5. Cb1-d2.

Era más lógico: 5. Da4+ seguido de 6. Dxc4.

5. ..., c7-c5; 6. d4xc5?, Af8xc5; 7. Af1-g2?

Las blancas se desarrollan pero olvidan por completo el punto f2.

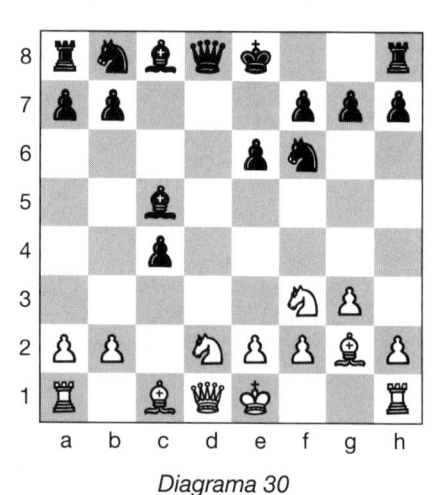

Diagrama 30

7. ..., Ac5xf2+!; 8. Re1xf2, Cf6-g4+; 9. Rf2-e1.

Si 9. Rg1, a las blancas se les da mate a continuación con 9. ..., Db6+.

9. ..., Cg4-e3.

Las blancas abandonan cuando ven que después de 10. Da4+, Ad7! su dama ya no puede retroceder a a3 o b4 a causa de Cc2+.

En conclusión, una trampa curiosa en la que cayó José-Raúl, uno de los más grandes ajedrecistas de la historia.

Euwe - Capablanca
Match, 1931

1. d2-d4, Cg8-f6; 2. Cg1-f3, e7-e6; 3. c2-c4, b7-b6; 4. g2-g3, Ac8-b7; 5. Af1-g2, Af8-b4+; 6. Ac1-d2, Ab4xd2+; 7. Dd1xd2, O-O; 8. Cb1-c3, Cf6-e4?
8. ..., d6 era mucho mejor.
9. Dd2-c2.
Veamos la trampa tendida por las blancas en que cayó Capablanca.

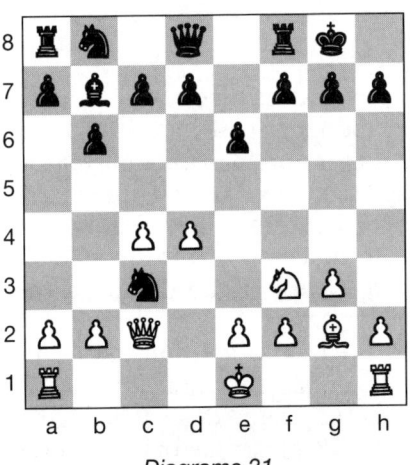

Diagrama 31

9. ..., Ce4xc3?
10. Cf3-g5!

Maniobra impresionante que lleva a la ganancia de la calidad.

Siguió:

10. ..., Cc3-e4; 11. Ag2xe4, Ab7xe4; 12. Dc2xe4, Dd8xg5; 13. De4xa8, Cb8-c6; 14. Da8-b7, Cc6xd4.

Las blancas transformaron su ventaja material en punto.

Nuestra conversación toca a su fin, pero aún podemos multiplicar la lista de los estragos en las aperturas, de las combinaciones y de las trampas en la primera etapa de la partida de ajedrez.

Leyendo libros de ajedrez, el lector completará fácilmente su colección de miniaturas. Pero espero que haya comprendido que, desde las primeras jugadas, le acechan multitud de peligros, y que debe ser muy prudente. El conocimiento de las trampas en las aperturas no está de más.

Un jugador experimentado y, lo que es más, gran maestro, difícilmente cae en la trampa de la apertura. Los métodos de preparación a este alto nivel son muy precisos y complejos.

En la decimosexta conversación, conocerá algunas de las sorpresas desagradables que se dan los grandes maestros en las aperturas.

TERCERA CONVERSACIÓN

"En las posiciones abiertas las piezas se animan y es necesario desarrollarlas rápidamente y hacerlas participar en el juego sin perder tiempo."

(R. Reti, gran maestro)

Las aperturas abiertas

La elección de un repertorio de aperturas es algo bastante complejo, ya que las aperturas deben corresponder al estilo de juego personal. ¿Qué aperturas conservar? Es mejor que lo decida más tarde, cuando sus conocimientos del juego sean mayores. Cuesta imaginar a un jugador que ignore las variantes y los sistemas de aperturas, sin tener ni siquiera una visión de conjunto de éstos. Las tres conversaciones siguientes están dedicadas a las aperturas. Recordemos en primer lugar la clasificación de las mismas.

La primera jugada de las blancas 1. e2-e4 y la respuesta de las negras 1. ..., e7-e5 determinan el grupo de las aperturas abiertas. Si las negras responden a 1. e2-e4 algo que no sea e7-e5, estamos en el grupo de las aperturas semiabiertas. Por último, si las blancas abren la partida con otra jugada distinta del peón de rey dos casillas hacia adelante, se trata del grupo de las aperturas cerradas. Comprenderá ahora por qué las aperturas son el objeto de tres conversaciones. En cada conversación recordaremos las aperturas más conocidas, y reproduciremos cinco partidas ilustrando varias de ellas. El detallado estudio de las aperturas requeriría más espacio, pero volveremos a ellas en las conversaciones decimoquinta y decimosexta.

Comenzamos naturalmente por las aperturas abiertas. Se conoce una veintena de ellas. En su mayoría, fueron elaboradas y jugadas en el siglo pasado. Actualmente, se juegan sólo dos de ellas: la apertura Española (1. e4, e5; 2. Cf3, Cc6; 3. Ab5) y la apertura Rusa (1. e4, e5; 2. Cf3, Cf6).

Cabe dividir las demás en tres grupos:

- Las aperturas "individuales", que se dan con poca frecuencia, pero que algunos grandes maestros juegan a menudo:

  – El gambito de rey (1. e4, e5; 2. f4).
  – La defensa de los Dos caballos (1. e4, e5; 2. Cf3, Cc6; 3. Ac4, Cf6).
  – La apertura Italiana (1. e4, e5; 2. Cf3, Cc6; 3. Ac4, Ac5).
  – La apertura Escocesa (1. e4, e5; 2. Cf3, Cc6; 3. d4, exd4. 4. Cxd4).
  – La apertura de los Cuatro caballos (1. e4, e5; 2. Cf3, Cc6; 3. Cc3, Cf6).

- Las aperturas inhabituales, que sólo se juegan para lograr un efecto sorpresa:

  – La apertura Vienesa (1. e4, e5; 2. Cc3).
  – La defensa Philidor (1. e4, e5; 2. Cf3, d6).
  – El gambito Escocés (1. e4, e5; 2. Cf3, Cc6; 3. d4, exd4; 4. c3).
  – El gambito Evans (1. e4, e5; 2. Cf3, Cc6; 3. Ac4, Ac5; 4. b4).

- Las aperturas que no se juegan prácticamente nunca:

  – La apertura del Centro (1. e4, e5; 2. d4, exd4).
  – El gambito Letón (1. e4, e5; 2. Cf3, f5).
  – La apertura de los Tres caballos (1. e4, e5; 2. Cf3, Cc6; 3. Cc3, Ac5).
  – La apertura Húngara (1. e4, e5; 2. Cf3, Cc6; 3. Ac4, Ae7; 4. d4).
  – La apertura Ponziani (1. e4, e5; 2. Cf3, Cc6; 3. c3).

Pasamos a examinar los principales desarrollos de las aperturas abiertas más populares: las aperturas Rusa y Española.

LA APERTURA ESPAÑOLA

1. e2-e4, e7-e5; 2. Cg1-f3, Cb8-c6; 3. Af1-b5.

El objetivo de esta partida es crear una presión sobre el peón e5 y las casillas del centro. Por supuesto, la amenaza sobre e5 nunca obtiene su finalidad, pero se dice que "la amenaza es más fuerte que su ejecución". Las negras deben defenderse dejando a un lado sus sueños de contrajuego.

3. ..., a7-a6.

Las continuaciones menos frecuentes son:

– 3. ..., f5 (gambito Jaenisch).
– 3. ..., Cd4 (defensa Bird).
– 3. ..., d6 (defensa Steinitz).
– 3. ..., Ac5 (sistema clásico).
– 3. ..., Cf6 (defensa Berlinesa).
– 3. ..., g6; 3. ..., Cge7.

4. Ab5-a4.

Las blancas no pueden ganar el peón con 4. Axc6, dxc6; 5. Cxe5, Dd4; sin embargo, pueden jugar 5. O-O o 5. d4 (variante de intercambio).

4. ..., Cg8-f6.

También están las jugadas 4. ..., b5, 4. ..., d6, 4. ..., f5.

5. O-O, Af8-e7.

La captura del peón 5. ..., Cxe4 lleva a la variante abierta.

La he visto bastante a menudo, incluso en las partidas de campeonatos del mundo.

6. Tf1-e1, b7-b5.

La amenaza era 7. Axc6, y luego 8. Cxe5.

7. Aa4-b3, O-O; 8. c2-c3, d7-d6.

El sacrificio del peón 8. ..., d5; 9. exd5, Cxd5; 10. Cxe5, Cxe5; 11. Txe5, c6, lleva al ataque Marshall.

9. h2-h3.

Estorbando la llegada del alfil a g4.

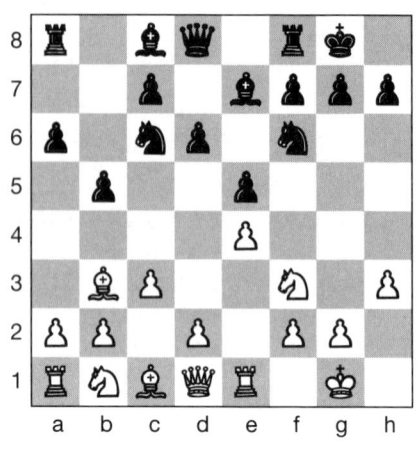

Diagrama 32

Es la posición clave de la apertura Española. Se pueden dar las siguientes continuaciones:

9. ..., Ca5; 10. Ac2, c5 (viejo sistema Tchigorin); 9. ..., Cb8 y 10. ..., Cbd7 (sistema Breyer); 9. ..., h6 (sistema Smyslov). 9. ..., Ab7; 10. d4, Te8 (variante Zaitsev, una de las variantes más difundidas en los últimos tiempos).

La apertura Española posee una red de complejas continuaciones, ¿verdad? Y sólo he dado las primeras jugadas... Para empezar, creo que es suficiente.

LA APERTURA RUSA

1. e2-e4, e7-e5; 2. Cg1-f3, Cg8-f6.

En esta apertura, las negras quieren simplificar de inmediato la situación en el centro.

3. Cf3xe5.
El otro camino posible es 3. d4 con una teoría independiente.
3. ..., d7-d6.
No debe capturarse el peón de inmediato prolongando la simetría: 3. ..., Cxe4; 4. De2, De7; 5. Dxe4, d6; 6. d4 y las blancas tienen un peón más.
4. Ce5-f3, Cf6xe4; 5. d2-d4
Si 5. De2, De7; 6. d3, Cf6; 7. Ag5, hay intercambio de damas y las negras ya no pueden contar con un juego activo.
Es el pequeño "defecto" de la apertura Rusa. Unas tablas rápidas no son demasiado afortunadas para las blancas, que pocas veces juegan esta variante.
5. ..., d6-d5; 6. Af1-d3, Cb8-c6.
Igualmente popular: 6. ..., Ad6; 7. O-O, O-O; 8. c4, c6.
7. O-O, Af8-e7.
A menudo se observa 7. ..., Ag4, que tiene de inmediato influencia en el centro.
Probablemente es la posición fundamental actual de la apertura Rusa. Las blancas tienen un pe- queño adelanto de desarrollo pero las negras pueden esperar las tablas.
Como he prometido, veamos ahora cinco interesantes partidas que ilustran variantes actuales de aperturas abiertas.

Karpov - Unzicker
Niza, 1974
Apertura Española

---

1. e2-e4, e7-e5; 2. Cg1-f3, Cb8-c6; 3. Af1-b5, a7-a6; 4. Ab5-a4, Cg8-f6; 5. O-O, Af8-e7; 6. Tf1-e1, b7-b5; 7. Aa4-b3, d7-d6; 8. c2-c3, O-O; 9. h2-h3, Cc6-a5; 10. Ab3-c2, c7-c5; 11. d2-d4, Dd8-c7; 12. Cb1-d2, Ca5-c6; 13. d4-d5.

Es un método de juego clásico en la variante Chigorin, la posición en el centro está estabilizada y la lucha se traslada al ala de dama. En el momento oportuno, la iniciativa de las blancas surgirá en el lado opuesto del tablero.

13. ..., Cc6-d8; 14. a2-a4, Ta8-b8; 15. a4xb5, a6xb5; 16. b2-b4.

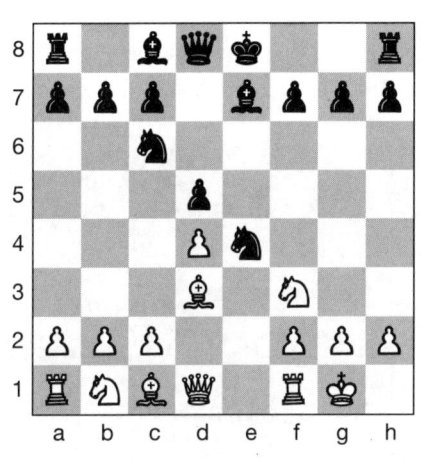

Diagrama 33

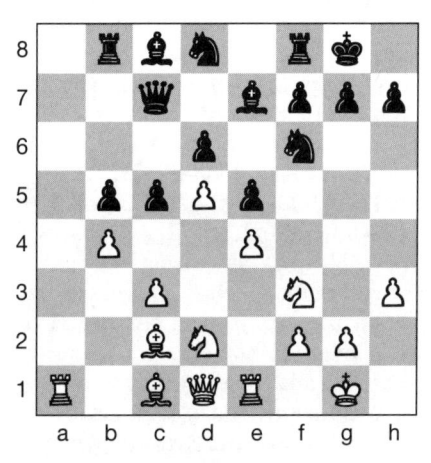

Diagrama 34

16. ..., Cd8-b7.
Más seguro: 16. ..., c4; 17. Cf1, Ce8; 18. C3h2, f6; 19. f4, Cf7; 20. Cf3, g6. El gran maestro Rubinstein inventó esta construcción defensiva.
17. Cd2-f1, Ac8-d7; 18. Ac1-e3, Tb8-a8; 19. Dd1-d2, Te8-c8; 20. Ac2-d3, g7-g6; 21. Cf1-g3, Ae7-f8; 22. Ta1-a2, c5-c4; 23. Ad3-b1, Dc7-d8; 24. Ae3-a7!

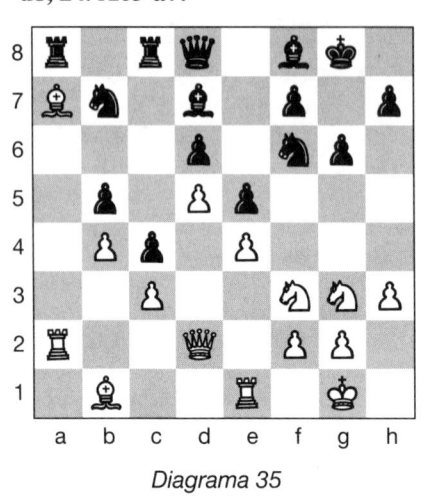

Diagrama 35

Una hábil maniobra del alfil "hiela la sangre" en el campo de las negras. Además, permite a las blancas, cubiertas por el alfil, concentrar sus fuerzas en el ala dama.
24. ..., Cf6-e8; 25. Ab1-c2, Ce8-c7; 26. Te1-a1, Dd8-e7; 27. Ac2-b1, Ad7-e8; 28. Cg3-e2, Cb7-d8; 29. Cf3-h2, Af8-g7.

Mientras las piezas negras se conformaban con moverse, las blancas mejoraron su posición. Los dos caballos blancos, con su notable retirada, acaban de aportar su contribución a la estrategia de su bando preparando la realización de la penetración temática f2-f4.

30. f2-f4, f7-f6; 31. f4-f5, g6-g5; 32. Ab1-c2!
El alfil se dirige hacia la casilla h5. Cuando haya sido cambiado por una de las piezas ligeras, la fortaleza del adversario quedará completamente destruida.
32. ..., Ae8-f7; 33. Ce2-g3, Cd8-b7; 34. Ac2-d1, h7-h6; 35. Ad1-h5, De7-e8; 36. Dd2-d1, Cb7-d8; 37. Ta2-a3, Rg8-f8; 38. Ta1-a2, Rf8-g8; 41. Ah5xf7+, Cd8xf7; 42. Dd1-h5, Cf7-d8; 43. Dh5-g6!, Rg8-f8; 44. Cg3-h5!

Las negras abandonan, están en zugzwang y, tras el intercambio de las damas, sufrirán importantes pérdidas materiales.

Karpov - Korchnoi
Baguio, 1978
Apertura Española

---

1. e2-e4, e7-e5; 2. Cg1-f3, Cb8-c6; 3. Af1-b5, a7-a6; 4. Ab5-a4, Cg8-f6; 5. O-O, Cf6xe4; 6. d2-d4, b7-b5; 7. Aa4-b3, d7-d5; 8. d4xe5, Ac8-e6; 9. Cb1-d2, Ce4-c5; 10. c2-c3.

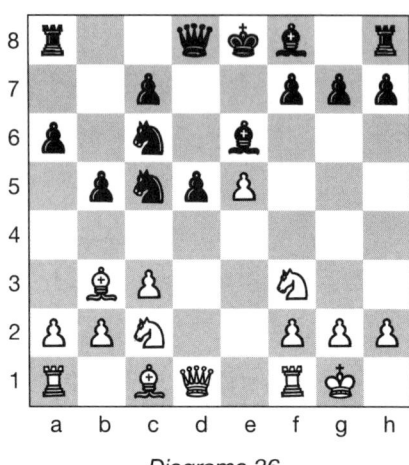

Diagrama 36

En una variante abierta, como su nombre indica, los dos bandos se enfrentan rápidamente.

La teoría recomienda jugar aquí 10. ..., d4 con una situación tensa en el tablero (las blancas tienen una respuesta fantástica: 11. Cg5!).

10. ..., g7-g6.

Jugada nueva, las negras van a rodear al peón e5 y las blancas deben hacer una jugada decisiva para no perder la iniciativa.

11. Dd1-e2, Af8-g7; 12. Cf3-d4!, Cc6xe5; 13. f2-f4, Ce5-c4; 14. f4-f5, g6xf5; 15. Cd4xf5, Th8-g8; 16. Cd2xc4, d5xc4; 17. Ab3-c2, Cc5-d3; 18. Ac1-h6!

¡Justo a tiempo! Si las negras hubiesen podido hacer el enroque largo, la partida habría podido decantarse a su favor.

Ahora 18. ..., Axh6 es perdedora a causa de la magnífica variante siguiente: 19. Cxh6, Tg7; 20. Txf7!, Txf7; 21. Dxe6+, Te7; 22. Dc6+, Rf8; 23. Tf1+, Rg7; 24. Df6#.

18. ..., Ag7-f8; 19. Ta1-d1, Dd8-d5; 20. Ac2xd3, c4xd3; 21. Td1xd3, Dd5-c6; 22. Ah6xf8!, Dc6-b6+; 23. Rg1-h1, Re8xf8; 24. De2-f3, Ta8-e8.

24. ..., Tb8 era más resistente, seguido de 25. Ch6, Tg7; 26. Df6, c5; 27. Te1, Te8; 28. Cf5, Tg6; 29. Dh8+ etc.

25. Cf5-h6, Tg8-g7; 26. Td3-d7!

La partida termina con una matanza.

26. ..., Te8-b8.

O 26. ..., Axd7; 27. Dxf7+, Txf7; 28. Txf7#.

27. Ch6xf7, Ae6xd7; 28. Cf7-d8+!

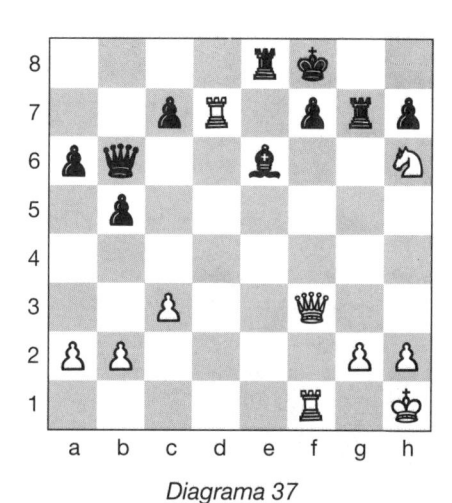

Diagrama 37

Las negras abandonan. El retroceso del rey va seguido de 29. Df8#.

**Stein - Spassky
Moscú, 1964
*Apertura Española***

---

1. e2-e4, e7-e5; 2. Cg1-f3, Cb8-c6; 3. Af1-b5, a7-a6; 4. Ab5-a4, Cg8-f6; 5. O-O, Af8-e7; 6. Tf1-e1, b7-b5; 7. Aa4-b3, O-O.

Las negras optan por el ataque Marshall con d7-d5. La forma radical de evitarlo para las blancas era jugar 8. a4. Pero, cuestión de principio, capturan el peón que sacrifican las negras para aceptar el desafío.

8. c2-c3, d7-d5; 9. e4xd5, Cf6xd5; 10. Cf3xe5, Cc6xe5; 11. Te1xe5, c7-c6.

Es la posición de partida de la variante. En los años sesenta, gozaba de gran popularidad desde que la utilizó Spassky. Y hoy en día, treinta años más tarde, este contra-

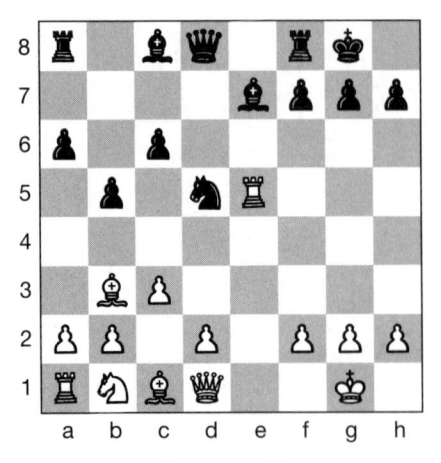

Diagrama 38

ataque sigue contando con numerosos adeptos.

12. d2-d4, Ae7-d6; 13. Te5-e1, Dd8-h4; 14. g2-g3, Dh4-h3; 15. Ac1-e3, Ac8-g4; 16. Dd1-d3, Ta8-e8; 17. Cb1-d2, Te8-e6.

Las piezas negras están dispuestas a agredir al rey blanco. Pero sin armas, no lo capturarán...

18. a2-a4!, b5xa4; 19. Ta1xa4, f7-f5; 20. Dd3-f1!

Jugada obligada.

20. f4 parece lógico, pero después de 20. ..., Axf4! las negras tienen una acometida imparable.

20. ..., f5-f4.

Se observó más tarde que 20. ..., Dh5 era mejor. Ahora las blancas sacrifican una pieza, simplificando el juego en su beneficio.

21. Df1xh3, Ag4xh3; 22. Ta4xa6!, f4xe3; 23. Te1xe3.

Aún era mejor 23. fxe3.

23. ..., Te6xe3; 24. f2xe3, Ad6-e7!; 25. Ta6xc6.

Lleva a las tablas forzadas. La jugada buena era 25. e4 y después 25. ..., Ag5; 26. exd5, Axd2; 27. dxc6+, Rh8; 28. Ta1, las blancas obtienen ventaja.

25. ..., Ae7-g5!; 26. Ab3xd5+, Rg8-h8; 27. Ad5-g2, Ag5xe3+; 28. Rg1-h1, Ah3xg2+; 29. Rh1xg2, Ae3xd2.

Tablas.

Kupreitchik - Yusupov
Minsk, 1987
Apertura Rusa

---

1. e2-e4, e7-e5; 2. Cg1-f3, Cg8-f6; 3. Cf3xe5, d7-d6; 4. Ce5-f3, Cf6xe4; 5. d2-d4, d6-d5; 6. Af1-d3, Cb8-c6; 7. O-O, Ac8-g4; 8. c2-c4, Ce4-f6; 9. Cb1-c3, Ag4xf3; 10. Dd1xf3, Cc6xd4.

Las blancas han sacrificado un peón para atrapar al rey negro en el centro.

He encontrado esta posición en varias ocasiones en mis partidas contra Kasparov. Las continuaciones eran entonces: 11. Te1+, Ae7; 12. Dd1 (o 12. Dg3), 11. De3+ o también 11. Dh3. Esta vez las blancas aspiraban a un lugar mejor para su dama:

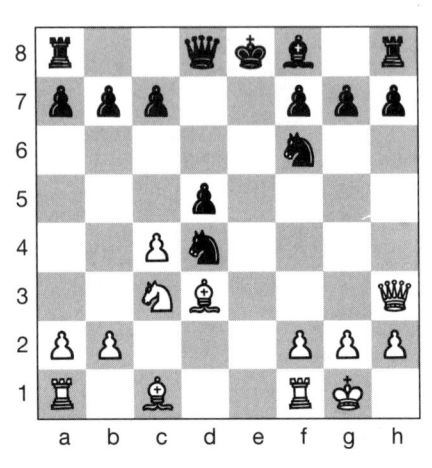

Diagrama 39

11. Df3-h3!
11. ..., d5xc4; 12. Ad3xc4, Af8-e7; 13. Ac1-g5, O-O; 14. Ta1-d1, c7-c5; 15. Tf1-e1, h7-h6; 16. Ag5xh6!?

Se impone el sacrificio del alfil, pero 16. Txe7!, hxg5 es aún mejor (si 16. ..., Dxe7; 17. Cd5), 17. Txb7 y las oportunidades de las blancas son mayores.

16. ..., g7xh6; 17. Dh3xh6, Cf6-h7; 18. Td1-d3, Ae7-g5; 19. Dh6-h5, Dd8-f6; 20. Td3-g3.

20. Th3!, Dg7; 21. f4, Axf4; 22. Cd5, Ag5; 23. Ce7+, Axe7; 24. Txe7 era aún más peligroso para las negras.

20. ..., Ta8-e8.

Las negras podían jugar mejor: 20. ..., Cf5!

Después de 21. Ce4, Dg7; 22. Tg4, Ch6!; 23. Tg3, Cf5, la partida acabaría con una repetición de jugadas.

21. Cc3-e4, Rg8-h8.

La jugada buena era 21. ..., Rg7! La partida es muy intensa y, en estos casos, las imprecisiones son inevitables.

22. h2-h4, Tc8xe4; 23. Te1xe4, Ag5-f4; 24. Tg3-g4, Af4-h6.

24. ..., Ad6 no salva nada. 25. Txd4!, cxd4; 26. Ad3. Las negras tienen muchas piezas pero, por desgracia, están todas aisladas...

25. Dh5xc5, Cd4-c6; 26. Dc5-h5, Df6-d6; 27. Ac4xf7, Dd6-d1+; 28. Rg1-h2, Dd1-d6+; 29. f2-f4, Dd6-c7; 30. Af7-b3, Dc7-d6; 31. Te4-e8, Ah6xf4+; 32. g2-g3, Af4xg3+; 33. Rh2-h3.

Las negras abandonan porque es imposible evitar el mate.

A. Sokolov - Oll
Odessa, 1989
Apertura Rusa

---

1. e2-e4, e7-e5; 2. Cg1-f3, Cg8-f6; 3. Cf3xe5, d7-d6; 4. Ce5-f3, Cf6xe4; 5. d2-d4, d6-d5; 6. Af1-d3, Af8-d6; 7. O-O, O-O; 8. c2-c4, c7-c6; 9. Cb1-c3.

Antes de esta partida, se consideraba que el desarrollo del caballo en c3 era bastante peligroso

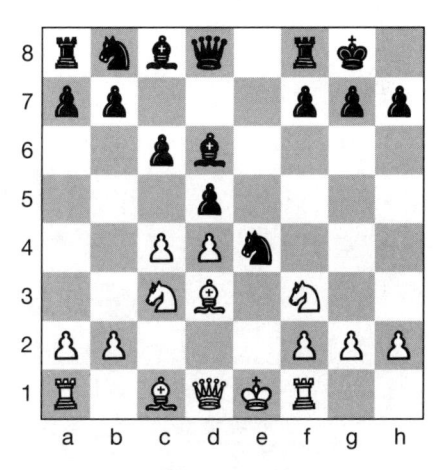

Diagrama 40 *Diagrama 41*

para las negras pero, en esta partida, Oll supo introducir una innovación teórica de peso y obtener las tablas.

9. ..., Ce4xc3; 10. b2xc3, d5xc4; 11. Ad3xc4, Ac8-g4; 12. Dd1-d3, Cb8-d7; 13. Cf3-g5, Cd7-f6; 14. h2-h3, Ag4-h5; 15. f2-f4, h7-h6; 16. g2-g4, h6xg5.

Si 16. ..., b5, entonces 17. Ab3, c5!?; 18. Ad5!?, Ag6; 19. Dxg6, hxg5; 20. Dxg5 y las blancas están mejor.

17. f4xg5, b7-b5; 18. Ac4-b3.

Pierde 18. gxf6, bxc4; 19. Dd2, Ag6; 20. fxg7, Rxg7; 21. Dh6+, Rg8;22. Ag5, Ae7, etc.

18. ..., Cf6xg4.

Este sacrificio se jugaba muy a menudo.

19. h3xg4, Dd8-d7!

A 19. ..., Axg4, le sigue 20. g6, Ae6; 21. Txf7! con grandes amenazas.

20. g4xh5, Dd7-g4+; 21. Rg1-f2, Ta8-e8; 22. Tf1-g1, Dg4-h4+; 23. Rf2-g2.

En su partida contra Short (Tilburg, 1988), Hübner jugó aquí 23. ..., c5 y después de 24. Th1, ..., abandonó. Efectivamente si 24. ..., Dg4+; 25. Rf1 (25. Rf2?, Ag3+); 25. ..., c4; 26. Ad1, Te1+; 27. Rxe1, Dg2; 28. De2!, Dxh1+; 29. Rd2, el ataque de las negras es rechazado y ya no pueden hacer nada.

23. ..., Dh4-h2+!

Refuerzo considerable, que deja planear una duda sobre las perspectivas de la variante para las blancas desde 12. Dd3.

24. Rg2-f1, Ad6-f4!

Todo está en esta punta de lanza que amenaza Te8-e1+, y después de 25. Axf4, Dxf4+; 26. Rg2, Te3, ¿las blancas pueden defenderse todavía?

25. Dd3-f3.

Jugada única. Pierde de inmediato 25. Ad1?, Te1+! Idéntica conclusión para 25. g6?, Te1+; 26. Rxe1, Dxg1+; 27. Re2, Te8+. Ahora las negras fuerzan las tablas, lo que conviene a las blancas.

25. ..., Te8-e1+!; 26. Rf1xe1, Dh2xg1+; 27. Re1-e2, Af4xc1 28. Ta1xc1!

Después de 28. Rd3, Dxg5, las negras tienen un peón más.

28. ..., Dg1xc1; 29. g5-g6, Tf8-e8+; 30. Re2-d3, Dc1-b1+; 31. Rd3-d2.

No 31. Ac2?, Dxa2, y el punto f7 está defendido.

31. ..., Db1-e1+; 32. Rd2-d3, De1-b1+; 33. Rd3-d2.

Tablas.

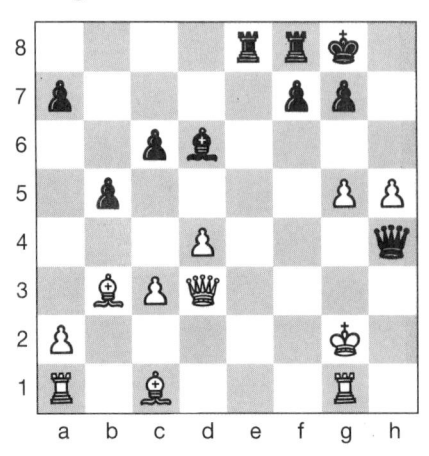

Diagrama 42

CUARTA CONVERSACIÓN

> *"El jugador que tiene la iniciativa debe atacar; de lo contrario, corre el riesgo de perderla."*
>
> **(W. Steinitz, 1.*er* campeón del mundo)**

Las aperturas semiabiertas

Aunque el grupo de las aperturas semiabiertas es el menos numeroso, en contrapartida es el más jugado. La defensa Siciliana, indiscutiblemente, se sitúa en cabeza y es una de las aperturas más complicadas en la teoría del ajedrez.

Si las negras quieren jugar a ganar contra 1. e2-e4, responden siempre c7-c5.

Las demás aperturas semiabiertas son las defensas Caro-Kann, Escandinava y Alekhine. Detengámonos en cada una de ellas.

LA DEFENSA SICILIANA

Si le gustan las partidas vivas e interesantes, apréndase esta apertura.

1. e2-e4, c7-c5; 2. Cg1-f3.

Es la continuación que más se juega. Existen además el gambito Morra (2. d4, cxd4; 3. c3, dxc3; 4. Cxc3), el gambito Siciliano (2. b4, cxb4; 3. a3) y el sistema cerrado (2. Cc3, Cc6; 3. g3).

2. ..., d7-d6.

Las negras pueden responder también: 2. ..., Cc6, 2. ..., e6, 2. ..., Cf6.

Tantos desarrollos, tantas aperturas. Pero algunas veces la apertura es la misma con modificación de jugadas.

3. d2-d4, c5xd4; 4. Cf3xd4, Cg8.f6; 5. Cb1-c3.

Las blancas obtienen cierta ventaja en el centro, pero la asimetría en el tablero promete un juego interesante con posibilidades para los dos bandos.

Ahora 5. ..., a6 lleva a la variante Najdorf, 5. ..., g6 a la variante del Dragón y 5. ..., e6 o 5. ..., Cc6 a la variante de Scheveningen. Estas variantes pueden jugarse en 2. ..., Cc6, pero esta jugada engendra otras posibilidades.

Después de 3. d4, cxd4; 4. Cxd4, Cf6, la jugada 4. ..., e6 da el sistema Paulsen, la jugada 4. ..., e5, la variante de Cheliabinsk, y la jugada 4. ..., g6, la variante del Dragón Acelerado.

Cada forma de la defensa Siciliana que hemos visto se divide en otros sistemas de variantes. ¡Existen tantas que pueden causar confusión!

Si una variante determinada le interesa, hallará fácilmente el material correspondiente en las numerosas monografías sobre las aperturas.

LA DEFENSA CARO-KANN

Antiguamente la defensa Caro-Kann se consideraba una defensa pasiva. Era escogida por los jugadores que querían conseguir tablas. Pero en la última década, su teoría ha progresado mucho y esta apertura ocupa un lugar completamente digno entre las demás. Se trata de una apertura relativamente complicada que abarca muchas sutilezas.

Si usted empieza a jugar, no le aconsejo incluirla en su repertorio de aperturas.

1. e2-e4, c7-c6.

La jugada de las negras determinará el nombre de la apertura.

2. d2-d4, d7-d5.

Ahora les toca a las blancas determinar el juego; tienen tres posibilidades:

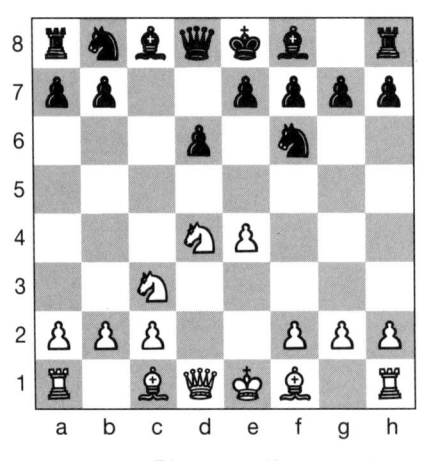

Diagrama 43

3. **e4xd5, c6xd5; 4. c2-c4** es el ataque Panov.
3. **e4-e5, Ac8-f5;** 4. c4 o 4. Cc3 es el sistema cerrado.
3. **Cb1-c3, d5xe4; 4. Cc3xe4.**
Las negras pueden elegir entonces entre 4. ..., Cg8-f6; 5. Cxf6+, gxf6 (o 5. exf6) o también 4. ..., Cd7; 5. ..., Cg-f6 sin peones doblados (variante moderna).
4. **..., Ac8-f5; 5. Ce4-g3, Af5-g6.**

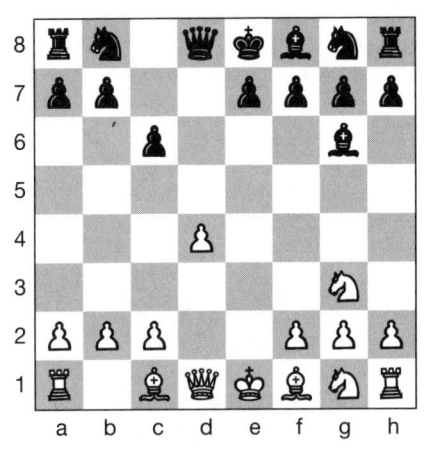

Diagrama 44

Esta posición es la partida del sistema llamado "clásico", uno de los más difundidos de las aperturas.

LA DEFENSA FRANCESA

1. **e2-e4, e7-e6; 2. d2-d4, d7-d5.**
Las blancas pueden elegir ahora entre dos continuaciones, muy distintas entre sí: 3. Cc3 y 3. Cd2.
3. **Cb1-c3.**
La variante de intercambio 3. exd5, exd5 allana la posición pero hay jugadores que prefieren el sistema Nimzovitch 3. e5.
3. **..., Af8-b4.**

Se encuentra con menor frecuencia la defensa Rubinstein 3. ..., dxe4 y la vieja jugada 3. ..., Cf6 sigue gozando de gran popularidad.
4. **e4-e5.**

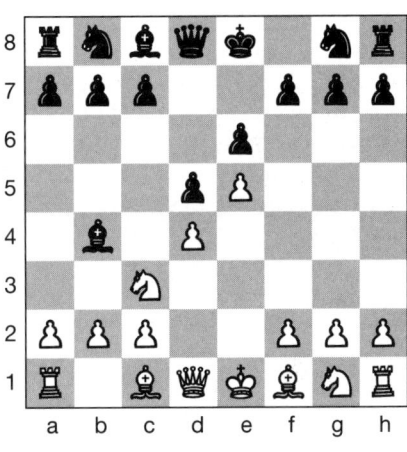

Diagrama 45

Es la continuación principal, aunque las blancas tienen multitud de posibilidades: 4. exd5, 4. Ad3, 4. Ce2, 4. a3, 4. Dg4.
Después de la posición del diagrama, podemos tener: 4. ..., c5, 4. ..., Ce7, 4. ..., b6, 4. ..., Dd7 y las variantes son inacabables. Nos detendremos aquí y pasaremos a la segunda jugada de caballo.
3. **Cb1-d2.**
Si con el desarrollo del caballo en c3 tenemos un juego muy vivo, por el contrario con 3. Cd2, el juego es muy tranquilo. Escoja...
3. **..., c7-c5; 4. e4xd5.**
O 4. Cgf3.
4. **..., e6xd5.**
Las negras desarrollan fácilmente todas sus piezas, pero pueden tener problemas con su peón aislado d5 en el centro del tablero.

LA DEFENSA ALEKHINE

1. e2-e4, Cg8-f6; 2. e4-e5, Cf6-d5; 3. d2-d4, d7-d6.

Después de 4. c4, Cb6; 5. f4 (variante principal) o 4. Cf3, las blancas obtienen una ventaja considerable en el centro.

Aunque hay jugadores que juegan esta apertura con las negras, en conjunto no se beneficia de un gran entusiasmo.

LA DEFENSA ESCANDINAVA

1. e2-e4, d7-d5; 2. e4xd5, Dd8xd5.

2. ..., Cf6 no es demasiado favorable para las negras.

3. Cb1-c3, Dd5-a5; 4. d2-d4.

Las blancas están claramente adelantadas en cuanto a desarrollo respecto a las negras.

LA DEFENSA PIRC-UFIMTSEV

1. e2-e4, d7-d6; 2. d2-d4, Cg8-f6; 3. Cb1-c3, g7-g6.

Esta apertura recuerda la defensa India de rey, de la que hablaremos en la siguiente conversación. La diferencia es que las blancas no juegan c2-c4.

Gracias a ello, las negras tienen a raya fácilmente el centro adversario, pero, por otra parte, las blancas han ganado tiempo en su desarrollo y obtienen una ventaja en espacio.

Se juega a continuación 4. f4 con un juego muy animado, o 4. Cf3, que da un juego tranquilo. ¿Qué elegir? ¡Es también cuestión de gustos!

Veamos ahora cinco partidas:

**Karpov - Spassky
Leningrado, 1974
*Defensa Siciliana***

1. e2-e4, c7-c5; 2. Cg1-f3, e7-e6; 3. d2-d4, c5xd4; 4. Cf3xd4, Cg8-f6; 5. Cb1-c3, d7-d6.

Es la variante de Scheveningen con un combate apretado en el centro. Las blancas persiguen el ala de rey y las negras el ala de dama.

6. Af1-e2, Af8-e7; 7. O-O, O-O; 8. f2-f4, Cb8-c6; 9. Ac1-e3, Ac8-d7; 10. Cd4-b3.

Las negras se disponen a simplificar la posición en el centro: 10. ..., Cxd4 y 11. ..., Ac6, y hay que impedírselo.

10. ..., a7-a5.

Es una reacción habitual al producirse el repliegue del caballo blanco en b3, pero el punto 5 queda debilitado para siempre.

11. a2-a4, Cc6-b4; 12. Ae2-f3, Ad7-c6; 13. Cb3-d4.

La casilla c6 está ocupada por un alfil, no hay amenaza de intercambio en el centro y el caballo ha vuelto a su casilla de partida.

13. ..., g7-g6.

La presión e6-e5 es la jugada estándar en esta variante pero si se juega aquí ello debilita la posición del rey.

14. Tf1-f2, e6-e5; 15. Cd4xc6, b7xc6; 16. f4xe5, d6xe5; 17. Dd1-f1!

La lucha se intensifica en torno al punto c4 que las blancas quieren ocupar con una de sus piezas. Si las negras lograsen impedírselo, sería un éxito para ellas. No había ninguna razón para mover la torre de la columna "f" (17. Td2), ya que no se sabe aún en qué columna tendrá lugar el ataque.

17. ..., Dd8-c8; 18. h2-h3.

Por supuesto, no hay que permitir el intercambio caballo contra alfil después de 18. ..., Cg4.

18. ..., Cf6-d7; 19. Af3-g4, h7-h5.

El enroque negro está seriamente debilitado. Era necesario 19. ..., Dc7 para liberar la dama y unir las dos torres en la octava línea.

20. Ag4xd7, Dc8xd7; 21. Df1-c4, Ae7-h4; 22. Tf2-d2, Dd7-e7; 23. Ta1-f1!

De nada sirve ganar la calidad, ya que después de 23. Ac5, Dg5; 24. Td7, Cxc2; 25. Ac5, Dg5; 24. Td7, Cxc2; 25. Axf8, Txf8, las negras tienen un buen contraataque. Por sí sola, la columna "d" no es la que hace y deshace. La casilla d8 queda definitivamente cerrada, por lo que hay que atacar en otra parte.

23. ..., Tf8-d8.
24. Cc3-b1!

La habilidad de esta jugada poco habitual consiste en que las blancas han sabido escoger el mejor momento para activar su caballo. Si las negras intercambian las torres, todo va muy deprisa. Las blancas tienen además la posibilidad de expulsar al caballo negro al borde del tablero.

24. ..., De7-b7; 25. Rg1-h2, Rg8-g7; 26. c2-c3, Cb4-a6; 27. Td2-e2!

Las blancas ya no están en condiciones de intercambiar las torres: las piezas pesadas sirven para el ataque en la columna "f". Entonces se libera una casilla para el caballo.

27. ..., Td8-f8; 28. Cb1-d2, Ah4-d8; 29. Cd2-f3, f7-f6.

Al proteger el peón e5, las negras intentan al mismo tiempo cubrir la columna "f", pero el ataque de las blancas es irresistible.

30. Te2-d2!

Las vacilaciones de la torre pueden parecer ilógicas. Ocupa en primer lugar la columna "d", la abandona y ahora regresa a ella pero esta vez con amenazas más serias.

30. ..., Ad8-e7; 31. Dc4-e6, Ta8-d8; 32. Td2xd8, Ae7xd8.

Con 32. ..., Txd8, entonces 33. Cxe5, Dc7; 34. Df7+, Rh8; 35. Dxe7, Dxe5; 36. Dxe5, fxe5; 37. Tf6.

33. Tf1-d1.

Hay igualdad de material en el tablero. El rey negro parece haber evitado las amenazas directas, pero la posición de las negras empeora a cada jugada, ya que sus piezas se dispersan y no pueden acudir en mutua ayuda.

33. ..., Ca6-b8; 34. Ae3-c5, Tf8-h8.

35. Td1xd8!

Las negras abandonan. Con 35. ..., Txd8; 36. Ae7!

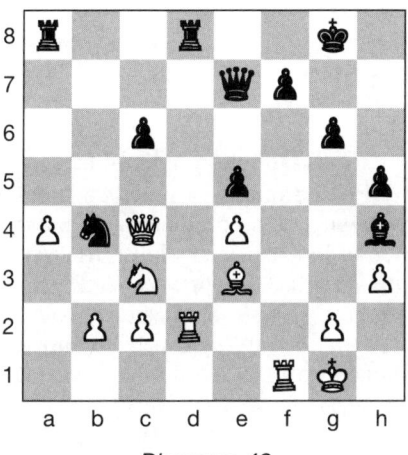

Diagrama 46

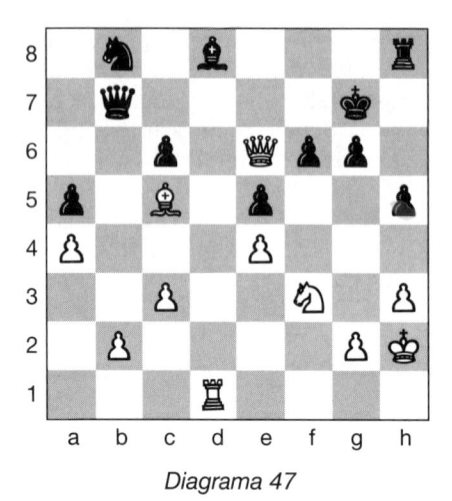

Diagrama 47

Es la posición clásica de la variante del Dragón. ¿No recuerda la disposición de los peones negros de "d" a "h" un dragón negro?

Ello explica por qué se llama así la variante.

Se ve claramente el curso del juego: el ataque de las blancas en el ala de rey está listo y las negras contraatacarán en el ala de dama. El enfrentamiento será duro.

10. h2-h4, Ta8-c8; 11. Ac4-b3, Cc6-e5; 12. O-O-O, Ce5-c4; 13. Ab3xc4, Tc8xc4; 14. h4-h5, Cf6xh5; 15. g2-g4, Ch5-f6.

Así, las blancas han sacrificado un peón para su ataque mientras que las negras, por su parte, han creado peligrosas amenazas: tras el habitual sacrificio de la calidad en c4, aún no se sabe quién dará mate en primer lugar.

16. Cd4-e2!

Esta jugada aspira a consolidar el punto c3. Además, el caballo puede participar en el ataque directo al rey adversario. Los adversarios atacan en los dos flancos; a menudo ocurre en posiciones en que los enroques están en lados opuestos. Las blancas crean una amenaza concreta: 17. e5, dxe5; 18. g5.

16. ..., Dd8-a5; 17. Ae3-h6.

Procedimiento típico. Para tener éxito en su ataque, las blancas deben intercambiar el alfil de casillas negras, importante defensor del rey. Este alfil g7 sueña, como un arma de largo alcance, con abrir fuego contra el ala de dama de las blancas.

17. ..., Ag7xh6; 18. Dd2xh6, Tf8-c8; 19. Td1-d3!

**Karpov - Korchnoi
Moscú 1974
*Defensa Siciliana***

1. e2-e4, c7-c5; 2. Cg1-f3, d7-d6; 3. d2-d4, c5xd4; 4. Cf3xd4, Cg8-f6; 5. Cb1-c3, g7-g6; 6. Ac1-e3, Af8-g7; 7. f2-f3, Cb8-c6; 8. Dd1-d2, O-O; 9. Af1-c4, Ac8-d7.

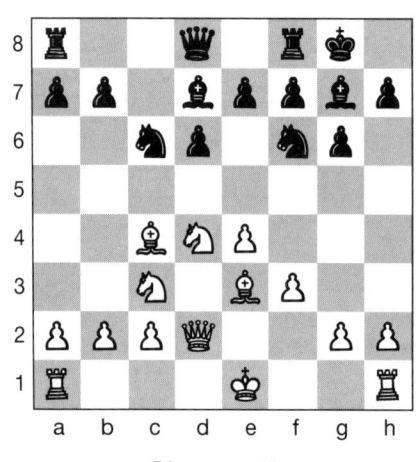

Diagrama 48

Reforzando una vez más el punto c3 y liberando para el ataque el caballo e2. Si las blancas hubiesen lanzado el asalto inmediatamente (19. g5, Ch5; 20. Cg3), se habrían visto sorprendidas por un desagradable contraataque: 20. ..., Txc3.
19. ..., Tc4-c5.
La mejor oportunidad práctica era 19. ..., Dd8. Ahora sigue una hermosa combinación que lleva inevitablemente a la victoria.

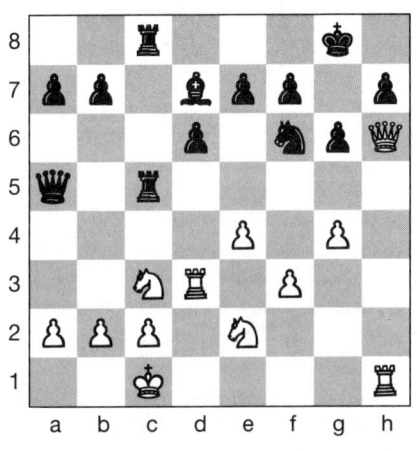

Diagrama 49

20. g4-g5.
Los caballos c3 y f6 defienden su rey. Por ello, serán objeto de una caza particular (si el caballo negro abandona f6, su partida permite la intrusión del caballo blanco en d5).
20. ..., Tc5xg5; 21. Td3-d5!
No debe jugarse 21. Cd5 a causa de 21. ..., Txd5! y el principal defensor de las negras, el caballo, quedaría con vida.
21. ..., Tg5xd5; 22. Cc3xd5, Tc8-e8; 23. Ce2-f4, Ad7-c6.
Es preciso controlar el punto d5 pues, de lo contrario, sigue Cxf6+ y Cd5.

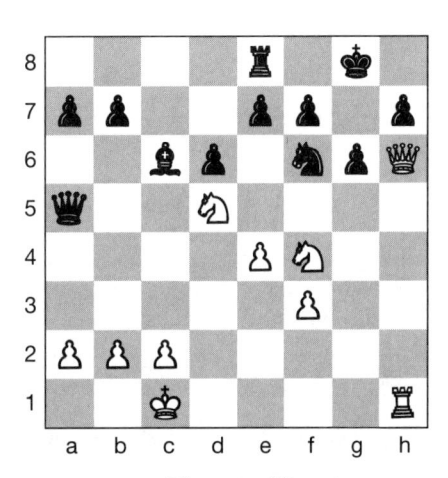

Diagrama 50

24. e4-e5!
Cortando la quinta línea. Podemos sentirnos deslumbrados por la abundancia de posibilidades ganadoras, pero sólo esta continuación es realmente decisiva.
24. ..., Ac6xd5.
Después de 24. ..., dxe5; 25. Cxf6+, exf6; 26. Ch5, el mate es imparable.
25. e5xf6, e7xf6; 26. Dh6xh7+, Rg8-f8; 27. Dh7-h8+.
Las negras abandonan.

Tal - Sisniega
México, 1985
Defensa Siciliana

---

1. e2-e4, c7-c5; 2. Cg1-f3, d7-d6; 3. d2-d4, c5xd4; 4. Cf3xd4, Cg8-f6; 5. Cb1-c3, Cb8-c6; 6. Ac1-g5.
Esta jugada define el ataque Rauser, una de las armas más peligrosas en esta apertura.
6. ..., e7-e6; 7. Dd1-d2, Af8-e7; 8. O-O-O, O-O; 9. Cd4-b3.
Otra continuación muy jugada es 9. f4.

9. ..., a7-a5.
Es la reacción habitual ante la jugada de caballo en b3, pero la jugada 9. ..., Db6 es más sólida.
10. a2-a4, d6-d5.
En respuesta al ataque de las blancas en el ala de rey, las negras contraatacan en el centro. Es un procedimiento habitual, pero, aquí, resulta bastante peligroso.

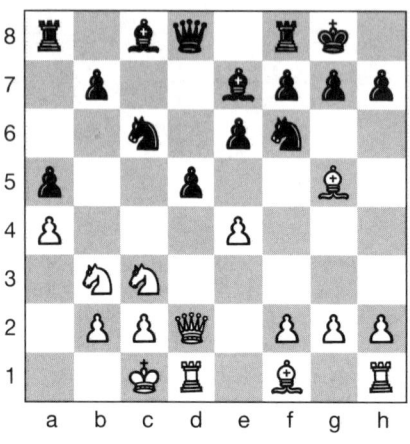

Diagrama 51

Encontré esta posición por primera vez en mi match del campeonato del mundo contra Kasparov. Yo tenía las blancas y tras varios intercambios (11. exd5, Cxd5; 12. Axe7, Ccxe7), rápidamente concluimos en tablas. Tal halló una potente refutación con un sacrificio de peón.
11. Af1-b5!, Cf6xe4; 12. Cc3xe4, d5xe4; 13. Dd2xd8, Ae7xd8; 14. Ag5xd8, Cc6xd8; 15. Cb3-c5, f7-f5; 16. Td1-d6, Rg8-f7; 17. Th1-d1, Rf7-e7; 18. Ab5-d7.
La llegada del alfil a d7 siembra la discordia en el campo de las negras.
18. ..., Tf8-f7.

Había que intercambiar en d7. La siguiente jugada es impresionante y decide la suerte de la partida.
19. Cc5xe6!, Ac8xd7; 20. Ce6-c7, Ad7xa4; 21. Cc7xa8, Cd8-e6; 22. Ca8-b6, Aa4-e8; 23. Td6-d5, Ae8-c8; 24. Td5xa5, Re7-f6; 25. Cb6-d5+, Rf6-g6; 26. Cd5-e3.
Las negras abandonan.

Tal - Portisch
Bled, 1965
Defensa Caro-Kann

---

1. e2-e4, c7-c6; 2. Cb1-c3, d7-d5; 3. Cg1-f3.
Es el sistema de los dos caballos; la presión del peón "d" se retrasa ligeramente.
3. ..., d5xe4.
Mejor era 3. ..., Ag4 inmediatamente sin dejar el centro a las blancas.
4. Cc3xe4, Ac8-g4; 5. h2-h3, Ag4xf3; 6. Dd1xf3, Cb8-d7; 7. d2-d4, Cg8-f6; 8. Af1-d3, Cf6xe4; 9. Df3xe4, e7-e6; 10. O-O, Af8-e7; 11. c2-c3.
Así las negras tienen una posición pasiva pero sólida, característica de esta apertura. Las blancas obtienen ventaja de los dos alfiles, que se da principalmente en las posiciones abiertas.
11. ..., Cd7-f6; 12. De4-h4.
12. De2 era una continuación más tranquila pero ya en ese momento Tal pensaba abrir el juego sin contar los sacrificios.
12. ..., Cf6-d5; 13. Dh4-g4, Ae7-f6; 14. Tf1-e1, Dd8-b6.
La posición de las negras sigue siendo tan sólida como antes. Des-

Diagrama 52

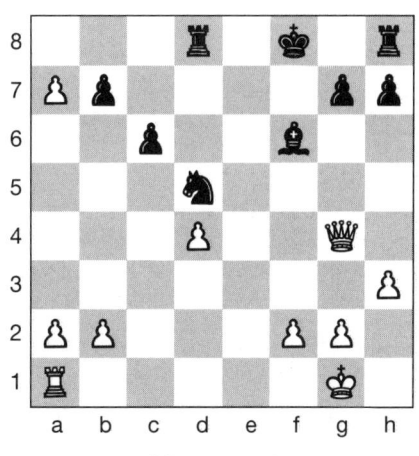

Diagrama 53

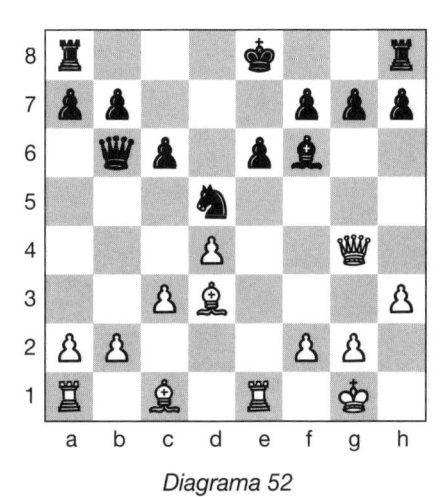

pués de 15. a3, las blancas pueden esperar mantener su pareja de alfiles. Pero Tal había visto que el rey de las negras se eternizaba en el centro y había decidido aprovecharlo.

15. c3-c4, Cd5-b4; 16. Te1xe6+

Es una decisión discutible, pero resulta difícil negarse el placer de sacrificar una torre.

16. ..., f7xe6; 17. Dg4xe6+, Re8-f8.

Con 17. ..., Rd8, las blancas pueden repetir las jugadas: 18. Dd6+, Re8; 19. De6+. Pero Portisch se siente obligado a rechazar el sacrificio. 17. ..., Ae7 era muy peligroso a causa de 18. Ag6+!, hxg6; 19. Ag5, Dc7; 20. Te1 con la amenaza 21. Dxg6+!

18. Ac1-f4, Ta8-d8; 19. c4-c5, Cb4xd3!; 20. c5xb6.

20. Ah6, Dxb2; 21. Dxf6+ llevaba a las tablas, pero a Tal le seducía la idea de llevar su peón "c" a a7. ¡Efectivamente, es poco frecuente!

20. ..., Cd3xf4; 21. De6-g4, Cf4-d5; 22. b6xa7.

Relación de fuerzas infrecuente y visiblemente más o menos igual. Después de g7-g6 y Rf8-g7 el juego habría terminado muy pronto con la paz, pero las negras habían decidido mover su rey hacia el ala de dama, para capturar el peón a7, demasiado ambicioso. Allí les espera una desagradable sorpresa.

22. ..., Rf8-e7; 23. b2-b4!, Td8-a8.

23. ..., Cc7 era más resistente. En ese instante la situación cambia bruscamente.

24. Ta1-e1+, Re7-d6; 25. b4-b5, Ta8xa7; 26. Te1-e6+, Rd6-c7; 27. Te6xf6.

Las negras abandonan.

**Reshevski - Vaganian
Skopje, 1976
Defensa Francesa**

---

1. e2-e4, e7-e6; 2. d2-d4, d7-d5; 3. Cb1-d2, Cg8-f6; 4. e4-e5, Cf6-d7; 5. f2-f4, c7-c5; 6. c2-c3, Cb8-c6; 7. Cd2-f3, Dd8-a5; 8. Re1-f2.

El plan de las blancas es hacer un enroque artificial, pero es mejor reforzar el centro con 8. Ae3.

8. ..., Af8-e7; 9. Af1-d3, Da5-b6; 10. Cg1-e2, f7-f6.

Es el juego típico de las negras en la defensa Francesa. El campo de los peones d4, e5, f4, sostenido por el peón c3 inmoviliza, seriamente las negras. Su objetivo es destruir el centro de su adversario con cualquier medio.

La respuesta negra instaura la amenaza 11. ..., cxd4; 12. cxd4, fxe5; 13. fxe5, Cdxe5 y las blancas se ven obligadas a intercambiar en f6, ya que tras la jugada inmediata 11. Rg3 y la respuesta 11. ..., g5!? las negras aprovecharían ventajosamente las complicaciones.

11. e5xf6, Ae7xf6; 12. Rf2-g3, c5xd4; 13. c3xd4, O-O; 14. Th1-e1?

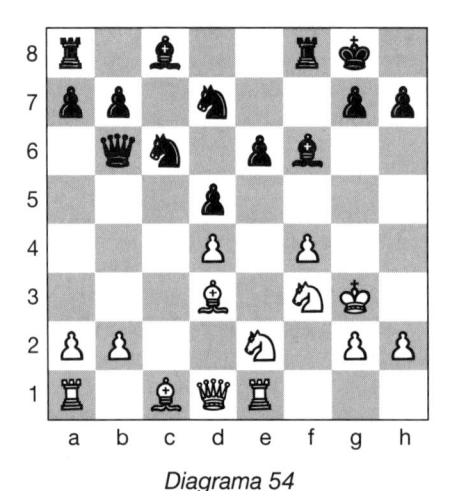

Diagrama 54

Esta jugada permite a las negras hacer saltar el centro; había que jugar 14. h3.

14. ..., e6-e5!; 15. f4xe5, Cd7xe5!; 16. d4xe5.

16. Cxe5 era una jugada mala porque 16. ..., Axe5; 17. dxe5, Df2#.

16. ..., Af6-h4+!; 17. Rg3xh4, Tf8xf3!!

Las blancas, acometidas por todas partes, reaccionan de la mejor manera, pero ya no están en condiciones de invertir el curso de las cosas.

18. Te1-f1!, Db6-b4+

Todas las piezas han participado en este brillante ataque. ¡Las cinco últimas jugadas son jugadas de peón, caballo, alfil, torre y dama! Sólo el rey desempeña la agradable función de observador.

19. Ac1-f4, Db4-e7+; 20. Af4-g5, De7-e6; 21. Ad3-f5.

Con la esperanza de 21. ..., Dxf5?; 22. Dxd5+ y 23. Dxf3. Las blancas no podían conservar su alfil: 21. h3, Dxh3+!; 22. gxh3, Txh3#.

21. ..., Tf3xf5; 22. Ce2-f4, De6xe5.

Todo ha terminado.

23. Dd1-g4, Tf5-f7; 24. Dg4-h5, Cc6-e7; 25. g2-g4, Ce7-g6+; 26. Rh4-g3, Ac8-d7; 27. Ta1-e1, De5-d6; 28. Ag5-h6, Ta8-f8.

Las blancas abandonan.

QUINTA CONVERSACIÓN

*"Una situación embarazosa entraña
en sí un poco de muerte."*

(S. Tarrasch, gran maestro)

Las aperturas cerradas

En el siglo pasado, cuando nació la teoría de las aperturas, la jugada 1. e2-e4 era casi obligatoria. Y, según la respuesta de las negras, se realizaron amplias investigaciones solamente sobre las aperturas abiertas y semiabiertas. Las demás aperturas formaron parte de otro grupo y se las denominó aperturas cerradas.

Esta clasificación ha subsistido hasta nuestros días (aunque a veces se halla el término de aperturas "semicerradas").

En cuanto a su popularidad, las aperturas cerradas están muy por debajo de las aperturas abiertas y semiabiertas juntas. No es fácil presentarlas. Veamos las aperturas cerradas más utilizadas.

EL GAMBITO DE DAMA

1. d2-d4.

Esta jugada determina el grupo de las aperturas cerradas, aunque las partidas comienzan a menudo con 1. c4 o 1. Cf3. En este caso, pueden aparecer aperturas independientes. Si por ejemplo después de 1. c2-c4 las blancas, unas jugadas más tarde, evitan la jugada d2-d4 (simétricamente d7-d5 para las negras), obtenemos la apertura Inglesa: 1. c4, e5; 2. Cf3, Cf6; 3. g3, d5; 4. cxd5, Cxd5; 5. Ag2, Cc6, o 1. c4, c5; 2. Cc3, Cc6; 3. g3, g6; 4. Ag2, Ag7; 5. Cf3, Cf6; 6. d3, d6; 7. 0-0, 0-0, etc. Como puede verse, la apertura Inglesa se caracteriza por el desarrollo del alfil de casillas blancas en g2 (*fianchetto*).

Tras 1. Cf3, d5; 2. c4, tenemos la apertura Reti, después de 1. b4, la apertura Sokolski y después de 1. f4, la apertura Bird.

1. ..., d7-d5.

En las demás aperturas cerradas, las negras rechazan la simetría y prefieren jugar 1. ..., Cf6. Volveremos a hablar de ellas más tarde.

2. c2-c4.

Los sistemas en que, después del movimiento inicial de los dos peones "d" no se juega inmediatamente c2-c4, forman parte de las aperturas del peón de dama. Por ejemplo: 2. Cc3, Cf6; 3. Ag5, Af5; o bien 2. Cf3, Cf6; 3. Ag5 (3. e3, e6; 4. Ad3).

2. ..., e7-e6.

Si las negras aceptan el sacrificio de peón 2. ..., dxc4, es el gambito de dama aceptado.

Si 2. ..., Cc6, es la defensa Chigorin y por último, si 2. ..., e5, tenemos el contragambito Albin. Son sistemas muy poco frecuentes.

La jugada 2. ..., c6 que determina la defensa Eslava se juega mucho.

Las continuaciones más jugadas son: 3. Cf3, Cf6; 4. Cc3, dxc4; 5. a4, Af5 (variante principal); 3. Cf3, Cf6; 4. Cc3, e6; 5. Ag5, dxc4; 6. e4, b5; 7. e5, h6; 8. Ah4, g5; 9. Cxg5, hxg5; 10. Axg5 (sistema Botvinnik); 3. Cf3, Cf6; 4. Cc3, e6; 5. e3, Cbd7; 6. Ad3, dxc4; 7. Axc4, b5; 8. Ad3 (variante de Merano).

3. Cb1-c3.

Si las blancas quieren poner su alfil en *fianchetto* con 3. g3, ahora o algo más tarde, tenemos el sistema catalán.

3. ..., Cg8-f6.

El ataque en el centro 3. ..., c5; 4. cxd5, exd5; 5. Cf3, Cc6 da la defensa Tarrasch. Los demás desarrollos corresponden a la defensa Ortodoxa.

4. Ac1-g5.

Ahora 4. Cf3, c5 da la defensa Tarrasch mejorada, y 4. ..., Ab4, la defensa Ragozin.

4. ..., Af8-e7.

La variante antigua de Cambridge-Springs aparece después de 4. ..., Cbd7; 5. e3, c6; 6. Cf3, Da5; 7. Cd2, Ab4.

5. e2-e3.

El intercambio 5. cxd5, exd5, en este momento o en otro, lleva a la variante del intercambio.

5. ..., h7-h6.

Es la jugada más difundida; las negras quieren poner en claro las intenciones del alfil. Después de 5. ..., 0-0; 6. Cf3, Cbd7; 7. Tc1, b6, se obtiene el *fianchetto* ortodoxo, y después de 7. ..., a6; 8. cxd5, exd5; 9. Ad3, c6, la variante de Carlsbad.

6. Ag5-h4.
También se encuentra a menudo el intercambio inmediato en f6.
6. ..., b7-b6; 7. Cg1-f3, 0-0; 8. Ah4xf6, Ae7xf6; 9. c4xd5, e6xd5.

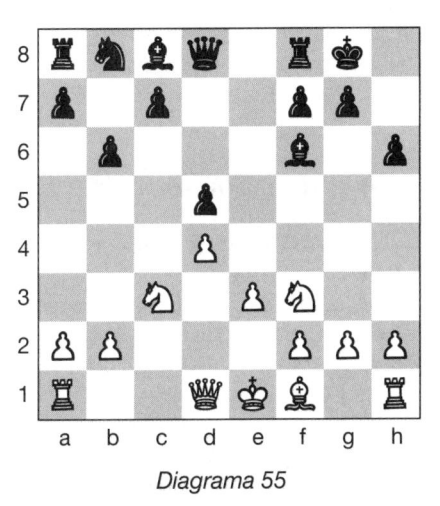

Diagrama 55

La posición principal se denomina sistema Tartacover (Makogonov-Bondarevski).

He jugado a menudo esta variante contra Kasparov, las negras tienen una posición un poco pasiva pero sólida.

LA DEFENSA GRÜNFELD

1. d2-d4, Cg8-f6; 2. c2-c4, g7-g6; 3. Cb1-c3.

El sistema que desarrolla el alfil de rey blanco en el lado (*fianchetto*) da lugar a un juego posicional muy preciso 3. g3, d5; 4. Ag2, Ag7.

3. ..., d7-d5.
Las negras abandonan el centro en manos del adversario para intentar destruirlo a continuación.
4. c4xd5.

Es el sistema principal en que las blancas tomarán de inmediato el centro.

Recordemos las demás subdivisiones: si las blancas defienden el peón c4 con su dama, 4. Cf3, Ag7; 5. Db3, tenemos la variante Smyslov (5. ..., dxc4; 6. Dxc4, c5, 0-0; 7. e4, Ag4), la variante Boleslavski (7. ..., c6) o la variante Ragozin (7. ..., Ca6).

El sistema cerrado 4. Cf3, Ag7; 5. e3 y el sistema con desarrollo rápido del alfil de dama (4. Af4) se juegan también mucho.

4. ..., Cf6xd5; 5. e2-e4, Cd5xc3; 6. b2xc3, Af8-g7; 7. Af1-c4, c7-c5; 8. Cg1-e2.

Diagrama 56

Es la posición más característica de esta apertura; las blancas tienen un centro fuerte, pero las negras tienen varias posibilidades de contraataque.

LA DEFENSA INDIA DE REY

1. d2-d4, Cg8-f6; 2. c2-c4, g7-g6; 3. Cb1-c3, Af8-g7.

A diferencia de la defensa Grünfeld, las negras evitan los enfrentamientos en el centro.

4. e2-e4.

Aquí el sistema con desarrollo del alfil en g2 está bastante difundido: 4. g3, 0-0; 5. Ag2, d6; 6. Cf3, Cc6 (variante moderna) o 6. ..., Cbd7.

4. ..., d7-d6; 5. Cg1-f3.

5. f3 conduce a diferentes variantes del sistema Saemisch; las blancas han reforzado admirablemente su centro pero las negras tienen numerosas posibilidades de contraataque con c7-c5 o e7-e5. Si las blancas retrasan el desarrollo de su caballo, 5. Ae2, 0-0; 6. Ag5, tenemos el sistema Averbakh. La variante de los cuatro peones con 5. f4 es muy complicada.

5. ..., 0-0; 6. Af1-e2, e7-e5.

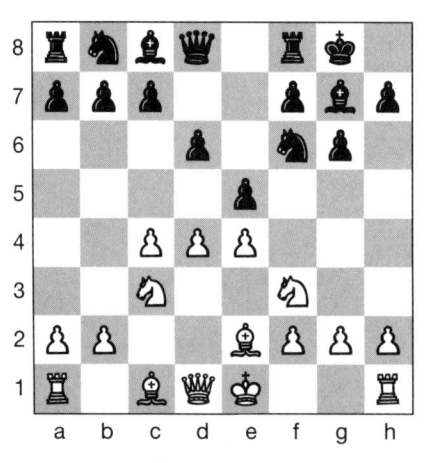

Diagrama 57

Es una posición muy popular en la teoría moderna (el sistema clásico); las negras se instalan en el centro.

Las continuaciones son muy variadas: 7. dxe5, 7. d5, 7. Ae3. También encontramos muy a menudo 7. 0-0, Cc6; 8. d5, Ce7, el centro está estabilizado y el juego está claro: las blancas refuerzan su actividad en el ala de dama y las negras lanzan todas sus fuerzas sobre el ala de rey. Este tema es tan amplio que mi libro no bastaría para recorrerlo.

LA DEFENSA NIMZOVITCH

1. d2-d4, Cg8-f6; 2. c2-c4, e7-e6; 3. Cb1-c3, Af8-b4.

La tercera jugada de las blancas y de las negras determina el nombre de la apertura.

4. e2-e3.

El intercambio 4. a3, Axc3+; 5. bxc3 lleva al sistema Saemisch, las blancas tienen un centro sólido, pero el peón c4 es objeto de ataques. La jugada 4. Ag5 lleva al sistema de Leningrado; la jugada 4. g3, al sistema Romanichin y la jugada 4. Dc2, al sistema clásico.

Encontramos con menor frecuencia 4. f3, 4. Db3 y 4. Cf3. Después de 4. e3, las negras tienen varias opciones: 4. ..., b6, 4. ..., c5, 4. ..., Cc6, 4. ..., d6, 4. ..., d5 (variante Botvinnik), 4. ..., 0-0; 5. Ad3, d5; 6. Cf3, c5 (variante moderna).

LA DEFENSA INDIA DE DAMA

1. d2-d4, Cg8-f6; 2. c2-c4, e7-e6; 3. Cg1-f3.

Actualmente, esta jugada es casi automática, siendo uno de sus objetivos evitar la defensa Nimzovitch. Ahora, después de 3. ..., Ab4+, sigue 4. Cbd2 o 4. Ad2 y las

negras no logran doblar los peones blancos "c" (sistema Bogoljubow).
3. ..., b7-b6.
Es la jugada que da el nombre de la defensa. Mientras que en la defensa India de rey las negras desarrollan en *fianchetto* el alfil de casillas negras, en este caso hacen lo mismo, pero con el alfil de casillas blancas.
4. g2-g3.
4. Ag5 lleva al sistema "clásico" y 4. e3, más tranquilo, al sistema central. 4. a3, lleva al sistema Petrosian más moderno; las blancas impiden definitivamente la llegada del alfil de casillas negras a b4.
4. ..., Ac8-b7.
Encontramos también a menudo 4. ..., Ab4+ o 4. ..., Aa6.
5. Af1-g2, Af8-e7; 6. 0-0, 0-0.
La lucha por las casillas centrales es intensa. La estrategia se elabora a partir de los más pequeños matices de la posición y sólo puede ser aplicada por jugadores muy experimentados.

LA DEFENSA HOLANDESA

1. d2-d4, f7-f5.
Las negras lanzan un contraataque en el ala de rey, pero la práctica demuestra que las posibilidades de las blancas en el centro y en el ala de dama son claramente mejores.
2. c2-c4, Cg8-f6; 3. g2-g3.
Es la reacción ordinaria ante el avance del peón "f".
El sistema de Leningrado con un *fianchetto* es muy jugado hoy en día: 3. ..., g6; 4. Ag2, Ag7; 5. Cc3, d6; 6. Cf3, 0-0.

Lo mismo sucede con el "Stonewall": 3. ..., e6; 4. Ag2, Ae7; 5. Cf3, 0-0; 6. 0-0, d5; 7. Cc3, c6.
Probablemente se sentirá abrumado por estas innumerables variantes y sin duda deseará sobre todo ver ejemplos concretos...
Así pues, veamos cinco partidas ganadas con aperturas cerradas. ¡Espero que sean para usted una gran fuente de placer!

Karpov - Yusupov
Londres, 1989
Gambito de dama

1. d2-d4, d7-d5; 2. c2-c4, e7-e6; 3. Cb1-c3, Cg8-f6; 4. Cg1-f3, Af8-e7; 5. Ac1-g5, 0-0; 6. e2-e3, h7-h6; 7. Ag5-h4, Cf6-e4.
Es la defensa Lasker, en la que las negras quieren crear una fortaleza inexpugnable.
8. Ag5xe7, Dd8xe7; 9. Ta1-c1.
Esto ocurrió en nuestro encuentro de aspirantes.
En las partidas anteriores, yo no había logrado nada jugando 9. Dc2 y 9. cxd5, pero esta vez me había preparado mejor.
9. ..., c7-c6; 10. Af1-d3, Ce4xc3; 11. Tc1xc3, d5xc4; 12. Ad3xc4, Cb8-d7; 13. 0-0.
13. ..., e6-e5.
Encontramos también, en provecho de las blancas, 13. ..., b6 o también 13. ..., Td8.
Cabe destacar que aparece en el tablero el sistema de desbloqueo debido a Capablanca con la diferencia de que las blancas pueden explotar la presencia del peón en h6 (en lugar de h7) y por tanto tienen un objetivo suplementario de ataque.

Diagrama 58

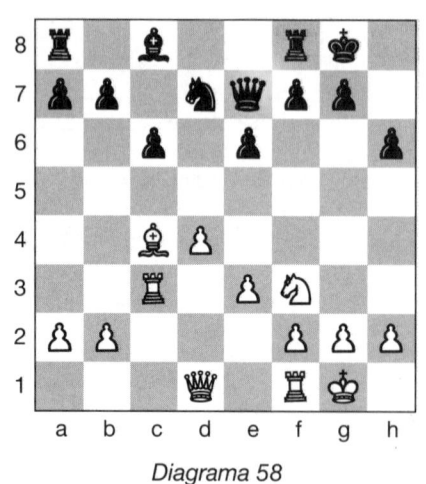

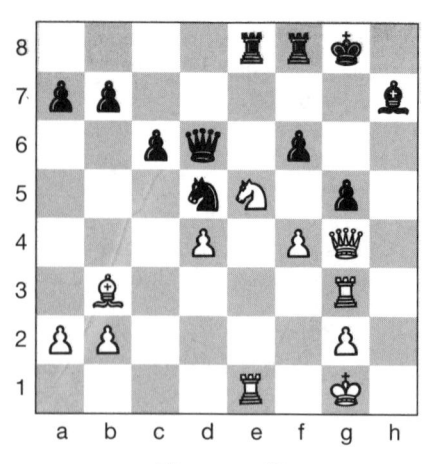

Diagrama 59

14. Ac4-b3, e5xd4.
Otras respuestas son 14. ..., Td8 y 14. ..., e4, pero la mejor es 14. ..., Te8.
15. e3xd4, Cd7-f6; 16. Tf1-e1, De7-d6; 17. Cf3-e5!, Cf6-d5; 18. Tc3-g3.
Las blancas no ocultan sus intenciones.
18. ..., Ac8-f5.
Mejor era 18. ..., Ae6; las blancas desarrollan ahora un ataque muy fuerte.
19. Dd1-h5!, Af5-h7; 20. Dh5-g4!, g7-g5; 21. h2-h4, f7-f6.
Con 21. ..., f5, 22. Df4! es una buena jugada.
22. h4xg5, h6xg5; 23. f2-f4, Ta8-e8.
24. f4xg5!
Parece que las negras mantienen la posición después de 24. ..., Af5; 25. Dxf5, fxe5.
Pero yo he calculado una variante con un sacrificio de dama: 25. gxf6!, Axg4; 26. Txg4+, Rh8; 27. Cf7+, Txf7; 28. Txe8+, Tf8; 29. f7!, Cf6; 30. Txf8+, Dxf8; 31. Tg8+, Cxg8; 32. fxg8=D+, Dxg8; 33. Axg8, Rxg8; 34. Rf2 y todo ha terminado.

24. ..., f6xe5; 25. g5-g6!, Ah7xg6; 26. d4xe5!, Dd6-e6; 27. Ab3xd5, c6xd5; 28. Dg4xg6+, De6xg6; 29. Tg3xg6+, Rg8-h7; 30. Tg6-d6, Te8-c8; 31. Te1-e3, Tc8-c2; 32. Td6-d7+, Rh7-g6; 33. Td7xb7, Tf8-e8.
El final de torres es desesperado para las negras pero ganar la partida equivalía a ganar el encuentro y Yusupov confiaba en un milagro...

34. a2-a3, d5-d4; 35. Te3-d3, Te8xe5; 36. Td3xd4, Te5-g5; 37. Td4-d6+, Rg6-h5; 38. Tb7-h7+, Rh5-g4; 39. Td6-d4+, Rg4-f5; 40. Td4-d5+, Rf5-g6; 41. Th7-g7+, Rg6xg7; 42. Td5xg5+, Rg7-f6; 43. Tg5-b5, a7-a6; 44. Tb5-b6+, Rf6-e7; 45. Rg1-h2, Re7-d7; 46. Rh2-h3, Rd7-c7; 47. Tb6-b3, Rc7-d6; 48. g2-g4, Rd6-e5; 39. Rh3-h4, Re5-f6; 50. Tb3-b6+, Rf6-g7; 51. Rh4-h5, a6-a5; 52. Tb6-b7+, Rg7-g8; 53. a3-a4.
Las negras abandonan.

Chirov - Kamski
Moscú, 1992
Defensa Grünfeld

1. d2-d4, Cg8-f6; 2. c2-c4, g7-g6; 3. Cb1-c3, d7-d5; 4. c4xd5, Cf6xd5; 5. e2-e4, Cd5xc3; 6. b2xc3, Af8-g7; 7. Af1-c4, c7-c5; 8. Cg1-e2, Cb8-c6; 9. Ac1-e3, 0-0; 10. Ta1-c1, c5xd4; 11. c3xd4, Dd8-a5+; 12. Re1-f1, Ac8-d7; 13. h2-h4.

Es una posición típica de la apertura escogida.

Las blancas tienen un centro fuerte y atacarán por el ala de rey.

Las negras depositan sus esperanzas en el ala de dama, donde por otra parte van a triunfar en esta partida.

13. ..., Tf8-c8; 14. h4-h5, Cc6-d8.

El caballo cubre los puntos f7 y e6 y ayuda a proteger el rey en caso de problemas.

15. f2-f3.

Hasta ahora, se creía que con un juego posicional preciso como en este caso les sería difícil a las negras tener contraataque.

Pero Kamski puso en práctica un plan muy interesante.

15. ..., Ad7-a4!; 16. Dd1-d3
16. ..., b7-b5!

Pensando en esta jugada las negras han situado el alfil en a4. Ahora, tras el repliegue del alfil blanco a b3 y su intercambio, las negras están en buena situación. El alfil blanco estará mal colocado en d5 frente a la amenaza e7-e6.

17. Ac4-d5, Tc8xc1+; 18. Ae3xc1, Ta8-c8; 19. h5xg6, h7xg6; 20. Ac1-h6, Ag7xh6; 21. Th1xh6, e7-e6!; 22. f3-f4.

Tras 22. ..., exd5 sigue 23. Dh3, introduciendo la dama en el ataque.

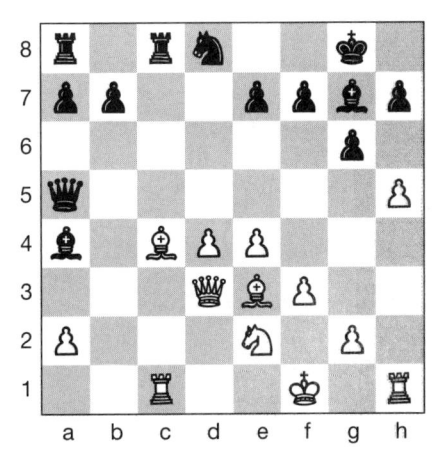

Diagrama 60

22. ..., Tc8-c2!

Las negras contraatacan repentinamente en la segunda línea.

23. Dd3-h3, Rg8-f8; 24. e4-e5, Rf8-e7; 25. Th6xg6, Da5-d2!; 26. Rf1-g1.

Es un medio ingenioso, pero, por desgracia, insuficiente para ocultar el rey en h2.

26. ..., f7xg6; 27. Dh3-h7+, Re7-e8!; 28. f4-f5, e6xd5; 29. f5-f6, Dd2-b4!

La dama regresa en defensa y la gran ventaja material de las negras es decisiva.

30. Dh7xg6+, Re8-d7; 31. e5-e6+, Cd8xe6; 32. Dg6-f7+, Rd7-d8; 33. Df7xe6, Db4-e1+; 34. Rg1-h2, De1xe2; 35. De6xd5+, Rd8-c7; 36. f6-f7, De2-e7.

Las blancas abandonan.

Beliavski - Kalifman
Reggio Emilia, 1991/92
Defensa India de rey

1. d2-d4, Cg8-f6; 2. c2-c4, g7-g6; 3. Cb1-c3, Af8-g7; 4. e2-e4, d7-d6;

5. Cg1-f3, 0-0; 6. Af1-e2, e7-e5; 7. 0-0, Cb8-c6; 8. d4-d5, Cc6-e7; 9. Cf3-d2, a7-a5.

Como sabemos, la distribución de papeles en esta apertura es aún más precisa que en todas las demás: las negras atacan al rey blanco (¡a veces quemando sus naves!) pero están completamente dominadas por el adversario en el ala de dama.

Esta partida ilustra perfectamente las intenciones y los resultados obtenidos por los dos bandos.

10. Ta1-b1, Cf6-d7; 11. a2-a3, f7-f5; 12. b2-b4, Rg8-h8; 13. f2-f3, Ce7-g8; 14. Dd1-c2, Cg8-f6; 15. Cc3-b5.

Tanto las blancas como las negras, sin perder un segundo, quieren obtener el máximo de ventajas. Cada jugada tiene un fin muy preciso (uno no puede permitirse perder tiempo en la defensa India de rey) pero no podemos dar aquí todas las explicaciones.

15. ..., a5xb4; 16. a3xb4, Cf6-h5; 17. g2-g3, Cd7-f6; 18. c4-c5.

Estamos casi en la vigésima jugada y seguimos en la teoría, teoría muy conocida por otra parte. Esta posición se da casi en todos los torneos de grandes maestros.

18. ..., Ac8-d7; 19. Tb1-b3

Si las blancas tuviesen tiempo de jugar 20. Tc3, su presión en la columna "c" sería decisiva. Pero las negras son las primeras en atacar en el ala de rey.

19. ..., Ch5xg3!

Kalifman lanza el asalto de forma muy eficaz.

Anteriormente se jugaba 19. ..., Ah6 y 19. ..., fxe5, jugadas que no estaban demasiado justificadas.

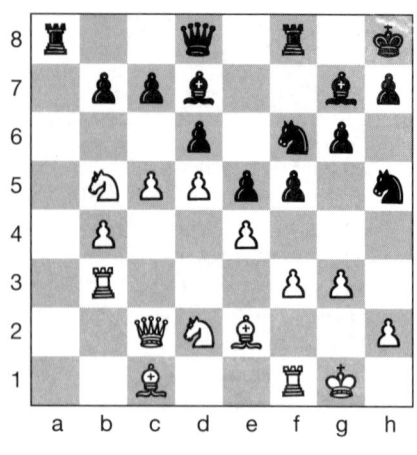

Diagrama 61

20. h2xg3, Cf6-h5.

Las negras sólo tienen un peón para su caballo, pero el cielo se ensombrece sobre la posición de las blancas.

21. f3-f4, Ad7xb5!

En una partida contra mí (Tilburg, 1991), Kasparov capturó de inmediato el peón y después de 21. ..., exf5, 22. c6! no obtuvo una compensación suficiente por su pieza.

22. Ae2xb5, e5xf4; 23. Ac1-b2.

Después de 23. gxf4, Cxf4! o 23. exf5, Dg5!, se perfilan en el horizonte unas dificultades insuperables.

23. ..., Ch5xg3; 24. Ab2xg7+, Rh8xg7; 25. Dc2-c3+, Rg7-g8; 26. Tf1xf4, Cg3-h5; 27. Tf4-f2, f5xe4; 28. Tf2xf8+, Dd8xf8 29. Cd2xe4, Df8-f5; 30. Dc3-f3, Df5xd5; 31. Tb3-d3, Dd5-e5; 32. Td3-d1.

La igualdad quedaba preservada tras 32. Ac4+, Rg7; 33. Td1.

Ahora las negras toman la iniciativa y la convierten progresivamente en victoria. Sobran los comentarios.

32. ..., d6-d5; 33. Ce4-f2, c7-c6; 34. Ab5-f1, Ta8-f8; 35. Df3-h3, Ch5-f4; 36. Dh3-f3, De5-b2; 37. b4-b5, Cf4-h3+; 38. Df3xh3, Db2xf2+; 39. Rg1-h1, Tf8-f5; 40. b5xc6, b7xc6; 41. Dh3-b3, Tf5-g5; 42. Af1-h3, Tg5-g3; 43. Db3-b8+, Rg8-g7; 44. Db8-e5+, Rg7-h6; 45. De5-e6, Df2-f3+; 46. Rh1-h2, Df3-f2+; 47. Rh2-h1 Df2xc5; 48. Td1-f1, Dc5-c2; 49. Tf1-f7, Dc2-d1+; 50. Tf7-f1, Dd1-d3; 51. Rh1-h2, Tg3-g5; 52. De6-c8, Dd3-g3+; 53. Rh2-h1, Rh6-h5.

Las blancas abandonan (54. Dd7, h6; 55. De6, Rh4).

Kasparov - Karpov
Moscú, 1984
Defensa India de dama

---

1. d2-d4, Cg8-f6; 2. c2-c4, e7-e6; 3. Cg1-f3, b7-b6; 4. g2-g3, Ac8-b7; 5. Af1-g2, Af8-e7; 6. 0-0, 0-0; 7. d4-d5.

Presión temática en esta apertura; las blancas sacrifican un peón para tener la iniciativa en el centro.

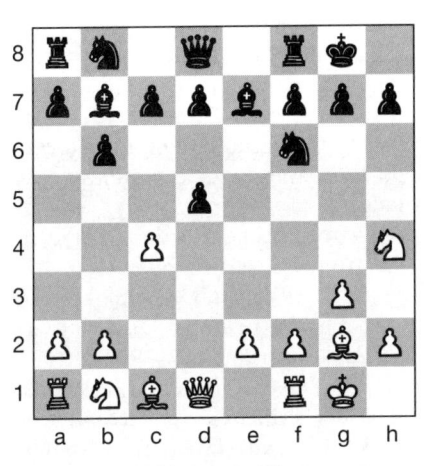

Diagrama 62

7. ..., e6xd5; 8. Cf3-h4.

Es un hallazgo del gran maestro Polugajevski: el caballo se dirige a f5, desde donde podrá causar preocupaciones a las negras.

8. ..., c7-c6; 9. c4xd5, Cf6xd5; 10. Ch4-f5, Cd5-c7.

En la partida de referencia Polugajevski - Korchnoi (encuentro de aspirantes, 1980), después de 10. ..., Ac5; 11. e4, Ce7; 12. Cxg7!!, Rxg7; 13. b4!, Axb4; 14. Dd4+, las blancas tuvieron un intenso ataque y ganaron la partida. El repliegue del caballo a c7 es mucho mejor.

11. Cb1-c3, d7-d5; 12. e2-e4, Ae7-f6; 13. Ac1-f4.

La partida Kasparov - Marjanovich (Malta, 1980), fue impresionante: 13. exd5, cxd5; 14. Af4, Cba6; 15. Te1, Dd7?; 16. Ah3, Rh8; 17. Ce4!, Axb2; 18. Cg5, Dc6; 19. Ce7, Df6; 20. Cxh7!, Dd4; 21. Dh5, g6; 22. Dh4, Axa1; 23. Cf6+. Las negras abandonan. Pero después de la buena jugada 15. ..., Cc5, todo va bien para las negras.

13. ..., Ab7-c8; 14. g3-g4, Cb8-a6; 15. Ta1-c1, Ac8-d7.

Esta jugada podía tener desagradables consecuencias.

Es curioso que mi primer encuentro contra Kasparov se olvidase tan pronto y que nadie haya sacado todavía las conclusiones teóricas de esta partida.

En el torneo de Tilburg, se llevó a cabo una demostración de un juego mejor en favor de las negras. En la partida Sosonko - Tukmakov siguió 15. ..., Axf5!; 16. gxf5, Ag5; 17. Axc7, Cxc7, y las tablas se concluyeron rápidamente.

16. Dd1-d2, Ca6-c5; 17. e4-e5.

Era más peligroso para las negras: 17. Axc7, Dxc7; 18. exd5, Axf5; 19. gxf5, Tad8; 20. b4, Cb7; 21. Ce4.

17. ..., Af6-e7; 18. Cf5xe7, Dd8xe7; 19. Af4-g5, De7-e6; 20. h2-h3, De6-g6; 21. f2-f4, f7-f6; 22. e5xf6, g7xf6; 23. Ag5-h4, f6-f5; 24. b2-b4.

Tras 24. gxf5 y luego Tf1-f3-g3, las negras deberían haber pensado en defender su rey. Ahora toman la iniciativa.

24. ..., f5xg4!; 25. h3xg4, Cc5-d3; 26. Tf1-f3, Cd3xc1; 27. f4-f5, Dg6-g7; 28. Dd2xc1, Ta8-e8; 29. Dc1-d2, d5-d4; 30. Cc3-e2, Cc7-d5; 31. Ce2xd4, Rg8-h8; 32. g4-g5, Te8-e4; 33. Ah4-f2, Dg7-e5; 34. Tf3-g3, Te4-f4; 35. f5-f6, Ad7-e8; 36. b4-b5, c6-c5; 37. Cd4-c6, De5-a1+; 38. Ag2-f1, Tf4-f5; 39. g5-g6, Ae8xg6; 40. Tg3xg6, Tf5xf6.

En la última jugada dejé escapar la victoria debido a la falta de tiempo: 40. ..., Txf2!; 41. Rxf2, Txf6+, y las blancas están perdidas.

41. Tg6xf6, Da1xf6; 42. Dd2-e1, Tf8-g8+; 43. Rg1-h2, Df6-f4+; 44. Af2-g3, Tg8xg3; 45. De1xg3, Df4xf1; 46. Dg3-b8+, Rh8-g7; 47. Db8-g3+.

Tablas.

Karpov - Malaniuk
Moscú, 1988
Defensa Holandesa

1. d2-d4, f7-f5; 2. c2-c4, Cg8-f6; 3. g2-g3, g7-g6; 4. Af1-g2, Af8-g7; 5. Cg1-f3, d7-d6; 6. 0-0, 0-0; 7. Cb1-c3, Dd8-e8.

Es una de las posiciones modernas de la defensa Holandesa (va-

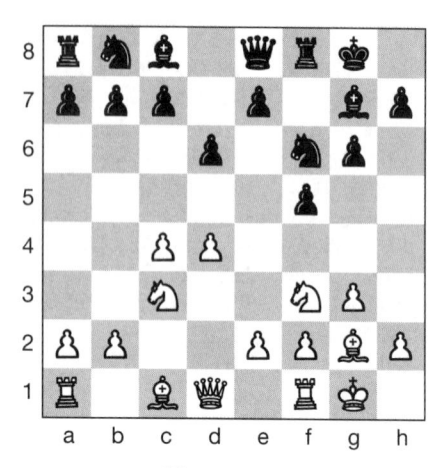

Diagrama 63

riante de Leningrado); las negras proyectan e7-e5 creando una flexible cadena de peones.

8. b2-b3!

La llegada del alfil a a3 podría entorpecer seriamente el plan de las negras.

8. ..., Cb8-a6.

Después de 8. ..., e5; 9. dxe5, dxe5; 10. e4, Cc6; 11. Cd5, Dd7; 12. Aa3, las blancas obtienen una ventaja considerable.

9. Ac1-a3!

La idea de las blancas es disponer sus piezas de forma que sean activas: Aa3, Dd3, las torres en d1 y e1, y presionar con e2-e4. En esta partida, apliqué este plan al pie de la letra.

Ahora las negras deben aplazar su empuje temático e7-e5.

9. ..., c7-c6; 10. Dd1-d3, Ac8-d7.

Se podía jugar 10. ..., Tb8 o 10. ..., Rh8.

**11. Tf1-e1, Ta8-d8; 12. Ta1-d1, Rg8-h8; 13. e2-e4, f5xe4; 14. Cc3xe4, Ad7-f5; 15. Ce4xf6, Ag7xf6; 16. Dd3-e3, Df8-f7; 17. h2-

Diagrama 64

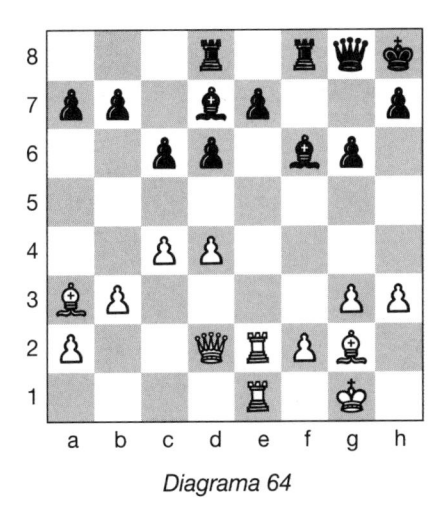

h3, Ca6-c7; 18. Te1-e2, Af5-c8; 19. Cf3-g5, Df7-g8; 20. De3-d2, Cc7-e6; 21. Cg5xe6, Ac8xe6; 22. Td1-e1, Ae6-d7.
23. Te2xe7!
El broche final de la estrategia blanca es una magnífica combinación jalonada de varios sacrificios.
23. ..., Af6xe7; 24. Te1xe7, Tf8-f6; 25. d4-d5, Dg8-f8; 26. Te7-e3, Rh8-g8; 27. Aa3-b2, Tf6-f5; 28. Dd2-d4, Tf5-e5; 29. Te3xe5, d6xe5;

30. Dd4xe5, Rg8-f7; 31. d5-d6, Ad7-f5; 32. c4-c5, h7-h5; 33. g3-g4, h5xg4; 34. h3xg4, Af5-d3; 35. Ag2-d5+!

Las blancas concluyen con una jugada espectacular. Las negras abandonan (35. ..., cxd5; 36. Dxd5+, Re8; 37. De6+ seguido del mate).

Nuestra iniciación a la teoría de las aperturas ha finalizado.

Las partidas han ilustrado algunas ideas y reflexiones sobre una u otra apertura y volveremos a hablar en más de una ocasión de los matices y las sutilezas de las aperturas (por ejemplo en las conversaciones decimoquinta y decimosexta), incluidos algunos descubrimientos importantes de los grandes maestros al comienzo de la partida.

Como conclusión de este tríptico de aperturas, recomiendo a todos aquellos que deseen más detalles la consulta de los numerosos manuales dedicados a las aperturas y de las monografías especializadas.

SEXTA CONVERSACIÓN

> *"Primero hay que saber jugar combinaciones y, solamente después, iniciarse en el juego posicional."*
>
> **(R. Reti, gran maestro)**

El arte de la táctica

En la batalla que es la partida de ajedrez, como en cualquier otro combate, existen dos componentes esenciales: la estrategia y la táctica.

Hay en la estrategia, o, como dicen los ajedrecistas, en el juego posicional, cualidades importantes, como saber escoger un plan de acción adecuado analizando varias jugadas de antemano, saber manejar las piezas con precisión y prever las jugadas futuras.

En la táctica, o juego combinatorio, el jugador en el espacio de algunas jugadas se halla ante enfrentamientos locales de piezas. El cálculo preciso de las variantes, el juicio concreto de la posición y la posesión de un arsenal de medios tácticos adquieren entonces mayor importancia.

He reservado la mayor parte del libro a la táctica, al aspecto combinatorio del juego. La razón es que gracias a las combinaciones, a su acción estética en los expertos y los aficionados, el ajedrez ha merecido el derecho de ser una de las formas del arte.

¿Acaso no es la mejor forma de atraer al lector medianamente experimentado a nuestro juego, antiguo pero inagotable, llevar a su conocimiento una decena de combinaciones notables realizadas en el tablero?

Lo haremos en las tres próximas conversaciones.

En esta conversación veremos varios procedimientos tácticos ordinarios y, en la siguiente, una pequeña colección de combinaciones famosas en las que triunfa la dama, la pieza más fuerte del juego.

Es evidente que el ajedrez no existe sin táctica. El arte más complicado del juego posicional exige una gran experiencia y es más difícil de poseer. Tras estas tres conversaciones, la siguiente estará dedicada a este tema.

Así pues, veamos estos procedimientos tácticos habituales ilustrados mediante ejemplos tomados de las partidas de los maestros y de los grandes maestros.

EL ATAQUE DOBLE

El ataque doble es una jugada en la que se basa la mayoría de las operaciones tácticas. Veamos algunos buenos ejemplos:

Byrne - Tarjan
Cleveland, 1975

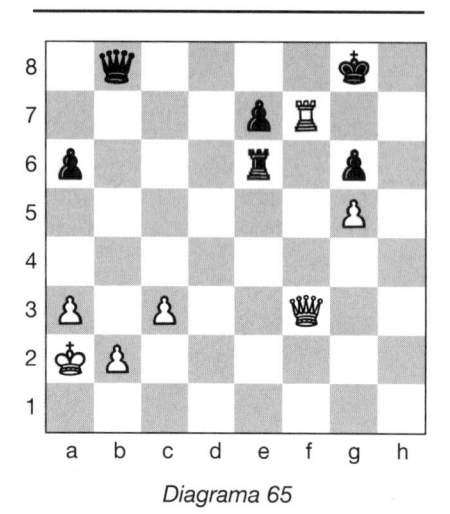

Diagrama 65

1. Df3-h3!
La dama puede dar mate en la jugada siguiente o capturar la torre en e6. Las negras abandonan. La torre f7 es "tabú":
1. ..., Rxf7; 2. Dh7+ y 3. Dh8+, gana la dama adversaria.

Böök - Saila
Estocolmo, 1946
---

1. De2-e5!
La dama puede dar mate o capturar la dama adversaria que no puede moverse: 1. ..., Dxe5; 2. Txf8#. Las negras abandonan.

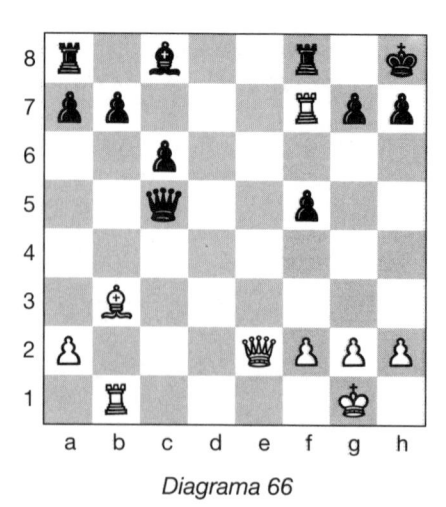

Diagrama 66

Olafsson - Karpov
XXIV Olimpiadas, 1980

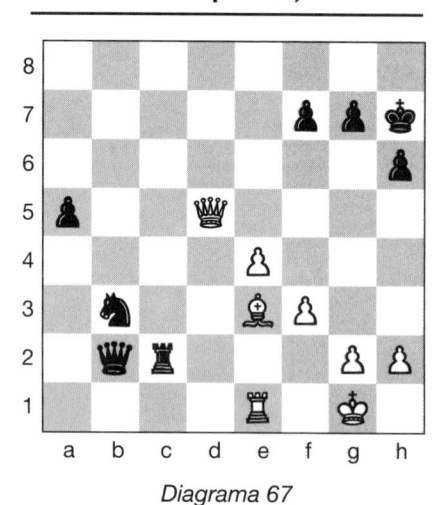

Diagrama 67

34. Dd5xf7.
Las blancas apuradas por el tiempo han capturado el peón sin tomar las debidas precauciones. Era absolutamente necesario proteger la casilla g2 jugando: 34. Af2 y si 34. ..., Txf2, entonces 35. Df5+, Rg8; 36. Dc8+ con jaque perpetuo.

34. ..., Tc2xg2+; 35. Rg1-f1, Tg2-g6; 36. Te1-e2, Db2-b1+; 37. Te2-e1.

¿Acabará esto con una repetición de jugadas?

37. ..., Db1-a2!

Es un ataque doble enmascarado. La dama negra, desde a2, actúa en dos direcciones distintas a la vez: en la segunda línea (amenaza 38. ..., Dg2), y en la diagonal (si 37. Te2, entonces 37. ..., Cd2+ y 38. ..., Dxf7). Olafsson hubo de abandonar.

El ataque doble con un caballo se denomina horquilla. El lector hallará en las demás conversaciones del libro dos ejemplos clásicos de horquilla con un sacrificio de dama previo.

LA CLAVADA

**Donner - Hübner
Büsum, 1968**

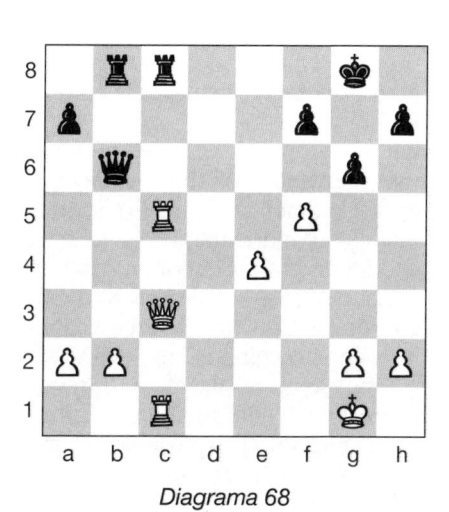

Diagrama 68

La torre blanca está clavada, se encuentra en la misma línea que el rey (aquí, la diagonal) y no puede moverse. La clavada en sí misma no es terrible; es posible salir de ella. La combinación aparece si la pieza clavada aún puede ser atacada en otra línea. Este tiro cruzado es mortal.

1. ..., Tc8xc5; 2. Dc3xc5.

El peligro parece haber pasado, pero la jugada decisiva se situará en la columna "c".

2. ..., Tb8-c8!

No es la torre la que perecerá, sino la dama (3. Dxb6, Txc1+; 4. Rf2, axb6). Las blancas abandonan.

**Brundtrap - Budritch
Berlín, 1954**

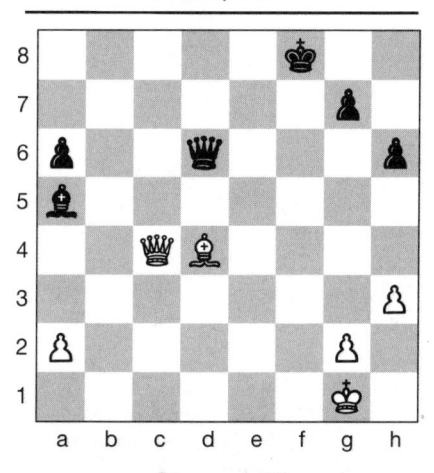

Diagrama 69

1. Ad4-c5!
La dama está clavada.
1. ..., Aa5-b6!
Ahora el alfil que clava la dama está clavado a su vez. Tras el intercambio en b6, la partida acabaría

en tablas, pero las blancas utilizan la clavada en su beneficio.
2. Dc4-f4+!
Las negras abandonan.

**Bergraser - Weiner
Torneo por correspondencia, 1976**

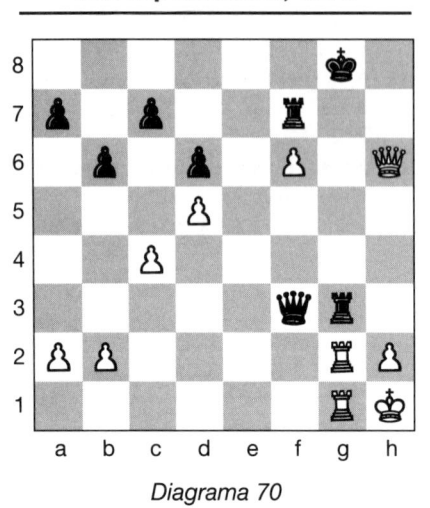

Diagrama 70

Del mismo modo, las blancas no están en condiciones de realizar su ventaja material. Su torre g2 está clavada para siempre, si 1. hxg3, entonces 1. ..., Th7. El final de la partida puede ser bello: 1. Dh4, Txg2; 2. Txg2+, Tg7!!; 3. fxg, Df1+ con jaque perpetuo.

La partida se jugaba por correspondencia, las negras estuvieron tranquilas durante varios días y posiblemente esperaban una propuesta de tablas por parte de su adversario. Pero cuando abrieron el sobre, quedaron estupefactas, las blancas habían enviado la sorprendente jugada:
1. Dh6-h3!!

Utilizaban la clavada de la torre negra para sí mismas. Después:
1. ..., Tf7-g7; 2. Dh3-c8+, Rg8-h7; 3. f6xg7, Tg3xg7; 4. Dc8-h3+!
Las negras abandonaron. 4. ..., Dxh3; 5. Txg7+, Rh8; 6. Tg8+, Rh7; 7. T1g7+, Rh6; 8. Th8+, etc.

**Häendel - Suvskevicv
Minsk, 1956**

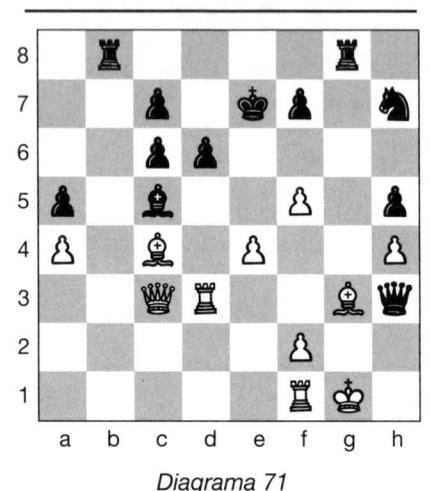

Diagrama 71

1. ..., Tg8xg3+; 2. Td3xg3, Tb8-g8!!

¡Esta clavada es doble! La torre blanca g3 está clavada en la columna (no puede jugar 3. Txh3) y en la línea (después de 3. Txg8, la dama está perdida). Al mismo tiempo existe la amenaza 3. ..., Txg3+. Las blancas abandonan.

Observemos de paso que la mayoría de los procedimientos tácticos, entre ellos los dos que acabamos de ver, comportan un carácter geométrico: las piezas se mueven sobre líneas determinadas. Y donde se cruzan hay explosiones, y uno de los dos bandos gana inevitablemente.

LOS RAYOS X

Si la clavada es un motivo puramente geométrico, los rayos X (o, dicho de otro modo, la acción de las piezas a través de otras) es más de orden físico...

**Shanadi - Pogac
Hungría, 1963**

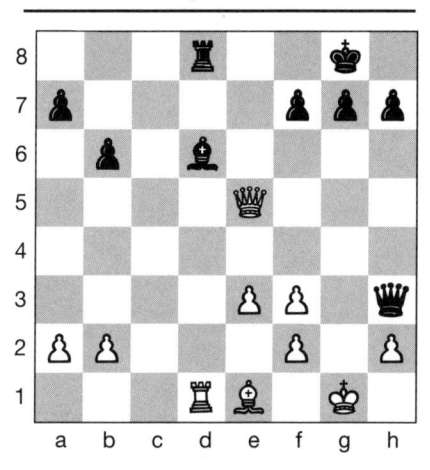

Diagrama 72

Mientras existan posibilidades de clavada, es imposible jugar 1. ..., Axe5. Después de 1. ..., f6; 2. Dd5+, Rf8, las negras tienen muchas amenazas, pero la clavada 3. Ab4! las perderá. 1. ..., Dd7 es una jugada fuerte. Después de 2. Dd4, De8; 3. f4, Ae7!, la clavada fulmina a las blancas. Además, 3. Dxd6, Txd6; 4. Txd6 debe dar tablas. Pero este resultado no conviene a las negras. Después de 1. ..., Dh3xh2+!!, el adversario debe rendirse. Existe la impresión de que sobre el tablero se ha producido un malentendido, ya que la dama blanca se halla entre la dama de las negras h2 y el alfil d6; la captura en h2 es imposible.

Es lo que se llama "rayos X" en ajedrez. Los rayos emitidos por el alfil pasan a través de la dama blanca, que parece no existir para el alfil. Después de: 2. Dxh2, Axh2+; 3. Rxh2, Txd1, las negras tienen una decisiva ventaja material.

El punto f7 es a menudo una casilla vulnerable en el bando de las negras. La combinación de los rayos X permite poner al descubierto esta debilidad.

Veamos un ejemplo clásico:

**Botvinnik - Vidmar
Nottingham, 1936**

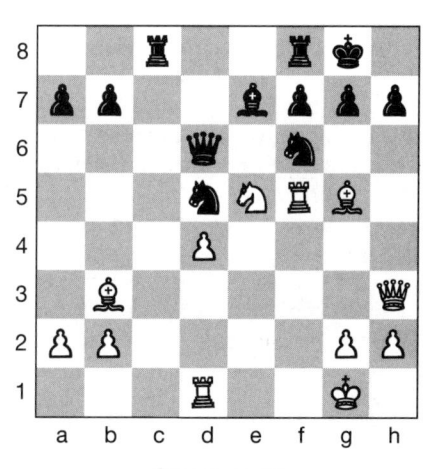

Diagrama 73

La torre y el alfil blancos quieren actuar en la casilla f7 pero los caballos les cierran el paso. No obstante, las piezas de largo alcance "ven" a través de los mismos.

1. Ce5xf7!, Tf8xf7.
(1. ..., Rxf7; 2. Axd5+ etc.)
2. Ag5xf6, Ae7xf6.
(2. ..., Cxf6; 3. Txf6!, Axf6; 4. Dxc8+)
3. Tf5xd5, Dd6-c6; 4. Td5-d6!

Sólo en ese momento el camino hacia f7 queda bien visible (Si la torre hubiera ocupado otra casilla vecina, hubiese sido una catástrofe para las blancas: 4. Tc5?, Axd4+!).
4. ..., Dc6-e8; 5. Td6-d7.
Las negras abandonan.

LA SOBRECARGA

Las piezas de largo alcance (la dama, la torre o el alfil) deben operar a menudo siguiendo una línea determinada: la vertical, la horizontal o la diagonal, y ello para proteger a su propio rey, defender otra pieza, clavar una pieza adversaria, etc.

Pero de súbito aparece en otra línea un nuevo personaje que desvía la atención de nuestra pieza, mira a los lados y se encuentra sobrecargada, lo cual tiene enojosas consecuencias.

Ocurre a veces que dos piezas del mismo color juegan tranquilamente y que durante ese tiempo en la intersección de sus trayectorias aparece un huésped inoportuno ante el cual hay que reaccionar.

Dos piezas se hallan sobrecargadas al mismo tiempo y se embrollan sobre lo que deben hacer.

La siguiente combinación ilustra bien este tema.

Por otra parte, podría haberse situado en la octava conversación dedicada a los sacrificios de dama.

Adams - Torre
Nueva Orleans, 1920
---

1. Dd4-g4!
Por el momento, es la dama de las negras la que está sobrecargada.

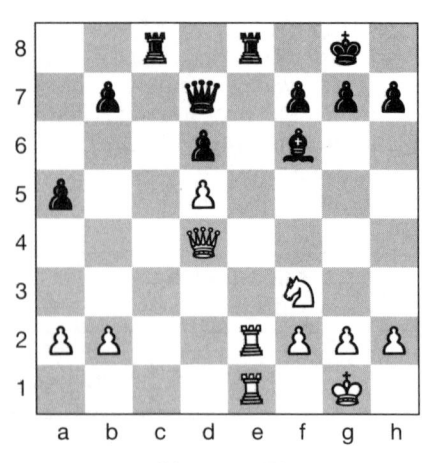

Diagrama 74

1. ..., Dd7-b5; 2. Dg4-c4!
Y ahora la torre negra también.
2. ..., Db5-d7; 3. Dc4-c7!, Dd7-b5

O 3. ..., Da4; 4. Te4!, g6; 5. Dxc8, Dxe4; 6. Dxe8+.
4. a2-a4!
Tras la idea de desviación se oculta la de atracción.

La dama se halla en la cuarta línea y eso la pierde.
4. ..., Db5xa4; 5. Te2-e4!, Da4-b5; 6. Dc7xb7!
Finalmente la dama negra no soporta la sobrecarga y las negras abandonan.

Iandemirov - Guik
Moscú, 1983

La última jugada de las negras ha sido Cc6-b4, suponiendo que su alfil podría proteger la casilla f4.

La jugada buena era Cd4, y las blancas no obtenían una compensación suficiente por su pieza.

Pero después de 1. Te3-e7!, el alfil, por desgracia, estaba dema-

Diagrama 75

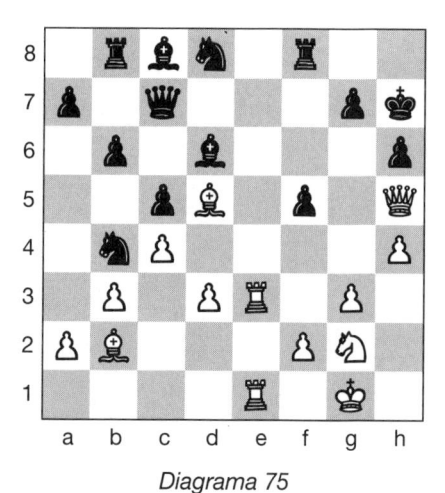

siado sobrecargado y hubo de cambiar de dirección.
1. ..., Ad6xe7; 2. Cg2-f4!, Dc7xf4; 3. Te1xe7, Df4-d4; 4. Ab2xd4, c5xd4; 5. Te7-e8.
Las blancas ganan.

**Rudakovski - Botvinnik
Campeonato de la antigua
URSS, 1945**

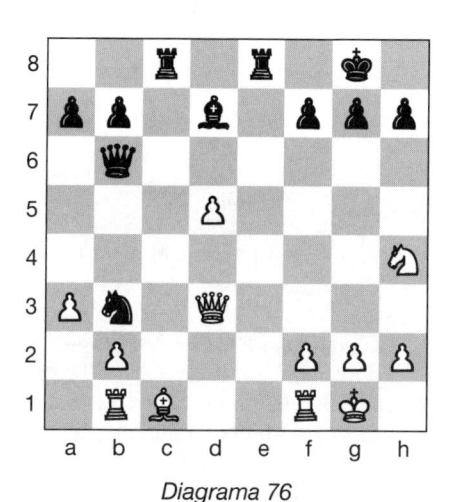

1. ..., Cb3xc1; 2. Tb1xc1, Tc8xc1; 3. Tf1xc1, Db6-h6!

Parece que este ataque doble no es particularmente peligroso para las blancas. Sin embargo, la continuación de la partida demostrará lo contrario.
4. Dd3-c4.
Pero ahora la dama está sobrecargada, cosa que las negras van a explotar hábilmente.
4. ..., Ad7-b5!; 5. Dc4-c5, b7-b6!
Las blancas abandonan.

LA INTERCEPTACIÓN

Imagine que una pieza de largo alcance protege otra o controla una casilla importante.

De repente, en la misma línea en que sucede la acción, aparece un enemigo que cubre el campo de visión de nuestra pieza, que entonces puede sufrir graves disgustos.

**Reti - Bogoljubow
Nueva York, 1924**

Diagrama 76

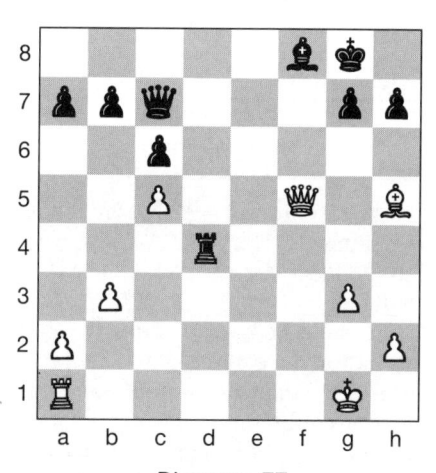

Diagrama 77

La posición no es tan complicada, pero el lector recordará su refinamiento toda su vida ya que es una de las combinaciones más conocidas de la historia del ajedrez.
1. Ta1-f1, Td4-d8.
1. ..., Dd8; 2. Df7+, Rh8; 3. Dxf8+ y las negras están perdidas.
2. Ah5-f7+, Rg8-h8; 3. Af7-e8!!
Genial jugada, cuyo único objetivo es cerrar el paso a la torre hacia el alfil f8. Las negras abandonan de inmediato.

Otra buena interceptación se halla en la variante 1. ..., De7; 2. Af7+, Rh8; 3. Ad5!! La torre aún tiene el paso cerrado, pero, esta vez, es hacia la casilla d8. Las negras se ven impotentes: 3. ..., g6; 4. Dxf8+, Dxf8; 5. Txf8+, Rg7; 6. Tg8+ y el alfil se retira del combate.

A diferencia de los rayos X, en los que una pieza actúa sobre otra a través de numerosos obstáculos, en la interceptación sucede lo contrario: entre dos piezas o dos casillas del tablero, parece no existir obstáculo alguno cuando hay uno que surge en el momento más inoportuno.

Diagrama 78

**Kataev - Markov
Moscú, 1977**

¿Es peligroso el peón "h"? Después de 1. ..., h2; 2. Axf4, está condenado ya que la casilla h1 se halla bajo el control de la torre. Pero se puede crear un obstáculo entre la torre y esta casilla 1. ..., Td8-d1!! Las blancas abandonan. La torre y el alfil quedan fuera del juego, y con 2. Rxd1, la respuesta es 2. ..., h2.

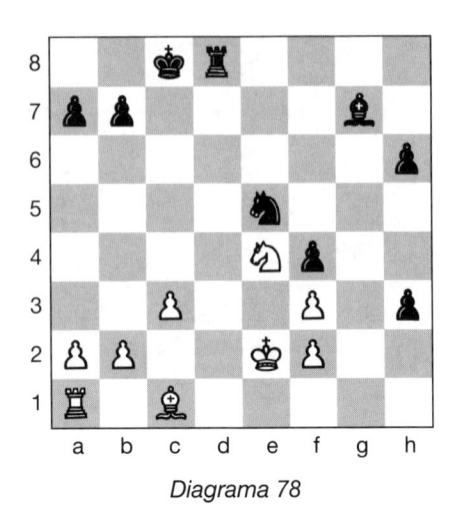

**Kuijpers - Peterson
Halle, 1967**

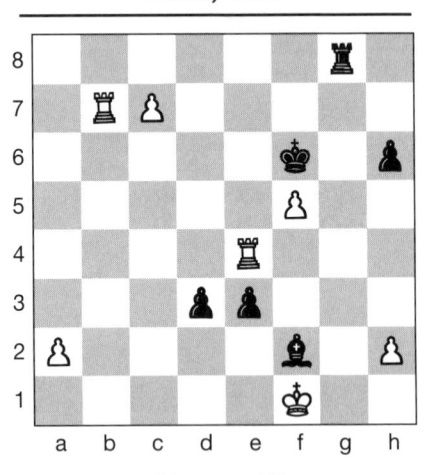

Diagrama 79

La situación parece imposible de defender, pero los milagros existen.
1. Te4-e6+, Rf6xf5; 2. Te6-g6!
Si ahora 2. ..., Rxg6 (2. ..., Txg6; 3. c8=D+), la línea "g" queda cubierta y las blancas colocan su torre en b8.
2. ..., Tg8-e8!

Las negras también son ingeniosas. La amenaza es 3. ..., e2+, pero las blancas han preparado una segunda interceptación.
3. Tg6-e6!
La torre vuelve a poder ser tomada por dos piezas, pero sigue siendo intocable: 3. ..., Rxe6; 4. Tb8 o 3. ..., Txe6; 4. c8=D, e2+; 5. Rg2, e1=D; 6. Tb5. Después:
3. ..., Te8-g8!; 4. Te6-g6!
Los dos adversarios se felicitaron y concluyeron en tablas.

**Simaguine - Bronstein
Moscú, 1947**

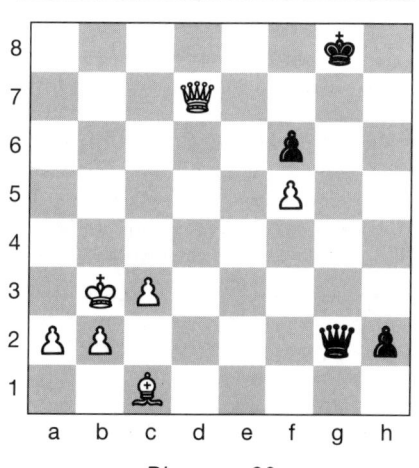

Diagrama 80

Una segunda dama de las negras aparecerá en el tablero y las blancas, al parecer, deberán conformarse con un jaque perpetuo.
Pero esta vez no habrá tablas...
1. Ac1-g5!!
Interceptación impresionante, imposible capturar el alfil, ni con la dama (1. ..., Dxg5; 2. Dc8+; 3. Dc7+ y 4. Dxh2), ni con el peón (1. ..., fxg5; 2. f6!).

1. ..., h2-h1=D.
Y ahora tenemos un mate forzado en nueve jugadas.
2. Dd7-e8+, Rg8-g7; 3. De8-g6+, Rg7-f8; 4. Dg6xf6+, Rf8-g8; 5. Df6-d8+, Rg8-g7; 6. Dd8-e7+, Rg7-g8; 7. De7-e8+, Rg8-g7; 8. f5-f6+, Rg7-h7; 9. De8-f7+, Rh7-h8; 10. Df7-g7#.

LA DESVIACIÓN

Es un procedimiento que recuerda la sobrecarga y la interceptación, pero que resulta mucho más directo.

**Panczyk - Schurade
Zakopane, 1978**

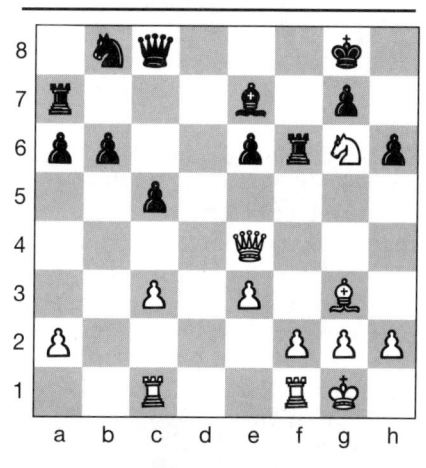

Diagrama 81

1. De4-a8!
Y la partida termina.
La torre negra es apartada:
1. Ta7xa8.
Y las negras deben abandonar una figura.
2. Cg6xe7+, Rg8-f7; 3. Ce7xc8.

Pierde también 1. ..., Tb7; 2. Cxe7+, Txe7; 3. Dxb8 o 1. ..., Ad8; 2. Dxa7, Cc6; 3. Ce7+, Cxe7; 4. Td1.

Golubiev - Cher
Alemania, 1993

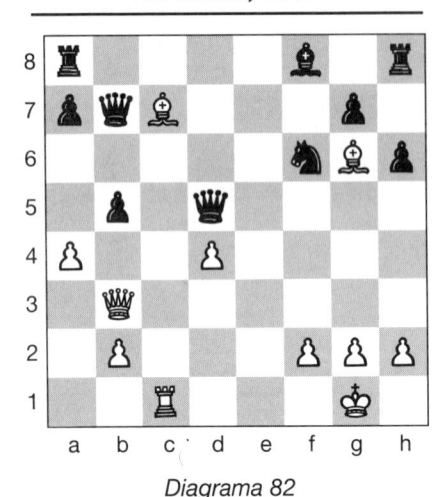

Diagrama 82

El ataque de las blancas está en un callejón sin salida, las damas se intercambiarán. Pero, en ese momento, las blancas hallan una brillante maniobra de desviación.
1. Ag6-e4!!
Desviando una de sus piezas: 1. ..., Cxe4, las negras se encuentran sin dama y después de 1. ..., Dxe4, se les da mate: 2. Dxb5+, Rc8; 3. Aa5#.

Lobron - Gurevich
Munich, 1992

Las blancas no tienen una posición peligrosa, ya que su rey está bien protegido por su torre y su caballo.

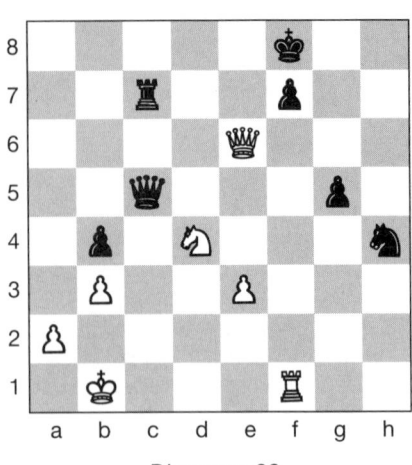

Diagrama 83

Sin embargo, después:
1. ..., Ch4-f3!!
Aparecen de súbito dos de los procedimientos tácticos que hemos estudiado.

La interceptación: la torre f1 está cubierta y la dama de las blancas permanece "en el aire"; y la desviación: la torre es apartada (2. Txf3, Dc1#) o es el caballo (2. Cxf3, Dc2+; 3. Ra1, Dc3+; 4. Rb1, Dd3+; 5. Ra1, Dxf1+).

Después de 2. Dh6+, Re7, las blancas abandonan.

La continuación 3. ..., Cd2+; 4. Rb2, Dc3# no deja ninguna oportunidad a las blancas.

Karpov - Kasparov
Sevilla, 1987

Es la posición de la 23ª partida del campeonato del mundo; las tablas son muy probables, pero, en ese momento, yo aún no albergaba esa intención. Kasparov no soportó la tensión y jugó una combinación errónea.

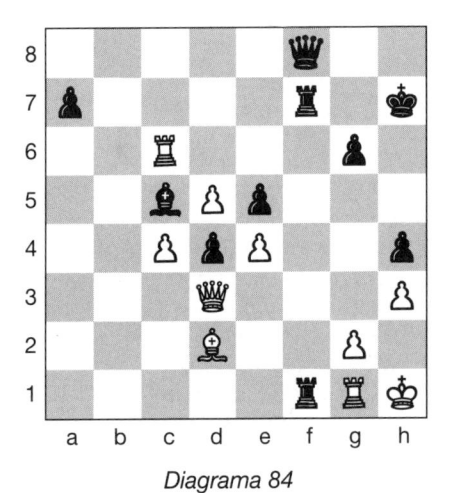

Diagrama 84

50. ..., Tf7-f3?
Numerosos comentaristas propusieron 50. ..., a5, llevando a una buena variante: 51. Ta6?, T7f3; 52. gxf3, Txf3; 53. De2, Txh3+; 54. Rg2, Tg3+; 55. Rh2, d3, y las negras ganan. Pero después de la buena jugada 51. Axa5, T7f3; 52. gxf3, Txf3; 53. Tc7+!, Rh8; 54. Tc8!, Txd3; 55. Txf8+, Axf8; 56. Rh2, entramos en un final sin duda imposible de defender para las negras.
51. g2xf3, Tf1xf3.
¿Pasarán las negras a la acción...?
52. Tc6-c7+, Rh7-h8; 53. Ad2-h6!
Contracombinación de desviación y de sobrecarga, la situación en el tablero está ahora muy clara.
53. ..., Tf3xd3; 54. Ah6xf8, Td3xh3+; 55. Rh1-g2, Th3-g3+; 56. Rg2-h2, Tg3xg1; 57. Af8xc5, d4-d3.
Las negras abandonan.
Después de 58. Ae3, las blancas darán el alfil contra el peón "d" y las negras ya no podrán retener los dos peones pasados "c" y "d".

Como conclusión, le presento una de las mejores combinaciones de mi juventud. En su época provocó el elogio unánime de la prensa mundial y abrió incluso la colección de mis partidas.

Karpov - Guik
Moscú, 1968

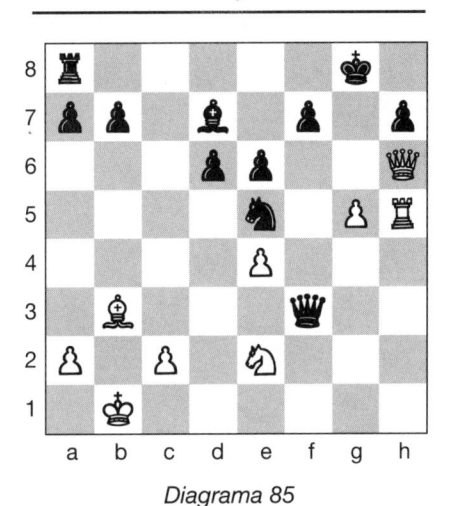

Diagrama 85

En apariencia, las negras están en buena situación, después de 24. Dxh7+, su rey se hace con el control de la posición: 24. ..., Rf8; 25. Dh8+, Re7 y si 26. Dxa8, entonces 26. ..., Dxh5. 25. Cd4, Dd1+; 26. Rb2, Dxd4+ no era una buena jugada.
24. g5-g6!
Este temerario peón se sacrifica para preparar una interceptación mortal.
24. ..., Ce5xg6.
Y no 24. ..., fxg6; 25. Dxh7+, Rf8; 26. Dh8+, Re7; 27. Th7+, Cf7; 28. Dxa8. Por tanto, el caballo de negras captura g6 y las negras sa-

borean de antemano su cercana victoria.

El ataque de las blancas es rechazado y tienen dos peones menos.

25. Dh6xh7+, Rg8-f8; 26. Th5-f5!!

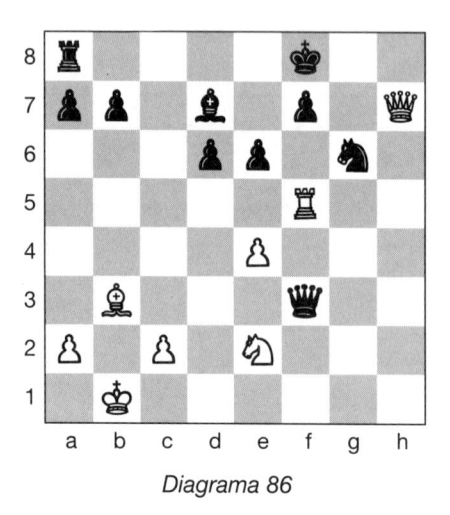

Diagrama 86

La jugada de torre de las blancas llegó sin advertir del peligro. Esta interceptación es bastante interesante; dos líneas (la diagonal a2-g8 y la columna "f") se cruzan en la casilla f7, que es un punto crítico. La amenaza es 27. Dxf7#.

La torre ataca la dama en la columna "f" y el alfil, en caso de desviación del peón e6, controla en la diagonal el punto sensible f7.

Por tanto, las negras sólo pueden dar su dama.

26. ..., Dc3xb3+; 27. a2xb3, e6xf5; 28. Ce2-f4!

Otra preciosa maniobra; la torre a8 no está protegida y esta situación llevará a la completa destrucción de la fortaleza.

28. ..., Ta8-d8; 29. Dh7-h6+, Rf8-e8; 30. Cf4xg6+, f7xg6 31. Dh6xg6, Re8-e7; 32. Dg6-g5+!, Re7-e8; 33. e4xf5, Td8-c8; 34. Dg5-g8+, Re8-e7; 35. Dg8-g7+.

Las negras abandonan.

¡Es un caso poco frecuente en el que no sólo el vencedor está satisfecho del final de la partida, sino también el vencido! Desde luego, ¡es agradable recordar la juventud!

SÉPTIMA CONVERSACIÓN

"Una combinación y lo imposible se hace posible. Es una chispa divina, como un meteoro que ilumina la partida de ajedrez."

(S. Tartakover, gran maestro)

Una antología de combinaciones destacables

Un sacrificio brillante, una jugada inesperada con un mate en unos movimientos, una combinación bien calculada que destruye la fortaleza enemiga, una buena jugada que rechaza un peligroso ataque del adversario o también una maniobra inesperada que refuta el plan del adversario, toda esta enumeración del arsenal de los procedimientos combinatorios está lejos de ser completa.

El objeto de nuestro libro no es abrir un debate sobre las formulaciones científicas estrictas de las combinaciones en el ajedrez. Destaquemos simplemente tres características que constituyen su esencia: la racionalidad, la no evidencia y la eficacia.

En mi opinión, la verdadera combinación debe estar bien pensada y bien razonada.

Un sacrificio de pieza erróneo, aunque lleve por casualidad al objetivo perseguido, probablemente no llenará el tesoro del arte del ajedrez. Evidentemente, la combinación no debe ser demasiado banal; en caso contrario, sólo es una operación táctica, un ejemplo escolar.

Por otra parte, no siempre es posible establecer un límite entre la jugada táctica corriente y la combinación. Pero ¿acaso vale la pena preocuparse de ello?

Una bonita combinación tiene un valor particular si, al mismo tiempo, es la continuación más fuerte. Si hemos de elegir entre eficacia e impresión, yo daré entonces mi preferencia a la posibilidad que lleva al objetivo de la forma más sencilla y rápida. Todo el mundo está lejos de seguir esta regla y si un ajedrecista está dispuesto a sacrificar por la belleza parte de la lógica del combate, ¿hay que censurárselo?

Daré dos asombrosos ejemplos:

Lasker - Bauer
Amsterdam, 1889

Diagrama 87

Las negras acaban de capturar el caballo h5 con su propio caballo. Las blancas dan uno tras otro sus alfiles, destruyendo la fortaleza adversaria.
1. Ad3xh7+!, Rg8xh7; 2. De2xh5+, Rh7-g8; 3. Ae5xg7!, Rg8xg7; 4. Dh5-g4+, Rg7-h7; 5. Tf1-f3, e6-e5; 6. Tf3-h3+, Dc6-h6; 7. Th3xh6+, Rh7xh6; 8. Dg4-d7.

Las negras abandonan. Un cuarto de siglo más tarde, Tarrasch realiza una combinación similar con las negras.

Nimzovitch - Tarrasch
San Petersburgo, 1914

18. ..., d5-d4; 19. e3xd4, Ad6xh2+; 20. Rg1xh2, De7-h4+; 21. Rh2-g1, Ac6xg2!; 22. f2-f3.

Perdía en seguida 22. Rxg2 a causa de 22. ..., Dg4+ y 23. ..., Td5 con mate imparable.

Diagrama 88

22. ..., Tf8-e8; 23. Cd2-e4, Dh4-h1+; 24. Rg1-f2, Ag2xf1; 25. d4-d5, f7-f5; 26. Dc2-c3, Dh1-g2+; 27. Rf2-e3, Te8xe4+; 28. f3xe4, f5-f4+.

Las negras podían dar mate en tres jugadas: 28. ..., Dg3+; 29. Rd2, Df2+; 30. Rd1, De2 , pero retrasaron un poco la fase final del mate.

29. Re3xf4, Td8-f8+; 30. Rf4-e5, Dg2-h2+; 31. Re5-e6, Tf8-e8+; 32. Re6-d7, Af1-b5#.

Después de la partida, Tarrasch declaró que había escogido conscientemente una variante más larga porque no podía resistir la tentación de realizar un mate poco habitual con un alfil.

Por desgracia, esta búsqueda de lo espectacular le costó cara: en lugar de ganar el primer premio de belleza, obtuvo el segundo...

Cosa curiosa, tras la decisión del jurado, Tarrasch quiso conocer la opinión de Lasker y recibió esta respuesta digna de un caballero:

"Su combinación contra Nimzovitch, doctor, es sin duda una obra maestra, como toda la parti-

da. Sólo se encuentra una combinación como ésta cada veinticinco años".
Continuemos nuestra conversación sobre el florilegio de las combinaciones destacables en el tablero.

**Bogoljubow - Alekhine
Hastings, 1922**

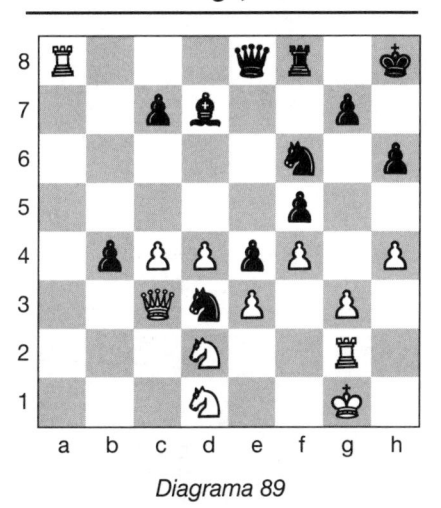

Diagrama 89

30. ..., b4xc3!?; 31. Ta8xe8, c3-c2!!

A causa de esta bella idea, Alekhine rehusó la victoria rápida: 30. ..., Dxa8!; 31. Db3, Da1; 32. Db1, Dxb1; 33. Cxb1, Ta8, y luego Ta8-a1, tras lo cual perece todo el ejército blanco.

El primer campeón mundial ruso nunca se mostraba indiferente a las bellas combinaciones y no podía rehusar el placer de crear una obra de arte.

32. Te8xf8+, Rh8-h7; 33. Cd1-f2, c2-c1=D+; 34. Cd2-f1, Cd3-e1.

Y las blancas quedan sin defensa.

Ahora nos interesaremos por combinaciones realmente magníficas, ¡verdaderas obras maestras del ajedrez!
¡Obras maestras que permiten a sus creadores entrar en la leyenda del juego!

**Göring - Minckwitz
Wiesbaden, 1871**

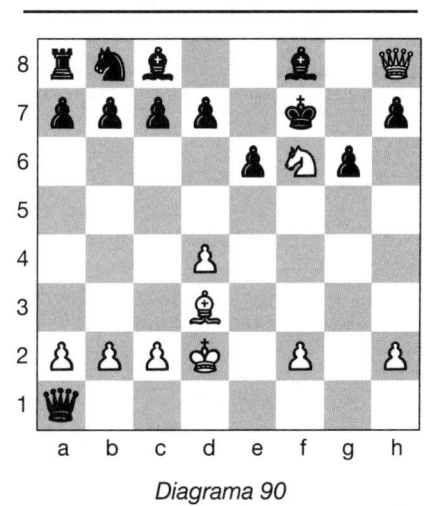

Diagrama 90

13. Dh8-g8+, Rf7xf6.

Con 13. ..., Re7, las blancas dan mate de forma muy brillante: 14. Cd5+!!, exd5; 15. Dxh7+, Rf6; 16. Dxg6+, Re7; 17. Dg5+, Rf7; 18. Ag6+, Rg8; 19. Dxd5+, Rg7; 20. Df7+, Rh6; 21. Dh7+, Rg5; 22. f4+, Rxf4; 23. Dh4+, Rf3; 24. Ae4#.

14. Dg8xf8+, Rf6-g5; 15. f2-f4+, Rg5-g4; 16. Ad3-e2+, Rg4-h3; 17. Df8-h6+, Rh3-g2; 18. Dh6-g5+, Rg2xh2; 19. Ae2-f3, Da1-f1; 20. Dg5-h4+, Rh2-g1; 21. Dh4-g3+, Df1-g2+; 22. Dg3xg2#.

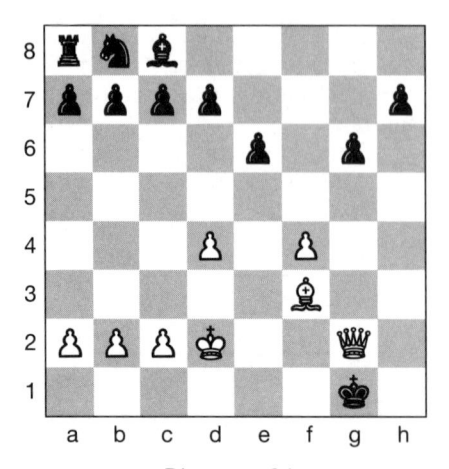

Diagrama 91

Teniendo en cuenta la obra maestra realizada, hemos representado excepcionalmente la posición final.

Los contemporáneos decían que era una posición genial.

**Mason - Winaver
Viena, 1882**

---

40. Tg3xg5!, h6xg5; 41. Dh5-h7+, Cc5-d7; 42. Ac6xd7, Dc8-g8.

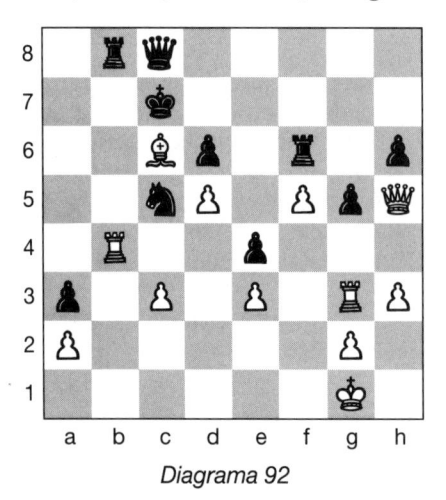

Diagrama 92

No convenía 42. ..., Dxd7; 43. Tc4+, Rd8; 44. Dh8+, De8 45. Dxf6+, etc.

43. Tb4-b7+!!

¡La punta de la combinación!

Reencontramos aquí los temas de la sobrecarga y de la desviación ya abordados en la conversación anterior.

43. ..., Rc7xb7; 44. Ad7-c8+!

El tema de la interceptación, gracias al cual se ha ganado la dama de las negras.

44. ..., Rb7-a8; 45. Dh7xg8.

Y las negras abandonan rápidamente.

**K. Richter - Baratz
Praga, 1931**

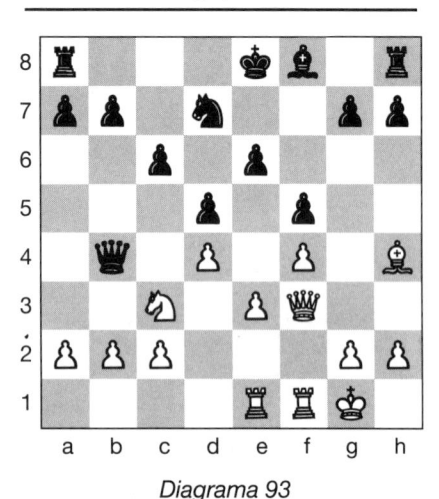

Diagrama 93

14. e3-e4!!

¡Sin previo aviso!

Las negras no tienen opción; deben aceptar el sacrificio del peón.

14. ..., d5xe4; 15. Cc3xe4, f5xe4; 16. Df3xe4, Db4-d6.

Lo peor parece haber pasado, pero...

17. De4-f5!
Tras el sacrificio de pieza, las blancas tienen un ataque muy fuerte.

Con 17. ..., e5, las negras aún podían resistir, pero prefirieron una muerte rápida jugando:

17. ..., Dd6xd4+; 18. Rg1-h1, Af8-e7; 19. Df5xe6, O-O-O; 20. Ah4xe7.

Y las blancas ganan.

Pérez - Najdorf
Torremolinos, 1961

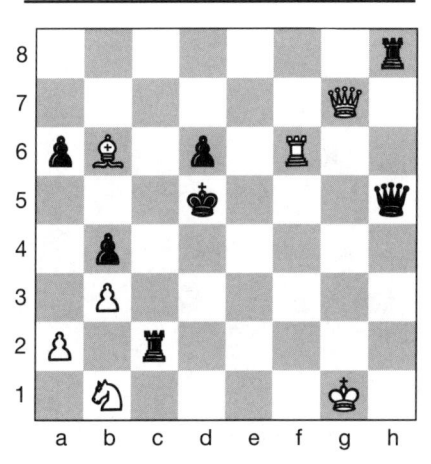

Diagrama 94

Es un cuadro romántico. A simple vista se ve que las blancas pueden dar disgustos a su adversario, pero ¿cómo?

La jugada 1. Db7+, por ejemplo, no es muy buena a causa de 1. ..., Tc6.

Pérez logró atraer al rey negro a una red de mate, comenzando con una jugada de estudio.

1. Cb1-c3+!!, Tc2xc3.

Si 1. ..., bxc3, se obtiene un mate puramente geométrico: 2. Db7+, Re5; 3. De7+, Rd5; 4. Txd6#.

2. Dg7-g2+, Rd5-e5.

Las blancas han agotado todos sus recursos; veamos ahora la idea clave de la combinación.

3. Ab6-d4+!!, Re5xd4; 4. Dg2-d2+!, Tc3-d3.

Todas las jugadas son forzadas, si 4. ..., Rc5; 5. Dxd6+, o 4. ..., Re5; 5. Dxd6+, Re4; 6. Tf4+, etc. y las blancas dan mate al adversario en 11 jugadas.

5. Dd2xb4+, Rd4-e5; 6. Db4-f4+, Re5-d5; 7. Df4xd6+, Rd5-e4; 8. Dd6-f4+, Re4-d5; 9. Df4-c4+, Rd5-e5; 10. Dc4-e6+, Re5-d4; 11. Tf6-f4+, Rd4-c3; 12. De6-e1+, Rc3-b2; 13. Tf4-f2+, Rb2-a3; 14. De1-e7+!

Al rey se le da mate en la jugada siguiente.

¡Una combinación de este tipo es poco frecuente en una partida práctica!

Se pregunta siempre a los grandes maestros hasta qué punto son capaces de calcular una variante.

He de decir que los jugadores experimentados se limitan al paso esquemático de una posición clave a otra (particularmente en finales) y entonces el número global de jugadas puede ser de varias decenas.

Además, en las posiciones que tienen gran número de variantes posibles, es absolutamente insensato entrar en los detalles, lo esencial es no cometer graves errores de cálculo.

¡El gran maestro Richard Reti respondía, cuando se le hacía esta pregunta, que sólo calculaba una jugada de antemano!

Un día, también se lo preguntaron a Smyslov:

"Exactamente el número de jugadas que puedo ver", respondió el ex-campeón mundial...

"¿Y cuánto ve?"

"¡No más de lo que puedo calcular!"

Para el maestro que tiene experiencia, lo esencial es saber analizar la posición que aparece y comprender la correlación entre las piezas y, entonces, la misma posición dicta las jugadas concretas.

Pero a veces se producen "olvidos"...

Petrosian - Simaguin
Moscú, 1956

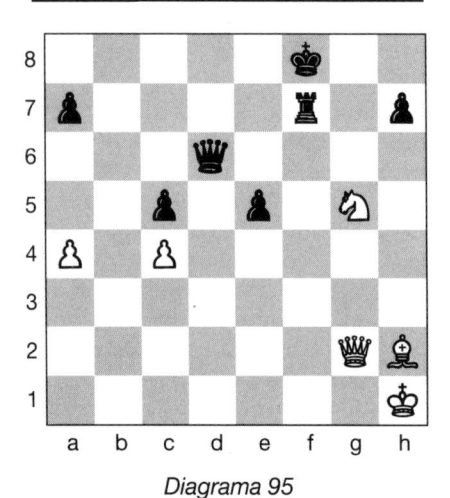

Diagrama 95

Las negras pusieron imprudentemente su dama en d6, habiendo calculado sólo la jugada 1. Cxf7, seguido de 1. ..., Dd1+, que daba un jaque perpetuo y por tanto las tablas.

1. Dg2-a8+, Rf8-g7; 2. Ah2xe5+!, Dd6xe5; 3. Da8-h8+!, Rg7xh8; 4. Cg5xf7+

Y todo terminó.

Es curioso que diez años más tarde, en una partida del campeonato del mundo, Petrosian, sin reflexionar un segundo, jugó exactamente la misma combinación con este sacrificio de dama (ver la decimoquinta conversación).

Sergueiev - Razumovski
Minsk, 1974

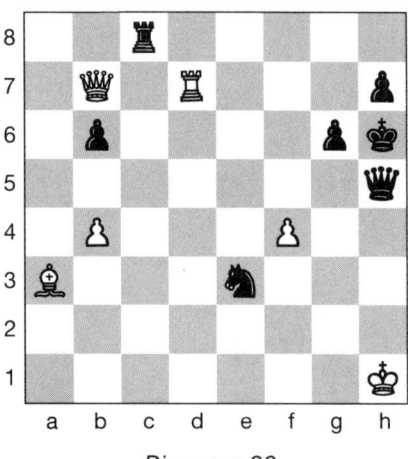

Diagrama 96

La posición es equilibrada por amenazas tácticas en los dos bandos.

Las blancas, por ejemplo, amenazan mate en h7, pero sus piezas pesadas no pueden abandonar las líneas que controlan.

Se podía jugar 1. ..., Th8, y si 2. Ab2, entonces 2. ..., De2 con un fuerte ataque, pero las negras dejaron tan estupefacto a su adversario con su jugada que éste abandonó de inmediato.

1. ..., Tc8-c7!
Es una jugada sobre el tema de la sobrecarga de las piezas pesadas. ¡Pero el juego podía continuar!
2. b4-b5!
Con amenaza de mate en f8. Ahora, 2. ..., De2 ya no basta a causa de 3. Txh7+!!, Rxh7! (3. ..., Txh7?; 4. Af8+, Rh5; 5. Dxh7+, Rg4; 6. Dxg6+, Rf3; 7. Dh5+, Cg4; 8. Dd5+, Rxf4; 9. Ad6+, Re3; 10. De6+ y 11. Dxe2+ con una final ganadora) 4. Dxc7+, Rg8! y las blancas se ven obligadas a dar el jaque perpetuo.
2. ..., Dh5-d1+; 3. Td7xd1, Tc7xb7 con tablas.

Nenarokov - Grigoriev
Moscú, 1923

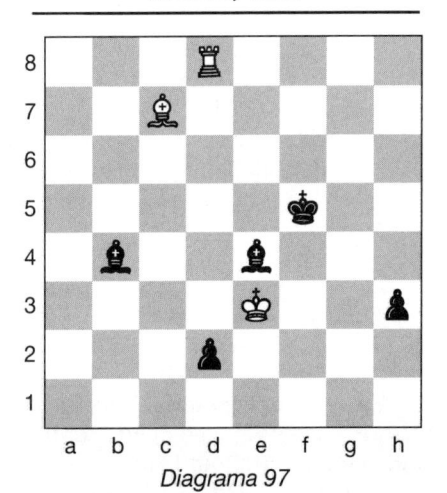

Diagrama 97

A las negras les hizo falta una sola jugada para obligar a su adversario a admitir su derrota.
1. ..., Ab4-d6!!
Es un sorprendente modelo de interceptación vertical y diagonal a la vez; uno de los peones negros irá inevitablemente a dama.

Botvinnik - Capablanca
Países Bajos, 1938

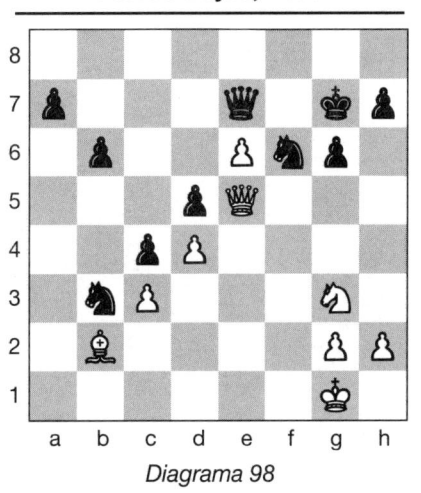

Diagrama 98

1. Ab2-a3!!
Comenzando una combinación forzada en 12 jugadas.
1. ..., De7xa3; 2. Cg3-h5+!, g6xh5; 3. De5-g5+, Rg7-f8; 4. Dg5xf6+, Rf8-g8; 5. e6-e7, Da3-c1+; 6. Rg1-f2, Dc1-c2+; 7. Rf2-g3, Dc2-d3+; 8. Rg3-h4+, Dd3-e4+; 9. Rh4xh5, De4-e2+; 10. Rh5-h4, De2-e4+; 11. g2-g4!
Última precisión y no 11. Rh3? a causa de 11. ..., h5!
11. ..., De4-e1+; 12. Rh4-h5.
El juego ha terminado y las negras abandonan.
Esta combinación, posible gracias a dos jugadas preparatorias, es una de las más notables de toda la historia del ajedrez.

Estrin - Katalymov
Moscú, 1969

Las blancas lograron jugar una combinación de ataque en el estilo "romántico" del siglo XIX.

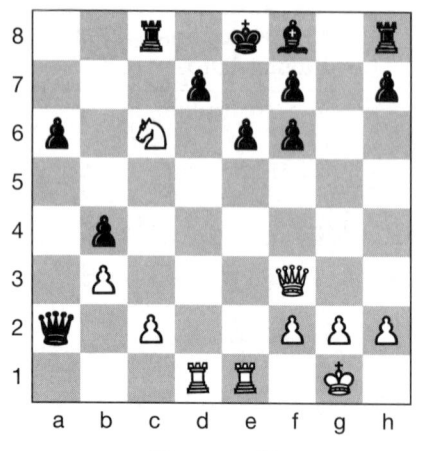

Diagrama 99

19. Te1xe6+!!, d7-e6.
Y no 19. ..., fxe6? a causa de 20. Dh5#.
20. Df3xf6, Af8-d6
Jugada única, ya que el rey blanco ya no tiene "ventana".
21. Df6xh8+, Re8-d7; 22. Cc6-b8+!, Rd7-c7; 23. Dh8-d4!, Tc8-d8; 24. Dd4-a7+, Rc7-c8; 25. Cb8xa6, Da2-a5; 26. g2-g3, Da5-e5; 27. Ca6xb4, De5-e4; 28. Cb4-d3, Td8-d7.
Poniendo fin a sus tormentos
29. Da7xd7+!
Las negras abandonan.

Bogdanovic - Planinc
Yugoslavia, 1965

La posición de las blancas es penetrada por dos "caballos de Troya" y uno de ellos comienza a actuar...
1. ..., Cc4-d2!!
¡Las negras tienen ya una torre menos, pero no es momento de hacer aritmética!
2. Re1xd2.

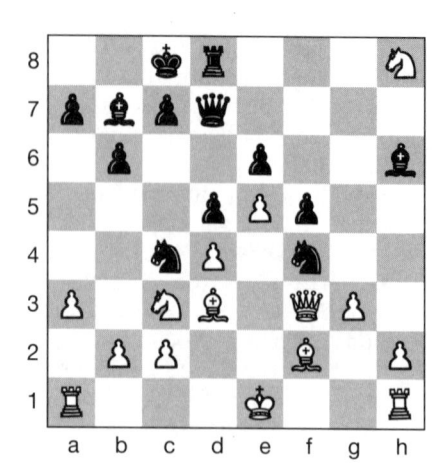

Diagrama 100

Si 2. Dd1, se manifiesta el segundo "caballo de Troya": 2. ..., Cg2+!; 3. Re2, De8! con la amenaza 4. ..., Dh5+.
2. ..., Cf4xd3+; 3. Af2-e3.
Si 3. Rxd3? entonces 3. ..., Aa6+; 4. Cb5, Axb5+; 5. Rc3, Dc6+; 6. Rb3, Dc4#.
3. ..., Cd3xe5!
¡Terrible ataque! Las blancas se defienden con la energía de la desesperación.
4. Df3-h5!
Por supuesto, 4. dxe5 era fatal para las blancas a causa de 4. ..., d4!
4. ..., Ce5-c4+; 5. Rd2-e2, Ah6xe3.
La igualdad material está casi restablecida y el juego puede continuar con más tranquilidad.
6. Ch8-f7, Td8-f8; 7. Cf7-e5, Cc4xe5; 8. Re2xe3, Ce5-c4+; 9. Re3-f2.
Ha pasado la primera tormenta y las blancas incluso han conservado la calidad. Pero su rey está sin defensa, el centro se halla bajo el control de las negras y su apertura es inevitable.

9. ..., Dd7-g7!; 10. Cc3-e2, Cc4-d2.
¡Uno de los "caballos de Troya" está aún vivo y activo!
11. Dh5-h4, f5-f4!
Quita a la dama de las blancas su última casilla. El resultado del combate se precisa.
12. g3xf4, Tf8-h8!; 13. Dh4xh8+.
Ya no hay casilla de repliegue. ¡Los puntos g3 y g5 están controlados por el "caballo de Troya"!
13. ..., Dg7xh8; 14. h2-h4.
Las negras obtienen ya ventaja material y ventaja posicional; el desenlace se acerca...
14. ..., Dh8-h5; 15. Rf2-e3, Cd2-c4+; 16. Re3-f2, Ab7-a6; 17. Ta1-e1, Cc4-d2.
Airosos movimientos de caballo.
18. Rf2-e3, Cd2-f3; 19. Te1-f1, Aa6xe2.
Las blancas abandonan.

Tal - Tringov
Amsterdam, 1964

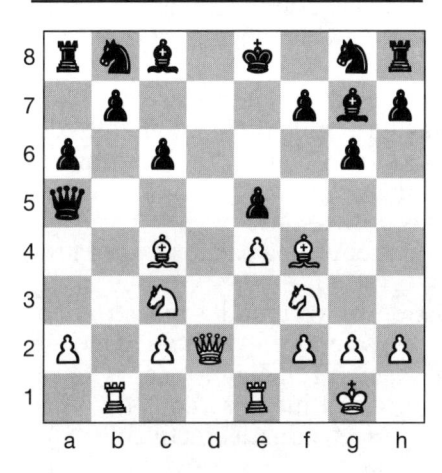

Diagrama 101

Como conclusión, presentamos al lector una de las obras maestras eternas de un mago del ajedrez que nos dejó prematuramente, Mijaíl Tal.
13. Dd2-d6!!
Jugada típica de Tal; ¡dos piezas pueden ser capturadas tranquilamente!
13. ..., Da5xc3.
Si 13. ..., exf4, pasaría lo siguiente: 14. Cd5!, Cd7; 15. Cg5, Ae5; 16. Cc7+!, Dxc7; 17. Axf7+, Rd8; 18. Ce6#.
14. Te1-d1, Cb8-d7; 15. Ac4xf7+!, Re8xf7; 16. Cf3-g5+, Rf7-e8; 17. Dd6-e6+.
Las negras abandonan a causa de 17. ..., Rf8; 18. Df7#, o 17. ..., Rd8; 18. Cf7+, Rc7; 19. Dd6#.
¡Esta combinación es tan transparente como el cristal!

Es hora de cerrar nuestra pequeña exposición de combinaciones destacables en el ajedrez. Volveremos a encontrarla en la conversación siguiente, en la que se reúnen las mejores de ellas, ¡basadas en un sacrificio de dama!

También hallará bellas combinaciones en otras páginas del libro, por ejemplo en la conversación sobre las miniaturas de los campeones del mundo.

Espero que esta selección de combinaciones le haya gustado; la he realizado especialmente para este libro.

El número de obras maestras es enorme; resulta imposible reunirlas todas en un libro y cada uno de ustedes podrá formar en el futuro su propia colección.

OCTAVA CONVERSACIÓN

"La belleza del ajedrez se revela en el análisis: las jugadas y las contrajugadas brillantes permanecen entre los bastidores del espectáculo del ajedrez."

(L. Evans, gran maestro)

El gran maestro sacrifica su dama

El lector hallará en las páginas de este libro combinaciones de todas clases, sencillas o complicadas, banales o completamente inesperadas. Éstas no sólo desarrollarán en él el arte de la táctica, sino que ampliarán también su sentido estético.

Gracias al valor artístico de las combinaciones y a su influencia emocional en la gente, este antiguo juego ha sido elevado al nivel de un verdadero arte.

Entre las innumerables combinaciones, bellas, sutiles y enigmáticas, hemos decidido dedicar toda una conversación a las combinaciones más sorprendentes, las que han maravillado a generaciones enteras de jugadores.

Se trata de las combinaciones más bellas e impresionantes, en las que la pieza más fuerte del juego, la dama, se sacrifica para conseguir la victoria.

Cuando un gran maestro da su dama a otro gran maestro, ello suele producir una impresión espectacular, independientemente del hecho de saber si restablecerá el equilibrio material o alcanzará el objetivo perseguido. A cambio de su dama, ¿obtendrá nuestro audaz jugador un ataque peligroso o ventajas posicionales?

¡En esta conversación he incluido al menos una partida de cada rey del ajedrez!

Aunque se me clasifica a menudo, entre los grandes maestros, como jugador "posicional", con frecuencia se encuentra en mi juego ese eficaz procedimiento que es la combinación (en algunos casos, el sacrificio de la dama es bien real; en otros, el juego se construye por completo sobre ese sacrificio aunque no se produzca efectivamente).

Veamos cómo se desprenden los grandes maestros de su dama. Comenzaré con una vieja combinación de que fue víctima el autor de estas líneas.

E. Geller - A. Karpov
Moscú, 1976

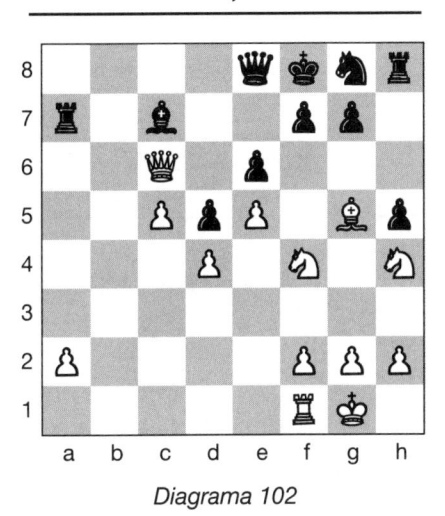

Diagrama 102

Es una situación divertida; las blancas efectúan una jugada fuerte vencedora, pero, al mismo tiempo, única. En todas las demás continuaciones blancas, hay intercambio de las damas y las negras obtienen una gran ventaja material.

Justo después de jugar mi dama en e8 vi la combinación de mi adversario, pero ya no podía evitarla. Geller estaba en una terrible falta de tiempo pero, en el último momento, ¡logró sacrificar su dama!

25. Dc6xe6!!, f7xe6; 26. Cf4-g6+, De8xg6; 27. Ch4xg6+, Rf8-e8; 28. Cg6xh8.

La combinación de las blancas resulta vencedora.

Mis intentos para frenarla fueron vanos.

28. ..., Ta7-a4; 29. Tf1-d1, Cg8-e7; 30. Ag5xe7, Re8xe7; 31. Ch8-g6+, Re7-f7; 32. Cg6-f4, Ac7xe5; 33. d4xe5, Ta4xf4; 34. Td1-c1!

Y las blancas vencen. El *Informator* declaró esta partida la mejor del año.

El sacrificio de dama realizado por mi adversario causó una gran impresión en el jurado.

Al año siguiente, me tomé la revancha. En la nueva edición del *Informator*, una de mis partidas fue laureada por haber sido ganada con el mismo procedimiento; mi dama fue bruscamente capturada... ¡por un peón!

S. Tatai - A. Karpov
Las Palmas, 1977

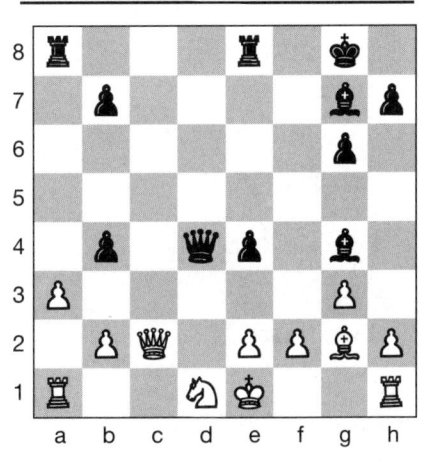

Diagrama 103

23. ..., Dd4-d3!; 24. e2xd3.

Esta jugada permite un desarrollo muy elegante del ataque.

Las demás continuaciones tampoco podían salvar a las blancas.

24. ..., e4xd3+; 25. Re1-d2, Te8-e2+!; 26. Rd2xd3, Ta8-d8+; 27. Rd3-c4, Te2xc2+; 28. Rc4xb4, Tc2-d2!; 29. f2-f3, Ag7-f8+; 30. Rb4-a5, Ag4-d7!

Las blancas abandonan.

Veamos otro ejemplo.

A. Karpov - S. Csoldos
Budapest, 1973

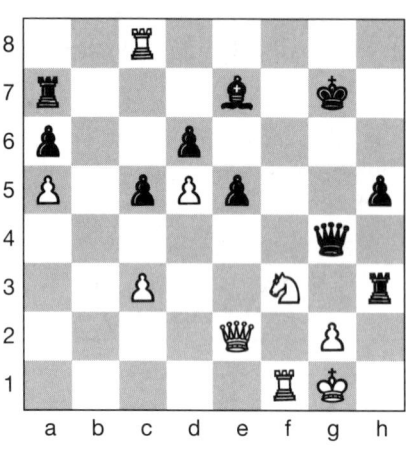

Diagrama 104

31. Cf3xe5!!
La dama blanca se sacrifica; ¡es casi el mate de Legal!
El rey de las negras sucumbe en todas las variantes.
31. ..., Dg4xe2.
Si la dama captura la torre es el caballo acróbata quien da el golpe de gracia: 31. ..., Dxc8; 32. Tf7+, Rh6; 33. Dd2+, Ag5; 34. Tf6+, Rh7; 35. Dxg5, Rh8; 36. Th6+, Th7; 37. Cf7#.
32. Tf1-f7+, Rg7-h6; 33. Tc8-h8+, Rh6-g5; 34. Th8-g8+, Rg5-h4; 35. Ce5-g6+, Rh4-g5.
Después de 35. ..., Rg3; 36. Cxe7+, Dg4; 37. Tf3+, Rh4; 38. Cf5+, Dxf5; 39. Txf5, Tg3; 40. Tf4+, Tg4; 41. Rh2, el peón "g" da mate.
Las negras deciden abreviar sus sufrimientos y la partida termina rápidamente.

36. Cg6xe7+, Rg5-h4; 37. Ce7-f5#.

Dos ejemplos más en que mis adversarios no pudieron defenderse contra mi sacrificio de dama.

A. Karpov - Z. Ribli
Dubai, 1986

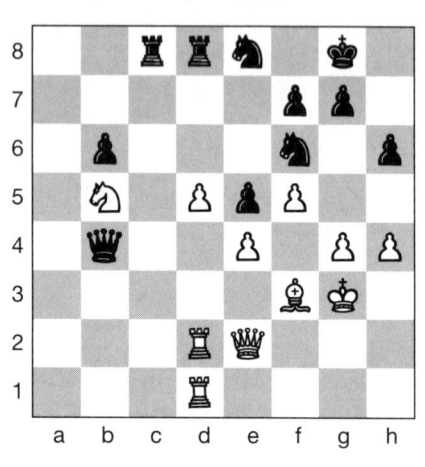

Diagrama 105

48. g4-g5, h6xg5.
Las negras abren imprudentemente la columna "h", que se convertirá en el escenario de las operaciones. Era necesario replegar el caballo sin intercambiar los peones.
49. h4xg5, Cf6-h7; 50. d5-d6!, Tc8-c5; 51. Td2-b2!
Es un momento interesante, se podía jugar a continuación 51. Dh2, Txb5; 52. Dxh7+, Rxh7; 53. Th2+, Rg8; 54. Tdh1 con un mate inevitable.
Pero surgiría entonces una brillante combinación de refutación mediante un contrasacrificio de dama: 54. ..., De1+!!

Las blancas se ven obligadas a retirar por un momento la torre del ataque y las negras capturan el peón d6 y abren una puerta de salida que permite escapar al rey.

Éstas también tienen oportunidades de ganar.

Afortunadamente, no caí en la trampa. Mediante una jugada intermedia de torre, la dama es expulsada de la diagonal a5-e1.

51. ..., Db4-c4.

¿Es obligado el intercambio de damas?

El caballo b5 está en peligro, pero sabemos ya que las blancas tienen un sacrificio de dama vencedor.

52. De2-h2!, Tc5xb5; 53. Dh2xh7+!!, Rg8xh7; 54. Td2-h2+, Rh7-g8; 55. Td1-h1, f7-f6; 56. Th2-h8+.

Las negras abandonan.

Después de 56. ..., Rf7; 57. g6#, los peones blancos secuestran al rey.

¡Es interesante destacar que, en ese momento, las negras tienen la dama de más!

A. Karpov - M. Gurevich
Reggio Emilia, 1991

73. Ad3-c4!

Es una sutil trampa en la que caerá mi adversario sin darse cuenta.

Las blancas están en condiciones de instalar su alfil en d5, desde donde no sólo defenderá los peones débiles a2 y e4, sino que controlará también las casillas importantes f7 y g8 en las proximidades del rey enemigo.

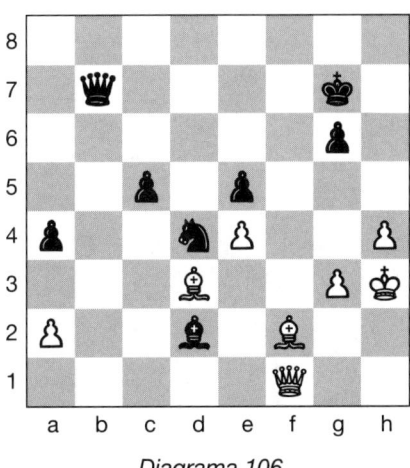

Diagrama 106

73. ..., Db7xe4?

La partida debía terminar en tablas, pero la caza del peón "envenenado" acabará perdiendo a las negras.

74. Af2xd4, e5xd4.

No resulta difícil convencerse de que las demás capturas en d4 tampoco pueden salvar a las negras.

75. Df1-f7+, Rg7-h6; 76. Df7-f8+, Rh6-h5.

O 76. ..., Rh7; 77. Ag8+, Rh8; 78. Ad5+.

77. Df8-h8+, Ad2-h6.

Al aceptar el sacrificio de peón las negras han previsto esta posición, pero no han visto de antemano el bello sacrificio de dama.

Al parecer, el ataque de las blancas es rechazado, pero sin previo aviso éstas juegan:

78. Dh8-e5+!!

Las negras abandonan.

Su dama es desviada. 78. ..., Dxe5 y el peón blanco da mate: 79. g4#.

A. Karpov - V. Salov
Linares, 1993

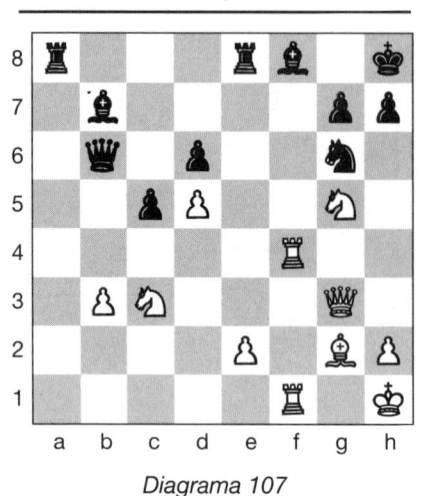

Diagrama 107

La última jugada de las negras es el repliegue del caballo de e5 a g6 para atacar la torre.

Pero dicha torre permanece en su puesto:

32. Cg5-f7+, Rh8-g8; 33. Dg3xg6!!

Yo nunca había encontrado en los torneos este tipo de sacrificio de dama.

Las negras abandonan, ya que la torre da mate a su rey: 33. ..., hxg6; 34. Th4 y nada puede impedir 35. Th8#.

Estoy seguro de que si usted logra una bella combinación con sacrificio de dama experimentará una profunda satisfacción estética.

En la práctica, sin embargo, es poco frecuente ver una combinación efectiva en una partida, ya que casi siempre permanece en la fase de fantasía no realizada.

Pero el jugador se siente particularmente molesto cuando se le dice después de la partida que tenía un sacrificio de dama vencedor...

A. Karpov - M. Chandler
Bath, 1983

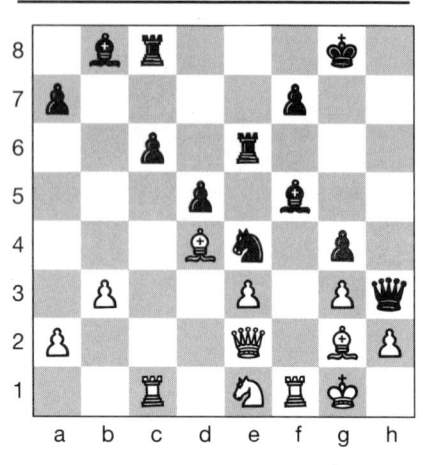

Diagrama 108

El alfil blanco acaba de colocarse en f3 y las negras lo expulsan de allí con 27. ..., g4. Después de 28. Axe4, Axe4; 29. Df2, f5 la lucha habría sido aún tensa pero yo replegué imprudentemente mi alfil a g2, dejando que mi adversario jugase una elegante combinación.

28. ..., Dh3xh2!!; 29. Rg1xh2, Ce4xg3!; 30. De2-b5!

Era malo: 30. Da6, Ce2+; 31. Tf4, Axf4+; 32. exf4, g3+; 33. Rh1, Th6+; 34. Ah3, Ae4+; 35. Cg2, Txh3#.

30. ..., Te6-h6+!; 31. Rh2-g1, c6xb5

Y las negras dominan.

Afortunadamente para mí, el gran maestro inglés, que estaba apurado por el tiempo, dejó escapar una preciosa oportunidad al jugar 28. ..., Cxg3.

La partida terminó con el resultado invertido: 29. hxg3, Dxg3; 30. Txf5, Dh4; 31. Axd5, Th6; 32. Dg2, Tc7 y las negras abandonan.

En la siguiente partida, un sacrificio aún más bello se quedó entre bastidores; era durante las Olimpiadas y el adversario de Tal era un jugador poco conocido.

L. Schneider - M. Tal
Lucerna, 1982

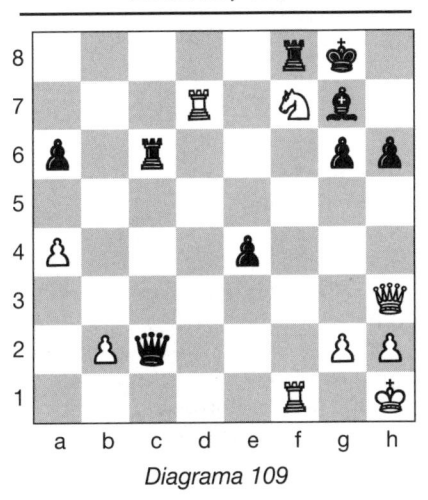

Diagrama 109

El jugador sueco vio que 30. Cxh6+, Axh6; 31. Txf8+, Rxf8; 32. Dxh6+, Re8 no conducía a nada y dio una casilla de huida a su rey: 30. g3 (ahora, al final de la variante las blancas realizan la jugada vencedora Dh6-g7).

Siguió 30. ..., h5! y cinco jugadas más tarde: 31. Cg5, Dxb2; 32. Ce6, Txf1+; 33. Dxf1, Af6!; 34. Td8+, Rf7; 35. Cg5+, Re7; 36. Cxe4, Rxd8, las blancas perdieron.

Pero Schneider dejó escapar la posibilidad de jugar una combinación única contra este mago del ajedrez.

30. Dh3xh6!!, Tc6-f6.
O 30. ..., Axh6; 31. Cxh6+, Rh8; 32. Txf8#, 30. ..., Txf7; 31. Td8+.
31. Dh6-h8+!!, Ag7xh8; 32. Cf7-h6#.

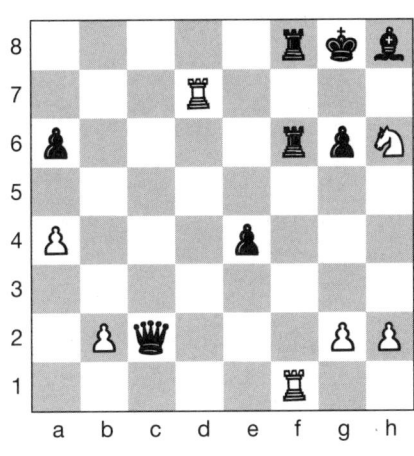

Diagrama 110

Como puede verse, el rey de negras está flanqueado de charreteras (f8 y h8) y sus propias piezas le impiden moverse; ¡es el mate de charreteras!

Obsérvese que en el tablero las negras tienen una dama más.

Veamos otro ejemplo único.

N. Short - E. Miles
Londres, 1984

Las blancas jugaron 22. a3 y no ganaron hasta 25 jugadas más tarde. Se vio mucho después que habían dejado pasar una combinación fantástica con sacrificio de dama.
22. Cc4-b6!
Durante el juego e incluso durante el análisis, los dos adversarios estaban convencidos de que

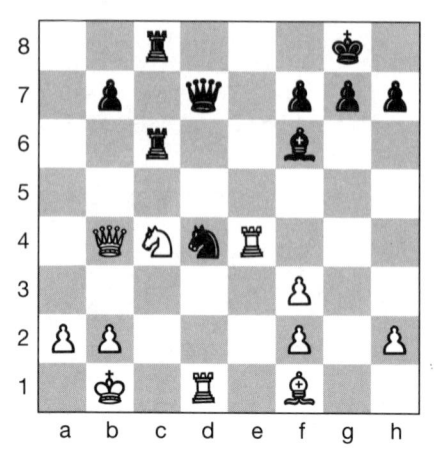

Diagrama 111

esta tenaza era imposible a causa del siguiente salto del caballo:
22. ..., Cd4-e2!
Y si 23. Axe2, Dxd1+; 24. Axd1, Tc1#, o 23. Cxd7, Tc1+; 24. Txc1, Txc1#.

Pero más tarde la partida se publicó en un periódico londinense y un lector desconocido envió una sorprendente variante con sacrificio de dama.
23. Db4-f8+!!, Rg8xf8.
Si 23. ..., Txf8, entonces 24. Cxd7.
24. Cb6xd7+, Rf8-e7; 25. Af1xe2.

Este magnífico final habría concluido dignamente el campeonato de Inglaterra que jugaba por primera vez el más joven gran maestro del mundo, en la época, y futuro aspirante a la corona, N. Short.

Por desgracia, el sacrificio de dama se quedó entre bastidores y esta combinación completamente original no tuvo lugar.

Entre las innumerables clases de combinaciones, la más antigua es el mate por ahogo.

En la práctica, este mate del caballo es bastante infrecuente. Por ello, resulta aún más sorprendente que en una Olimpiada (Siegen, 1970), dos partidas terminasen con un mate por ahogo.

V. Unzicker - Sarapu
Defensa Siciliana

1. e2-e4, c7-c5; **2.** Cg1-f3, Cg8-f6; **3.** e4-e5, Cf6-d5; **4.** Cb1-c3, e7-e6; **5.** Cc3xd5, e6xd5; **6.** d2-d4, Cb8-c6; **7.** d4xc5, Af8xc5; **8.** Dd1xd5, Dd8-b6; **9.** Af1-c4, Ac5xf2+; **10.** Re1-e2, O-O; **11.** Th1-f1, Af2-c5; **12.** Cf3-g5, Cc6-d4+; **13.** Re2-d1, Cd4-e6; **14.** Cg5-e4, d7-d6; **15.** e5xd6, Ac5xd6.

No analizaremos la apertura de esta partida, sino que nos limitaremos a destacar que en ese momento había que jugar 15. ..., Td8. Las negras dan una pieza, contando con la clavada.
16. Ce4xd6, Tf8-d8.
17. Ac1-f4!, Ce6xf4.

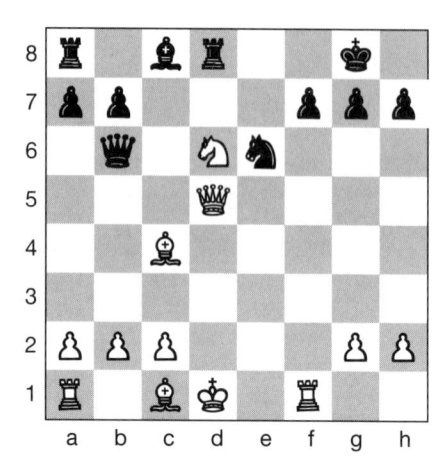

Diagrama 112

Sigue, naturalmente, un mate por ahogo.
18. Dd5xf7+, Rg8-h8; 19. Df7-g8+!, Td8xg8; 20. Cd6-f7#.

Augusta - Uzman
Apertura Española

1. e2-e4, e7-e5; 2. Cg1-f3, Cb8-c6; 3. Af1-b5, a7-a6; 4. Ab5-a4, Cg8-f6; 5. O-O, b7-b5; 6. Aa4-b3, Ac8-b7; 7. Tf1-e1, Af8-c5; 8. c2-c3, Cf6-g4; 9. d2-d4, e5xd4; 10. c3xd4?
10. h3 habría evitado los problemas.

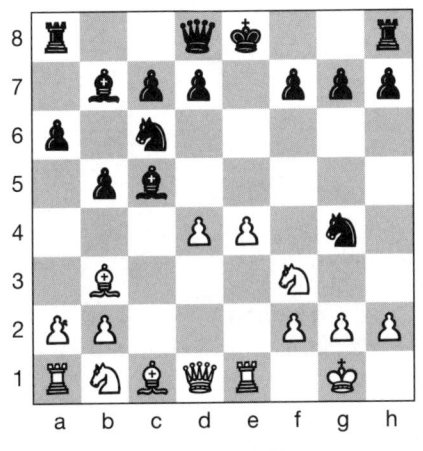

Diagrama 113

10. ..., Cc6xd4!; 11. Cf3xd4, Dd8-h4; 12. Cd4-f3, Dh4xf2+; 13. Rg1-h1, Df2-g1+!; 14. Te1xg1, Cg4-f2#.

En la Olimpiada de Lucerna (1982), tuvo lugar una extraña coincidencia. La dama fue sacrificada dos veces por un mate inmediato durante el mismo encuentro Rumania-China y en la misma casilla g1. No había mate por ahogo, pero las posiciones finales recuerdan esta vieja combinación.

Gheorghiu - Liu Wenzé

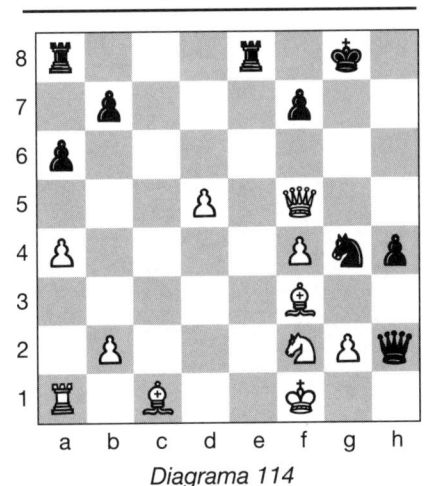

Diagrama 114

El gran maestro rumano dominó constantemente al jugador chino, que sólo tendió una trampa en toda la partida.

Pero, por extraño que pueda parecer, ¡Gheorghiu cayó en ella!
24. ..., Dh2-g1+!
Las blancas abandonan.
Con 25. Rxg1, 25. ..., Te1#.
Era el encuentro de los líderes y en el cuarto tablero sufría otro representante del equipo rumano.

Stoica - Li Zunian

32. ..., Df2-g1+!; 33. Td1xg1, Cd3-f2#.

Veamos otro bello sacrificio de dama del que fui testigo. Timman había comenzado mal el torneo y pronto no le quedó otra cosa que hacer que jugar simplemente por placer.

Con el espíritu libre, el gran maestro holandés jugó totalmente relajado y ganó el premio de belleza.

Diagrama 115

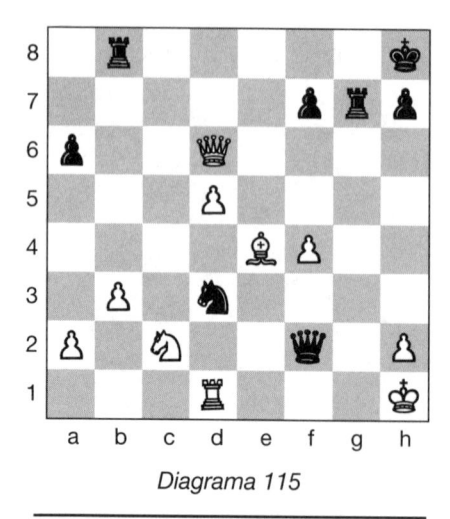

E. Torre - J. Timman
Hamburgo, 1982

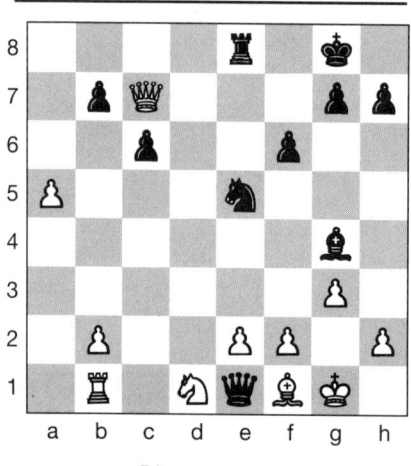

Diagrama 116

27. ..., Ce5-f3+!; 28. Rg1-g2.
Si 28. exf3, Dxf1+! seguido del mate.
28. ..., De1xf1+!
Las blancas abandonan.
Si 28. Rxf1, Ah3#
Veamos otro procedimiento táctico: el sacrificio de dama por el ahogo del rey. Muchos grandes jugadores siguen cayendo en esta trampa.

M. Chigorin - K. Schlechter
Ostende, 1905

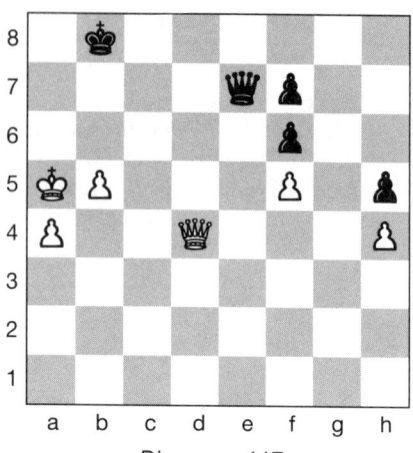

Diagrama 117

Es una partida entre dos gigantes del siglo pasado; las negras dieron el último jaque:
1. ..., De7-c7+
Chigorin respondió automáticamente:
2. Dd4-b6+
Pero después:
2. ..., Rb8-a8!!
No obtuvo la final de peones que deseaba. Las tablas eran inevitables, ya que la captura de la dama llevaba al ahogo del rey, y 3. Ra6, Dc8+; 4. Ra5, Dc7, a una repetición de jugadas.

P. Keres - R. Jolmov
Moscú, 1948

45. ..., Dh2-h3+; 46. Rf1-g1.
¿Por qué no abandonan las negras? ¿No hay jaque posible?

Diagrama 118

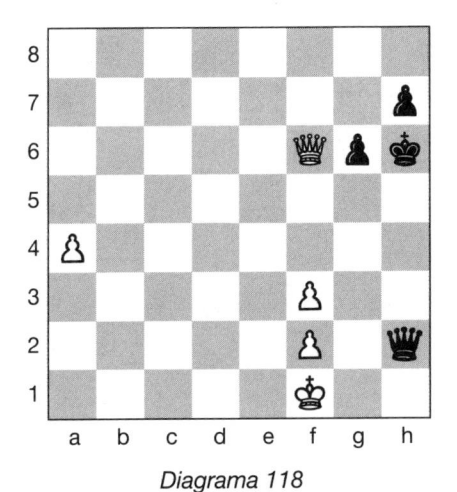

El peón "a" podrá avanzar sin encontrar obstáculos.

Sin embargo, las negras tienen un jaque en reserva.

46. ..., Dh3-g4+!!; 47. Rg1-f1.
¡O 47. fxg4 ahogo de rey!
47. ..., Dg4xa4.
Tablas.

**L. Evans - S. Reshevsky
Nueva York, 1964**

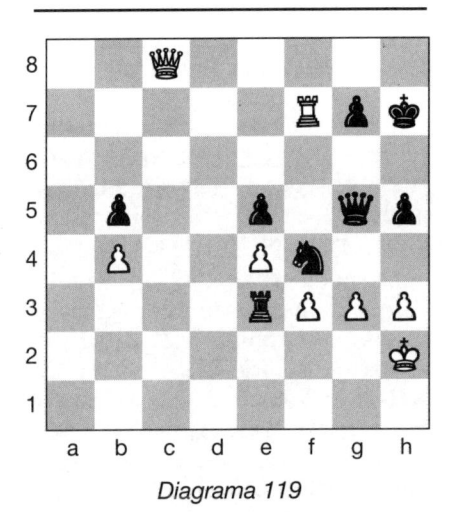

Diagrama 119

La posición de las blancas es realmente desesperada, pero lograrán salir del trance.

47. h3-h4!, Te3-e2+; 48. Rh2-h1, Dg5xg3?; 49. Dg8+!!, Rxg8.

Esto ha terminado con la dama; sin embargo, después de 50. Txg7+!, la torre enloquece. ¡Tablas!

Ahora hablemos de las damas sacrificadas por los campeones del mundo.

Para empezar, veamos tres ejemplos clásicos extraídos de la obra de los "reyes sin corona".

No hace falta decir que podían ganar sin el sacrificio de dama.

Las partidas de Anderssen, la "Inmortal" y la "Siempre Joven" han sido publicadas, durante un siglo y medio, en cientos de libros.

Nosotros no seremos una excepción; ¡veámoslas también!

Las etiquetas que sus contemporáneos les atribuyeron parecen hoy exageradas, pero las combinaciones de Alekhine y de Tal no nacieron hasta un siglo más tarde...

**LA PARTIDA INMORTAL
A. Anderssen - L. Kieseritsky
Londres, 1851
*Gambito de rey***

1. e2-e4, e7-e5; 2. f2-f4, e5xf4; 3. Af1-c4, Dd8-h4+; 4. Re1-f1, b7-b5; 5. Ac4xb5, Cg8-f6; 6. Cg1-f3, Dh4-h6; 7. d2-d3, Cf6-h5; 8. Cf3-h4, Dh6-g5; 9. Ch4-f5, c7-c6; 10. g2-g4, Ch5-f6; 11. Th1-g1, c6xb5; 12. h2-h4, Dg5-g6; 13. h4-h5, Dg6-g5; 14. Dd1-f3, Cf6-g8; 15. Ac1xf4, Dg5-f6; 16. Cb1-c3, Af8-c5; 17. Cc3-d5, Df6xb2; 18. Af4-d6, Db2xa1+; 19. Rf1-e2, Ac5xg1.

Diagrama 120

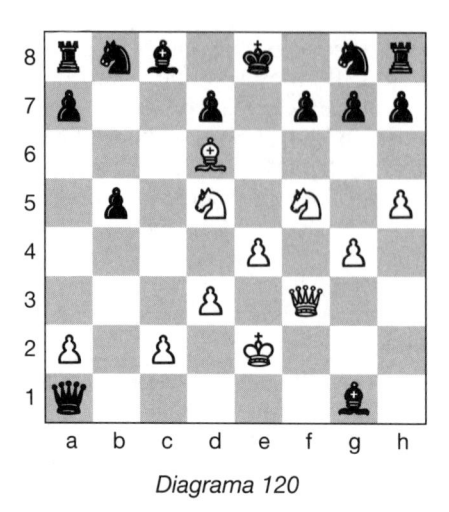

20. e4-e5!, Cb8-a6; 21. Cf5xg7+, Re8-d8; 22. Df3-f6+!

Éste es el momento del adiós a la dama: las negras tienen aún todo un stock de municiones, a las blancas ya sólo les queda su dama y tres piezas ligeras, pero es más que suficiente.

22. ..., Cg8xf6; 23. Ad6-e7#.

LA SIEMPRE JOVEN
A. Anderssen - J. Dufresne
Berlín, 1852
Gambito Evans

1. e2-e4, e7-e5; 2. Cg1-f3, Cb8-c6; 3. Af1-c4, Af8-c5; 4. b2-b4, Ac5xb4; 5. c2-c3, Ab4-a5; 6. d2-d4, e5xd4; 7. O-O, d4-d3; 8. Dd1-b3, Dd8-f6; 9. e4-e5, Df6-g6; 10. Ac1-a3, Cg8-e7; 11. Tf1-e1, b7-b5; 12. Ac4xb5, Ta8-b8; 13. Db3-a4, Aa5-b6; 14. Cb1-d2, Ac8-b7; 15. Cd2-e4, Dg6-f5; 16. Ab5xd3, Df5-h5; 17. Ce4-f6+, g7xf6; 18. e5xf6, Th8-g8; 19. Ta1-d1, Dh5xf3.

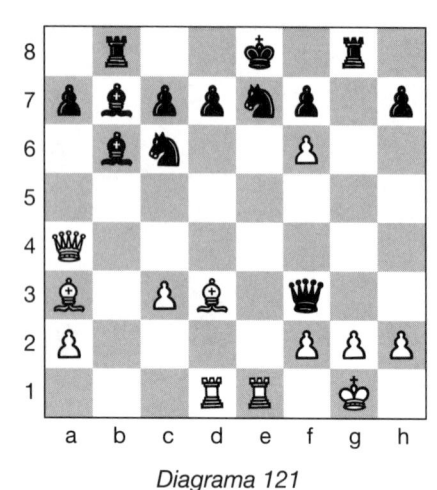

Diagrama 121

20. Te1xe7+!, Cc6xe7; 21. Da4xd7+!

¡La dama desaparece del tablero!

21. ..., Re8xd7; 22. Ad3-f5++, Rd7-e8; 23. Af5-d7+, Re8-f8; 24. Aa3xe7#.

Y veamos el final de una partida jugada por el genio de las combinaciones P. Morphy, sin duda el mejor jugador de su tiempo.

L. Paulsen - P. Morphy
Nueva York, 1857

17. ..., Dd3xf3!; 18. g2xf3, Te6-g6+; 19. Rg1-h1, Ad7-h3; 20. Tf1-d1.

20. Dd3, f5; 21. Dc4+, Rf8! no daba nada y si 20. Tg1 seguía entonces un mate en tres jugadas.

20. ..., Ah3-g2+; 21. Rh1-g1, Ag2xf3+; 22. Rg1-f1, Af3-g2+; 23. Rf1-g1, Ag2-h3+; 24. Rg1-h1, Ab6xf2; 25. Da6-f1, Ah3xf1; 26. Td1xf1, Te8-e2; 27. Ta2-a1, Tg6-d6; 28. d2-d4, Af2-e3.

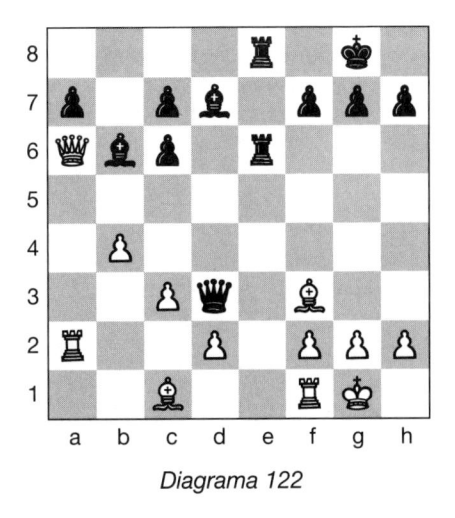

En este caso, sacrifica su dama y da mate en 6 jugadas.
12. d5xe6!, Ca5xb3; 13. e6xf7++, Re8-d7; 14. Ac4-e6+, Rd7-c6; 15. Cf3-e5+, Rc6-b5; 16. Ae6-c4+, Rb5-a5; 17. Aa3-b4+, Ra5-a4; 18. a2xb3#.

Diagrama 122

Y las blancas abandonaron. Veamos ahora los sacrificios de los "reyes coronados".

W. Steinitz - A. Roch
Londres, 1863

Que Steinitz fuese el iniciador del estilo posicional no le impidió jugar partidas en el más puro estilo de la escuela romántica.

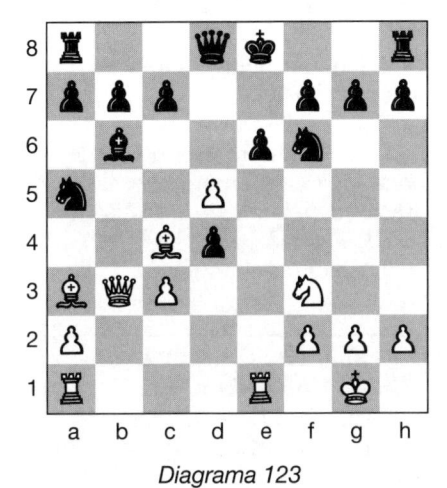

Diagrama 123

Em. Lasker - W. Steinitz
San Petersburgo, 1895-1896

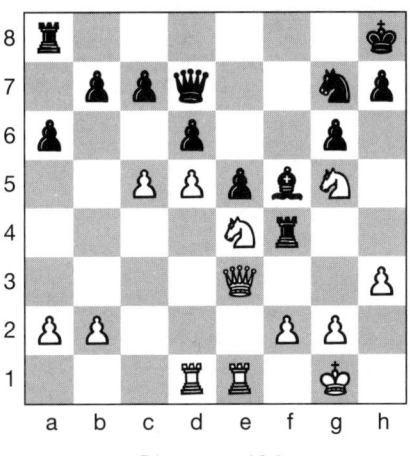

Diagrama 124

El segundo campeón mundial da su dama contra el primero...
27. De3xf4!, e5xf4; 28. Ce4-f6!

Las blancas recuperan ventajosamente el material invertido, ya que a la dama de negras no le quedan casillas: 28. ..., Db5; 29. Cf7#.
28. ..., Cg7-e6; 29. Cf6xd7, Ce6xg5; 30. Te1-e7, Rh8-g8; 31. Ce4-f6+, Rg8-f8; 32. Te7xc7.

Y las negras abandonan.

Fue una partida histórica en la que un rey del ajedrez sacrificó por primera vez su dama contra otro. Desde entonces, ha habido pocos casos similares.

O. Bernstein - J. R. Capablanca
Moscú, 1914

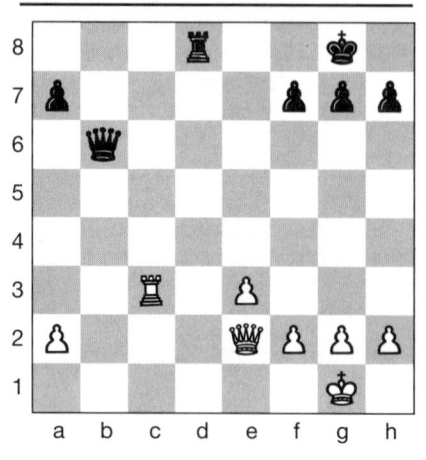

Diagrama 125

Aparentemente, las blancas esperaban obtener, después de 29. ..., Db1+; 30. Df1, Dxa2, un final igual, pero les esperaba una amarga desilusión.

29. ..., Db6-b2!!

Esta jugada, sencilla pero genial, según Botvinnik, explota la sobrecarga de la dama blanca, condenada a defender la torre c3 y la primera fila.

Las blancas abandonaron de inmediato.

En efecto, después de 30. Dd3, Da1+; 31. Df1, Dxc3 gana.

Es otro hermoso ejemplo de la eficacia del sacrificio de desviación.

El gran maestro del ataque, A. Alekhine, no retrocedía ante ningún sacrificio para tomar por asalto la fortaleza enemiga. Así, muy a menudo, no vacilaba en sacrificar la dama. Puede decirse incluso que se separaba de ella con mayor facilidad que algunos grandes maestros de un solo peón.

A. Alekhine - E. Colle
París, 1925

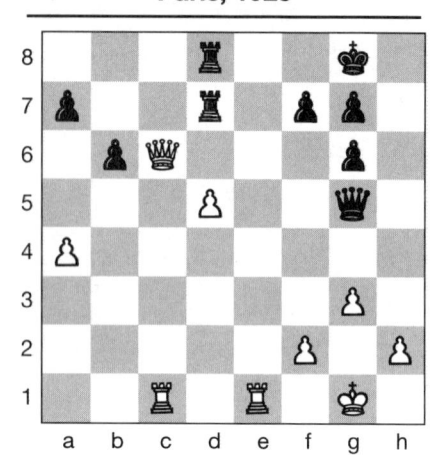

Diagrama 126

La situación parece tranquila y equilibrada y nada hace presagiar un desenlace rápido. Pero se produce de repente un sacrificio de dama totalmente inesperado y el rey de negras se halla en una red de mate poco habitual porque está formada en gran parte por sus propias piezas.

30. Dc6xd7!, Td8xd7; 31. Te1-e8+, Rg8-h7; 32. Tc1-c8.

La dama negra ocupa el peor lugar posible.

32. ..., Td7-d8.

Con la última esperanza de liberar una casilla para el rey negro gracias a un jaque de la dama en c1.

33. Te8xd8.

Las negras abandonan.

M. Euwe - R. Davidson
Amsterdam, 1925

¿Tablas? ¡Por supuesto que no!

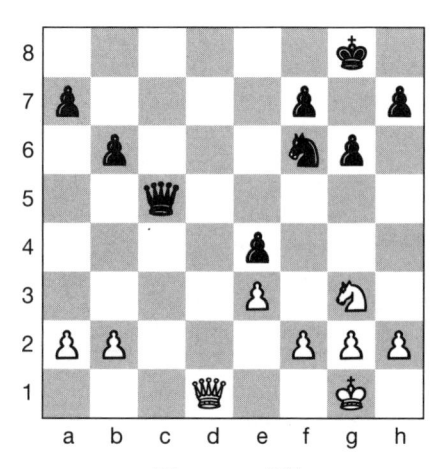

Diagrama 127

31. Dd1-d8+, Rg8-g7; 32. Dd8xf6+, Rg7xf6; 33. Cg3xe4+, Rf6-e5; 34. Ce4xc5, b6xc5.

Y las blancas ganaron fácilmente la final de peones.

El primer campeón mundial soviético realizó en una de sus partidas un bello sacrificio de dama.

V. Goglidze - M. Botvinnik
Moscú, 1935

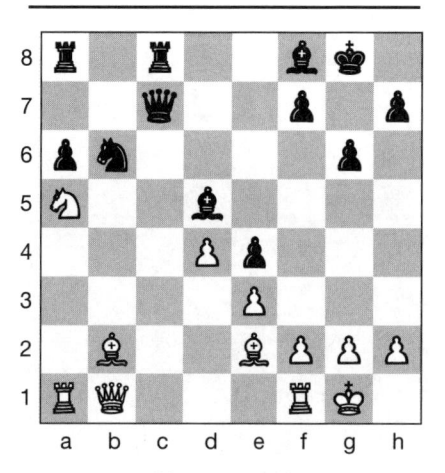

Diagrama 128

23. ..., Dc7-c2!

La dama aparenta atacar sólo el alfil, pero sus intenciones son más pérfidas.

24. Ab2-a3.

El intercambio de las damas no salvaba a las blancas: 24. Ad1, Dxb1; 25. Txb1, Cc4; 26. Cb3 (26. Cxc4, Axc4; 27. Te1, Ab4) 26. ..., Tab8 con la victoria.

24. ..., Af8xa3; 25. Ta1xa3, Dc2xe2; 26. Db1xb6, Ta8-b8; 27. Db6-d6, De2xf1+!!

¡Un visitante bastante inesperado!

28. Rg1xf1, Tb8-b1+; 29. Rf1-e2, Tc8-c2#.

Veremos en la decimoquinta conversación el admirable sacrificio de dama de Smyslov contra Botvinnik.

Veamos otro interesante ejemplo.

N. Krogius - V. Smyslov
Moscú, 1967
---

32. ..., Cf5xe3!

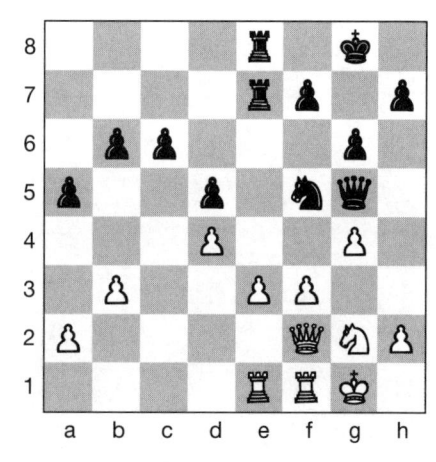

Diagrama 129

Es una sorprendente jugada táctica.

33. h2-h4, Ce3xg2!

Las negras no se preocupan de su dama atacada y el caballo prosigue su devastadora acción.

34. h4xg5, Cg2xe1.

La combinación lleva más o menos a la igualdad material, pero la torre blanca está cortada por el ala de dama, donde avanzan los peones negros.

35. Df2-g3, Te7-e3; 36. Dg3-f4, c6-c5!; 37. Rg1-h1, Te3-e2; 38. d4xc5, b6xc5; 39. Df4-d6, d5-d4; 40. Dd6xc5, d4-d3; 41. Dc5-d5, d3-d2; 42. Dd5-d7, Ce1xf3; 43. Tf1xf3, d2-d1=D+.

Las blancas abandonan.

Tal es el único rey del ajedrez y el único gran maestro del mundo que dedicó un capítulo especial a los sacrificios de dama en su colección de partidas.

Al atacar a la dama blanca con uno de sus peones, las negras esperaban poder salir del trance, pero...

20. Dh5xe5!

Tal cambia su dama por la única pieza negra activa y demuestra ahora la fuerza del par de alfiles colaborando con dos torres muy bien situadas.

20. ..., d6xe5; 21. e6xf7+.

Las negras abandonan.

Con 21. ..., Rd7 (21. ..., Rf8; 22. Ah6#), las blancas ganaban de la siguiente forma: 22. Af5++, Rc6; 23. Ae4+, Cd5; 24. Axd5+, Rd7; 25. Axa8+, Re7; 26. Ag5+, Rf8; 27. Ah6+, Re7; 28. f8=D+.

La mayoría de los ejemplos se ha escogido de partidas importantes de grandes maestros jugadas en competiciones de alto nivel.

Para variar, un ejemplo extraído de una simultánea.

**M. Tal - A. Suetin
Tbilisi, 1969-1970**

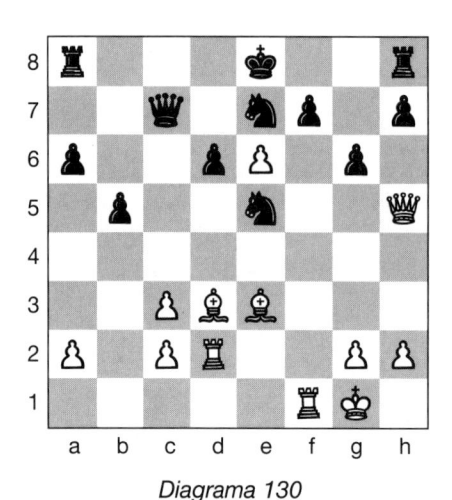

Diagrama 130

M. Tal - Amateur

El adversario de Tal acababa de capturar la torre h1 con su pro-

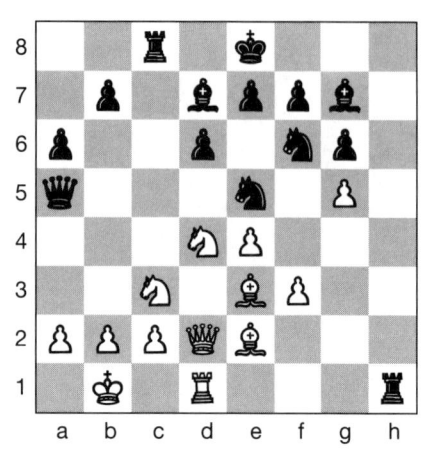

Diagrama 131

pia torre; cualquier jugador de simultáneas habría respondido sin reflexionar en este caso Txh1.

Pero Tal es un mago del ajedrez, que sabe hechizar el tablero...
1. g5xf6!!, Th1xd1+; 2. Cc3xd1!, Da5xd2; 3. f6xg7!!
Las negras abandonan.

T. Petrosian es conocido sobre todo como el gran especialista de los sacrificios de calidad, pero también ha efectuado numerosos y espectaculares sacrificios de dama.

Durante su primer encuentro del campeonato del mundo contra Spassky, un día, en una partida contra éste, combinó varios procedimientos tácticos (en dos ocasiones sacrificó la calidad) y, en el momento oportuno, sacrificó su dama (ver la decimoquinta conversación, dedicada a las miniaturas de los grandes maestros).

Veamos un bello ejemplo:

**T. Petrosian - L. Pachman
Bled, 1961**

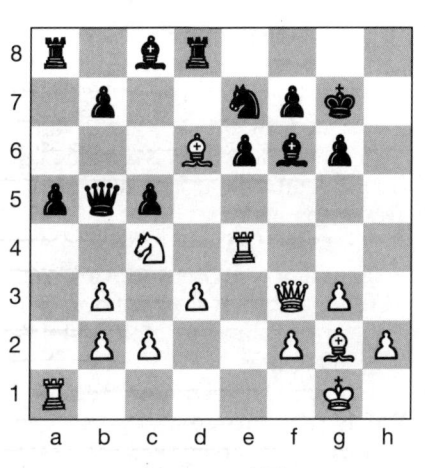

Diagrama 132

19. Df3xf6+!!, Rg7xf6; 20. Ad6-e5+, Rf6-g5; 21. Ae5-g7!
Las negras abandonan.

**B. Spassky - V. Korchnoi
Final del encuentro
de aspirantes, 1968**

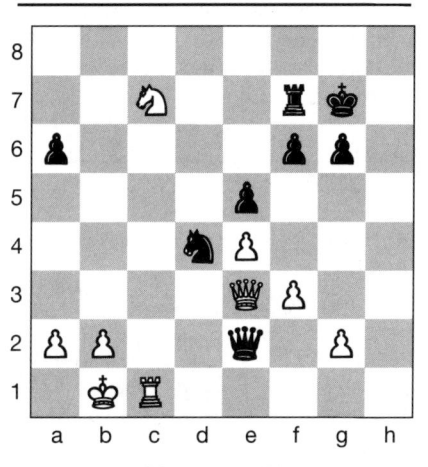

Diagrama 133

La posición de las negras es bien triste, pero tienen la esperanza de intercambiar las damas y de oponer una buena resistencia al final. Las blancas rehúsan el intercambio y dan su dama, ¡sin la menor compensación material!
34. Cc7-e6+, Rg7-h7.
Después de 34. ..., Rg8; 35. Tc8+, Rh7; 36. Dxe2, Cxe2; 37. Ta8, las negras ya no podían esperar nada, pero nunca hubiesen adivinado la siguiente jugada de las blancas, ¡ni en la peor de sus pesadillas!
37. De3-h6+!!
Las negras abandonan.
Después de 37. ..., Rxh6; 38. Th1# el cuadro de mate era muy interesante. En competiciones de

tan alto nivel, tal vez sea la única vez que una dama ha sido dada a cambio de nada: ¡el gran maestro no la cambió ni siquiera por un peón!

Hay en nuestra selección un caso similar: la célebre e instructiva partida Bernstein - Capablanca.

Veamos ahora una combinación en que Fischer da su dama. Su adversario es también otro rey del ajedrez...

R. Fischer - M. Tal Bled, 1961

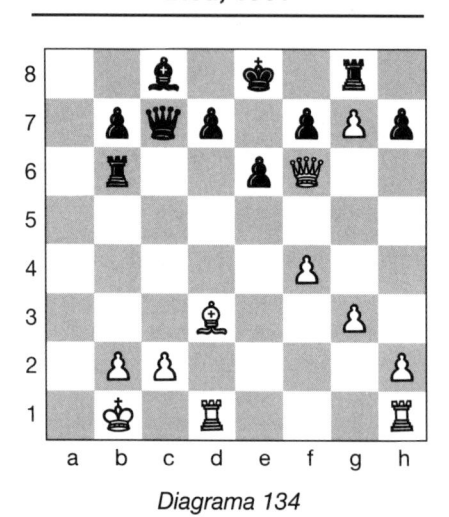

Diagrama 134

Las negras acaban de jugar:
22. ..., e6-e5.
Esperando intercambiar las damas (23. Dxe5+, Dxe5; 24. fxe5, Txg7). Las blancas aceptan el intercambio, pero dan su dama por... ¡una torre!
23. f4xe5!, Tb6xf6; 24. e5xf6, Dc7-c5; 25. Ad3xh7, Dc5-g5; 26. Ah7xg8, Dg5xf6; 27. Th1-f1, Df6xg7; 28. Ag8xf7+, Rc8-f8.

La ventaja material de las blancas es demasiado grande y Fischer la realizó técnicamente sin problemas. Veinte jugadas más tarde, las negras detuvieron el reloj.

Ya conoce usted los sacrificios de dama logrados por el 12º rey del ajedrez, veamos los del 13º...

G. Kasparov - A. Karpov Encuentro del campeonato del mundo Moscú, 1985

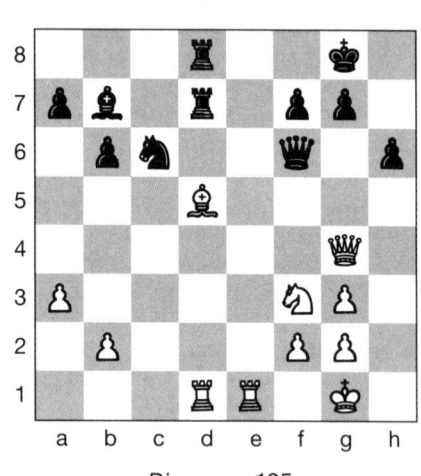

Diagrama 135

Mi última jugada era:
22. ..., Tc8-d8.
Y fue la prueba más dura de mi vida. Bastaba jugar Td7-d6 y ya no arriesgaba nada.
23. Dg4xd7!!
Según la combinación Alekhine - Colle que el lector ya conoce. Por algo es Alekhine el ídolo del 13º rey del ajedrez...
23. ..., Td8xd7; 24. Te1-e8+, Rg8-h7; 25. Ad5-e4+.
Las negras abandonan. Este sacrificio de dama tuvo un papel más

importante que la victoria en la partida. La puntuación del encuentro estaba igualada, pero mi moral se hallaba por los suelos y perdí la forma definitivamente. Al término de este encuentro cedí mi corona a Garry Kasparov. A eso se le llama no ver un sacrificio de dama a tiempo...

A modo de conclusión, veamos cuatro combinaciones clásicas más que son verdaderas obras de arte. En primer lugar, el "molinete", construido por el mexicano C. Torre contra el propio Em. Lasker.

C. Torre - Em. Lasker
Moscú, 1925

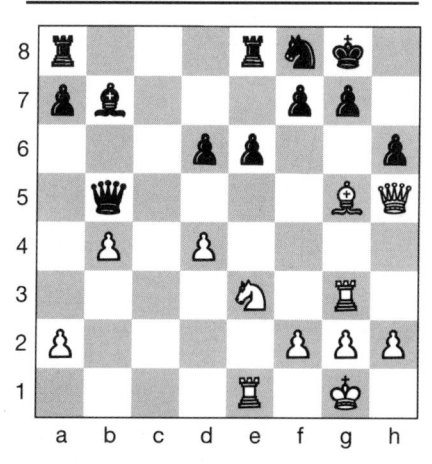

Diagrama 136

1. Ag5-f6!!, Db5xh5; 2. Tg3xg7+, Rg8-h8; 3. Tg7xf7+, Rh8-g8; 4. Tf7-g7+, Rg8-h8; 5. Tg7xb7+, Rh8-g8; 6. Tb7-g7+, Rg8-h8; 7. Tg7-g5+, Rh8-h7; 8. Tg5xh5.

Casi todas las piezas negras fueron "molidas" por el molinete y, diez jugadas más tarde, abandonó Lasker. ¡Una obra inmortal!

Ed. Lasker - D. Thomas
Londres, 1911

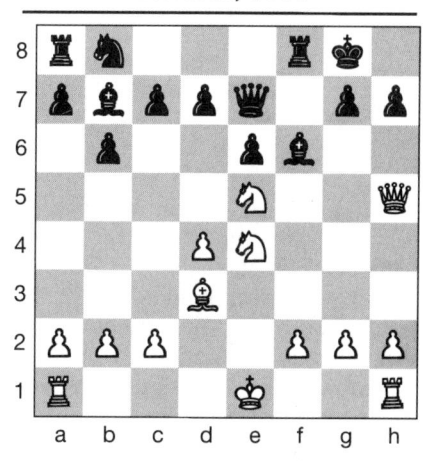

Diagrama 137

1. Dh5xh7+!!, Rg8xh7; 2. Ce4xf6++, Rh7-h6; 3. Ce5-g4+, Rh6-g5; 4. h2-h4+, Rg5-f4; 5. g2-g3+, Rg3-f3; 6. Ad3-e2+, Rf3-g2; 7. Th1-h2+, Rg2-g1; 8. Re1-d2#.

S. Levitski - F. Marshall
Breslau (Wroclaw), 1912

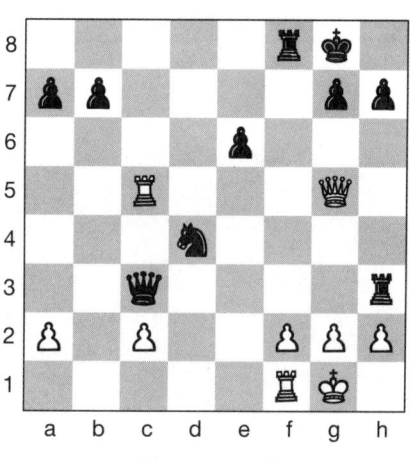

Diagrama 138

1. ..., Dc3-g3!!

Es una de las jugadas más elegantes jamás realizadas sobre un tablero.

Esta jugada amenaza mate en h2 y la captura de la dama es imposible: 2. hxg3, Ce2#; 2. fxg3, Ce2+; 3. Rh1, Txf1#; 2. Dxg3, Ce2+; 3. Rh1, Cxg3+; 4. Rg1, Cxf1.

Las negras podían realizar su ventaja material de otra forma conservando las damas (23. ..., Db2) o intercambiándolas (23. ..., De3!), pero el gran romántico halló una continuación mucho mejor, ¡poniendo a atacar su dama enfrentada a dos peones a la vez!

Convencidas por la superioridad de su adversario, las blancas abandonaron.

**A. Lilienthal - J. R. Capablanca
Hastings, 1934-1935**

---

1. e5xf6!, De4xc2; 2. f6xg7, Th8-g8; 3. Ce2-d4, Dc2-e4; 4. Ta1-e1, Cd7-c5; 5. Te1xe4+, Cc5xe4; 6. Tf1-e1, Tg8xg7; 7. Te1xe4+.

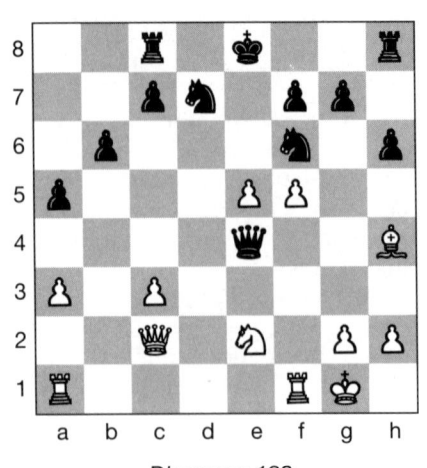

Diagrama 139

Las negras abandonan.

¡Se trata del mayor éxito creativo del gran maestro Lilienthal y puede decirse que fue la "partida de su vida"!

Es una lástima acabar esta selección de damas sacrificadas por célebres grandes maestros, pero el lector hallará en este libro más ejemplos de combinaciones...

NOVENA CONVERSACIÓN

> *"Jugar una partida de ajedrez es pensar, elaborar planes y también tener una pizca de fantasía."*
>
> **(D. Bronstein, gran maestro)**

El plan en la partida de ajedrez

Como ya hemos dicho, la estrategia y la táctica van ligadas entre sí. Si usted no sabe hacer combinaciones, ni calcular las variantes, ni siquiera juzgar la posición desde el punto de vista táctico, evidentemente le será muy difícil jugar al ajedrez. De una forma u otra, su adversario destruirá su fortaleza real, si es necesario sacrificando algunas piezas.

Por este motivo, he atribuido una importancia particular a las combinaciones en sus formas más diversas.

Queda perfectamente claro que la simple operación táctica y, lo que es más, la gran combinación complicada son siempre el resultado de una preparación minuciosa, de maniobras posicionales, es decir, las consecuencias de una rigurosa labor previa. Dicho de otro modo, hábiles acciones estratégicas permiten crear las premisas de una combinación. Por otra parte, es una idea táctica determinada la que remata una buena estrategia de combate, lo cual subraya una vez más la acción recíproca de estos dos elementos del juego.

Si usted ha jugado ya contra jugadores buenos, sabrá lo difícil que resulta a veces expresar este don combinatorio, en particular frente a un adversario de estilo posicional, un estratega sutil y hábil.

La base de la estrategia en el ajedrez es lo que se llama el plan de juego. Es difícil jugar una partida calculando sólo una o dos jugadas de antemano. Desde la apertura, el jugador determina un plan de juego para un período duradero y, a continuación, trata de seguirlo.

Las circunstancias, los cambios de situación en el tablero le obligan a corregir el plan inicial, a renunciar a él a veces para adoptar otro plan. Habitualmente se cambia de plan al pasar de una a otra fase del juego, en especial cuando se llega al final.

La práctica demuestra que la apertura escogida determina el plan de juego o, para ser más exactos, la estructura de peones de la apertura. La realización de este plan se efectúa en el desarrollo del juego. Por lo general, se tiene un plan independiente para el final. Así pues, el plan desempeña un papel importante, es el vínculo entre la apertura y el desarrollo. Estamos convencidos de ello.

Existen numerosas posiciones llamadas tipos, cuyos planes de juego son bien conocidos y están verificados por una larga práctica. También hay posiciones estándar: en ellas, el objetivo del juego es el mismo, la diferencia reside en los detalles.

Hay que decir que este tema constituye en realidad la estrategia, un plan de juego bastante complicado exige una preparación y un nivel consecuentes. No es necesario extenderse en detalles sobre este hecho; nos limitaremos a dos posiciones clásicas muy populares así como a los planes de juego que les corresponden tanto desde el punto de vista técnico como táctico.

El primer tipo lleva el nombre de "posiciones con un peón de dama aislado"; el segundo, de "posiciones en estructura de peones de Carlsbad".

LAS POSICIONES CON UN PEÓN DE DAMA AISLADO

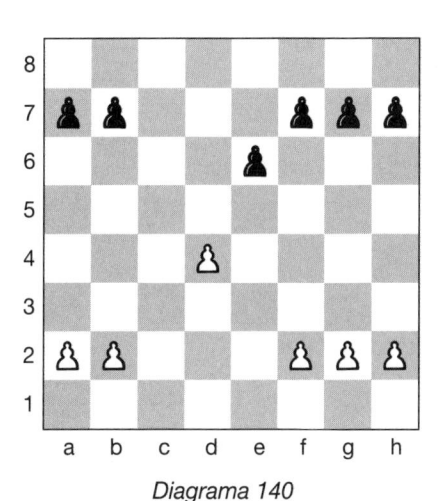

Diagrama 140

La estructura de peones que vemos en el diagrama caracteriza las posiciones con un peón aislado. Es posible llegar a estas posiciones a partir de numerosas aperturas. Júzguelo usted mismo:

Gambito de dama aceptado:

1. d4, d5; 2. c4, dxc4; 3. Cf3, Cf6; 4. e3, e6; 5. Axc4, c5; 6. O-O, Cc6; 7. De2, cxd4; 8. Td1, Ae7; 9. exd4.

Defensa Tarrasch mejorada:

1. d4, d5; 2. c4, e6; 3. Cc3, Cf6; 4. Cf3, c5; 5. cxd5, Cxd5; 6. e3, Cc6; 7. Ad3, cxd4; 8. exd4.

Defensa Nimzovitch:

1. d4, Cf6; 2. c4, e6; 3. Cc3, Ab4; 4. e3, O-O; 5. Ad3, d5; 6. Cf3, c5; 7. O-O, Cc6; 8. a3, cxd4; 9. exd4, dxc4; 10. Axc4.

Defensa Caro-Kann:

1. e4, c6; 2. d4, d5; 3. exd5, cxd5; 4. c4, e6; 5. Cc3, Cf6; 6. Cf3, Ae7; 7. cxd5, Cxd5.

Defensa Siciliana:

1. e4, c5; 2. c3, d5; 3. exd5, Dxd5; 4. d4, e6; 5. Cf3, Cf6; 6. Ad3, Ae7; 7. O-O, O-O; 8. De2, cxd4; 9. cxd4.

Defensa Francesa:

1. e4, e6; 2. d4, d5; 3. Cd2, c5; 4. exd5, exd5; 5. Ab5+, Cc6; 6. Cgf3, Ad6; 7. dxc5, Axc5 (las negras tienen un peón aislado).

Apertura Italiana:

1. e4, e5; 2. Cf3, Cc6; 3. Ac4, Ac5; 4. c3, Cf6; 5. d4, exd4; 6. cxd4, Ab4+; 7. Ad2, Axd2+; 8. Cbxd2, d5; 9. exd5, Cxd5.

Apertura Rusa:

1. e4, e5; 2. Cf3, Cf6; 3. Cxe5, d6; 4. Cf3, Cxe4; 5. d4, d5; 6. Ad3, Ae7; 7. O-O, Cc6; 8. Te1, Ag4; 9. c4, Cf6; 10. Cc3, O-O; 11. cxd5, Cxd5.

Un peón aislado es a la vez una debilidad y una fuerza.

Por un lado, se le puede rodear y bloquear, ya que no está protegido por un peón vecino.

Por otro, garantiza una ventaja de espacio estable; gracias a él, es fácil transferir las piezas y crear amenazas en todas las partes del tablero, comenzando por el ala de rey.

La amplia práctica de los torneos ha determinado desde hace mucho los planes estratégicos en los dos bandos.

Las blancas (consideramos que las blancas tienen el peón aislado) atacan en el ala de rey, se abren paso en el centro en el momento oportuno, se muestran activas en las columnas centrales y en el ala de dama.

Las negras deben tratar de simplificar el juego, hacer intercambios y llegar al final.

En ocasiones logran ejercer una fuerte presión en el peón aislado y ganarlo.

Veamos una serie de ejemplos concretos:

Zukertort - Steinitz
9ª partida del campeonato del mundo, 1886
Gambito de dama

---

1. d2-d4, d7-d5; 2. c2-c4, e7-e6; 3. Cb1-c3, Cg8-f6; 4. Cg1-f3, d5xc4; 5. e2-e3, c7-c5; 6. Af1xc4, c5xd4; 7. e3xd4, Af8-e7; 8. O-O, O-O; 9. Dd1-e2, Cb8-d7; 10. Ac4-b3, Cd7-b6; 11. Ac1-f4, Cb6-d5; 12. Af4-g3, Dd8-a5; 13. Ta1-c1, Ac8-d7; 14. Cf3-e5, Tf8-d8; 15. De2-f3, Ad7-e8; 16. Tf1-e1, Ta8-c8; 17. Ag3-h4.

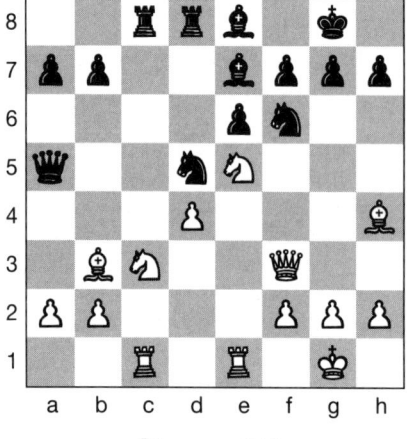

Diagrama 141

Las blancas no jugaron demasiado bien su apertura; las maniobras del alfil de casillas negras no condujeron a nada.

Era mejor 11. Ag5, ahora las negras, intercambiando el caballo blanco (procedimiento habitual), tienen un mejor juego.

17. ..., Cd5xc3!; 18. b2xc3, Da5-c7; 19. Df3-d3, Cf6-d5; 20. Ah4xe7?

Los intercambios no son favorables para las blancas.

Había que jugar 20. Ag3, manteniendo más o menos la igualdad.

20. ..., Dc7xe7; 21. Ab3xd5, Td8xd5; 22. c3-c4.

Las blancas tienen ya un par de peones débiles, y Steinitz aumenta considerablemente la presión.

22. ..., Td5-d8; 23. Te1-e3, De7-d6; 24. Tc1-d1, f7-f6; 25. Te3-h3.

La tentativa de contraataque de las blancas en el ala de rey, con su centro vulnerable, no tiene la menor posibilidad de éxito.

25. ..., h7-h6; 26. Ce5-g4, Dd6-f4; 27. Cg4-e3, Ae8-a4!

Las negras llevan a cabo un juego activo.

28. Th3-f3, Df4-d6; 29. Td1-d2, Aa4-c6; 30. Tf3-g3.

El sacrificio de torre no conducía a nada: 30. Txf6, gxf6; 31. Dg6+, Rf8; 32. Dxf6+, Re8; 33. Cf5, exf5; 34. Te2+, Ae4. Era insuficiente 30. d5, De5!; 31. Tg3, exd5; 32. Dg6, Tc7.

30. ..., f6-f5.

El juego es visiblemente favorable para las negras, que juegan enérgicamente.

31. Tg3-g6, Ac6-e4; 32. Dd3-b3, Rg8-h7!; 33. c4-c5, Tc8xc5; 34. Tg6xe6, Tc5-c1+; 35. Ce3-d1, Dd6-

f4; 36. Db3-b2, Tc1-b1; 37. Db2-c3, Td8-c8; 38. Te6xe4, Df4xe4.
Las blancas abandonan.

Botvinnik - Toluch
Moscú, 1965

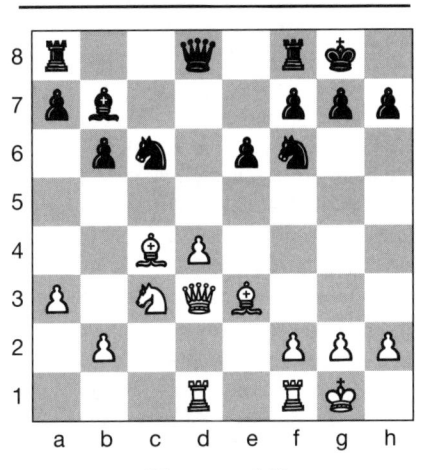

Diagrama 142

Esta posición aparece en la defensa Nimzovitch; las blancas obtienen ventaja del par de alfiles, pero la ausencia de caballo de rey disminuye su potencial de ataque.

En consecuencia, deben empujar el peón "f", pero, en primer lugar, activar el alfil negro.

13. ..., Cc6-e7?

Había que jugar 13. ..., h6!, impidiéndole al alfil ir a g5.

14. Ae3-g5!, Ce7-g6; 15. f2-f4!, h7-h6.

Forzando un intercambio favorable a las blancas.

16. f4-f5!, e6xf5; 17. Ag5xf6, Dd8xf6; 18. Tf1xf5, Cg6-f4?

Paso a un final perdedor, más encarnizado era 18. ..., Dc6.

19. Tf5xf6, Cf4xd3; 20. Tf6xf7!, Cd3xb2.

Con 20. ..., Txf7; 21. Txd3, las blancas conservaban simplemente su peón suplementario.

21. Tf7xf8++, Rg8xf8; 22. Td1-f1+, Rf8-e8; 23. Ac4-e6, Ta8-d8; 24. d4-d5, Ab7-c8.

Las negras simplifican el juego al máximo, destruyendo el peón aislado, pero por desgracia es insuficiente.

25. Tf1-f7!, Ac8xe6; 26. d5xe6, Td8-d6; 27. Tf7xg7, Td6xe6; 28. Tg7xa7, Cb2-d3; 29. h2-h3, Cd3-f4; 30. Ta7-a4, Cf4-e2+; 31. Cc3xe2, Te6xe2; 32. Ta4-a7!

Y las blancas ganan fácilmente.

Lilienthal - Bondarevski
Moscú, 1940

Las blancas tienen posibilidades en el centro y en el ala de dama. Es muy instructivo seguir la forma en que realizan su plan de juego.

14. Ad3-e4, Cb6-d5; 15. Ae4xd5, e6xd5; 16. Ac7-e5!, Ac8-f5; 17. Ae5xf6, De7xf6; 18. Dc2-b3, Af5-e4; 19. Cf3-e5, Df6-b6.

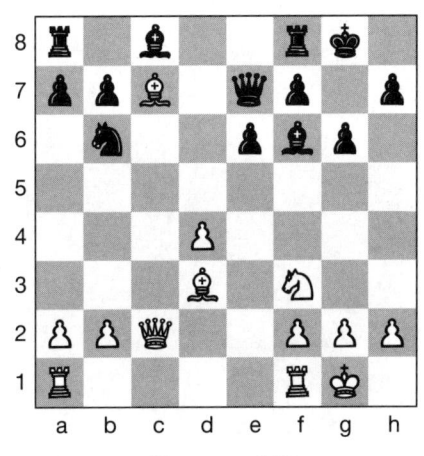

Diagrama 143

La ventaja de espacio se ha transformado en superioridad del caballo sobre el alfil.

20. Db3xb6, a7xb6; 21. Tf1-c1, Tf8-c8; 22. a2-a3, Ae4-f5; 23. g2-g4!

Expulsa al alfil y se dispone a dirigirse hacia el rey.

23. ..., Af5-e6; 24. h2-h3, f7-f6; 25. Ce5-d3, g6-g5; 26. f2-f3.

La ventaja de las blancas es indiscutible, pero aún hay que realizarla.

26. ..., Rg8-f7; 27. Rg1-f2, Rf7-e7; 28. Rf2-e3, Re7-d6?

28. ..., h5 era mejor, creando un contrajuego en el ala de rey.

29. Tc1xc8, Ta8xc8; 30. h3-h4!, h7-h6; 31. h4xg5, h6xg5; 32. Ta1-h1.

La ventaja de las blancas creció aún más y éstas se impusieron pronto.

**Karpov - Spassky
Montreal, 1979**

16. Cf3-e5.

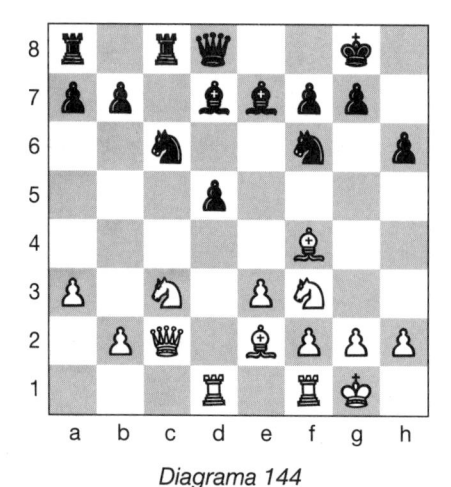

Diagrama 144

Es necesario intercambiar el par de caballos para reforzar el control sobre la casilla d4 y activar el alfil de casillas blancas.

16. ..., Ad7-e6; 17. Ce5xc6, Tc8xc6.

Con 17. ..., bxc6 seguía 18. Aa6.

18. Ae2-f3, Dd8-b6; 19. Af4-e5!

Fuerza el intercambio del par de caballos.

19. ..., Cf6-e4; 20. Dc2-e2, Ce4xc3; 21. Ae5xc3, Ta8-d8.

Era mejor 21. ..., Txc3; 22. bxc3, Da5, obteniendo las negras compensación por la calidad.

22. Td1-d3, Tc6-d6; 23. Tf1-d1, Td6-d7; 24. Td1-d2, Db6-b5; 25. De2-d1.

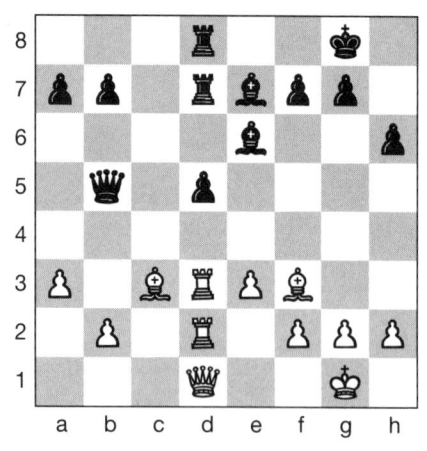

Diagrama 145

La siguiente etapa del plan de las blancas es movilizar sus peones del ala de rey con el fin de debilitar a continuación el bando adversario.

25. ..., b7-b6; 26. g2-g3, Ae7-f8; 27. Af3-g2, Af8-e7; 28. Dd1-h5.

Con la amenaza 29. e4.

28. ..., a7-a6; 29. h2-h3, Db5-c6; 30. Rg1-h2, a6-a5; 31. f2-f4, f7-f6.

Se ha alcanzado el objetivo; sólo falta reforzar de nuevo la presión en la columna "a".
32. Dh5-d1!, Dc6-b5; 33. g3-g4, g7-g5; 34. Rh2-h1, Db5-c6; 35. f4-f5, Ae6-f7; 33. e3-e4!
Es la jugada decisiva que las negras ya no están en condiciones de soportar; en efecto, abandonarán unas jugadas más tarde.

**Korchnoi - Karpov
Merano, 1981
Gambito de dama**

---

1. c2-c4, e7-e6; 2. Cb1-c3, d7-d5; 3. d2-d4, Af8-e7; 4. Cg1-f3, Cg8-f6 5. Ac1-g5, h7-h6; 6. Ag5-h4, O-O; 7. Ta1-c1, d5xc4; 8. e2-e3, c7-c5; 9. Af1xc4, c5xd4; 10. e3xd4, Cb8-c6; 11. O-O.

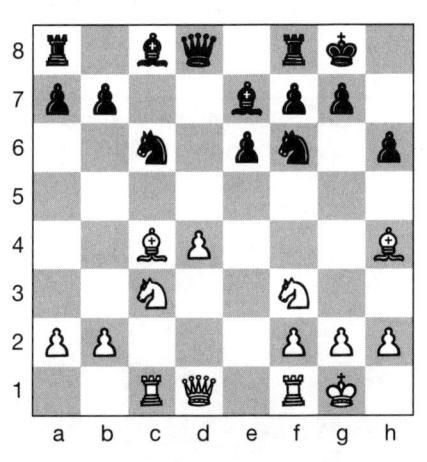

Diagrama 146

Veamos la posición típica con el peón "d" aislado. Existe un matiz esencial favorable a las negras: el alfil blanco de casillas negras en el gambito de dama aceptado, donde aparece con mayor frecuencia esta estructura, permanece mucho tiempo en su casilla inicial, esperando el momento favorable para su salida.

Su posición en h4 me sugirió una idea nueva y renuncié a la maniobra habitual Cc6-b4-d5.
11. ..., Cf6-h5!
El intercambio de alfiles es útil para las negras, pero 11. ..., Cd5; 12. Ag3 permitía evitarlo.
12. Ag5xe7.
Si 12. Ag3, Cxg3; 13. hxg3, Af6, las blancas tienen dificultades para defender el peón d4.
12. ..., Cc6xe7.
Éste es el proyecto de las negras: aunque un caballo se ha encontrado provisionalmente al borde del tablero, el segundo logra controlar la casilla d5. Por supuesto, nada impide a las blancas librarse del peón aislado, pero después de 13. d5, exd5; 14. Cxd5, Cxd5; 15. Axd5, Cf4; 16. Ae4, Dxd1; 17. Tcxd1, Ae6, la posición es absolutamente igual.
13. Ac4-b3, Ch5-f6; 14. Cf3-e5, Ac8-d7; 15. Dd1-e2, Ta8-c8; 16. Cc3-e4.
Las blancas no encuentran plan preciso y olvidan que cada intercambio de pieza ligera debilita potencialmente el peón d4. Parecía más lógico 16. Tfe1 impidiendo 16. ..., Ac6 a causa de 17. Cxf7.
Entonces habría respondido 16. ..., Tc7 o 16. ..., Ae8.
16. ..., Cf6xe4; 17. De2xe4, Ad7-c6!
¡Momento importante! Las negras no temen crearse también un peón aislado tras el doble intercambio en c6.
El caballo lo defenderá bien, pero, a la primera ocasión, irá a

atacar el peón enemigo d4. Por ello, las funciones del alfil blanco quedan muy limitadas.

18. Ce5xc6, Tc8xc6; 19. Tc1-c3, Dd8-d6; 20. g2-g3, Tf8-d8; 21. Tf1-d1.

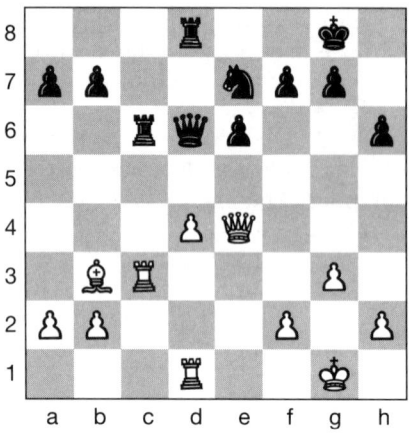

Diagrama 147

21. ..., Tc6-b6!

Ahora, como las blancas ya no tienen la posibilidad de atacar el ala de rey, las negras deben guardarse de intercambiar las piezas pesadas para hacer presión sobre el peón aislado.

Esta maniobra de la torre apunta al peón b2 y permite además atacar el ala con Tb4.

22. De4-e1, Dd6-d7; 23. Tc3-d3, Tb6-d6; 24. De1-e4, Dd7-c6!; 25. De4-f4, Ce7-d5; 26. Df4-d2, Dc6-b6; 27. Ab3xd5, Td6xd5; 28. Td3-b3, Db6-c6; 29. Dd2-c3, Dc6-d7; 30. f2-f4.

Es la única forma de protegerse contra la amenaza e6-e5, pero su precio es demasiado alto: significa el debilitamiento completo de la posición del rey.

30. ..., b7-b6; 31. Tb3-b4, b6-b5; 32. a2-a4, b5xa4; 33. Dc3-a3, a7-a5; 34. Tb4xa4, Dd7-b5!

Las negras clavan la dama de blancas a la protección de la torre encadenada en a4 y amenazan al mismo tiempo la irrupción de su propia dama en e2.

35. Td1-d2, e6-e5; 36. f4xe5, Td5xe5; 37. Da3-a1, Db5-e8!!

Utilizando al máximo las características de atacante de la dama en las columnas y diagonales.

38. d4xe5, Td8xd2; 39. Ta4xa5, De8-c6; 40. Ta5-a8+, Rg8-h7; 41. Da1-b1+, g7-g6; 42. Db1-f1, Dc6-c5+; 43. Rg1-h1, Dc5-d5+.

Las blancas abandonan.

Hasta ahora hemos visto los métodos estratégicos del juego en posiciones con un peón aislado.

Veamos ahora unos ejemplos de resolución táctica.

Spassky - Aftonomov
Leningrado, 1949

---

1. d4-d5!

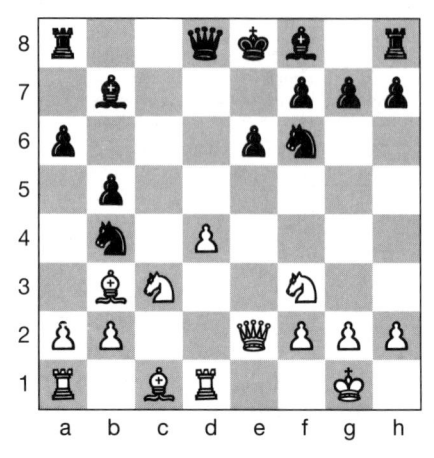

Diagrama 148

Esta penetración central en el lugar más fortificado es un procedimiento clásico en este tipo de posición.

La combinación sólo es posible gracias al importante retraso de desarrollo de las negras.

1. ..., Cb4xd5; 2. Ac1-g5!, Af8-e7; 3. Ag5xf6, g7xf6; 4. Cc3xd5, Ab7xd5; 5. Ab3xd5, e6xd5; 6. Cf3-d4.

El rey negro está bloqueado en el centro y el combate acaba rápidamente.

6. ..., Re8-f8; 7. Cd4-f5, h7-h5; 8. Td1xd5, Dd8xd5; 9. De2xe7+, Rf8-g8; 10. De7xf6.

Las negras abandonan.

Psakhis - Geller
Erevan, 1982

Las blancas acaban de capturar sin reflexionar el peón con 14. c5xb6 (en lugar de la buena jugada 14. Ag2) y han abierto así la vía al avance del peón aislado central negro.

14. ..., d5-d4!; 15. Af1-g2.

Las negras ganaban de bella forma con 15. Ce4 mediante 15. ..., Ad5!; 16. Cxf6+, Dxf6; 17. Dxd4, Dxf3; 18. b7, Td7!!; 19. Da4, Dxd1+!; 20. Dxd1, Axh1; 21. f3, Txd1+; 22. Re2, Td2+!

15. ..., Cb8-c6; 16. Cf3xd4, Cc6xd4; 17. e3xd4, Ae6-h3+; 18. Re1-f1, Td8xd4; 19. Dd2-e3, De7-b7!

Esta elegante jugada intermedia constituye la punta de lanza de toda la combinación de las negras, que obtienen ahora un ataque irresistible.

20. f2-f3, Td4xd1+; 21. Cc3xd1, Db7-a6+; 22. Rf1-g1, Ta8-d8; 23. Cd1-f2, Af6-d4; 24. De3-e1, Ad4xf2+.

Las blancas abandonan, ya que 25. Rxf2, Dxb6+; 26. Rf1, Ac8 (con la terrible amenaza 27. ..., Aa6#) gana.

Portisch - Bilek
Budapest, 1975

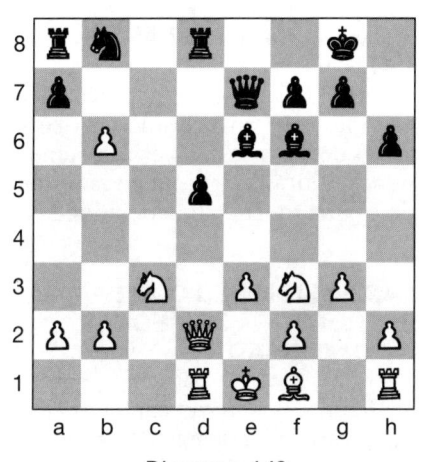

Diagrama 149

Diagrama 150

Es una posición muy instructiva; las negras no han podido bloquear el punto d5 y las blancas lanzan un ataque decisivo.
1. Ag5xf6!, Ae7xf6; 2. d4-d5!, e6xd5; 3. Te1xe8+, Dd8xe8; 4. Cc3xd5, Af6-d8; 5. Td1-e1, De8-f8; 6. Dd3-f5, Cc6-a5; 7. Cf3-e5, g7-g6; 8. Df5-d7, Ab7xd5; 9. Dd7xc8.
Las negras abandonan.

Najdorf - Polugajevski
Mar del Plata, 1970

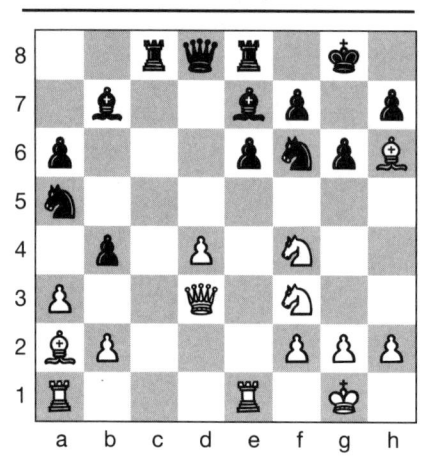

Diagrama 151

Las blancas han desarrollado un ataque: 1. Cxe6, fxe6; 2. Axe6+, Rh8; 3. Cg5, etc. Es el turno de las negras, que sacrifican un peón y contraatacan.
1. ..., b4-b3!; 2. Aa2xb3, Ab7-e4; 3. Dd3-d1, Ca5xb3; 4. Dd1xb3, Ae4-c2; 5. Db3-a2, Cf6-g4!; 6. Cf4xe6, Dd8-b6!; 7. Ce6-g7, Ac2-b3; 8. Da2-b1, Te8-d8!; 9. Cg7-f5, g6xf5; 10. Te1xe7, Cg4xh6; 11. Db1-d3, Db6-f6.
Las blancas abandonan.

Bakulin - Sokolov
Moscú, 1973

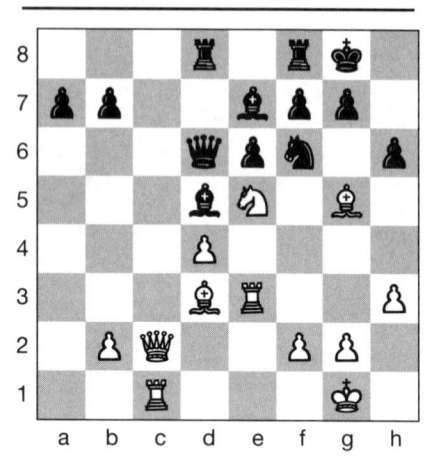

Diagrama 152

Las negras controlan bien el centro, pero su ala de rey está visiblemente debilitada y sigue una ejecución rápida.
1. Ag5xh6!, g7xh6; 2. Te3-g3+, Rg8-h8; 3. Dc2-d2, Cf6-g8; 4. Tg3xg8+!, Rh8xg8; 5. Dd2xh6, f7-f5; 6. Dh6-g6+, Rg8-h8; 7. Tc1-c3, Tf8-f6; 8. Dg6-h5+, Rh8-g7; 9. Ad3xf5!, Td8-g8; 10. Tc3-g3+, Rg7-f8; 11. Tg3xg8+, Rf8xg8; 12. Dh5-h7+.
Las negras abandonan.

Hubiese podido multiplicar los ejemplos en provecho de las blancas o de las negras, pero, créame, nunca podrá decir si un peón aislado es una fuerza o una debilidad.

LAS POSICIONES CON LA ESTRUCTURA DE PEONES DE CARLSBAD

Esta estructura característica puede proceder de numerosas aperturas:

Diagrama 153

que de minoría" con a4, b4 y luego b5; una penetración en el centro con e3-e4; un ataque en el ala de rey con enroques del mismo lado o de lados opuestos.

A su vez, las negras aplican los mismos métodos de contrajuego: un contraataque de peones o de piezas en el ala de rey; la creación de una barrera de protección con b7, b5 o un control de piezas en las casillas c4 y b5; un ataque del centro; un contraataque en dirección al enroque largo.

En sus partidas, los grandes jugadores combinan estos métodos con una u otra variante.

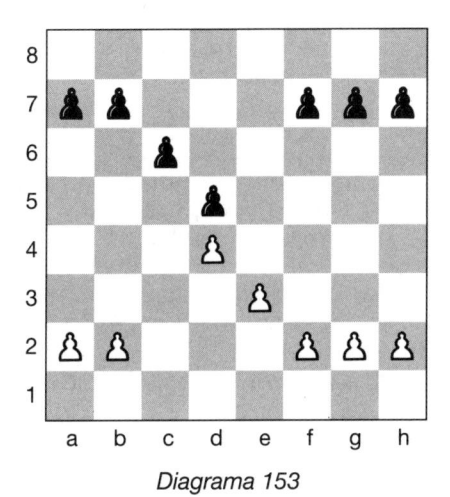

El gambito de dama:

1. d4, d5; 2. c4, e6; 3. Cc3, Cf6; 4. Ag5, Ae7; 5. Cf3, O-O; 6. e3, Cbd7; 7. cxd5, exd5.

Ésta es la variante de Carlsbad, que ha dado su nombre a la estructura de peones de las posiciones que estudiamos ahora.

La defensa Nimzovitch:

1. d4, Cf6; 2. c4, e6; 3. Cc3, Ab4; 4. Dc2, d5; 5. cxd5, exd5.

La defensa Grünfeld:

1. d4, Cf6; 2. c4, g6; 3. Cc3, d5; 4. Cf3, Ag7; 5. Ag5, Ce4; 6. cxd5, Cxg5; 7. Cxg5, e6; 8. Cf3, exd5.

La defensa Caro-Kann:

1. e4, c6; 2. d4, d5; 3. exd5, cxd5; 4. Ad3, Cc6; 5. c3 (con colores invertidos).

Es posible clasificar los planes de las blancas en posiciones similares de la siguiente forma: "un ata-

---

Smyslov - Keres
La Haya - Moscú, 1948
Gambito de dama

1. d2-d4, d7-d5; 2. c2-c4, e7-e6; 3. Cb1-c3, Cg8-f6; 4. Ac1-g5, c7-c6; 5. e2-e3, Cb8-d7; 6. c4xd5, e6xd5; 7. Af1-d3, Af8-e7; 8. Cg1-f3, O-O; 9. Dd1-c2, Tf8-e8; 10. O-O, Cd7-f8.

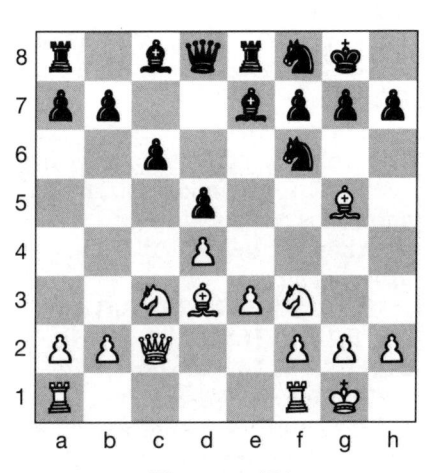

Diagrama 154

Se trata de la posición inicial de la variante llamada de intercambio. Las blancas ponen en práctica el plan de ataque de minoría (¡los peones "a" y "b" solamente!)
11. Ta1-b1, Cf8-g6; 12. b2-b4.
También encontramos a menudo 12. Axf6 para desviar el alfil de la diagonal b8-h2.
12. ..., Ae7-d6.
Era más preciso en primer lugar 12. ..., a6, para responder a 13. a4 con 13. ..., Ad6.
Las negras están obligadas a desembarazarse del peón débil "a".
13. b4-b5, Ac8-d7; 14. b5xc6, Ad7xc6?
Más resistente era 14. ..., bxc6.
15. Dc2-b3, Ad6-e7; 16. Ag5xf6!
Con 16. Ab5, Cd7! y las negras tienen buenas posibilidades de defensa.
16. ..., Ae7xf6; 17. Ad3-b5, Dd8-d6; 18. Tf1-c1, h7-h5?
Con 18. ..., Ce7, y luego g7-g5, había más posibilidades de juego activo.
19. Cc3-e2, h5-h4; 20. Ab5xc6, b7xc6; 21. Db3-a4, Cg6-e7; 22. Tb1-b7.
En este caso era necesario jugar 22. Da6! poniendo fin al avance del peón "c" y ganando rápidamente uno de los peones.
Ahora las negras igualan más o menos el juego.
22. ..., a7-a5; 23. h2-h3, Te8-b8; 24. Tc1-b1, Tb8xb7; 25. Tb1xb7, c6-c5!; 26. Tb7-b5, c5xd4 27. Ce2xd4, Ta8-c8?
Es un error; el contrajuego se conservaba después de 27. ..., Dc7!; 28. Cb3, Dc6.

28. Cd4-b3, Af6-c3; 29. Da4xh4.
Y las blancas realizaron la ventaja material.

Bogoljubow - Rubinstein
San Remo, 1930
Gambito de dama

Ésta es una de las partidas más tensas de toda la historia del ajedrez.
Los adversarios se enfrentaron en una lucha terrible y, durante mucho tiempo, el ataque y la defensa estuvieron equilibrados.
Finalmente, la ventaja posicional de las blancas dominó.
1. d2-d4, d7-d5; 2. Cg1-f3, Cg8-f6; 3. c2-c4, e7-e6; 4. Ac1-g5, Cb8-d7; 5. e2-e3, Af8-e7; 6. Cb1-c3, O-O; 7. Ta1-c1, Tf8-e8; 8. a2-a3, a7-a6; 9. c4xd5, e6xd5.
La teoría moderna no aprueba este orden de jugadas: con un ataque de minoría, la continuación 7. Tc1 y 8. a3 es inoportuna.
10. Af1-d3, c7-c6; 11. O-O, Cd7-f8; 12. Dd1-c2, Cf6-h5?!

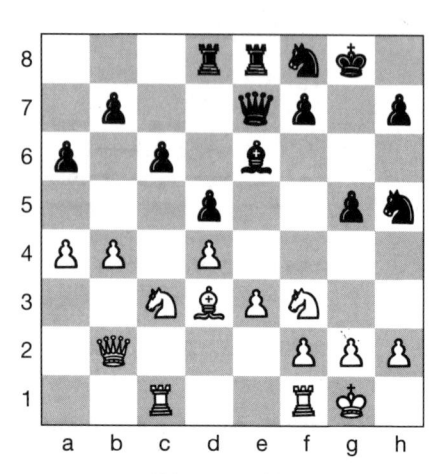

Diagrama 155

Hoy en día, se considera que 12. ..., Ce4 o 12. ..., Cg6 ofrecen mayores perspectivas.

13. Ag5xe7, Dd8xe7; 14. b2-b4, Ac8-e6; 15. Dc2-b2, Ta8-d8; 16. a3-a4, g7-g5!

Inaugurando el contrajuego en el ala de rey.

17. b4-b5, a6xb5; 18. a4xb5, g5-g4; 19. Cf3-d2, Ae6-c8!

Permitiendo a la torre pasar a la sexta línea.

20. Tf1-e1, f7-f5; 21. Cc3-a2, Td8-d6; 22. b5xc6, b7xc6; 23. Db2-b6, Ac8-d7; 24. Ca2-b4, Ch5-f6!; 25. Tc1-c2.

Por el momento el peón c6 es intocable: 25. Cxc6, De6; 26. Ab5, Tc8 con ganancia de una pieza.

25. ..., Cf6-e4; 26. Ad3xe4, f5xe4; 27. Te1-c1, De7-f6; 28. Db6-b7, Te8-e7; 29. Db7-a8, Te7-f7.

A pesar de estar en una posición estratégicamente difícil, las negras han logrado atacar.

30. Cd2-f1, h7-h5; 31. Cf1-g3!

Brillante maniobra vinculada a la siguiente jugada.

31. ..., h5-h4; 32. Cg3-h5!, Df6-g5.

Las negras parecen haber logrado su contraataque, pero las blancas realizan una pequeña jugada intermedia, que clarifica la situación a su favor.

33. Da8-b8!, Td6-h6; 34. Ch5-f4, g4-g3; 35. Cb4xc6.

Aún más fuerte era 35. fxg3, hxg3; 36. h3! y el ataque de las negras es rechazado.

35. ..., g3xf2+; 36. Rg1xf2, Ad7xc6; 37. Tc2xc6, Th6xc6; 38. Tc1xc6, h4-h3; 39. g2xh3, Dg5-h5; 40. Rf2-e1, Dh5-f3; 41. Tc6-g6+, Rg8-h7; 42. Tg6-g3, Df3-h1+; 43. Re1-d2, Dh1-a1; 44. Db8-c8, Da1-a2+; 45. Rd2-e1, Da2-a1+; 46. Re1-e2, Da1-b2+; 47. Re2-f1, Cf8-g6; 48. Dc8-g4, Tf7xf4+.

Último elemento de táctica, pero ya es demasiado tarde.

49. e3xf4, Db2-c1+; 50. Rf1-f2, Dc1-d2+; 51. Dg4-e2, Dd2xd4+; 52. De2-e3.

Y las blancas se impusieron al final.

**Taimanov - Nejmetdinov
Kiev, 1954**

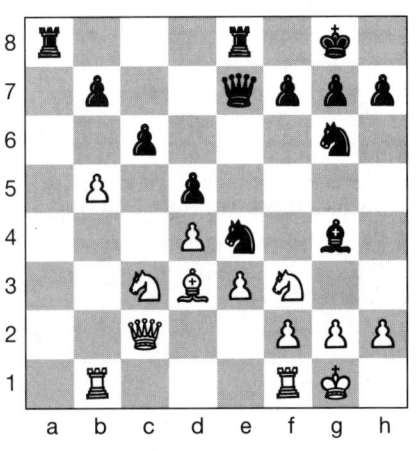

Diagrama 156

17. Cf3-d2?

Un error; había que jugar 17. Axe4, dxe4; 18. Cd2 con un juego difícil.

17. ..., Ce4xd2; 18. Dc2xd2, Cg6-h4!

Es un ejemplo en el que una pieza negra atacando el ala de rey alcanza su objetivo. El principal defecto de la posición blanca es la mala situación de la dama, lo cual resulta muy visible en la siguiente

variante: 19. Ae2, Ah3!; 20. gxh3, Dg5+; 21. Ag4, Cf3+.
19. f2-f3, De7xe3+; 20. Dd2xe3, Te8xe3; 21. f3xg4, Te3xd3; 22. b5xc6, b7xc6; 23. Cc3-e2, Td3-d2.

Las negras ganan un peón y luego, en poco tiempo, la partida.

Karpov - Spassky
Leningrado, 1974
Gambito de dama

1. d2-d4, Cg8-f6; 2. c2-c4, e7-e6; 3. Cg1-f3, d7-d5; 4. Cb1-c3, Af8-e7; 5. Ac1-g5, h7-h6; 6. Ag5-h4, O-O; 7. e2-e3, b7-b6; 8. Af1-e2, Ac8-b7; 9. Ah4xf6, Ae7xf6; 10. c4xd5, e6xd5; 11. O-O, Dd8-d6.

Era mejor jugar 11. ..., Cd7, y 12. Db3, c6; 13. e4, dxe4; 14. Cxe4, c5 no promete nada a las blancas. Si éstas no juegan inmediatamente e4, entonces 12. ..., Te8 y Cd7-f8-e6, con un nuevo ataque al peón d4.

12. Ta1-c1, a7-a6.

Es imprescindible evitar el ataque del caballo en b5.

Después de 12. ..., c6, el horizonte del alfil b7 está cerrado y el empuje blanco e3-e4 es más fácil de realizar.

13. a2-a3, Cb8-d7; 14. b2-b4, b6-b5.

Subraya la debilidad de la casilla c4 y determina el contrajuego de las negras.

15. Cf3-e1, c7-c6; 16. Ce1-d3.

16. ..., Cd7-b6?

Las negras tienen demasiada prisa por situar su caballo en c4.

En primer lugar había que jugar 16. ..., a5! creando una debilidad en b4 y abriendo la columna "a".

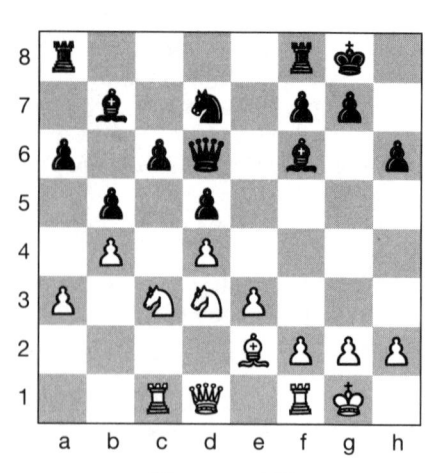

Diagrama 157

17. a3-a4!, Af6-d8?

Con la idea de debilitar, después de 18. ..., Ad8-c7, el refugio del rey de blancas pero también la torre a8 quedan fuera de juego. Era mejor 17. ..., Tad8, que permitía al alfil volver a c8 sin crear problemas.

18. Cd3-c5, Ab7-c8; 19. a4-a5, Ad8-c7; 20. g2-g3, Cb6-c4; 21. e3-e4!, Ac8-h3; 22. Tf1-e1, d5xe4.

Crea una nueva debilidad en c6. Además, los caballos de blancas, teniendo a su disposición el punto de paso e4, se reactivan peligrosamente.

23. Cc3xe4, Dd6-g6; 24. Ae2-h5, Dg6-h7; 25. Dd1-f3, f7-f5.

Error decisivo. Era más resistente para las negras jugar 25. ..., Df5.

26. Ce4-c3, g7-g6; 27. Df3xc6!, g6xh5; 28. Cc3-d5.

El alfil negro es atacado y no puede ser defendido. **28. ..., f5-f4; 29. Te1-e7, Dh7-f5; 30. Te7xc7, Ta8-e8; 31. Dc6xh6, Tf8-f7; 32. Tc7xf7, Rg8xf7; 33. Dh6xf4, Te8-e2; 34. Df4-c7+, Rf7-f8; 35. Cd5-f4.**

Las negras abandonan.

Tal - Vaganian
Moscú, 1975

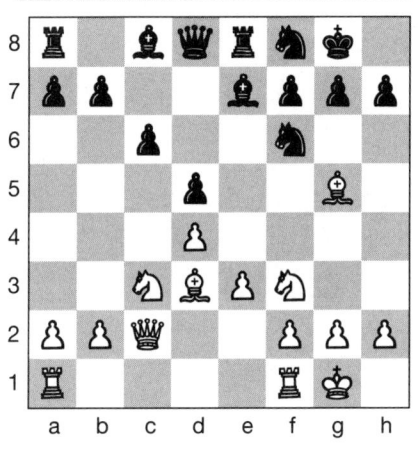

Diagrama 158

11. Ta1-e1.
Amenaza una penetración en el centro, que las negras deben evitar por encima de todo.
11. ..., Cf6-e4; 12. Ag5xe7, Dd8xe7; 13. Ad3xe4, d5xe4; 14. Cf3-d2, f7-f5; 15. f2-f3, e4xf3; 16. Cd2xf3, Ac8-e6; 17. e3-e4, f5xe4; 18. Te1xe4, Ta8-d8.

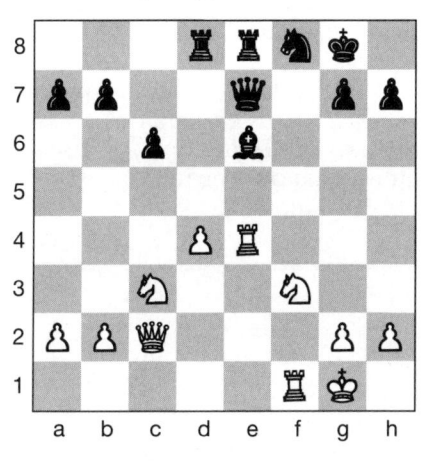

Diagrama 159

Esta posición es muy frecuente; existen varios planes de desarrollo a partir de 19. Ce5, 19. Tfe1, 19. Te5, etc.
19. Tf1-e1, h7-h6; 20. Te4-e5, De7-f7; 21. Dc2-e4, Td8-d6
Era mejor 21. ..., Ad5.
22. De4-e3, Cf8-d7; 23. Te5-a5, Cd7-f6; 24. De3-f4, Te8-d8; 25. Ta5xa7, Df7-d7; 26. Cc3-a4, Cf6-d5; 27. Df4-g3, Dd7-c7; 28. Ca4-c5, Ae6-c8; 29. Cf3-e5, Td6-f6!
Perdía 29. ..., Db6, a causa de 30. Cc4!, Dxa7; 31. Cxd6, Dxa2; 32. Ce8! con un ataque decisivo.
30. Cc5-e4, Tf6-f4; 31. Ce5-g6, Dc7-b6; 32. Cg6xf4, Db6xa7; 33. Cf4xd5.
Ahora hay igualdad. Era mejor para las blancas 33. Ch5!, Dxd4+; 34. Rh1, Rh8; 35. Cef6, g5; 36. Cxd5.
33. ..., Da7xd4+; 34. Dg3-e3.
Tablas.
En conclusión, veamos un ejemplo de posición con los enroques de lados opuestos.

Hulak - Spassky
Toluca, 1982
Gambito de dama

1. d2-d4, Cg8-f6; 2. c2-c4, e7-e6; 3. Cb1-c3, d7-d5; 4. Ac1-g5, Af8-e7; 5. c4xd5, e6xd5; 6. e2-e3, O-O; 7. Af1-d3, Cb8-d7; 8. Dd1-c2, Tf8-e8; 9. Cg1-e2, c7-c6; 10. h2-h3, Cd7-f8; 11. O-O-O, a7-a5!?
Las negras deben mostrarse enérgicas y actuar de inmediato en el ala de dama.
12. Rc1-b1, b7-b5.
Si el caballo hubiese estado en f3, el sacrificio de peón habría sido

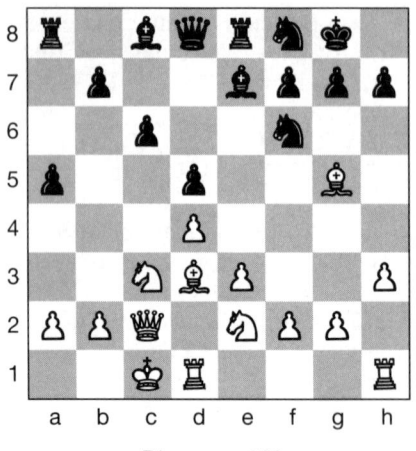

Diagrama 160

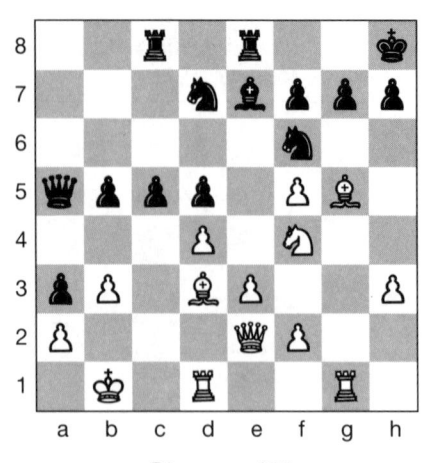

Diagrama 161

bueno: 12. ..., a4; 13. Cxa4, Da5; 14. Cac3, b5. Y ahora, en esta variante, las blancas rechazan la amenaza con 15. Cc1.

13. g2-g4, a5-a4; 14. Ce2-g3, a4-a3; 15. b2-b3, Dd8-a5; 16. Th1-g1, Rg8-h8; 17. Cc3-e2, Ac8-d7; 18. Cg3-f5, Ad7xf5; 19. g4xf5.

Había que jugar 19. Axf5, dificultando el empuje c6-c5.

19. ..., Ta8-c8; 20. Ce2-f4, Cf8-d7; 21. Dc2-e2, c6-c5!

Las negras obtienen ventaja y han realizado plenamente su plan.

22. d4xc5, Cd7xc5; 23. Ag5xf6, Ae7xf6; 24. Cf4xd5, Cc5-a4!

¡Jugada estándar! Imposible aceptar el sacrificio, ya que, después de 25. bxa4, bxa4, el rey de blancas ya no está protegido.

25. Td1-c1, Ca4-c3+; 26. Cd5xc3.

Sólo 26. Txc3, Axc3; 27. f6 daba contrajuego.

26. ..., Tc8xc3; 27. Tg1-d1, Da5-b4; 28. Ad3-c2, Tc3xe3!; 29. De2-d2, Te3-c3; 30. Td1-e1, Te8xe1; 31. Dd2xe1, h7-h6; 32. Tc1-d1, Rh8-h7; 33. De1-e2, Tc3xh3; 34. De2-e1, Db4-c5; 35. Rb1-c1, Th3xb3; 36. a2xb3, a3-a2.

Las blancas abandonan.

Hemos visto dos posiciones clásicas del desarrollo, tal vez las más jugadas.

Pero, a medida que adquiera experiencia, usted ampliará su reserva de posiciones típicas y asimilará sus métodos de juego.

¡No dudo de su éxito!

DÉCIMA CONVERSACIÓN

*"Una posición aplastante en el centro
da derecho a atacar en un ala."*

(A. Nimzovitch, gran maestro)

La penetración en el centro

Hemos dedicado unas conversaciones a las ideas tácticas y estratégicas en la partida de ajedrez con algunos procedimientos y métodos de ejecución que el lector volverá a encontrar en este libro.

Pero reservamos una a un procedimiento bastante jugado: la penetración en el centro d4-d5 (d5-d4 en el lado de las negras). Es un motivo táctico que sólo se realiza con una preparación posicional y estratégica adecuada (por ejemplo, como sabemos, en las posiciones con un peón aislado). El destino de numerosas variantes de apertura depende de las consecuencias de esta penetración en el centro.

Por último, este método de juego es muy importante desde el punto de vista estético y como nunca perdemos la ocasión de iniciar al lector en la belleza del ajedrez...

Comencemos por un ejemplo clásico, que desde hace mucho tiempo forma parte de los tesoros artísticos del ajedrez.

W. Steinitz - K. Bardeleben
Hastings, 1895

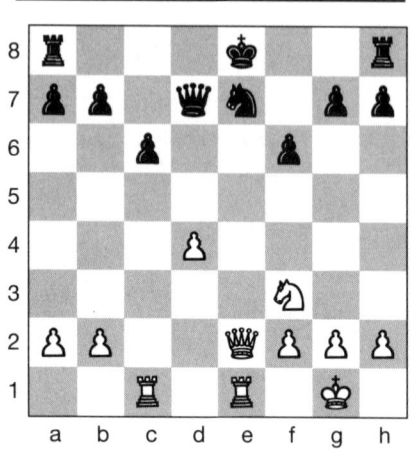

Diagrama 162

17. d4-d5!

Una de las principales razones de la jugada d4-d5 es liberar la casilla d4 para el caballo blanco.

En cuanto ocupa esta casilla, las negras experimentan a menudo dificultades, que no siempre logran solucionar.

17. ..., cxd5.

17. ..., Rf7 no evita los problemas: 18. dxc6, bxc6; 19. Dc4+, Dd5; 20. Dxd5+, cxd5; 21. Tc7, etc.

18. Cf3-d4!, Re8-f7; 19. Cd4-e6, Th8-c8; 20. De2-g4, g7-g6; 21. Ce6-g5+, Rf7-e8.

Sigue entonces una de las más célebres combinaciones de la historia del ajedrez.

22. Te1xe7+!!

Se propuso esta posición, noventa años más tarde, a un ordenador, que halló la interesante jugada 22. Cxh7!, pero la del texto es aún mejor.

22. ..., Re8-f8.

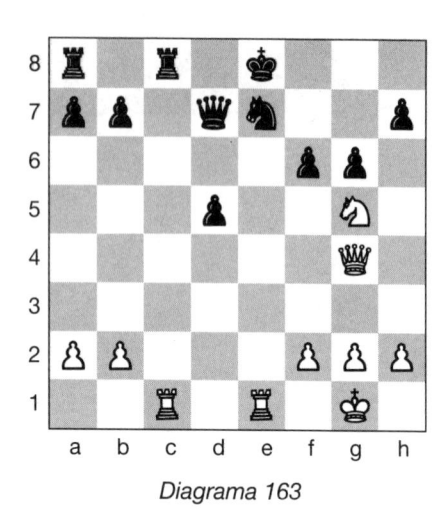

Diagrama 163

O 22. ..., Rxe7; 23. Te1+, Rd6; 24. Db4+, Rc7; 25. Ce6+, Rb8; 26. Df4+, y todo ha terminado.

23. Te7-f7+!, Rf8-g8.

Como antes, la dama no puede capturar la torre a causa de Txc8+.

24. Tf7-g7+!

La torre blanca se siente la dueña de la séptima línea.

24. ..., Rg8-h8; 25. Tg7xh7+!

Las negras abandonan, ya que el mate de las charreteras es inevitable: 25. ..., Rg8; 26. Tg7+, Rh8; 27. Dh4+, Rxg7; 28. Dh7+, Rf8; 29. Dh8+, Re7; 30. Dg7+, Re8; 31. Dg8+, Re7; 32. Df7+, Rd8; 33. Df8+, De8; 34. Cf7+, Rd7; 35. Dd6#.

Recordé involuntariamente este episodio con ocasión de una partida del 55° campeonato de la antigua URSS.

A. Karpov - A. Yusupov
Moscú, 1988

16. d4-d5!

El tema es el mismo: a cambio del peón sacrificado, las blancas

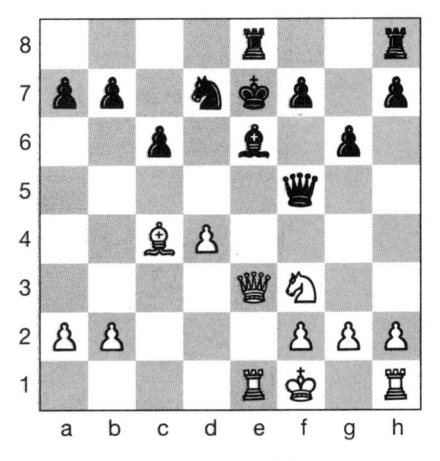

Diagrama 164

obtienen un magnífico puesto en d4 para su caballo y también un amplio espacio en la diagonal de casillas negras para su dama.

Pasé reflexionando casi una hora, ¡pero no lamento el tiempo perdido!

Además, la penetración d4-d5 es en este caso la única posibilidad que se les ofrece a las blancas para desarrollar la iniciativa.

Era insuficiente 16. Da3+, Rf6; 17. Ad3, Dd5; 18. Dxa7, Ag4 con contrajuego para las negras; y 16. Axe6, fxe6; 17. Da3+, Rf6; 18. Dxa7 pierde a causa de 18. ..., Db5+; 19. Rg1, Ta8. 16. Cg5 tampoco conduce a nada a causa de 16. ..., Rd8!; 17. Cxe6+, fxe6; 18. Axe6, Db5+; 19. Rg1, Te7! o 17. Axe6, fxe6; 18. Cxe6+, Rc8; 19. Db3, Te7.

16. ..., c6xd5; 17. Ac4-b5!

Es el complemento imprescindible del ataque de las blancas, sin el cual éste habría podido fracasar.

17. ..., a7-a6; 18. De3-a3+, Re7-d8; 19. Da3-a5+, Rd8-e7.

El camino hacia el ala de dama está sembrado de obstáculos: 19. ..., Rc8; 20. Tc1+, Rb8; 21. Dc7+, Ra8; 22. Cd4, Df6; 23. Axa6!, Tb8; 24. Da5, Dd8; 25. Tc7 con la victoria.

20. Da5-b4+, Re7-f6; 21. Db4-d4+.

Es un motivo puramente geométrico, la dama de blancas se desplaza por el tablero con un movimiento pendular.

21. Axd7 era malo a causa de 21. ..., Dd3+.

21. ..., Rf6-e7; 22. Ab5-d3!, Df5-h5; 23. h2-h4!

En composición, esta posición se denomina el dominio completo de las piezas.

23. ..., Re7-d8; 24. Cf3-g5, Th8-f8; 25. Ad3-e2, Dh5-h6; 26. Ae2-f3, Te8-e7; 27. Dd4-b4, Cd7-f6; 28. Db4-d6+, Te7-d7; 29. Dd6-f4, Cf6-g8; 30. Af3-g4!, Rd8-c8; 31. Ag4xe6, f7xe6; 32. Te1-c1+, Rc8-d8; 33. Cg5xe6+, Rd8-e7; 34. Df4xf8+, Dh6xf8; 35. Ce6xf8, Re7xf8.

Las negras abandonan unas jugadas más tarde. Existen multitud de ejemplos de este tipo en los que la penetración central rompe la cohesión de las fuerzas adversarias y conduce a la victoria.

Veamos tres muy recientes.

**D. Ciric - S. Clausen
Copenhague, 1989**

1. d4-d5!

Refuerza la posición de la torre en e6. Si 1. Cxf6, entonces 1. ..., Dxe6; después de 1. ..., cxd5; 2. Cxf6, Dxe6 sigue entonces 3. Axd5 y si 2. ..., Dxa4, entonces 3. Axd5, Axf6; 4. Txe7#.

Diagrama 165

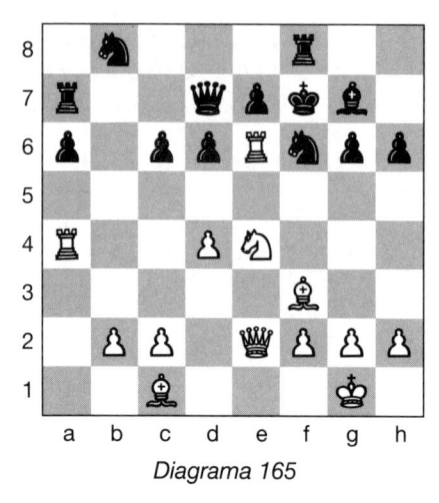

1. ..., Cf6xd5; 2. Af3-g4!, Dd7-c7; 3. De2-f3+, Cd5-f6.

3. ..., Rg8 tampoco salva a las negras ya que las blancas ganan entonces brillantemente con 4. Dd3, Rf7; 5. Txg6!, Rxg6; 6. Cxd6+, Rf6; 7. Df5#.

4. Ce4xf6, Ag7xf6; 5. Ac1xh6, Tf8-g8; 6. Ah6-g5, Cb6-d7; 7. Ta4-e4.

Una sutileza suplementaria; la jugada d4-d5 permite a la otra torre blanca darse a conocer.

7. ..., Dc7-d8; 8. Te4xe7+, Dd8xe7; 9. Te1xe7+, Rf7xe7; 10. Df3-e3+.

Las negras abandonan.

D. Johansen - D. Gedevanichvili
Sydney, 1989

1. d4-d5!

Las blancas tienen un peón más, pero en lugar de conservarlo y de jugar en consecuencia el pasivo 1. Dc1, lanzan una operación táctica que conocemos. Una vez más, la penetración central d4-d5 hará maravillas.

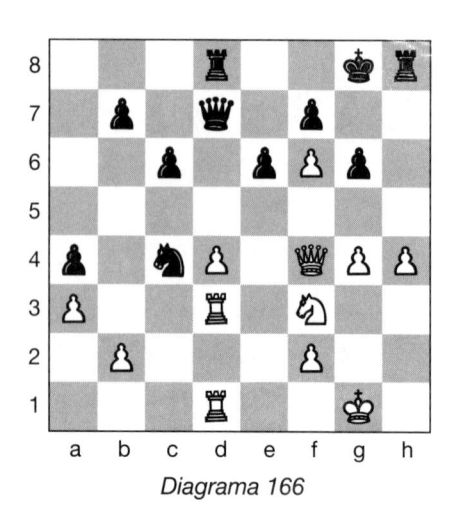

Diagrama 166

1. ..., Cc4xb2.

El peón d5 es intocable a causa de 2. Dxc4.

2. Td3-d2.

Es prematuro 2. dxe6 a causa de 2. ..., Cxd3.

2. ..., Cb2xd1; 3. d5xe6!

Esta bonita jugada intermedia justifica por sí sola toda la combinación blanca.

3. ..., Dd7-c8; 4. Td3xd8+, Dc8xd8; 5. e6-e7, Dd8-e8; 6. Df4-d2.

Las negras abandonan. La amenaza es 7. Dd8, y si 6. ..., Rh7, entonces 7. Cg5+.

I. Stohl - V. Molnar
Rimavska sobota, 1991

1. d4-d5!, e6xd5.

Todas las piezas blancas participan en el ataque. Además, con 1. ..., f6, las negras tienen dificultades para resistir: 2. Cc4!, exd5; 3. exd5, Axd5; 4. Cxa5, bxa5; 5. Axh7+, Rxh7; 6. Dh5+.

2. e4xd5, Ab7xd5; 3. De2-h5, Ad5-e4.

Diagrama 167

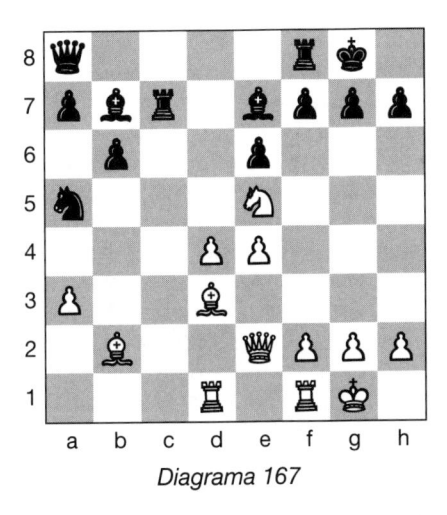

Si 3. ..., g6, entonces 4. Cg4!, f6; 5. Axg6.
4. Ce5-d7!, Ae4xd3.
El caballo es intocable: 4. ..., Txd7; 5. Axe4, Dxe4; 6. Txd7.
5. Td1xd3, Tf8-c8; 6. Td3-g3, g7-g6; 7. Dh5xh7+!
Las negras abandonan; es mate en dos jugadas.

Ya hemos observado que, en las variantes de apertura, la penetración d4-d5 tenía una importancia particular.

Veamos cinco ejemplos de este tipo.

Comencemos por el gambito de dama. La primera partida es una partida del campeonato del mundo.

**B. Spassky - T. Petrosian
Moscú, 1969
*Gambito de dama***

1. c2-c4, Cg8-f6; 2. Cb1-c3, e7-e6; 3. Cg1-f3, d7-d5; 4. d2-d4, c7-c5; 5. c4xd5, Cf6xd5; 6. e2-e4, Cd5xc3; 7. b2xc3, c5xd4; 8. c3xd4, Af8-b4+;
9. Ac1-d2, Ab4xd2+; 10. Dd1xd2, O-O; 11. Af1-c4, Cb8-c6; 12. O-O, b7-b6; 13. Ta1-d1, Ac8-b7; 14. Tf1-e1, Ta8-c8.

La jugada 14. ..., Ca5 aparece en la segunda partida.

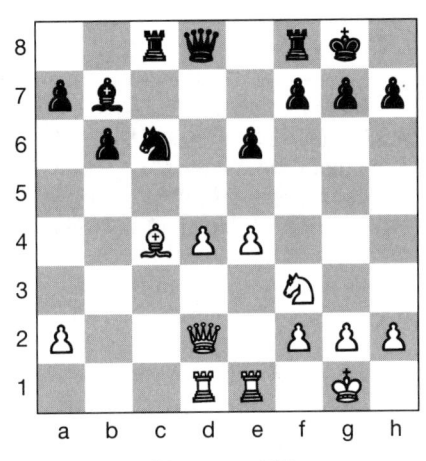

Diagrama 168

15. d4-d5!
Es la penetración que se examinó minuciosamente veinte años antes. Esta partida proporcionó a Spassky una victoria rápida y brillante.
15. ..., e6xd5.
Es curioso constatar que si 15. ..., Ca5; 16. Ad3, exd5; 17. e4-e5, se llega a la posición de la partida siguiente.
16. Ac4xd5, Cc6-a5; 17. Dd2-f4, Dd8-c7; 18. Df4-f5, Ab7xd5; 19. e4xd5, Dc7-c2; 20. Df5-f4, Dc2xa2; 21. d5-d6, Tc8-d8; 22. d6-d7!

El peón blanco "d" ha hecho su trabajo; todo ha terminado.
22. ..., Da2-c4; 23. Df4-f5, h7-h6; 24. Td1-c1!, Dc4-a6; 25. Tc1-c7, b6-b5; 26. Cf3-d4, Da6-b6; 27. Tc7-c8, Ca5-b7; 28. Cd4-c6, Cb7-d6; 29. Cc6xd8!

Un final impresionante con un brillante sacrificio de dama.
29. ..., Cd6xf5; 30. Cd8-c6.
Las negras abandonan.

L. Polugajevski - M. Tal
Moscú, 1970
Gambito de dama

1. d2-d4, d7-d5; 2. c2-c4, e7-e6; 3. Cg1-f3, Cg8-f6; 4. Cb1-c3, c7-c5; 5. c4xd5, Cf6xd5; 6. e2-e4, Cd5xc3; 7. b2xc3, c5xd4; 8. c3xd4, Af8-b4+; 9. Ac1-d2, Ab4xd2+; 10. Dd1xd2, O-O; 11. Af1-c4, Cb8-c6; 12. O-O, b7-b6; 13. Ta1-d1, Ac8-b7; 14. Tf1-e1, Cc6-a5; 15. Ac4-d3, Ta8-c8.

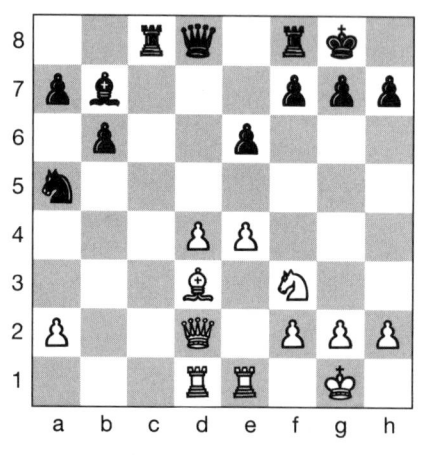

Diagrama 169

16. d4-d5!, e6xd5; 17. e4-e5!

Ésta es una penetración en el centro con sacrificio del peón "d" menos corriente; Polugajevski la había preparado en "secreto" y había esperado mucho antes de pescar a su primer adversario... Mijaíl Tal no tuvo posibilidades; fue la primera víctima de esta astuta innovación de las blancas en el campeonato de la antigua URSS.

¡Lo más curioso es que Polugajevski había analizado la variante hasta la 25ª jugada y que las había realizado todas en el tablero!

El juego activo de las blancas es visible incluso para un principiante; la compensación por el peón es sobradamente suficiente.

Pero no era posible adivinar que, gracias a la penetración en el centro, las blancas tenían prácticamente la victoria asegurada.

17. ..., Ca5-c4; 18. Dd2-f4, Cc4-b2.

Es una tentativa de intercambio del alfil peligroso, pero después de 18. ..., h6; 19. Df5 las blancas llevan a cabo un terrible ataque.

19. Ad3xh7+!, Rg8xh7; 20. Cf3-g5+, Rh7-g6; 21. h2-h4!

En esta combinación una amenaza pende sobre el rey de negras: 22. h5+, Rxh5; 23. g4+, Rg6; 24. Df5+, Rh6; 25. Dh7+, Rxg5; 26. Dh5+, Rf4; 27. Df5#.

21. ..., Tc8-c4; 22. h4-h5+, Rg6-h6; 23. Cg5xf7++, Rh6-h7; 24. Df4-f5+, Rh7-g8; 25. e5-e6!

Hasta aquí había llevado su análisis Polugajevski; las negras están ahora indefensas.

25. ..., Dd8-f6.

Con 25. ..., De7; 26. h6!

26. Df5xf6, g7xf6; 27. Td1-d2, Tc4-c6; 28. Td2xb2, Tf8-e8; 29. Cf7-h6+, Rg8-h7; 30. Ch6-f5, Tc6xe6; 31. Te1xe6, Te8xe6; 32. Tb2-c2, Te6-c6; 33. Tc2-e2!, Ab7-c8; 34. Te2-e7+, Rh7-h8; 35. Cf5-h4!, f6-f5; 36. Ch4-g6+, Rh8-g8; 37. Te7xa7.

Las negras abandonan.

Tras estas dos partidas de Spassky y de Polugajevski, esta variante del gambito de dama no volvió a utilizarse durante muchos años.

La penetración del peón "d" en una de las variantes de la defensa Eslava produjo en su tiempo una viva discusión.

A. Karpov - M. Tal
Bugojno, 1980
Defensa eslava

1. c2-c4, e7-e6; 2. Cb1-c3, d7-d5; 3. d2-d4, c7-c6; 4. e2-e3, Cg8-f6; 5. Cg1-f3, Cb8-d7; 6. Af1-d3, d5xc4; 7. Ad3xc4, b7-b5; 8. Ac4-d3, a7-a6; 9. e3-e4, c6-c5.

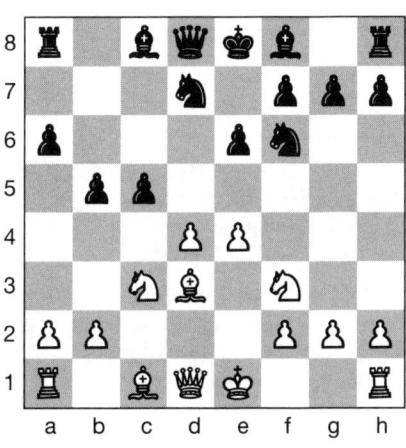

Diagrama 170

10. d4-d5!, c5-c4; 11. d5xe6, c4xd3.

Se estableció más tarde que 11. ..., fxe6 era mejor para las negras. Ahora el peón "d" que ha penetrado se apodera del caballo y las blancas toman la iniciativa.

12. e6xd7+, Dd8xd7; 13. O-O.

En la época en que se jugaba la partida, esta sencilla jugada era una innovación. Antes, se hallaba 13. Ce5, 13. e5 o 13. Ag5.

13. ..., Ac8-b7; 14. Tf1-e1, Af8-b4.

Arriesgado. Más tarde, las negras prefirieron a menudo 14. ..., Ae7 con un juego aceptable.

15. Cf3-e5, Dd7-e6.

Los demás repliegues de la dama no son mejores: 15. ..., De7; 16. Cxd3, Axc3; 17. bxc3, O-O-O; 18. f3; 15. ..., Dd4; 16. Cxd3, Axc3; 17. bxc3, Dxc3; 18. Ab2; 15. ..., Dc7; 16. Af4, Axc3; 17. bxc3, De7; 18. Cxd3.

16. Ce5xd3, Ab4xc3; 17. Cd3-f4!, De6-d7; 18. b2xc3, Cf6xe4; 19. Dd1xd7+, Re8xd7; 20. Ac1-a3, Th8-e8.

Más encarnizado era 20. ..., Tae8, para que el rey pueda ir a refugiarse a c8. Ahora, el monarca negro será atraído al centro, donde caerá en una red de mate.

21. Te1-d1+, Rd7-c7; 22. f2-f3, Ce4-f6; 23. Aa3-d6+!, Rc7-b6; 24. c3-c4, Ta8-c8; 25. c4xb5, a6xb5; 26. a2-a4, Tc8-d8; 27. a4xb5, Td8-d7; 28. Td1-d4, Te8-d8; 29. Ta1-d1, Td8-c8; 30. Ad6-e5, Td7-e7; 31. Td4-d6+, Rb6xb5; 32. Td1-b1+, Rb5-c4; 33. Td6-d4+, Rc4-c5; 34. Cf4-d3+.

Las negras abandonan.

Y, por último, un tercer ejemplo: la defensa India de dama.

En numerosas variantes en que las blancas han escogido muy pronto a2-a3, han podido crear un destructor ataque gracias a la jugada d4-d5.

Kasparov es el inventor de algunos bellos ejemplos.

G. Kasparov - F. Gheorghiu
Moscú, 1982
Defensa India de dama

1. d2-d4, Cg8-f6; 2. c2-c4, e7-e6; 3. Cg1-f3, b7-b6; 4. Cb1-c3, Ac8-b7;

5. a2-a3, d7-d5; 6. c4xd5, Cf6xd5; 7. Dd1-c2, c7-c5; 8. e2-e4, Cd5xc3; 9. b2xc3, Af8-e7.

En la partida Kasparov - Murey del mismo torneo interzonal, las negras habían preferido 9. ..., Cc6 pero después de 10. Ab2, Tc8; 11. Td1, cxd4; 12. cxd4, a6; 13. Dd2, Ca5, la penetración bien conocida 14. d5! dio también a las blancas un ataque decisivo: 14. ..., exd5; 15. exd5, Ad6; 16. Axg7, De7+; 17. Ae2, Tg8; 18. Dh6, f5; 19. Af6, Df8; 20. Dxh7, Df7; 21. Dxf5, Tg6; 22. De4+, Rf8; 23. Cg5!, Txg5; 24. Axg5, Te8; 25. Ah6+, Rg8; 26. Dg4+. Las negras abandonan.

El repliegue del alfil a e7, como veremos, es también prematuro. Las negras hallarán pronto la buena disposición de sus piezas 9. ., Cd7; 10. Ad3, Dc7, con la intención de intercambiar las damas después de 11. ..., cxd4; 12. cxd4, Dxc2.

Las blancas deben perder tiempo para replegar su dama. 11. Dd2 o 11. Db1 permite a las negras contar con una posición cómoda.

10. Af1-b5+, Ab7-c6; 11. Ab5-d3, Cb8-d7; 12. O-O, h7-h6; 13. Tf1-d1, Dd8-c7.
14. d4-d5!, e6xd5; 15. e4xd5, Ac6xd5; 16. Ad3-b5, a7-a6; 17. Ac1-f4!, Dc7xf4; 18. Ab5xd7+, Re8xd7; 19. Td1xd5+, Rd7-c7; 20. Ta1-e1, Ae7-d6; 21. Td5-f5, Df4-c4; 22. Te1-e4, Dc4-b5; 23. Tf5xf7+, Rc7-b8; 24. Te4-e6, Th8-d8; 25. c3-c4, Db5-c6; 26. Cf3-e5, Dc6-c8; 27. Dc2-b1!

Las negras abandonan.

G. Kasparov - L. Portisch
Niksic, 1983
Defensa India de dama

1. d2-d4, Cg8-f6; 2. c2-c4, e7-e6; 3. Cg1-f3, b7-b6; 4. Cb1-c3, Ac8-b7; 5. a2-a3, d7-d5; 6. c4xd5, Cf6xd5; 7. e2-e3, Cd5xc3; 8. b2xc3, Af8-e7; 9. Af1-b5+, c7-c6; 10. Ab5-d3, c6-c5; 11. O-O, Cb8-c6; 12. Ac1-b2, Ta8-c8; 13. Dd1-e2, O-O; 14. Ta1-d1, Dd8-c7; 15. c3-c4.

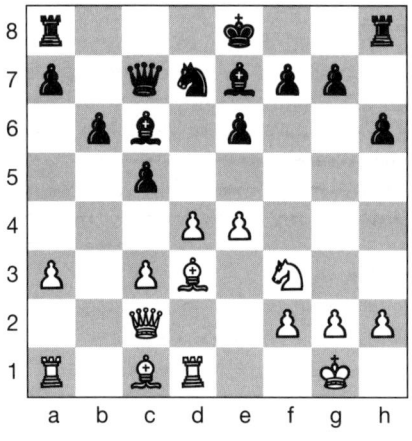

Diagrama 171

Diagrama 172

Una innovación de elección (15. e4, Ca5 daba un juego más o menos igual) cuya idea consiste en preparar la penetración d4-d5.
15. ..., c5xd4; 16. e3xd4, Cc6-a5. 17. d4-d5!, e6xd5.
Sin duda no es tan bueno 17. ..., Cxc4; 18. De4, g6; 19. Axc4, Dxc4; 20. De5, f6; 21. Dxe6+ con numerosas posibilidades de ataque para las blancas.
18. c4xd5, Ab7xd5; 19. Ad3xh7+, Rg8xh7; 20. Td1xd5, Rh7-g8; 21. Ab2xg7!
Es el comienzo de la destrucción de la fortaleza de las negras.
21. ..., Rg8xg7; 22. Cf3-e5, Tf8-d8; 23. De2-g4+, Rg7-f8; 24. Dg4-f5, f7-f6; 25. Ce5-d7+, Td8xd7; 26. Td5xd7, Dc7-c5; 27. Df5-h7, Tc8-c7; 28. Dh7-h8+!
Si 28. Td3?, las negras se salvan con 28. ..., Dxf2+!; 29. Rxf2 (29. Txf2, Tc1+; 30. Tf1, Ac5+); 29. ..., Ac5+; 30. Rg3, Txh7 con tablas.
28. ..., Rf8-f7; 29. Td7-d3, Ca5-c4; 30. Tf1-d1, Cc4-e5; 31. Dh8-h7+, Rf7-e6; 32. Dh7-g8+, Re6-f5; 33. g2-g4+, Rf5-f4; 34. Td3-d4+, Rf4-f3; 35. Dg8-b3+.
Las negras abandonan.
Hasta ahora hemos ilustrado la penetración en el centro d4-d5 en los desarrollos y las aperturas. También la encontramos en los finales con el fin de llegar lo antes posible a las inmediaciones del rey de negras.
Veamos una de mis partidas:

A. Karpov - B. Larsen
Amsterdam, 1980

Hay igualdad material en el tablero; el rey negro parece bien pro-

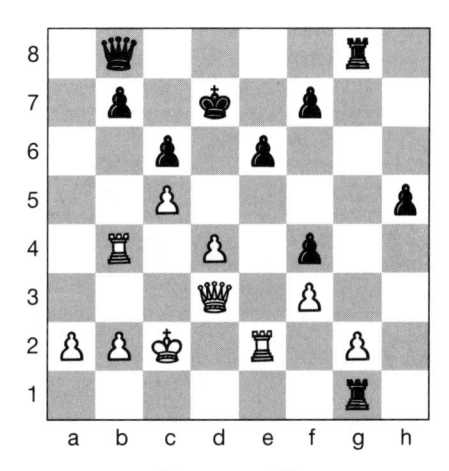

Diagrama 173

tegido y la torre g1 suficientemente activa. Por extraño que pueda parecer, ¡es ésta la que permitirá a las blancas penetrar en el centro con d4-d5 y ganar la partida!
34. d4-d5!, c6xd5.
Se produce una conclusión rápida si 34. ..., exd5; 35. Df5+, Rd8; 36. Df6+, Rc8; 37. Te7.
35. c5-c6+!, Rd7xc6; 36. Dd3-b5+.
Las negras abandonan.
El final, con 37. Db6+ y 38. Dxg1 es inevitable.
Así pues, hemos visto preciosos ejemplos en que la penetración en el centro d4-d5 permitía a las blancas realizar un ataque decisivo. No es exacto decir que en cualquier situación este empuje es peligroso para el bando adversario, pero siempre hay que tenerlo en cuenta...
También las negras pueden realizar una penetración análoga en el centro y obtener la victoria.
Para terminar esta conversación, veamos un divertido ejemplo de una partida del campeonato del mundo.

**T. Petrosian - B. Spassky
Moscú, 1969**

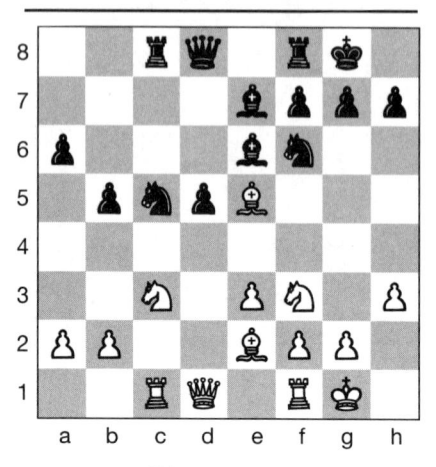

Diagrama 174

La posición de las blancas es mejor, ya que controlan la casilla d4. Después de 14. Cd4 (o 14. a3) el peón aislado d5 podía ser aún una fuente de problemas para las negras.

Petrosian no podía suponer que le esperaba un dramático fin en una posición tan sólida.

14. Ae2-d3?

Esta jugada tiene una explicación psicológica: la casilla d4, incluso tras la jugada de alfil, ¡está defendida tres veces! Parece ser propiedad de las blancas. En estos casos, la atención se relaja a menudo; es lo que se denomina inercia del pensamiento. Suceden acontecimientos (aquí, en el tablero) que el hombre no puede asimilar.

14. ..., d5-d4!

Esta inesperada jugada táctica es lo que trastornó probablemente al campeón mundial de entonces.

Obsérvese que obtenemos también un ejemplo importante sobre la forma de utilizar un peón aislado.

15. Ae5xd4, Cc5xd3; 16. Dd1xd3, Ae6-c4; 17. Dd3-b1, Ac4xf1; 18. Tc1xf1.

Las negras han ganado finalmente la calidad y la compensación de un peón para las blancas es claramente insuficiente. A pesar de su encarnizada oposición, Petrosian hubo de parar el reloj en señal de abandono.

¡Hay que decir que la penetración en el centro del peón "d" desempeñó una función muy importante en este encuentro para la corona del rey del ajedrez!

Gracias a esta estrategia, Spassky, que ya había dominado en la quinta partida anteriormente analizada, se despegó un poco más en este octavo encuentro y pasó a llevar 2 puntos de ventaja.

Aunque las partidas estuvieron aún muy disputadas, el destino del encuentro estaba decidido de antemano: Spassky sería el 10º rey de la historia del ajedrez.

UNDÉCIMA CONVERSACIÓN

> *"El peón es el alma del ajedrez."*
> **(A. D. Philidor, rey del ajedrez no coronado)**

Los peones van a dama

Cualquiera que sea la apertura o el desarrollo escogido, si no se domina en seguida, buen número de las piezas habrán sido intercambiadas y se pasará al final.

Por ello, es necesario saber jugar los finales; el nivel de juego de un jugador depende de sus conocimientos sobre esta fase del juego. Las tres conversaciones siguientes están dedicadas a los finales.

Pero dado que no sería posible tratar todos los finales en este libro, estudiaremos tres de ellos, los más jugados. La primera conversación está dedicada a los finales de peones, la siguiente, a los finales de torres y la tercera, a los finales con piezas ligeras.

Si sólo quedan en el tablero los reyes y algunos peones, este final se denomina final de peones. No hace falta decir que el problema consiste en intentar convertir un peón en dama; ¡a veces no resulta fácil!

A pesar de su apariencia de facilidad, es difícil jugar los finales de peones; incluso jugadores experimentados cometen errores.

Recordemos algunos términos que se utilizan en el estudio de los finales de peones.

Las "casillas clave" son las casillas cercanas al peón pasado y situadas ante él; su control permite lograr la presión.

Las "casillas críticas" son las casillas cercanas a los peones enemigos y situadas tras ellos o a su altura. Su ocupación por parte del rey permite ganarlas automáticamente.

Las "casillas de correspondencia" son, para una posición dada, puntos determinados en el tablero (pueden hallarse lejos de los peones) en los que se combate para conquistar casillas clave.

La forma de correspondencia más conocida y frecuente es la oposición (cercana, alejada, en diagonal), para ser más exactos la oposición de los reyes.

Botvinnik, 1939

Diagrama 175

Por supuesto, las blancas pueden capturar el peón "d", pero eso no conduce a nada: 1. Rf5, Rb6; 2. Re5, Rc6; 3. Re6, Rc7!; 4. Rxd5, Rd7; 5. Rc5, Rc7. Ahora, el peón a6 defiende la casilla b5 y después de 6. d5, Rd7; 7. Rb6, Rd6; 8. Rxa6, Rxd5; 9. Rxa5, Rc6, hay tablas en el tablero. El peón "a" no irá a dama.

Para ganar, es necesario efectuar una maniobra de rodeo del bando adversario por detrás; el peón a6 tendrá entonces un papel negativo.

1. Rg5-f5, Rb7-b6.

(1. ..., Rc6; 2. Re6; 1. ..., Rc7; 2. Re5)

2. Rf5-f6!, Rb6-b7; 3. Rf6-f7!, Rb7-b8; 4. Rf7-e6, Rb8-c7; 5. Re6-e7!, Rc7-c6; 6. Re7-d8, Rc6-d6; 7. Rd8-c8, Rd6-c6; 8. Rc8-b8, Rc6-b6; 9. Rb8-a8!

Y las negras pierden porque su propio peón les impide mantener la oposición.

Este ejemplo de estudio ilustra bien los términos de la introducción.

Para ganar el peón negro d5, las blancas deberían ocupar una de las dos casillas críticas e6, e5. Pero, en la primera variante, no han podido llevar a dama el peón "d". Les era imposible tomar las casillas clave c7, d7, e7.

Por otra parte, en la variante principal las blancas cercan una de las casillas críticas a7, b7 cerca del peón a6 y lo capturan. Ello fue posible porque el rey de negras no podía alcanzar una de las casillas que "formaban el par" de correspondencia y más exactamente a6, donde se hallaba su propio peón.

En nuestro ejemplo, existen siete pares: f6-d6, f7-d7, e7-c7, d8-d6, c8-c6, b8-b6, a8-a6.

En los finales con un peón más, el resultado del combate depende a menudo de lo siguiente: ¿podrá el peón pasado apartar el rey del bando más débil de la defensa de su único peón?

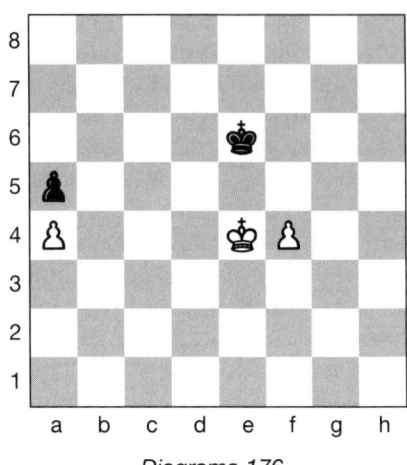

Diagrama 176

LOS PEONES VAN A DAMA   131

1. Re4-d4, Re6-f5; 2. Rd4-c4, Rf5xf4; 3. Rc4-b5, Rf4-e5; 4. Rb5xa5, Re5-d6; 5. Ra5-b6!

El rey negro es apartado y las blancas llevan su peón a la dama.

Veamos dos ejemplos más difíciles que requieren un cálculo preciso.

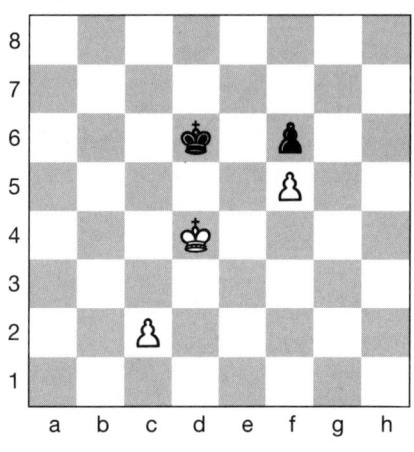

Diagrama 177

1. d2-d3, Rd6-c6; 2. Rd4-c4, Rc6-d6; 3. d3-d4, Rd6-c6; 4. d4-d5+, Rc6-d6; 5. Rc4-d4.

Forzando al rey de negras a dejar la sexta línea y abandonar el punto importante c5.

5. ..., Rd6-d7; 6. Rd4-c5, Rd7-c7; 7. d5-d6+, Rc7-d8!; 8. d6-d7!

Hermoso sacrificio de peón para tomar casillas-clave. Si las negras rehúsan el sacrificio, entonces después de 8. ..., Rc7 sigue 9. d8=D+, Rxd8; 10. Rd6 con la victoria.

8. ..., Rd8xd7; 9. Rc5-d5!, Rd7-e7; 10. Rd5-c6!

Maniobra de rodeo normal para apartar al rey del peón.

10. ..., Re7-e8; 11. Rc6-d6, Re8-f7; 12. Rd6-d7, Rf7-f8; 13. Rd7-e6, Rf8-g7; 14. Re6-e7.

Con la victoria.

N. Grigoriev

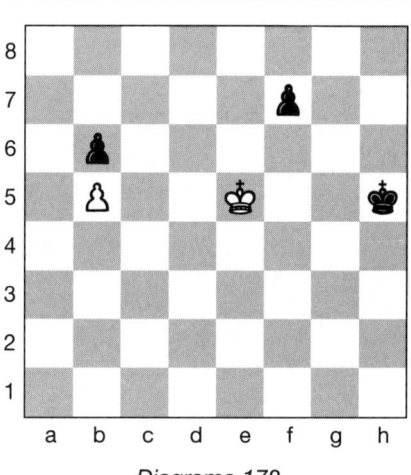

Diagrama 178

Tablas.

Las negras amenazan Rh5-g5, y el peón "f" avanza. Pero las blancas logran salvarse de milagro.

1. Re5-f5!

Y no 1. Rf6, Rg4; 2. Rxf7, Rf5! y las negras ganan el peón "b".

1. ..., Rh5-h4!; 2. Rf5-f4!

Es necesario mantener la oposición.

2. ..., Rh4-h3; 3. Rf4-f3, Rh3-h2; 4. Rf3-f2, f7-f6; 5. Rf2-f3, Rh2-g1.

Las negras han liberado su rey pero no obtienen nada más.

6. Rf3-e4, Rg1-f2; 7. Re4-d5, f6-f5; 8. Rd5-c6, f5-f4; 9. Rc6xb6, f4-f3; 10. Rb6-c6, Rf2-e2.

Tablas; los peones van a dama al mismo tiempo.

En el siguiente estudio que presenta igualdad material, las blancas crean un peón pasado alejado, lo cual fuerza la victoria.

M. Botvinnik, 1945

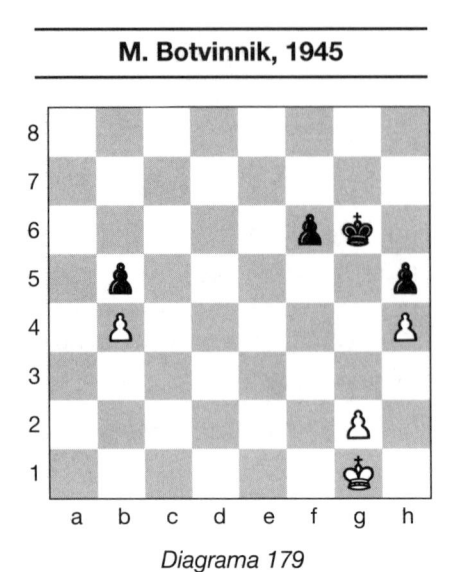

Diagrama 179

Victoria.
1. Rg1-f2, Rg6-f5; 2. Rf2-f3, Rf5-e5; 3. g2-g4, h5xg4+; 4. Rf3xg4, Re5-e4; 5. h4-h5, f6-f5+; 6. Rg4-h3!!
Brillante maniobra que no suele aplicarse en una partida.
6. ..., f5-f4; 7. h5-h6, f4-f3; 8. h6-h7, f3-f2; 9. Rh3-g2.
Y todo ha terminado.
Veamos ahora varios ejemplos interesantes que muestran que en muchos finales de peones existe una regla precisa, casi matemática...

LA REGLA DEL CUADRADO

Tomemos en primer lugar la figura geométrica más simple, de todos conocida.

En esta posición, el rey blanco se halla totalmente fuera de juego y el resultado depende de la carrera entre el rey de negras y el peón h3.

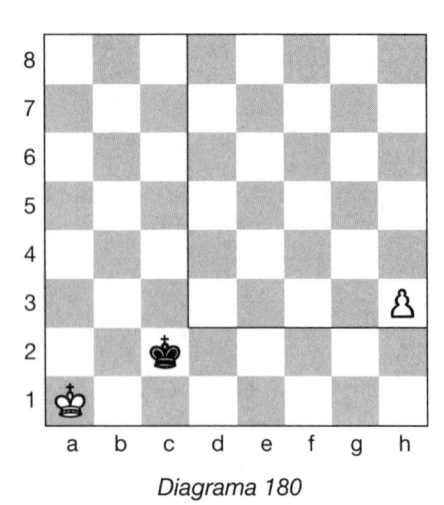

Diagrama 180

Es fácil juzgar el resultado de la partida mediante la regla del cuadrado. ¿Podrá el rey entrar en el cuadrado del peón representado en el diagrama? Podemos trazar una línea imaginaria, la diagonal del cuadrado (h3-c8). En este caso, las negras, si es su turno, hacen tablas (el rey entra en el cuadrado). En caso contrario, pierden.

Veamos ahora un divertido incidente cuyo protagonista era el joven maestro y compositor N. Grigoriev. Un día, juega una partida en el club contra un anciano. El joven, muy emocionado, creía enfrentarse a un venerable jugador. Pero todo le fue bien y finalmente llegaron a la siguiente posición.

Con mano temblorosa, el anciano retira el peón "b" del tablero:
1. ..., Ra1xb2.
Y luego un segundo peón se lanza hacia adelante:
2. a2-a4.
El rey adversario se lanza en su persecución:
2. ..., Rb2-a3; 3. a4-a5, Ra3-a4.

Diagrama 181

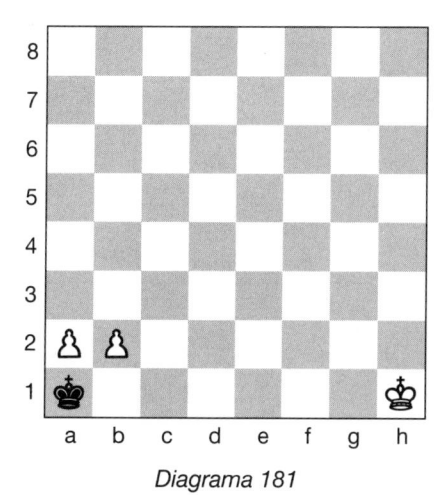

En ese momento, al joven le asaltó una duda: "¿Y si el anciano conociese un secreto de magia y no persiguiese el peón en vano?", pensó. No tenía nada que perder y la caza continuó.
4. a5-a6, Ra4-a5; 5. a6-a7, Ra5-a6.
El rey de negras no abandonaba el peón. Gritando "¡dama!" las blancas jugaron su última jugada de peón:
6. a7-a8=D.
El rostro del anciano expresaba aflicción. "¡Oh, no he llegado!", dijo, desesperado.
El anciano veía cercana su felicidad, pero la brusca aparición de la dama destruyó todas sus esperanzas.
¡Éste es el drama al que puede llevar el desconocimiento de la regla del cuadrado!

EL CUADRADO MÓVIL

Con un peón, la situación esta clara; pero ¿pueden dos peones, apoyados por su rey, llegar a la promoción? Se trata de posiciones en que el rey lucha contra dos peones aislados pasados adversarios, dispuestos en una línea.

Observemos el cuadrado cuyos ángulos son las casillas en que se sitúan estos peones: los peones b3 y e3 forman el cuadrado b3-e3-e6-b6 de lado cuatro. Cuando los peones avanzan, el cuadrado modifica su posición; por eso se le llama cuadrado móvil.

La regla del cuadrado móvil incluye lo siguiente: si un cuadrado toca el borde del tablero o se sale de sus límites, el rey no puede impedir que los peones vayan a dama.

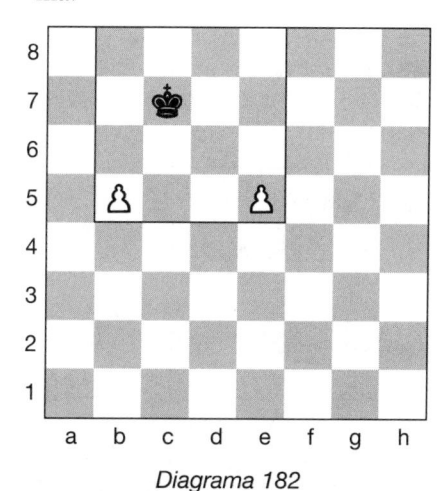

Diagrama 182

Aquí el cuadrado de cuatro casillas de lado toca el borde del tablero; las blancas ganan independientemente del turno y de la posición del rey negro: 1. ..., Rb6; 2. e6, Rc7; 3. e7, Rd7; 4. b6, etc.

¿Qué ocurre si el cuadrado móvil no ha alcanzado todavía el borde del tablero?

En tal caso, los peones no pueden pasar solos y todo depende entonces de la longitud del lado del cuadrado.

Si es igual a tres (peones a5, c5; rey b7), los peones se apoyan mutuamente, pero no presentan el menor peligro para el rey (1. ..., Rc6; 2. a6, Rc7, y el rey pasa de c7 a c6 y a la inversa).

Si el lado del cuadrado es igual a cuatro, los peones están condenados.

Si los peones están en c4 y f4, y el rey de las negras en d6, su regla les sale sea cual sea el turno: 1. ..., Rc5; 2. f5, Rd6!; 3. f6, Re6; 4. c5, Rxf6; 5. c6, Re6, y el rey está en el cuadrado del peón restante.

Y por último, si el cuadrado tiene un lado igual a cinco, es lo mismo que en el caso del lado igual a tres: los peones se apoyan pero no pueden ir a dama.

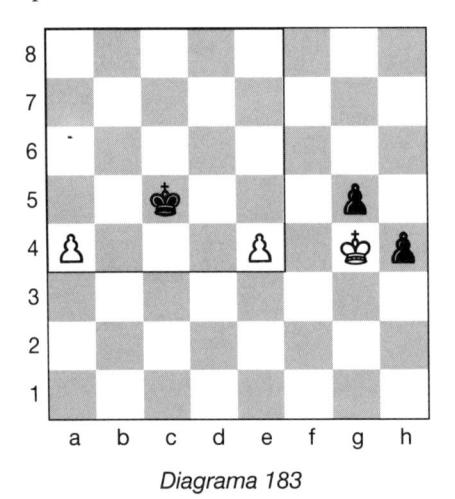

Diagrama 183

En este caso el rey de negras está obligado a maniobrar en las casillas c4, c5 y c6. Si no lo hace, corre a su perdición.

La partida acaba en tablas, ya que el rey blanco está ligado a los peones negros y no puede acudir en ayuda de sus propios peones.

Veamos dos ejemplos.

Wohl - Solomon
Australia, 1986

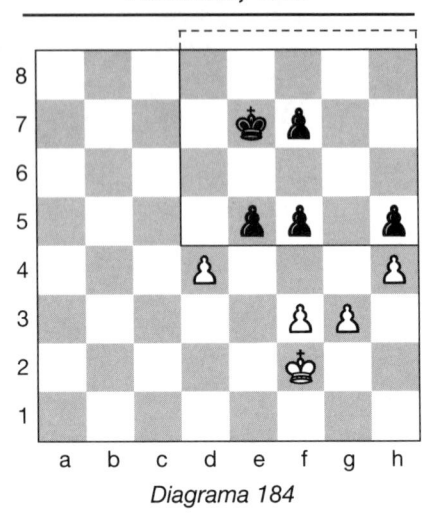

Diagrama 184

1. d4xe5 parece imponerse pero, después de 1. ..., Re6; 2. g4, Rd5; 3. Re3, Rc4, las blancas no pueden ganar a pesar de su peón de más. El sacrificio del peón es decisivo:

1. d4-d5!, e5-e4; 2. g3-g4!

Y las negras abandonan después de 2. ..., fxg4; 3. fxg4, hxg4; 4. h5 ya que las blancas llegan a construir un cuadrado 5x5 (diagrama 185). También es interesante: 1. ..., Rd6; 2. g4, fxg4; 3. fxg4, Rxd5; 4. gxh5, Re6; 5. h6, Rf6; 6. h5, y las negras están en zugzwang.

Stahlberg - Tartacover
París, 1934

Las blancas acaban de jugar:

Diagrama 185

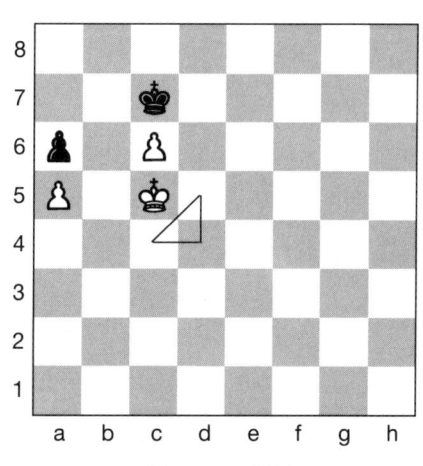

Diagrama 186

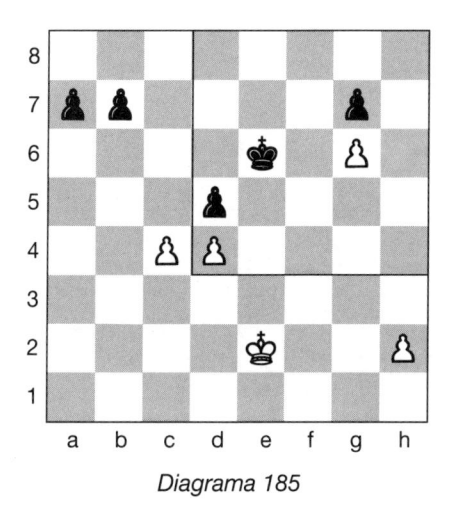

1. c2-c4.
Después de 1. ..., Rf6; 2. cxd5, Rxg6, podían abandonar tranquilamente. Pero Tartacover decidió capturar el peón descubriendo lagunas en su conocimiento de la geometría del ajedrez...
1. ..., d5xc4?; 2. h2-h4!
Y las blancas tienen un cuadrado 5x5 tocando el borde del tablero (la presencia de los peones "g" no tiene importancia): 2. ..., a5; 3. h5, a4; 4. h6, gxh6; 5. d5+, Rf6; 6. d6, c3; 7. d7, Re7; 8. g7 con la victoria.

LA TRIANGULACIÓN

Como sabemos, se encuentran a menudo en los finales de peones temas y procedimientos matemáticos: las casillas clave y las casillas críticas, la oposición, el espacio y el tiempo, el sistema de las casillas de correspondencia, etc. En esta conversación, tras las dos reglas del cuadrado, debe seguir la triangulación...

En esta posición, después de 1. Rd5, Rc8; 2. Rd6, Rd8; 3. c7+, Rc8; 4. Rc6, hay ahogo de rey en el tablero y 2. Rc5, Rc7 lleva a la posición de partida. Pero, si les corresponde el turno, las negras pierden de inmediato ya que se ven obligadas a dejar pasar al rey de blancas a b6, perdiendo su único peón.

Así pues, la tarea de las blancas es dar el turno al adversario. El objetivo se alcanza gracias a la maniobra del rey llamada "triangular", en las casillas c4-d4-d5 (se representa en el diagrama).

Las negras sucumben después:
1. Rc5-d5, Rc7-c8; 2. Rd5-d4!, Rc8-b8; 3. Rd4-c4!, Rb8-c8; 4. Rc4-d5.
Si 4. ..., Rd8, entonces 5. Rd6, Rc8; 5. c7 y si 4. ..., Rc7, entonces 5. Rc5 con la posición del diagrama, pero con el turno de las negras.

Este final es clásico y no planteará problemas a los jugadores serios.

Veamos un divertido caso en una partida que enfrentaba a dos jugadores desconocidos...

Yudasin - Osnos
Leningrado, 1987

Diagrama 187

En la última jugada, Yudasin jugó su rey de e2 a f2. Informó a su adversario de que la partida era unas tablas teóricas. Osnos, jugador experimentado pero con lagunas elementales en final, no discutió y se dejó convencer. Pero después de 1. ..., Re4; 2. Re2, f4; 3. Rf2, f3; 4. Rf1, Re5! en el tablero aparecía una posición simétrica de la que hemos visto (tras la segunda jugada de las blancas en el diagrama anterior), pero con colores invertidos. Las negras ganan tras la maniobra de triangulación. Ninguno de los dos jugadores estaba al corriente de las leyes de la geometría en el ajedrez...

Veamos otro ejemplo:

Kling, 1848

Victoria.
1. Rd3-c3, Re5-d5; 2. Rc3-b3, Rd5-c6.

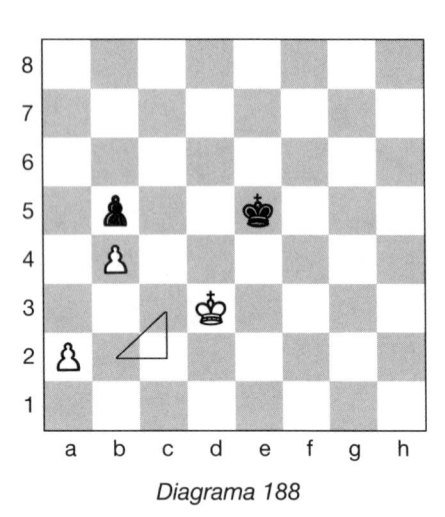

Diagrama 188

Las negras no pueden admitir ni la oposición Rd4-Rd6 a causa de la existencia del tiempo a2-a3, ni Rb3-Rd6 a causa de a2-a4 con una simple victoria.

De ello se deduce que si el rey blanco está en d3, c3 o b3, el rey de negras debe hallarse en e5, d5 y c6. En el lenguaje matemático del ajedrez, se dice que las casillas d3, c3, b3 "corresponden" a las casillas e5, d5 y c6. En la posición que aparece, las blancas deben dar el turno a las negras. Su rey seguirá el triángulo representado en el dibujo (maniobra en las casillas de detrás b2 y c2). La esperanza de las negras es construir un triángulo similar para su propio rey.

Si el rey de blancas está en c2 (b2), el rey negro no puede estar en c7 (d7) a causa de Rc3 y Rd4 dando la victoria. El triángulo c7-d7-d6 no soluciona la situación de las negras. Como no disponen de todo el triángulo c5-c6-d6 (la casilla c5 está controlada), sólo les queda el triángulo d6-d5-c6. Pero, con el rey en d5 (c6), las blancas

sitúan su rey respectivamente en c3 (b3) y dominan.
3. Rb3-c2
También podemos comenzar por otro vértice del triángulo, por ejemplo: b2.
3. ..., Rc6-d6
3. ..., Rd5; 4. Rc3, Re5; 5. Rb3 y 6. a4
4. Rc2-b2!, Rd6-c6; 5. Rb2-b3, Rc6-b6
5. ..., Rd6; 6. a4
6. Rb3-c3, Rb6-c6; 7. Rc3-d4, Rc6-d6; 8. a2-a3, Rd6-c6; 9. Rd4-e5, Rc6-b6; 10. Re5-d5.
Y todo ha terminado.
Comprendiendo la posición es posible acortar la resolución utilizando de inmediato la maniobra en triángulo: 1. Rc2!, Rd6 (1. ..., Rd4; 2. Rb2; 1. ..., Rd5; 2. Rc3); 2. Rb2!, Rd5; 3. Rc3, Rc6; 4. Rd4, etc.
Le sucedió algo curioso un día al gran maestro Flohr, relacionada con el triángulo.

Vidmar - Flohr
Bled, 1931

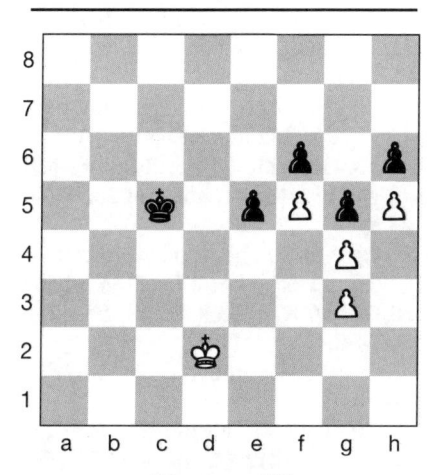

Diagrama 189

1. Rd2-e3, Rc5-d5; 2. Re3-d3, Rd5-c6; 3. Rd3-e4, Rc6-d6; 4. Re4-e3, Rd6-d7; 5. Re3-d3, Rd7-c6; 6. Rd3-e4, Rc6-c5.
Vidmar propuso aquí: "¿Tablas?". Flohr reflexionó y recordó que un día Vidmar había propuesto tablas a Rubinstein y que éste le había respondido con delicadeza: "Si los especialistas consideran que nuestra posición es de tablas, estoy de acuerdo...". Vidmar había abandonado rápidamente. Flohr respondió también con una evasiva: "¿Es la posición realmente de tablas?". El gran maestro Vidmar le dijo entonces: "¡Bueno pues busque, joven, busque!". Estas palabras estimularon a Flohr, quien recordó lo que había leído sobre el triángulo... Cinco minutos más tarde, la partida había terminado...
7. Re4-e3, Rc5-d5; 8. Re3-d3, e5-e4+; 9. Rd3-e3, Rd5-e5; 10. Re3-e2, Re5-d4; 11. Re2-d2, e4-e3+; 12. Rd2-e1, Rd4-d5.
"¡Éste es mi triángulo!", exclamó Flohr.
13. Re1-f1, Rd5-e5; 14. Rf1-e1, Re5-d4; 15. Re1-d1, Rd4-d3.
Las blancas abandonan.
Y medio siglo más tarde...

Seirawan - Kasparov
Niksic, 1983

La tarea del bando más fuerte es pasar el turno al adversario, gracias a la maniobra de triangulación.
47. ..., Rc5-c6.
El primer vértice del triángulo está formado.
48. Rd3-c4, Rc6-c7!

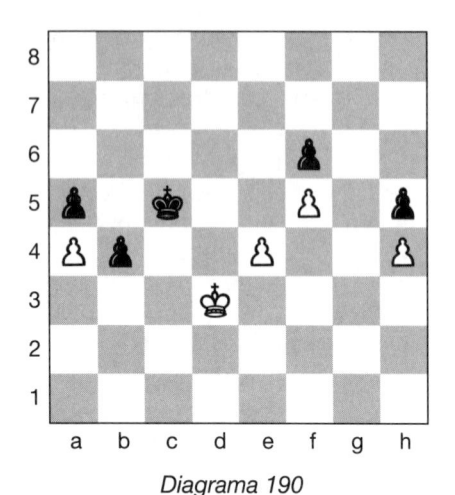

Diagrama 190

Diagrama 191

El segundo vértice.
49. Rc4-d3, Rc7-d7!
El tercero.
50. Rd3-e3, Rd7-c6!
El triángulo está construido.
51. Re3-d3 (51. Rd4, Rd6, etc.)
51. ..., Rc6-c5.
Tenemos ante nosotros la posición del diagrama pero las blancas tienen el turno. La continuación es simple.
52. Rd3-e3, b4-b3!; 53. Re3-d3, Rc5-b4; 54. e4-e5, Rb4-a3!
El peón "b" se transforma haciendo jaque y las blancas abandonan.

Terminemos nuestro relato con un divertido estudio de peones que sus autores llamaron "el péndulo de ajedrez" (uno de ellos es un rey del ajedrez).

V. Smyslov - G. Nadareichvili, 1986

Victoria.
La posición inicial no presenta analogías aparentes con el péndulo, pero veamos la continuación.

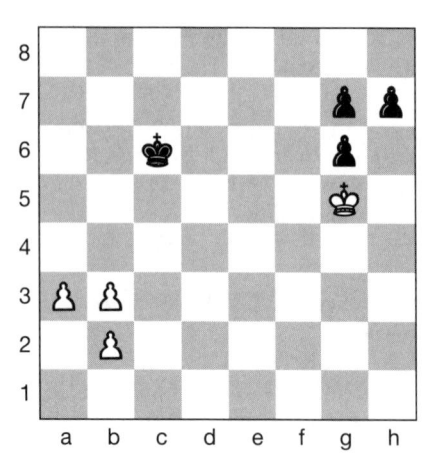

1. b3-b4!, Rc6-b5; 2. b2-b3, Rb5-b6; 3. a3-a4, Rb6-c6; 4. b4-b5+, Rc6-c5!; 5. b3-b4+, Rc5-b6.

Los peones blancos están detenidos pero el "péndulo" vuelve a ponerse en marcha y el movimiento comienza de nuevo en el otro lado.

6. Rg5-g4, h7-h6; 7. Rg4-f4, g6-g5+; 8. Rf4-f5!, g7-g6+; 9. Rf5-g4.

El "péndulo" vuelve a ponerse en marcha.

9. ..., Rb6-b7; 10. a4-a5, Rb7-c7; 11. b5-b6+, Rc7-c6; 12. b4-b5+, Rc6-b7.

El "péndulo" está de nuevo en acción en el lado derecho.

13. Rg4-f3, h6-h5; 14. Rf3-g3, g5-g4; 15. Rg3-f4, g6-g5+; 16. Rf4-g3.

Y ahora en el lado izquierdo:

16. ..., Rb7-b8; 17. a5-a6, Rb8-c8; 18. b6-b7+, Rc8-c7; 19. b5-b6+, Rc7-b8.

Y luego de nuevo en el lado derecho:

20. Rg3-g2, h5-h4; 21. Rg2-f2, g4-g3+; 22. Rf2-f3, g5-g4+; 23. Rf3-g2, h4-h3+; 24. Rg2xg3

¡Y los peones negros caen! Después de 24. ..., h2; 25. Rxh2, g3+; 26. Rg1!, g2; 27. a7+, Rxb7; 28. Rxg2, la victoria es evidente. El péndulo no ha dejado de balancearse alternativamente a derecha e izquierda...

Más tarde, en la decimoséptima conversación, veremos de nuevo un gran número de importantes estudios y finales de peones.

DUODÉCIMA CONVERSACIÓN

"Es necesario proteger al rey con el mínimo de piezas y atacar al rey adversario con el máximo de piezas."

(J. R. Capablanca, 3er campeón del mundo)

Los secretos de los finales de torres

Aunque sin el conocimiento de los finales de peones un jugador no pueda esperar alcanzar un nivel razonable, las estadísticas muestran que la mayoría de finales que aparecen en las partidas son en realidad finales de torres. Su aparente sencillez es engañosa. Sólo el análisis de las posiciones con un solo peón en el tablero comporta multitud de sutilezas y una sola conversación no basta para abordarlas todas.

Tomemos un ejemplo muy simple en que una torre se enfrenta a un peón. Para ilustrarlo, veamos tres interesantes posiciones.

G. Barbier - F. Saavedra, 1895

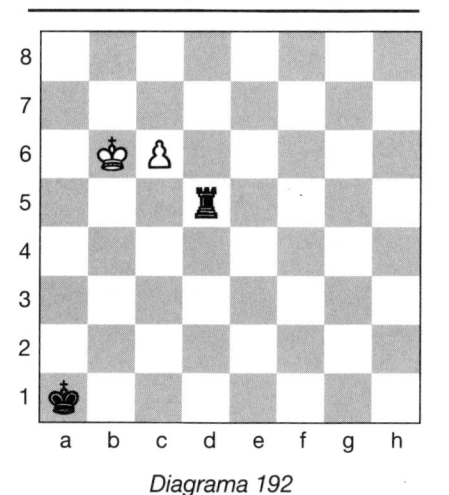

Diagrama 192

1. c6-c7, Td5-d6+.
Después de 1. ..., Td2; 2. c8=D, Tb2+; 3. Ra5, el rey de blancas desciende a lo largo de las columnas "a" y "b".
2. Rb6-b5.
Después de 2. Rb7, Td7, la torre clava el peón, que no alcanzará su objetivo y con 2. Rc5, Td1 luego 3. ..., Tc1+.
2. ..., Td6-d5+; 3. Rb5-b4, Td5-d4+; 4. Rb4-b3.
La continuación 4. Rc3, Td1; 5. Rc2 sólo es la variante anterior con inversión de jugadas.
4. ..., Td4-d3+; 5. Rb3-c2!
La torre ya no puede atacar al rey blanco por detrás y todo parece haber terminado. Pero es ahora cuando se jugará todo.
5. ..., Td3-d4!!
Extraordinaria oportunidad: con 6. c8=D, hay un sacrificio de torre: 6. ..., Tc4+!; 7. Dxc4, y el rey de negras está ahogado. Pero sus esperanzas no se harán realidad.

6. c7-c8=T!!, Td4-a4
Es necesario parar 7. Ta8#.
7. Rc2-b3!
Un impresionante final: las negras pierden su torre o se les da mate. ¡Cuatro piezas han bastado para dar en el tablero un verdadero espectáculo! Este estudio forma parte de los mejores fragmentos del arte del ajedrez.

Este cuarteto de Reti, ejemplo clásico, muestra cómo logró imponerse el bando de la torre.

R. Reti, 1928

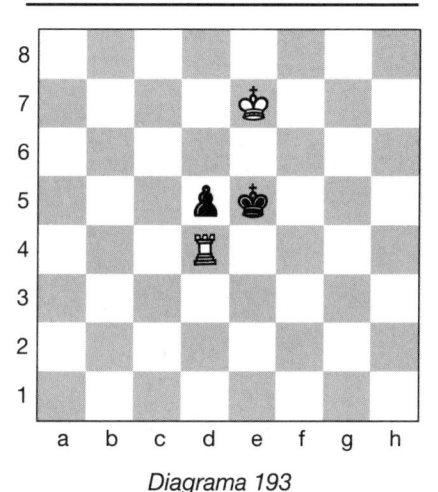

Diagrama 193

La torre debe retroceder hacia abajo, no importa dónde. La jugada más natural parece 1. Td1, pero es precisamente esa jugada la que deja escapar la victoria.
1. Td4-d2(d3)!, d5-d4; 2. Td1!
Sólo en ese momento la torre debe descender a la primera línea.
2. ..., Re5-d5; 3. Re7-d7!
La marcha posterior del rey blanco depende de la decisión de su homólogo de negras: 3. ..., Rc4;

4. Re6!, d3; 5. Re5; 3. ..., Re4; 4. Rc6!, d3; 5. Rc5 y, en los dos casos, se pierde el peón. Después de 1. Td1?, d4; 2. Rd7, Rd5! las blancas están en zugzwang y deben aceptar las tablas: 3. Td2, Re4; 4. Rc6, Re3, ganando un tiempo decisivo.

N. Kopaiev, 1954

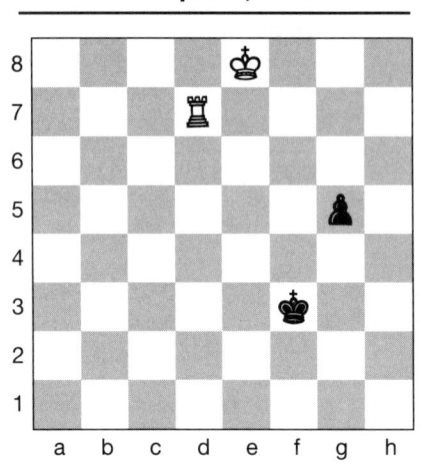

Diagrama 194

Victoria.
1. Td7-f7+!
Antes de hacer trabajar al propio rey, hay que obligar al rey adversario a pronunciarse.
1. ..., Rf3-g3.
Si 1. ..., Re3, entonces 2. Tg7, Rf4; 3. Rf7, g4; 4. Rg6, g3; 5. Rh5, etc.
2. Re8-e7, g5-g4; 3. Re7-e6!
Y no 3. Rf6, Rf4!; 4. Rg6+, Re3. Tablas.
3. ..., Rg3-h2; 4. Re6-f5, g4-g3; 5. Rf5-g4, g3-g2; 6. Tf7-h7+, Rh2-g1; 7. Rg4-g3, Rg1-f1; 8. Th7-f7+, Rf1-g1; 9. Tf7-f8, Rg1-h1; 10. Tf8-h8+, Rh1-g1; 11. Th8-h2.
Y el peón es neutralizado.

Formulemos algunas reglas generales para los finales muy simples "torre y peón contra torre".

Un peón central da más posibilidades de victoria que un peón al borde del tablero.

Si el rey se halla ante el peón adversario, se obtiene la posición clásica de tablas de Philidor.

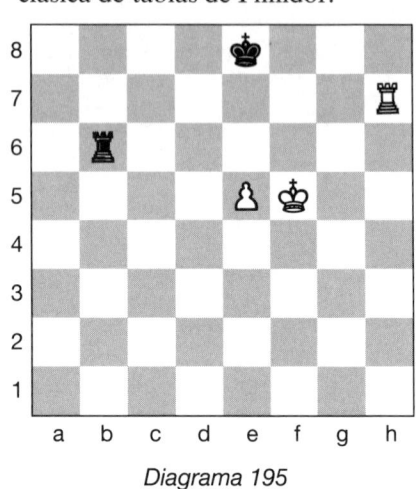

Diagrama 195

La torre negra se desplaza por la sexta línea mientras el peón permanece en e5. Si el adversario jue-

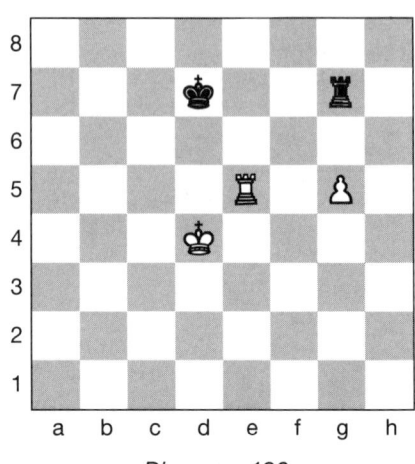

Diagrama 196

ga e6, la torre desciende de inmediato y el rey blanco ya no puede evitar los jaques.

La victoria queda asegurada cuando el rey del bando débil se halla alejado del peón dos columnas (si no es un peón del ala).

En posiciones similares a la siguiente, se alcanza el objetivo construyendo un "puente" (un pontón, como diría un militar).

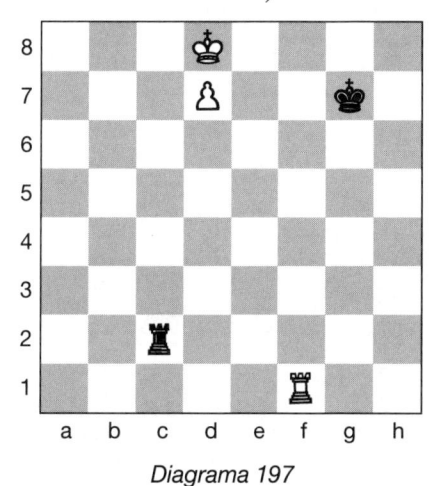

Diagrama 197

1. Tf1-f4, Tc2-c1; 2. Rd8-e7, Tc1-e1+; 3. Re7-d6, Te1-d1+; 4. Rd6-e6, Td1-e1+; 5. Re6-d5, Te1-d1+; 6. Tf4-d4.

El puente está construido y el peón va a dama.

En un final con un peón del ala, la victoria exige serios esfuerzos...

1. ..., Tc2-b2+; 2. Rb8-c8!, Tb2-a2; 3. Tg7-g6+, Rc6-c5; 4. Rc8-b7, Ta2-b2+; 5. Rb7-c7, Tb2-a2; 6. Tg6-g5+!, Rc5-c4; 7. Rc7-b7, Ta2-b2+; 8. Rb7-c6, Td2-a2; 9. Tg5-g4+, Rc4-c3; 10. Rc6-b6, Ta2-b2+; 11. Rb6-c5, Tb2-a2; 12. Tg4-g3+, Rc3-c2; 13. Tg3-g2+.

Con intercambio de torres.

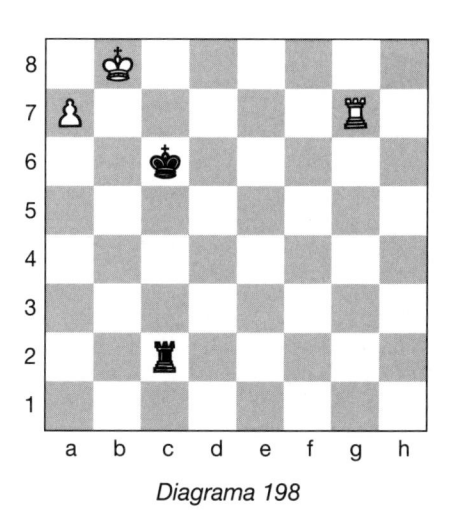

Diagrama 198

1. Tg4-f4+, Rf8-e8; 2. Rh8-g7!, Th2-g2+; 3. Rg7-h6, Tg2-h2+; 4. Rh6-g6, Th2-g2+; 5. Rg6-h5, Tg2-h2+; 6. Tf4-h4.

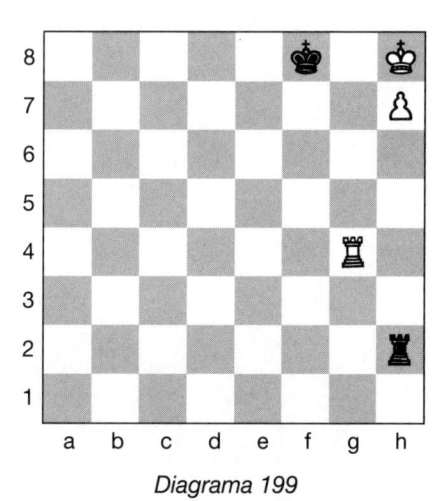

Diagrama 199

Las blancas han construido un puente y ganan a continuación.

Los ejemplos estudiados con un peón "a" o "h" son excepciones a la regla.

Diagrama 200

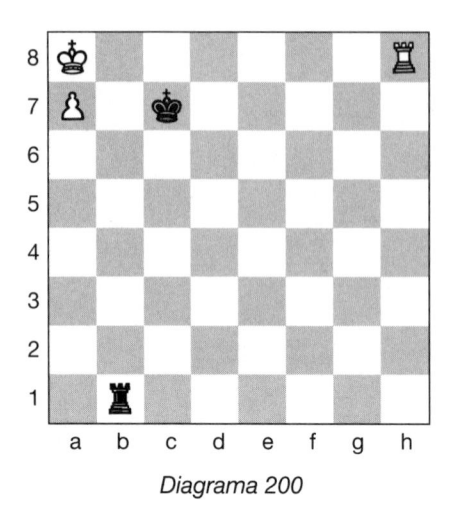

En esta posición típica, el rey de blancas no puede liberarse. Tras 1. Th2, sigue 1. ..., Tc1. Tablas.

¿Cuántas casillas debe estar el rey cortado del peón, para que la victoria del bando más fuerte quede garantizada?

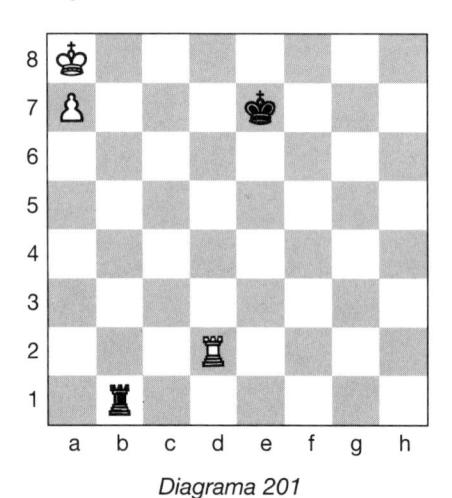

Diagrama 201

El rey blanco no puede escapar. Antes de que las blancas tengan tiempo de situar su torre en b8, el rey negro logra ir a c7.

1. Td2-h2, Re7-d7; 2. Th2-h8, Rd7-c7, etc.

El rey de blancas logra salir de su reclusión solamente si el rey de negras está cortado cuatro columnas de distancia respecto a él.

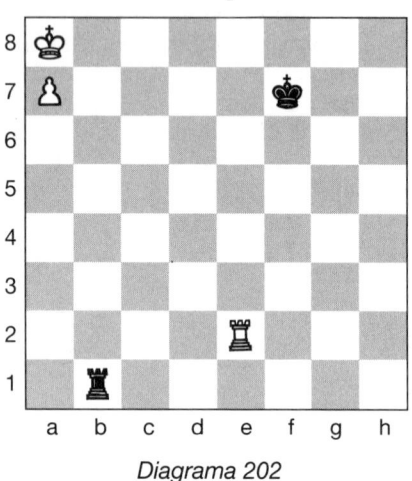

Diagrama 202

1. Te2-c2, Rf7-e7; 2. Tc2-c8, Re7-d7; 3. Tc8-b8, Tb1-a1; 4. Ra8-b7, Ta1-b1+; 5. Rb7-a6, Tb1-a1+; 6. Ra6-b6, Ta1-b1+; 7. Rb6-c5, etc.

El siguiente ejemplo es muy curioso: ¡demuestra que es posible perder una posición absolutamente estéril para los dos bandos y de tablas!

Drimer - Ciocaltea
Rumania, 1955

Convencidas de que les era imposible ganar con su peón de más, las negras deciden hacer unas tablas espectaculares:

1. ..., Tg5-g8?

Creyendo que el ahogo del rey era inevitable, las blancas concluyeron aquí mismo la paz mientras que después:

Diagrama 203

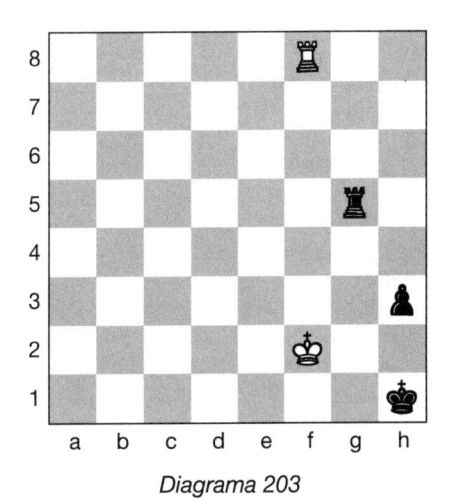

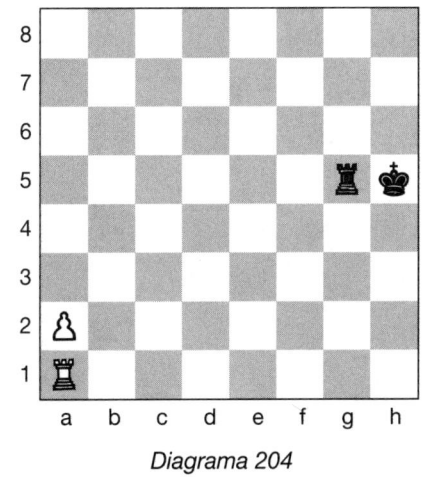

Diagrama 204

2. Tf8xg8, h3-h2; 3. Rf2-g3!, Rh1-g1; 4. Rg3-h3+, Rg1-h1; 5. Tg8-a8

Las blancas dominaron de inmediato. No relaje nunca su atención, incluso en posiciones muy sencillas.

En este campo del final "torre y peón contra torre", cabe señalar que el ordenador ha hecho avanzar la investigación a grandes pasos.

Con un programa especial, el ordenador puede, en una posición dada, determinar si el campo más fuerte ganará y, en caso afirmativo, en cuántas jugadas. Por supuesto, las posiciones que hemos estudiado no le plantean a la máquina problema alguno. Además, el ordenador nos da un gran número de hallazgos.

Veamos uno, un verdadero rompecabezas.

Usted tiene las blancas, su adversario dispone del turno. Usted puede situar su rey en cualquier casilla (de momento no está situado en el tablero). ¿Cuál debe escoger para ganar?

Sólo hay una que lo permite.

Como demuestra el ordenador, ¡las blancas ganan solamente si su rey está en e8!

En su época, D. Levy, un especialista del ajedrez por ordenador, estaba convencido de que, para este tipo de final, tan sencillo en apariencia pero en realidad muy complejo, la máquina era incapaz de dar un análisis completo. Apostó incluso que era imposible.

Los creadores de "Caisa", el primer campeón del mundo de los ordenadores, elaboraron un programa especial y pidieron a Y. Averbakh, especialista en finales, que verificase las posibilidades de la máquina.

El gran maestro cogió varias monografías sobre los finales de torres y las entregó al análisis del ordenador. El examinador propuso a la máquina en primer lugar posiciones simples como las que hemos estudiado y ésta las devoró como si fuesen rosquillas. Entonces Averbakh instaló en el tablero una posición complicada, creyendo hacerle al ordenador una pregunta difícil (el turno es de las negras).

Diagrama 205

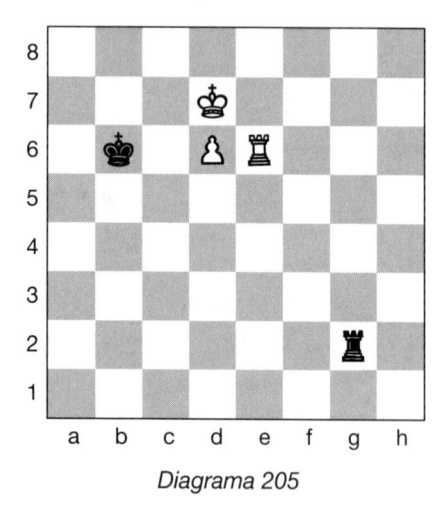

La posición fue introducida en la máquina y ésta declaró de inmediato que ganaban las blancas en la 21ª jugada después de 1. ..., Tg8.

El gran maestro respondió 2. Th6 y se sintió algo molesto cuando la máquina le hizo jaque: 2. ..., Tg7+; el ordenador había visto que las blancas ya no podían ganar. En realidad, después de 3. Re8, Tg8+; 4. Re7, Rb7; 5. Th1, Tg7+; 6. Rf6, Tg4; 7. Tc1, Th4; 8. d7, seguía la jugada única 8. ..., Th6+! que llevaba a las tablas.

Averbakh hubo de replantearse su jugada 2. Th6. Jugó 2. Te8, Tg7+; 3. Te7, Tg8; 4. Th7, Rb7, y luego efectuó de nuevo una mala jugada: 5. Th2? El ordenador halló un jaque salvador: 5. ..., Tg7+ y después de 6. Re6, Tg6+; 7. Re7, Tg7+; 8. Rf6, Tg1, era inútil jugar por la victoria. Averbakh acabó escogiendo la buena jugada: 5. Re6+ y la máquina confirmó que era la única forma de ganar. Después de 5. ..., Rc8; 6. Re7, Rb7; 7. Rd7, Rb6; 8. Th1!, el ataque lateral de las negras es ineficaz y 8. ..., Tg7+; 9. Re6, Tg6+; 10. Re7, Tg7+; 11. Rf6, Tg8; 12. Rf7, Tg3; 13. Td1!, Tf3+; 14. Re7, Te3+; 15. Rd8 termina el combate victoriosamente.

En conclusión, se propuso al ordenador uno de los finales de torres más difíciles. Los más grandes especialistas de los finales de torres lo estudiaron durante años antes de hallar la solución.

Diagrama 206

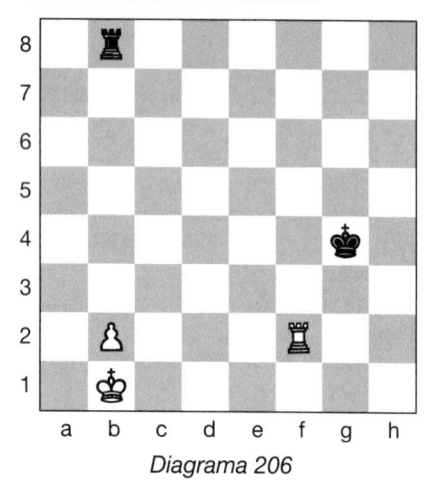

La máquina reflexionó y luego anunció que sólo 1. Rc1! era ganadora. El hombre no puede hallar esta jugada y afirmar además que es única, ¡aunque sea tres veces gran maestro!

¡Observemos que en la solución dada por el ordenador las blancas no mueven su peón hasta la 35ª jugada!

Si en la posición del diagrama el turno era de las negras, entonces hacen tablas con 1. ..., Th8! y después de 2. Rc1, la torre regresa: 2. ..., Tb8!!

La máquina posee una técnica tan elevada en final que es un excelente entrenador, incluso para un maestro.

El juego del ordenador en los finales de torres impresionó a Averbakh.

No tuvo más remedio que reconocer la superioridad de la máquina sobre el hombre.

Justo después de esta experiencia, Averbakh fue a la oficina de correos para enviar un telegrama a Londres a D. Levy. Incluía cinco palabras: "Feliz Año Nuevo, ¡ha perdido!".

Si los finales de torres comportan tantas sutilezas, imagínese las posiciones en que cada bando dispone de varios peones.

Veamos posiciones con dos o tres peones por cada lado.

Los matices tácticos concretos del juego son tan importantes como los grandes principios.

Este conocido estudio de Lasker posee, además de su importancia teórica, un interés puramente artístico...

Em. Lasker, 1894

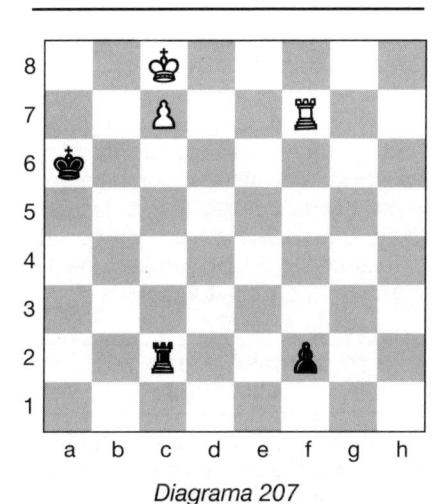

Diagrama 207

Victoria.
1. Rc8-b8, Tc2-b2+; 2. Rb8-a8, Tb2-c2; 3. Tf7-f6+, Ra6-a5.

El rey no puede ocupar la columna "b", ya que ésta resulta útil para los jaques de la torre.

4. Ra8-b7, Tc2-b2+; 5. Rb7-a7, Tb2-c2; 6. Tf6-f5+, Ra5-a4; 7. Ra7-b7, Tc2-b2+; 8. Rb7-a6, Tb2-c2; 9. Tf5-f4+, Ra4-a3; 10. Ra6-b6, Tc2-b2+; 11. Rb6-a5.

Los reyes pasan de una línea a otra (es la escalera de Lasker) pero la situación no es eterna...

11. ..., Tb2-c2; 12. Tf4-f3+, Ra3-a2.

Las blancas logran arrastrar al rey negro a la segunda línea con la torre y ello es suficiente.

13. Tf3xf2!, Tc2xf2; 14. c7-c8=D

Y las blancas ganan.

Holz - Szabo
Dresde, 1959

Las negras tienen un fuerte peón pasado y están seguras de ganar. Sobre todo porque después:

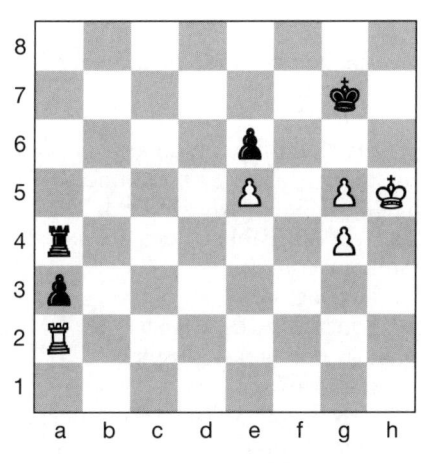

Diagrama 208

1. ..., Ta4-a8; 2. Rh5-h4, Rg7-g6.
Llega un zugzwang y las blancas deben retroceder el rey o la torre. Siguió la inesperada jugada:
3. Ta2xa3!!, Ta8xa3.
¡Rey ahogado! Las negras no pudieron mejorar su posición, por ejemplo con: 2. ..., Rf7; 3. Rg3!, Rg6; 4. Rh4 seguido de 5. Txa3!

**V. Korchnoi - G. Kasparov
Londres, 1983**

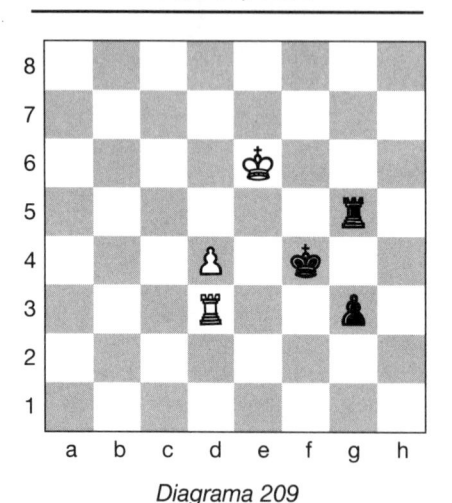

Diagrama 209

Las blancas acaban de jugar la jugada natural:
1. d4-d5.
En final un peón debe avanzar. Si ahora 1. ..., g2?, entonces 2. Td4+!, Rf3; 3. Td1, g1=D; 4. Txg1, Txg1; 5. d6. Tablas. Pero gracias al jaque intermedio:
1. ..., Tg5-g6+!
Todas las esperanzas de las blancas son vanas. Después:
2. Re6-e7.
2. Rf7, g2; 3. Td1, Td6 con la amenaza imparable 4. ..., Txd5 pero el peón se mueve:

2. ..., g3-g2; 3. Td3-d1, Rf4-e5; 4. d5-d6, Tg6-e6+; 5. Rd6-d7, Te6xd6+; 6. Te6xd6, g2-g1=D.
La dama acaba fácilmente con la torre. Las blancas abandonan.

A partir de la posición, Korchnoi podía librarse fácilmente con 1. Td1! La sutileza de esta maniobra reside en que el rey de negras, de momento, no puede alcanzar la casilla e5, el peón "d" permanece sobre la reserva y la controla. Para llegar a la casilla deseada, el rey debe utilizar la maniobra del triángulo f4-e4-e5, perdiendo un tiempo precioso: 1. ..., Re4; 2. d5, Tg6+; 3. Re7, Re5. Las blancas han ganado el tiempo que les faltaba. En la partida el peón negro estaba ya en g2. Ahora 4. d6 lleva a las tablas.

Como el lector sabe, en los finales de peones, si el rey puede efectuar la maniobra de triangulación, obtiene la victoria. Pero, al contrario, en los finales que nos interesan ahora, el rey que se ve obligado a efectuar esta maniobra deja escapar la victoria.

Unas tablas en esta partida de semifinales del encuentro de aspirantes habría permitido a Korchnoi correr en cabeza. Su derrota le trastornó. Kasparov igualó y, enardecido por el éxito, se transfiguró claramente, añadiendo tres victorias más a ésta. El encuentro estaba ganado. Puede decirse que no se excluye que debiese su victoria al "triángulo de las Bermudas", oculto en pleno centro del tablero...

**Arulaid - Haag
Tallin, 1969**

Hay en el tablero una igualdad de material que las blancas decidieron conservar jugando:

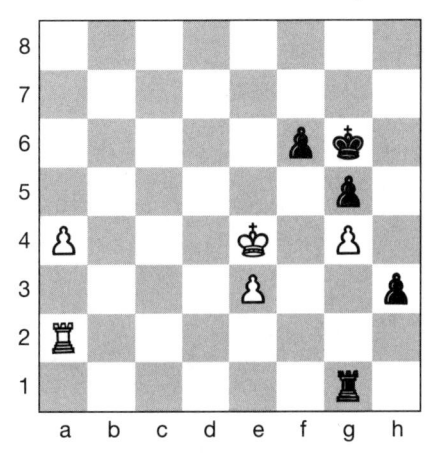

Diagrama 210

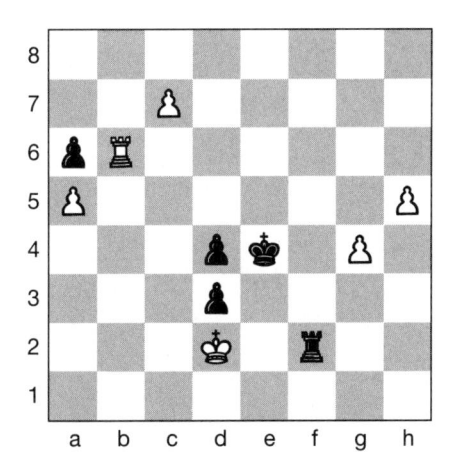

Diagrama 211

1. Re4-f3?
Pero, en los finales de torres, lo esencial es tomar la iniciativa. Las negras lo hicieron y respondieron:
1. ..., f6-f5; 2. g4xf5+, Rg6xf5; 3. Ta2-h2, g5-g4+; 4. Rf3-f2, Tg1-a1; 5. Rf2-g3, Rf5-g5!; 6. Th2-e2, Ta1-g1+; 7. Rg3-h2, Tg1-f1.
Persiguiendo la amenaza imparable: 8. ..., Rh4. Las blancas abandonan. 8. Rg3 no conducía a nada a causa de 8. ..., Tf3+.

En la posición inicial, las blancas debían mostrarse activas:
1. a4-a5, Tg1xg4+; 2. Re4-f3, Tg4-g1; 3. a5-a6.
Las negras a su vez deben entregar su peón pasado para neutralizar el peón "a":
3. ..., h3-h2; 4. Ta2xh2, Tg1-a1.
Tablas.

Titenko - Murey
Moscú, 1963

En respuesta al jaque, las blancas jugaron:
1. Rd2-e1.

Con la esperanza de provocar la variante: 1. ..., Tc2; 2. Te6+!, Rf3; 3. Te7! con un movimiento más del peón "h". Pero las negras hallan una brillante combinación como refutación.
1. ..., d3-d2+; 2. Re1xf2, d2-d1=D; 3. Tb6-e6+.
Jugada intermedia obligatoria para evitar el jaque perpetuo.
3. ..., Re4-d3!; 4. c7-c8=D.
Las blancas tienen una torre más y su rey evita el jaque perpetuo: 4. ..., Dd2+; 5. Rg1!, Dd1+; 6. Rh2, Dd2+; 7. Rh3! Pero la continuación fue:
4. ..., Dd1-d2+; 5. Rf2-g1, Dd2-c1+!!; 6. Dc8xc1.
Rey ahogado.

Veamos ahora tres ejemplos de combate intenso en los que no hay variantes de victoria forzosa.

Botvinnik - Borisenko
Moscú, 1955

Las negras tienen un peón pasado más y deben llevar su rey al

Diagrama 212

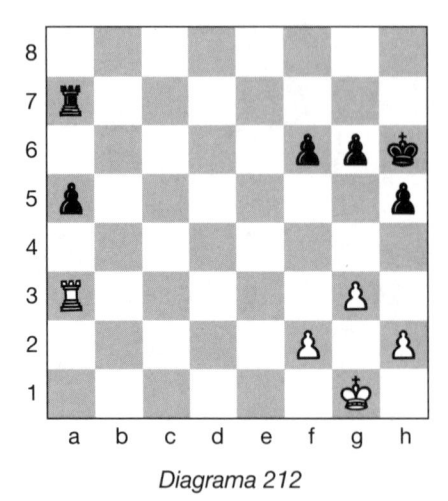

ala de dama siguiendo el recorrido g7-f7-e6-d5. Esta marcha obligará al rey blanco a ir también hacia el peón pasado "a". Seguirá entonces una nueva marcha del rey negro, esta vez hacia los peones blancos del ala de rey. Por su parte, las blancas tratarán de bloquear al máximo el peón "a" y de intercambiar los peones del ala de rey.

1. Ta3-a4, Rh6-g5?

Para las negras, este camino del rey hacia el peón "a" es el más corto.

En realidad es falso y las blancas sacarán partido inmediatamente de este error.

2. f2-f3, Rg5-f5; 3. g3-g4+!, h5xg4.

Las negras no han visto el peligro. 3. ..., Re6 complicaba la defensa de las blancas.

4. f3xg4+, Rf5-e5; 5. h2-h4, Re5-d5; 6. h4-h5, g6xh5; 7. g4xh5, Rd5-e6.

Parece incoherente pero si el rey se dirige ahora hacia el peón "a", entonces después de 7. ..., Rc5; 8. h6, Rb5; 9. Th4, Th7; 10. Th5+, Rb4; 11. Th4+, la torre blanca lo persigue incansable con sus jaques. Si ahora el rey baja a la primera línea, el regreso de la torre a h4 impedirá el avance al peón "a". Por último, si el rey de negras se oculta en la sexta línea, las blancas avanzan su rey hacia el peón pasado negro.

8. h5-h6, Re6-f7; 9. Ta4-g4, Rf7-f8; 10. Tg4-f4, Ta7-a6; 11. Tf4-g4, Ta6-a7; 12. Tg4-f4, Rf8-g8

Pronto se concluyeron las tablas. Más tarde se demostró que en lugar de 1. ..., Rg5, las negras debían jugar 1. ..., Rg7!, y después de 2. h4, Rf7; 3. Rf1, Re6; 4. Re2, Rd6; 5. Rd3, f5; 6. f3, Rc6; 7. g4, Rb5; 8. Td4, a4; 9. Rc2, a3; 10. Rb1, Ta4!; 11. Td6, hxg4; 12. Txg6, gxf3, la ventaja negra es decisiva.

Se produjo más o menos la misma situación pero aún más complicada en la 34[a] partida de un encuentro de campeonato del mundo.

**Alekhine - Capablanca
Buenos Aires, 1927**

Esta posición crítica aparece en todos los libros de finales (de momento las damas están aún en el tablero pero el final será pronto un final de torres).

Sigamos las jugadas de los dos adversarios. Perdía 1. ..., Ta3; 2. Td7, Rg8 (2. ..., Rg7; 3. De6! o 2. ..., Da2; 3. Df6); 3. Dd8+, Rg7; 4. De7, Da2; 5. De5+, Rh7; 6. Df6, y las negras no pueden parar la amenaza Td8.

1. ..., Tf3-f6; 2. Db6-d4!

LOS SECRETOS DE LOS FINALES DE TORRES 151

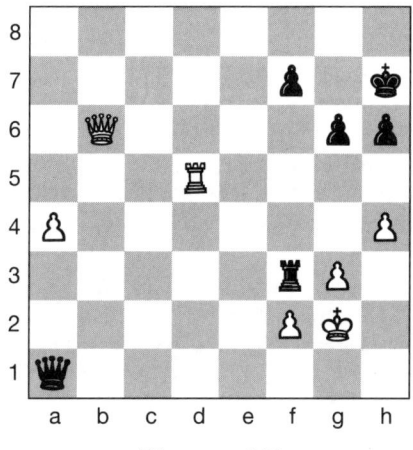

Diagrama 213

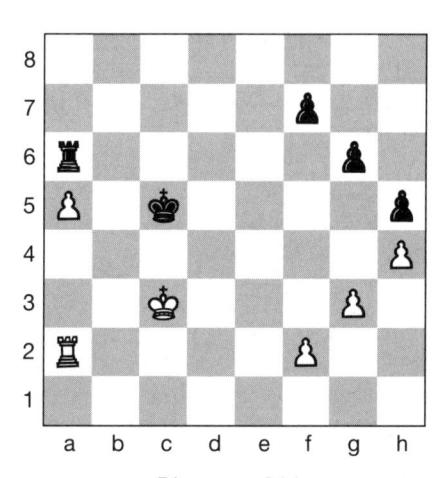

Diagrama 214

Decisión responsable que fuerza el intercambio de las damas. Era necesario tener una idea precisa del plan de juego en el final de torres.

La torre negra se hallará delante del peón (habría estado mejor situada detrás), mientras que la torre blanca estará, por el contrario, activamente situada.

2. ..., Da1xd4; 3. Td5xd4, Rh7-g7; 4. a4-a5, Tf6-a6; 5. Td4-d5, Ta6-f6; 6. Td5-d4, Tf6-a6; 7. Td4-a4, Rg7-f6; 8. Rg2-f3, Rf6-e5; 9. Rf3-e3, h6-h5.

Las negras mantienen la oposición y por el momento impiden a su adversario penetrar en el ala de dama y en el ala de rey.

10. Re3-d3, Re5-d5; 11. Rd3-c3, Rd5-c5; 12. Ta4-a2!

La primera fase de esta final está realizada. Las negras están en zugzwang y se ven obligadas a dejar penetrar al rey blanco en su campo. Si 12. ..., Ta8, entonces 13. a6 y la victoria del peón lleva a las negras a un final de peones sin esperanza.

12. ..., Rc5-b5; 13. Rc3-b3, Rb5-c5; 14. Rb3-c3, Rc5-b5; 15. Rc3-d4, Ta6-d6+.

Si 15. ..., Rb4, entonces 16. Ta1!

16. Rd4-e5, Td6-e6+; 17. Re5-f4, Rb5-a6.

Al principio era la torre la que bloqueaba el peón "a"; ahora es el rey.

Esta inversión de funciones sólo es conveniente para las blancas; la entrada de su rey en el campo enemigo decide el resultado del combate.

18. Rf4-g5, Te6-e5+; 19. Rg5-h6, Te5-f5; 20. f2-f4.

Una forma muy sencilla de obtener la capitulación de las negras era jugar 20. Rg7, Tf3; 21. Rg8, Tf6; 22. Rf8! Finalmente están en completo zugzwang: 22. ..., Tf3; 23. Rg7, Tf5; 24. f4, o 22. ..., Tf5; 23. f4.

20. ..., Tf5-c5!; 21. Ta2-a3!, Tc5-c7; 22. Rh6-g7, Tc7-d7; 23. f4-f5, g6xf5; 24. Rg7-h6, f5-f4.

Si 24. ..., Td5, entonces 25. Rg5, Tc5; 26. Rf6, Tb5; 27. Rxf7, f4; 28. gxf4, Tf5+; 29. Rg6, Txf4; 30. Rxh5, etc.

25. g3xf4, Td7-d5; 26. Rh6-g7, Td5-f5; 27. Ta3-a4, Ra6-b5; 28. Ta4-e4!, Rb5-a6; 29. Rg7-h6, Tf5xa5.

Si 29. ..., Rb7, entonces 30. Te5, Txf4; 31. Rg5!, Tf1; 32. Rxh5, f5; 33. Rg5, f4; 34. Tf5, f3; 35. Rg4 y todo ha terminado.

30. Te4-e5, Ta5-a1; 31. Rh6xh5, Ta1-g1; 32. Te5-g5!, Tg1-h1; 33. Tg5-f5, Ra6-b6; 34. Tf5xf7, Rb6-c6; 35. Tf7-e7.

Las negras abandonan; ¡es un ejemplo clásico de final de torres!

Veamos ahora una de mis finales de torres en la sexta partida del primer encuentro con Kasparov.

Kasparov - Karpov
Moscú, 1984

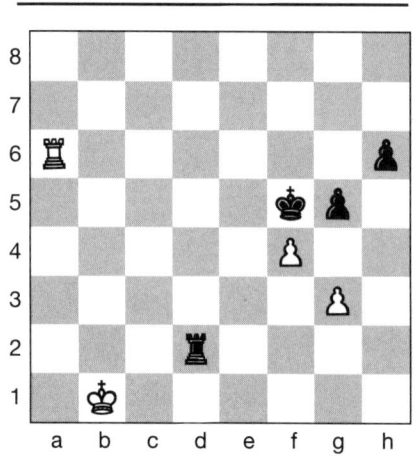

Diagrama 215

56. ..., g5-g4!

Mejor que 56. ..., Th2; 57. Rc1, Rg4; 58. Tg6!, Th5; 59. Rd2, Rxg3; 60. Re3!, g4; 61. Re4 con las tablas.

57. Ta6xh6, Td2-g2; 58. Th6-h5+.

Perdía 58. Th8, Txg3; 59. Tf8+, Re4; 60. f5, Tf3; 61. f6, Tf4, y 58. Rc1, Txg3; 59. Rd2, Tf3; 60. Re2, Rxf4; 61. Tf6+, Rg3.

58. ..., Rf5-e4; 59. f4-f5, Tg2-f2; 60. Rb1-c1.

O 60. Tg5, Rf3; 61. f6, Rxg3; 62. Tg6, Tf4, y el peón "g" es ya imparable.

60. ..., Re4-f3; 61. Rc1-d1.

Después de 61. f6, la victoria se obtiene sutilmente, 61. ..., Rxg3; 62. Th6, Rg2; 63. Rd1, g3; 64. Tg6, Tf5; 65. Re2, Te5+; 66. Rd3, Rf3; 67. Rd4, Th5!!; 68. f7, Tf5; 69. Tg7, g2 y las blancas están en zugzwang: 70. Rd3, Tf4 o 70. Rc4, Rf2.

61. ..., Rf3xg3; 62. Rd1-e1, Rg3-g2; 63. Th5-g5, g4-g3; 64. Tg5-h5, Tf2-f4; 65. Re1-e2, Tf4-e4+; 66. Re2-d3, Rg2-f3; 67. Th5-h1, g3-g2; 68. Th1-h3+, Rf3-g4; 69. Th3-h8, Te4-f4; 70. Rd3-e2, Tf4xf5.

Las blancas abandonan.

Un ejemplo excepcionalmente interesante, que enriquece la teoría de los finales de torres.

Dado que ya hemos abordado el tema de los ordenadores de ajedrez, terminaré esta conversación con mi partida frente a la máquina más fuerte del mundo.

Karpov - "Deep thought"
Nueva York, 1990

La máquina jugó muy bien la apertura y el desarrollo. El final es un final de torres, que suele acabar en tablas. Pero estuvo lleno de incidentes.

35. Rg2-f2!

Después de 35. Txa5, Tb4, las blancas ya no tenían posibilidades

Diagrama 216

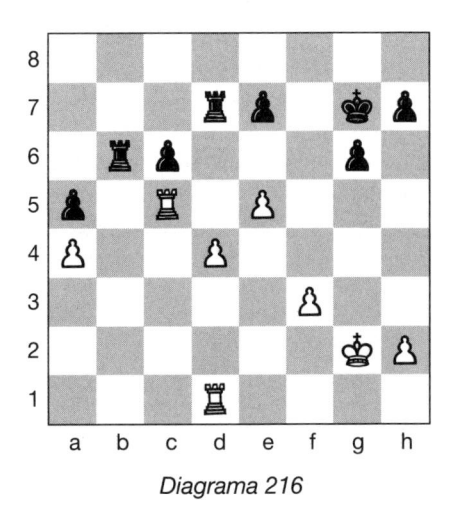

de ganar, pero yo quería derrotar al gran maestro electrónico.
35. ..., Td7-d5!; 36. Tc5xd5, c6xd5; 37. Td1-c1, Tb6-b4; 38. Rf2-e3, Tb4xa4.
38. ..., Tb3+; 39. Re2, Tb4 más simple, llevaba a las tablas. Pero el ordenador no deja pasar la ocasión de ganar un peón.
39. Tc1-c5, e7-e6; 40. Tc5-c7+, Rg7-g8; 41. Tc7-e7, Ta4-a3+; 42. Re3-f4, Ta3-d3; 43. Te7xe6, Td3xd4+; 44. Rf4-g5, Rg8-f7; 45. Te6-a6, a5-a4?
"Deep thought" sigue rechazando la variante de tablas forzosas 45. ..., h6+; 46. Rxh6, Th4+; 47. Rg5, Th5+; 48. Rf4, Tf5+ y 49. ..., Txe5. Con un peón más, la máquina espera ganar.
46. f3-f4, h7-h6+; 47. Rg5-g4, Td4-c4.
47. ..., g5! llevaba directamente a las tablas pero la máquina contaba con mi falta de tiempo (en ese momento, sólo había gastado la mitad de su tiempo y a mí me quedaban sólo unos minutos).

48. h2-h4, Tc4-d4; 49. 3Ta6-f6+, Rf7-g7; 50. Tf6-a6, Rg7-f7; 51. h4-h5!, g6xh5+.
51. ..., g5 era arriesgado: 52. Txh6, Txf4+; 53. Rxg5 y ningún jugador se arriesgaría a dar un par de peones pasados a su adversario...
52. Rg4-f5, Rf7-g7; 53. Ta6-a7+, Rg7-f8; 54. e5-e6, Td4-e4; 55. Ta7-d7, Te4-c4?
El ordenador comete un error, debía jugar 55. ..., a3!; 56. Ta7, h4; 57. Txa3, Re7!; 58. Ta7+, Rd6; 59. Td7+, Rc6; 60. Th7, Rd6; 61. Txh6, h3. Tablas.
56. Td7xd5.
Apurado por el tiempo, hice jugadas imprecisas. Ganaba a continuación 56. Re5!, Te4+; 57. Rd6!, Txf4; 58. Td8+, Rg7; 59. e7, Te4; 60. e8=D, Txe8; 61. Txe8 y los peones ya no están defendidos y caerán rápidamente.
56. ..., h5-h4; 57. Td5-d3.
En este caso la buena jugada era 57. Re5; ahora la máquina puede salir del trance (ya no esperaba más): 57. ..., h3; 58. Txh3, Re7; 59. Txh6, Tc5+; 60. Re4, a3; 61. f5, a2; 62. Th7+, Rf6; 63. Tf7+, Rg5; 64. Ta7, Rf6.
57. ..., Rf8-e7?; 58. Td3-d7+, Re7-f8; 59. Td7-h7?, h6-h5?
De nuevo errores por ambas partes. Por un lado, las blancas ganaban con 59. Re5 y, por otra parte, tras mi imprecisión, las negras podían salir del trance: 59. ..., h3!; 60. Txh6, a3; 61. Txh3, Ta4; 62. Th1, a2; 63. Ta1, Re7. La máquina se aferra al peón (60. Txh5?, Tc5+) y el tiempo que ha perdido le es fatal.
60. Rf5-e5!

El rey ocupa por fin una casilla clave.

60. ..., h4-h3; 61. f4-f5, Rf8-g8; 62. Th7xh5, a4-a3; 63. Th5xh3, a3-a2; 64. Th3-a3, Tc4-c5+; 65. Re5-f6.

Las negras abandonan.

Este final de torres demuestra que el combate del hombre con la máquina en el tablero deja presagiar todavía muchas sorpresas interesantes e inesperadas.

DECIMOTERCERA CONVERSACIÓN

"A veces los caballos no saltan, botan. El momento más importante de la partida es el primer movimiento del alfil..."

(S. Tartakover, gran maestro)

Alfiles y caballos en el tablero

Si no conoce los finales de peones y torres, un jugador de ajedrez no llega a ninguna parte, es el abecé del juego. Pero existen otros finales: los finales de damas, de alfiles, de caballos, sin duda menos frecuentes, pero que no por ello es menos necesario conocer.

Las protagonistas de los finales de piezas pesadas son las damas y las torres. Los de los finales de piezas ligeras son los alfiles y los caballos.

Los demás finales se denominan finales diversos: torre y alfil contra torre (teóricamente tablas pero en la práctica el bando débil pierde a menudo), torre contra pieza ligera (sin peones o con pocos peones), dama contra dos piezas ligeras (ver la última conversación del libro).

Ya hemos dedicado dos conversaciones a los finales; nos hallamos en la tercera, donde veremos posiciones típicas con alfiles y caballos.

A menudo surge un problema durante el juego: ¿qué pieza conservar para el final después de los intercambios, un alfil o un caballo? La respuesta depende de la disposición de los peones y, en menor grado, de la de los reyes. En una posición cerrada, es mejor conservar un caballo, ya que su marcha le da entonces una mayor eficacia. En una posición abierta, un alfil es, al contrario, superior a un caballo, ya que su radio de acción es, digamos, más grande que el del caballo. Pero si el alfil es del mismo color que sus propios peones, pierde todo valor.

Le propongo unos estudios y unas partidas de torneos en el siguiente orden: alfil contra peones, alfiles del mismo color, alfiles de colores distintos, caballo contra caballo y alfil contra caballo.

Prokes

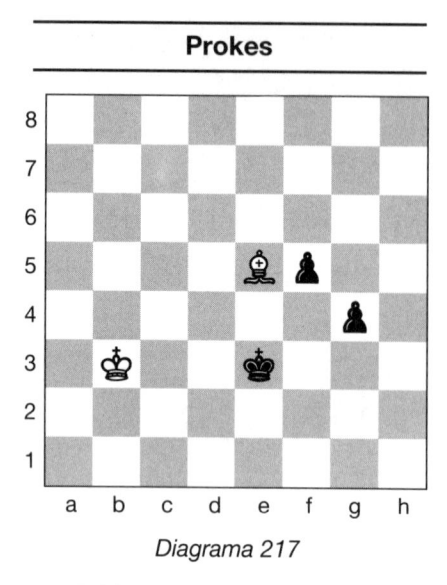

Diagrama 217

Tablas.
El rey y el alfil detienen los peones.
1. Rb3-c2!, f5-f4; 2. Rc2-d1, f4-f3; 3. Rd1-e1, f3-f2+; 4. Re1-f1, Re3-f3; 5. Ae5-d4, g4-g3; 6. Ad4xf2, g3xf2.
Rey ahogado.
También hay tablas con: **2. ..., g4-g3; 3. Rd1-e1, g3-g2; 4. Ae5xf4+, Re3xf4; 5. Re1-f2;** o con **1. ..., Re3-f2** (en lugar de 1. ..., f5-f4); **2. Rc2-d2, g4-g3; 3. Ae5-d4+, Rf2-f1; 4. Rd2-e3, g3-g2; 5. Re3-f4.**

Weenink

Tablas.
El rey blanco no puede moverse: 1. Re2, Rg2 es malo, como 1. Ag5, Rh2 y 1. Ae5, d3 con victoria negra. Ésta es la idea que da las tablas:
1. Af4-g3!, d4-d3; 2. Ag3xf2, d3-d2!; 3. Af2-e1!!, d2-d1=T!

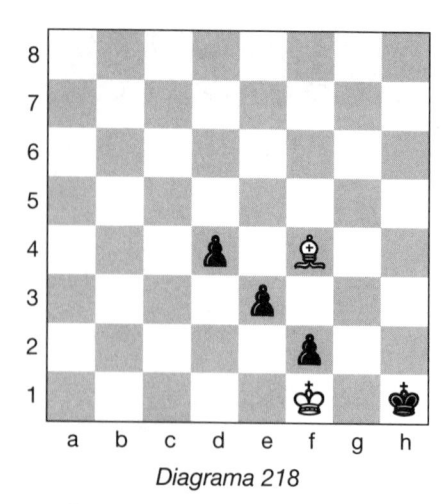

Diagrama 218

La transformación del peón en dama ahoga al rey.
4. Rf1-e2, Td1-b1; 5. Ae1-h4, Tb1-b3; 6. Ah4-g5.
Tablas.

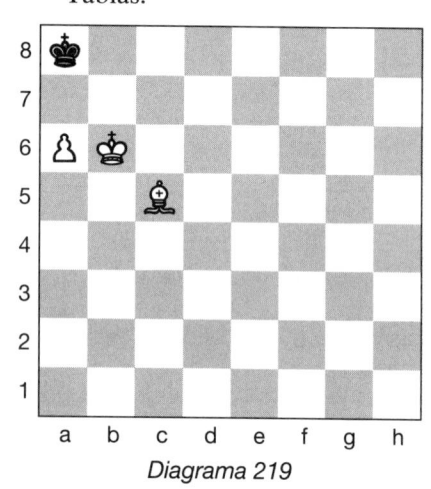

Diagrama 219

Tablas.
Es una posición teórica paradójica; la enorme ventaja material de las blancas no les permite promover su peón. La partida acaba en tablas. Si la casilla de promoción y el alfil son de colores distintos, es imposible ganar.

**Paulsen - Metger
Nuremberg, 1888**

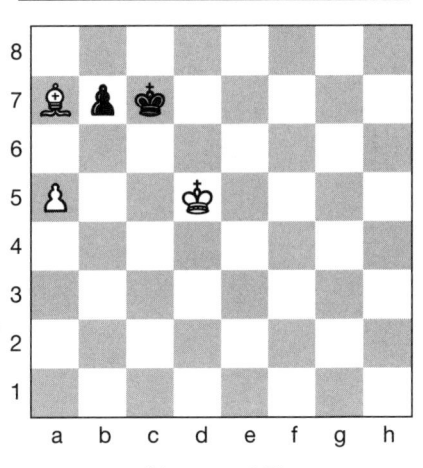

Diagrama 220

El peón negro impide a su propio rey ir al ángulo; las blancas deben evitar por encima de todo que el rey adversario alcance la fatídica casilla a8.

1. Rd5-d4!, Rc7-c6.

Si 1. ..., b6 o 1. ..., b5, entonces 2. a6 gana.

2. Aa7-b6, Rc6-d6; 3. Rd4-c4, Rd6-c6; 4. Rc4-b4, Rc6-d6; 5. Rb4-b5, Rd6-d7; 6. Rb5-c5, Rd7-c8; 7. Ab6-a7!

Ahora que el rey negro está apartado de la importante casilla b8, las blancas pueden liberar el peón "b".

7. ..., Rc8-c7.

Si 7. ..., b6+, sigue entonces 8. Rxb6, y si 7. ..., b5, entonces el avance 8. a6 es decisivo.

8. Rc5-b5, Rc7-d7; 9. Aa7-b8!, Rd7-c8; 10. Ab8-f4, Rc8-d7; 11. Rb5-b6, Rd7-c8; 12. Af4-g3.

Y ganan las blancas.

Acabamos de ver el método de juego que hubiesen debido emplear las blancas para lograr la victoria, pero, desafortunadamente para ellas, en la partida adoptaron una continuación errónea.

1. Rd5-c4?, b7-b5+!

El avance de este peón con jaque impide la réplica vencedora a6.

2. a5xb6+ a.p., Rc7-b7; 3. Rc4-b5, Rb7-a8; 4. Aa7-b8.

Ahora es imposible promover el peón y el rey blanco no puede acudir en su ayuda porque está ahogado.

4. ..., Ra8xb8; 5. Rb5-c6, Rb8-c8.

Tablas.

Fahrni

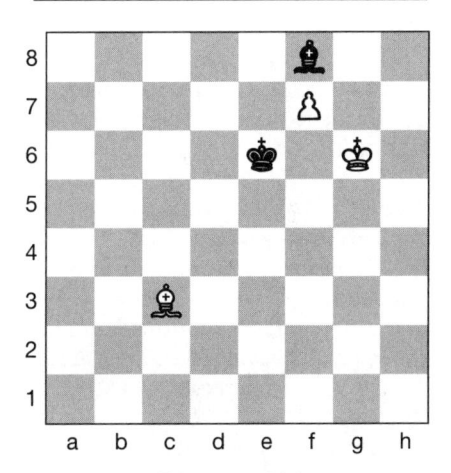

Diagrama 221

Victoria.

Es necesario impedir que el alfil negro controle la casilla f8. Por eso el rey blanco apunta a g8.

1. Ac3-g7, Af8-b4; 2. Ag7-h6.

Abriendo el camino al rey.
2. ..., Ab4-c5; 3. Rg6-g7, Ac5-b4; 4. Rg7-g8, Ab4-c5; 5. Ah6-f8, Ac5-e3; 6. Af8-b4, Ae3-h6; 7. Ab4-d2!
Las blancas ganan.

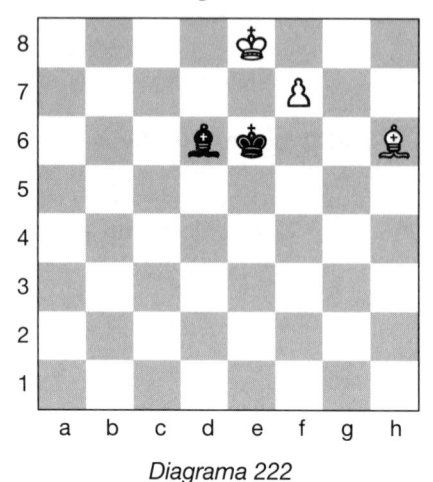

Diagrama 222

Tablas.
La casilla g8 es inaccesible para el rey blanco y es imposible apartar el alfil negro de las diagonales a3-f8 y h6-f8.
1. Ah6-f8, Ad6-e5; 2. Af8-a3, Ae5-g7; 3. Aa3-b2, Ag7-h6; 4. Ab2-c1, Ah6-g7; 5. Ac1-d2.

Al parecer, las negras están en zugzwang, pero 5. ..., Rd6! y las blancas no consiguen utilizar el alejamiento del rey negro del peón f7.

Con alfiles de colores distintos, incluso con varios peones de más, la victoria es imposible.

Turno para las negras. Tablas.
1. ..., Aa4-d7!
Después de 1. ..., Ab3? las negras pierden a causa del paso del rey blanco a d6 con el empuje e5-e6+.

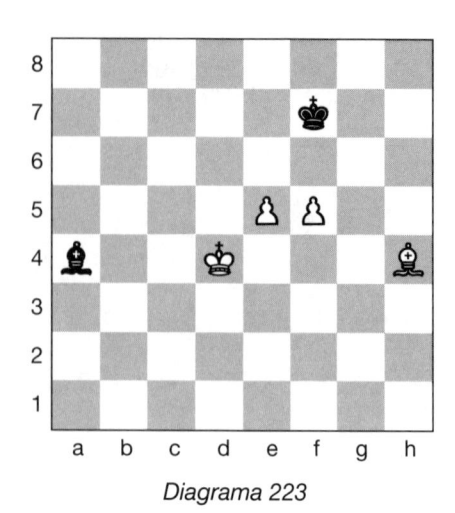

Diagrama 223

El rey blanco debe proteger el peón f5 y los dos peones blancos quedan paralizados. Con peones en la sexta línea, es decir, con desplazamiento de la posición hacia la parte superior una línea, le faltará espacio al alfil negro y las negras pierden.

Salvioli

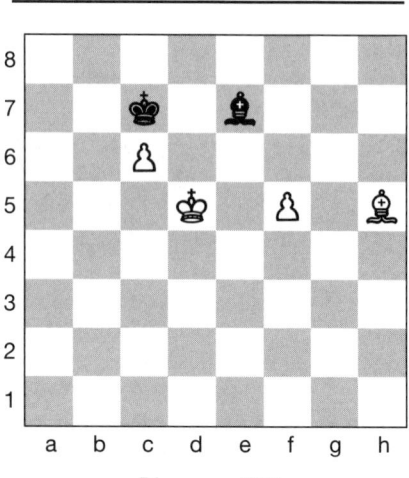

Diagrama 224

Victoria.

Se trata de otro final teórico. El alfil blanco defiende un peón y el rey blanco se dirige hacia la séptima línea.

1. Ah5-f3, Rc7-d8; 2. Rd5-e6, Ae7-b4; 3. f5-f6, Ab4-a5; 4. f6-f7, Aa5-b4; 5. Re6-f6!, Ab4-c3+; 6. Rf6-g6, Ac3-b4; 6. Rg6-g7, etc.

Con el peón en e5 en lugar de f5, la victoria ya no sería posible.

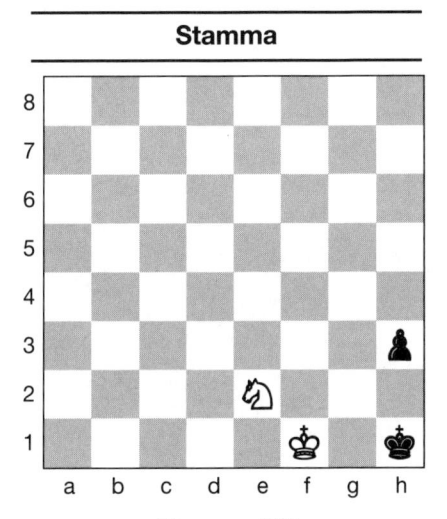

Stamma

Diagrama 225

Victoria.

Otra final teórica, pero esta vez se trata de un duelo entre la pareja rey + caballo y rey + un peón "h".

Un caballo puede lograr dar mate al rey adversario si se halla a la vez en el ángulo del tablero y aprisionado por su propio peón.

1. Ce2-g3+, Rh1-h2; 2. Cg3-f5, Rh2-h1; 3. Rf1-f2!

La jugada precisa que provocará el encierro del rey negro.

3. ..., Rh1-h2; 4. Cf5-e3, Rh2-h1; 5. Ce3-f1, h3-h2; 6. Cf1-g3#.

Fahrni

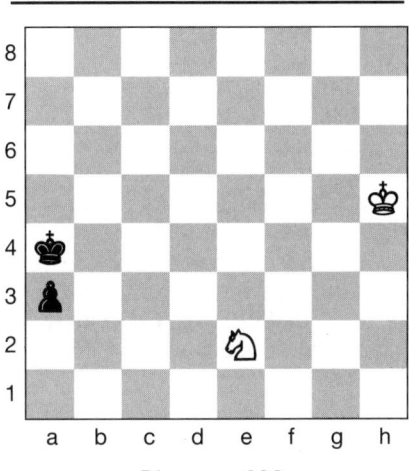

Diagrama 226

Tablas.

El caballo puede detener el peón pasado "a" solamente si este último no ha alcanzado todavía la segunda fila, pudiendo controlar entonces este caballo la casilla que se halla delante del peón.

1. Ce2-c1!, Ra4-b4; 2. Cc1-a2+, Rb4-b3; 3. Ca2-c1+, Rb3-b2; 3.

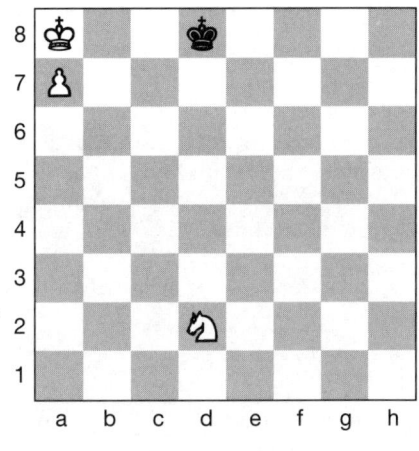

Diagrama 227

Cc1-d3+, Rb2-c2; 5. Cd3-b4+, Rc2-b3; 6. Cb4-d3, a3-a2; 7. Cd3-c1+.
La posición es de tablas.

El turno es de las negras.
Tablas.
Es necesario encerrar al rey blanco de esta forma para que el caballo no pueda acudir en su ayuda. El caballo tiene la propiedad de cambiar de color de casilla en cada movimiento y por lo tanto...
1. ..., Rd8-c7!; 2. Cd2-e4, Rc7-c8; 3. Ce4-d6+, Rc8-c7; 4. Cd6-b5+, Rc7-c8
Por ello, es imposible dar caza al rey negro. No existen reglas generales para los finales "caballo contra caballo"; cada posición tiene un enfoque distinto. Con ventaja material, es posible ganar con un juego táctico.

Troitski

Victoria.
En este magnífico estudio los dos peones van a dama, pero el rey negro se halla en una situación delicada.
1. Ce3-f5!, d3-d2; 2. c6-c7, d2-d1=D; 3. c7-c8=D+, Rh8-h7; 4. Dc8-c7+, Cg6-e7.
Sacrificio forzoso.
5. Dc7xe7+, Rh7-g6; 6. Cf5-h4+, Rg6-h6; 7. De7-f6+, Rh6-h7; 8. Df6-f7+, Rh7-h8; 9. Ch4-g6#.

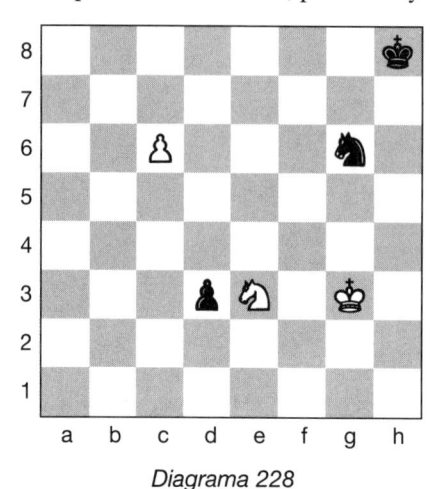

Rinck

Diagrama 229

Victoria.
En este caso se alcanza el objetivo, gracias a una combinación con el peón y a las amenazas de mate sobre el rey negro.
1. f5-f6!, g7xf6; 2. h4-h5, Ce2xg3; 3. h5-h6, Cg3-f5; 4. h6-h7, Cf5-d6+; 5. Rc4-b4.
El caballo negro logra retener el peón "h", pero las blancas tienen otra jugada muy fuerte.
5. ..., Cd6-f7; 6. Cf8-e6!
Amenaza mate en c5 y la respuesta de las negras es forzosa:
6. ..., Ra6-b7; 7. Ce6-d8+, Cf7xd8; 8. h7-h8=D.
Dando la victoria.

Diagrama 228

Claparède - Grob
Torneo por correspondencia, 1950

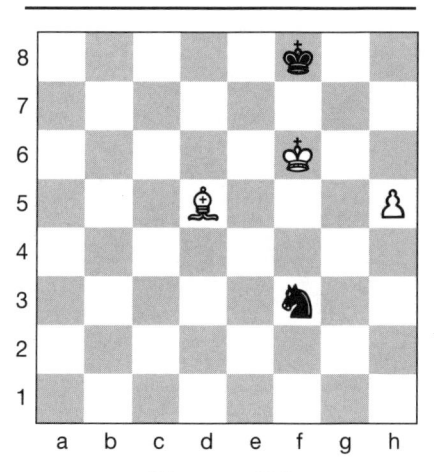

Diagrama 230

Si el rey negro llega a tomar posesión del ángulo, podrá abandonar su caballo.

1. ..., Cf3-e5!; 2. Ad5-e6.

Y no 2. Rxe5?, Rg7 o 2. h6?, Cg4+.

2. ..., Ce5-f7!; 3. Rf6-g6, Rf8-g8; 4. Ae6xf7+, Rg8-h8.

Tablas.

Zakhodiakin

Victoria.

En este notable estudio del gran compositor soviético Zakhodiakin, la maniobra de victoria es particularmente difícil de hallar.

La casilla g7 está destinada naturalmente al rey negro, pero, cuando haya logrado sustraerse a los sucesivos ataques del monarca blanco, es el caballo el que vendrá a refugiarse en ella.

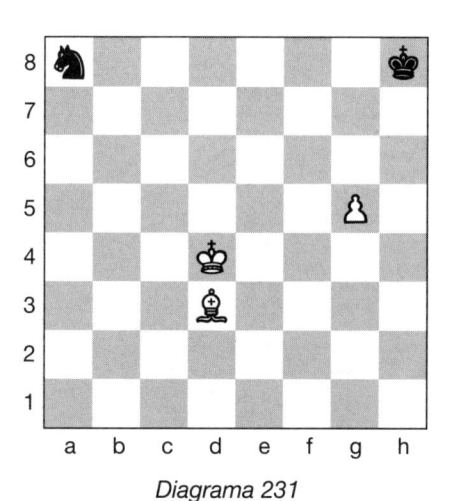

Diagrama 231

1. Rd4-c5!, Ca8-c7; 2. Rc5-d6, Cc7-e8+; 3. Rd6-e7!

La primera fase de la maniobra de victoria blanca ha terminado: el caballo negro se ve obligado a quitarle a su rey la buena casilla g7.

3. ..., Ce8-g7.

Es imposible jugar 3. ..., Cc7? a causa de 4. Rf7 y el peón g6 asegurará la victoria.

4. Ad3-g6!

Es el comienzo del cerco.

4. ..., Rh8-g8; 5. Ag6-f7+, Rg8-h7!; 6. Re7-f6, Rh7-h8; 7. Rf6-e5!

Y no 7. Rg6? a causa de 7. ..., Ce6. Tablas.

7. ..., Rh8-h7; 8. Re5-e4!!

Las blancas pierden voluntariamente un tiempo para ocupar la casilla estratégica g4 en el momento más oportuno.

8. ..., Rh7-h8; 9. Re4-f4, Rh8-h7; 10. Rf4-g4, Rh7-h8; 11. g5-g6!

Y las negras deben dar su caballo.

Veamos ahora unos finales de piezas ligeras. Todos contienen uno u otro elemento táctico.

Minev - Portisch
Halle, 1967

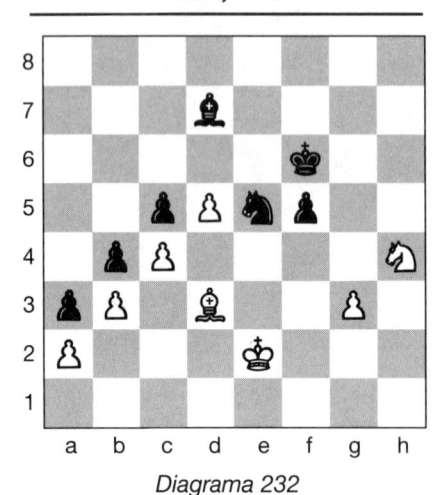

Diagrama 232

A pesar de un peón de más, ¡las blancas están condenadas!
1. ..., f5-f4!!
Si 2. gxf4, entonces 2. ..., Ag4+; 3. Rd2, Cxd3; 4. Rxd3, Ad1! y 5. ..., Axb3.
2. Ad3-e4, f4xg3; 3. Ch4-g2.
Las blancas han dado un peón, pero no por ello han terminado sus problemas.
3. ..., Ad7-g4+; 4. Re2-d2, Ce5xc4+!
Este sacrificio temático de caballo permite a las negras hacer valer su cadena de peones avanzados en el ala de dama.
5. b3xc4, b4-b3; 6. Ae4-b1, Ag4-f5!!
Este segundo sacrificio de pieza ligera consagra el triunfo de toda la estrategia de las negras. En efecto, después de 7. Axf5, juegan y ganan simplemente con 7. ..., bxa2.
7. Rd2-c3, Af5xb1; 8. Rc3xb3, Rf6-e5; 9. Rb3xa3, Ab1-e4; 10. Cg2-e1, g3-g2, etc.

Ekberg - Martius
Copenhague, 1962

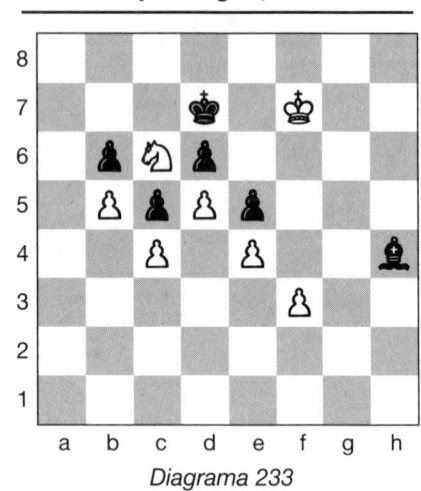

Diagrama 233

Las negras parecen tener una posición sólida. Pero las blancas ganan con un bello sacrificio de pieza.
1. Cc6-b8+!, Rd7-c7; 2. Rf7-e6!!, Rc7xb8.
Por desgracia no hay nada mejor.
3. Re6xd6, Rb8-f7.
Si 3. ..., Ag3, entonces 4. Rc6, y si 3. ..., Af6, entonces 4. Re6!
4. Rd6xe5, Rb7-c7; 5. Re5-e6, Ah4-g3; 6. e4-e5, Rc7-d8; 7. d5-d6, Rd8-e8; 8. Re6-d5, Re8-d7; 9. Rd5-e4.
El peón blanco "f" está dispuesto a lanzarse y las negras prefieren abandonar, ya que su alfil será impotente contra el trío de peones pasados centrales adversarios.

Kotov - Botvinnik
Moscú, 1955

Durante la partida, apareció en en el tablero un verdadero estudio.
1. ..., g6-g5!!

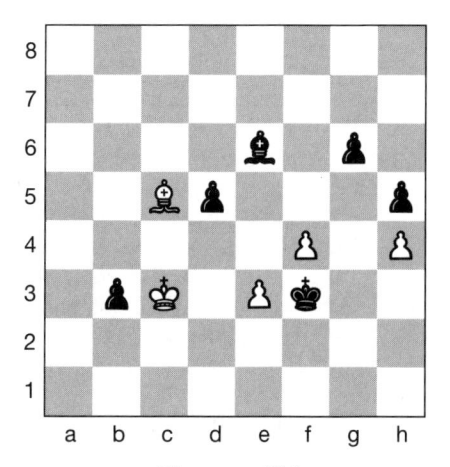

Diagrama 234

Un magnífico sacrificio que demuestra que, en finales de este tipo, la creación de peones pasados es mucho más importante que la superioridad material.

2. f4xg5.

Con la otra captura, es el avance irresistible del peón "h" lo que da la victoria: 2. hxg5, h4; 3. Ad6, Af5; 4. g6, Axg6; 5. f5, Axf5; 6. Rxb3, Rg2, etc.

2. ..., d5-d4+!

Este jaque intermedio es dictado por la necesidad de conservar el peón pasado b3.

3. e3xd4.

No es mejor: 3. Axd4, Rg3; 4. g6, Rxh4; 5. Rd2, Rh3!; 6. Af6, h4; 7. Re2, Rg2.

3. ..., Rf3-g3; 4. Ac5-a3, Rg3xh4; 5. Rc3-d3, Rh4xg5; 6. Rd3-e4, h5-h4; 7. Re4-f3, Ae6-d5+.

Las blancas abandonan.

Kurajica - Karpov
Skopje, 1976

Otra final interesante con alfiles de colores opuestos.

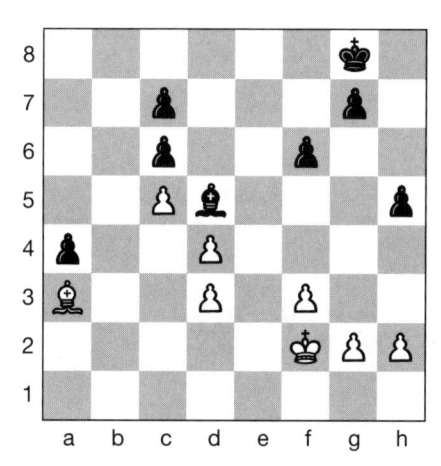

Diagrama 235

A pesar de su aparente sencillez, oculta muchos enigmas y la victoria es digna de un verdadero estudio.

33. ..., h5-h4!

Los peones blancos "d" están doblados pero se muestran tan buenos guardianes que impiden el avance al rey negro. Es importante bloquear los peones del ala de rey para crear las condiciones de una penetración.

34. g2-g3.

Las blancas debían jugar g2-g4 y luego h2-h3, creando una fortaleza inexpugnable. Pero es difícil durante el juego tomar la decisión de colocar los peones en las casillas del color del alfil adversario. Kurajica juega con prudencia.

34. ..., Rg8-f7; 35. Rf2-e3.

Imposible capturar el peón "h": el rey no puede asegurar la defensa del frente que va de la columna "d" a la columna "h" y el alfil es un mal colaborador, que debe velar por el peón pasado "a".

35. ..., f6-f5.

Yo podría haber acercado en primer lugar el rey a h5 y luego empujar los peones "f" y "g", pero temía poner a mi adversario en el buen camino. Con el rey en h5 se pensaba en g3-g4+.

36. Re3-f4, Rg7-g6; 37. Rf4-e3, Rg6-h5; 38. Aa3-b4, g7-g5.

Las negras tienen una amenaza real de penetración: 39. ..., f4+; 40. gxf4, g4!; 41. fxg4+, Rxg4.

39. Re3-f2, Ad5-a2.

Las negras colocarán su alfil en la diagonal a6-f1 para atacar el peón d3.

40. Ab4-a3, Aa2-b1; 41. Rf2-e2, Ab1-a2; 42. Aa3-c1, Aa2-e6; 43. Re2-f2, Ae6-c8; 44. d4-d5?

Las blancas están nerviosas; sin embargo, aún podían obtener las tablas haciendo las jugadas en este preciso orden: 44. Re2, Aa6; 45. Re3, f4+; 46. gxf4, g4; 47. f5!

44. ..., c6xd5.

En d4 el peón parecía inútil a las blancas, pero su avance erróneo modifica radicalmente la situación.

45. d3-d4, f5-f4!; 46. g3xf4, g5-g4; 47. Rf2-g2, Ac8-f5; 48. Rg2-f2, g4xf3; 49. Rf2xf3, Af5-e4+; 50. Rf3-f2, Rh5-g4; 51. Ac1-b2.

Las blancas se ven obligadas a dar un peón para evitar el zugzwang.

51. ..., Rg4xf4; 52. Ab2-c1+, Rf4-g4; 53. Ac1-b2, c7-c6; 54. Abs-c1, Rg4-h3.

Para ganar, es necesario hacer una vez más zugzwang a las blancas.

55. Rf2-g1, Ae4-g6; 56. Rg1-h1.

La única jugada, el alfil no puede dejar la casilla c1, ya que, en ese caso, el rey pasa por f4.

56. ..., Ag6-h5.

Es preciso arrebatar la casilla f3 al rey enemigo.

57. Rh1-g1, Ah5-d1.

Las blancas abandonan, ya que vuelven a estar en zugzwang: 58. Rh1, Rg4; 59. Rg2, Rf5; 60. Rf2 (¡la importancia del control de f3 aparece ahora!); 60. ..., Re4.

Pierde también 58. Ab2, Rg4; 59. Rg2, Af3+ (pero en ningún caso 59. ..., h3+??; 60. Rf2, Rf4; 61. Re1, Ah5; 62. Rd2, Rf3; 63. Rd3, Rg2; 64. Re3, Rxh2; 65. Rf2 y el rey negro está acorralado); 60. Rf2, Rf4.

Uno de los finales más interesantes en las partidas del campeonato del mundo contra Kasparov se jugó en la novena partida del primer encuentro.

Y era el final "caballo contra alfil".

**Karpov - Kasparov
Moscú, 1984**

El "mal" alfil negro (los peones a6, b5, d5 están situados en casillas del mismo color que él) da a las blancas una ventaja duradera. Pero

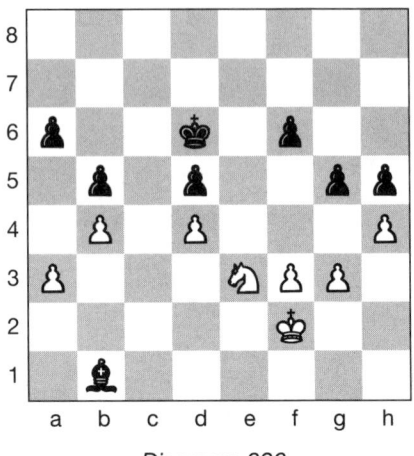

Diagrama 236

¿es decisiva? Después de 46. ..., Ag6, no era fácil penetrar en la fortaleza. Pero las negras capturan el peón h4:

46. ..., g5xh4.

El intercambio de peones (si se produce) facilita la obtención de las tablas. En realidad, la penetración g3-g4 es inofensiva; a las blancas sólo les queda la casilla f4 para penetrar en el campo enemigo y las dos piezas, rey y caballo, no pueden pasarla al mismo tiempo. A las blancas les queda la vía del estudio.

47. Ce3-g2!!

Es psicológicamente imposible que las negras hayan previsto esta jugada. Analizando el intercambio en h4, el peón blanco "h" no ha sido retirado efectivamente del tablero; se quitan de inmediato los dos peones "g". La inesperada maniobra del caballo va ligada a un sacrificio de peón. Pero la igualdad material se restablecerá pronto y las dos piezas blancas podrán lanzarse al ataque del ala de rey adversaria.

47. ..., h4xg3+; 48. Rf2xg3, Rf7-e6; 49. Cg2-f4+, Re6-f5; 50. Cf4xh5, Rf5-e6; 51. Ch5-f4+, Re6-d6; 52. Rg3-g4, Ab1-c2; 53. Rg4-h5, Ac2-d1; 54. Rh5-g6, Rd6-e7.

Después de 54. ..., Axf3; 55. Rxf6, las negras pierden su peón d5.

55. Cf4xd5+, Re7-e6; 56. Cd5-c7+, Re6-d7.

Mejor era 56. ..., Rd6.

57. Cc7xa6, Ad1xf3; 58. Rg6xf6, Rd7-d6; 59. Rf6-f5, Rd6-d5; 60. Rf5-f4, Af3-h1; 61. Rf4-e3, Rd5-c4; 62. Ca6-c5, Ah1-c6; 63. Cc5-d3, Ac6-g2; 64. Cd3-e5+, Rc4-c3; 65. Ce5-g6, Rc3-c4; 66. Cg6-e7, Ag2-b7.

No conduce a nada 66. ..., Rb3; 67. d5, Rxa3; 68. d6, Ah3; 69. Cd5. La última posibilidad de hacer durar la partida era 66. ..., Ah1; 67. Cc8, Rb3; 68. Rd3.

67. Ce7-f5, Ab7-g2; 68. Cf5-d6+, Rc4-b3; 69. Cd6xb5, Rb3-a4; 70. Cb5-d6.

Las negras abandonan.

Le espera una pequeña sorpresa al final de esta conversación.

Hace ya algún tiempo, numerosos grandes maestros compusieron estudios (los torneos eran entonces menos numerosos y tenían tiempo de hacerlo).

Lasker destacaba en este campo (su estudio clásico aparece en la conversación anterior), pero también Euwe, Botvinnik y Smyslov. Este último estudio, obra de un rey del ajedrez, se relaciona con el tema tratado: una lucha encarnizada entre dos alfiles de colores distintos.

V. Smyslov

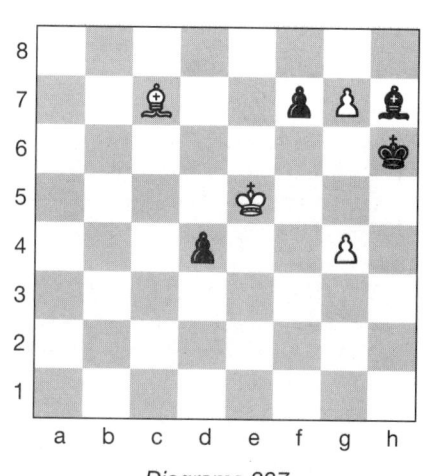

Diagrama 237

Victoria.
1. g7-g8=C+!
Un caballo aparece furtivamente en el tablero. Si 1. g8=D(T), las negras se salvan con 1. ..., f6+!
1. ..., Ah7xg8; 2. Re5-f6, Rh6-h7; 3. g4-g5, d4-d3; 4. Ac7-f4.
Y no 4. Aa5 a causa de 4. ..., Rh8; 5. Ac3, Rh7 y las blancas están en zugzwang.

4. ..., Rh7-h8; 5. Af4-e5!, Rh8-h7; 6. Ae5-c3.
Ahora las negras están en zugzwang.
6. ..., d3-d2; 7. Ac3xd2, Rh7-h8; 8. Ad2-c3, Rh8-h7; 9. Ac3-b2, Rh7-h8; 10. g5-g6, f7xg6; 11. Rf6xg6#.

DECIMOCUARTA CONVERSACIÓN

"No es posible derrotar al adversario si se está dispuesto a aceptar unas tablas."

(A. Karpov, 12º campeón mundial)

Treinta y cinco encuentros por la corona

Si le gusta el ajedrez, debe conocer un poco su historia, al menos los nombres de los campeones mundiales y las partidas de los campeonatos del mundo.

Esta conversación, en cierta medida, llenará las lagunas que usted pueda tener en su conocimiento de la historia del ajedrez...

En 1986, el mundo del ajedrez celebró el centenario del primer encuentro oficial del campeonato del mundo. Steinitz fue proclamado el 1er campeón mundial de ajedrez en 1886 tras su victoria sobre Zukertort.

En el espacio de un siglo, solamente treinta grandes maestros han obtenido la corona.

Cada encuentro por la corona –y ha habido 35– deja una importante huella en los anales del ajedrez y tiene una enorme influencia en el desarrollo del arte, de la ciencia y, podríamos decir, de la filosofía del ajedrez.

Los jugadores ponen en práctica en sus encuentros los productos de la teoría moderna. Toda la historia del ajedrez se compone, en el fondo, de algunas etapas de juego por el derecho de ser un día el mejor jugador del planeta...

Existe una amplia literatura dedicada a los encuentros por la corona, pero vamos a hacer una pequeña inclusión en la historia en la que cada encuentro se ilustrará con un ejemplo notable.

Todos los encuentros se enumeran en el cuadro siguiente. En la primera línea hallará los nombres de los jugadores (el vencedor y, en caso de tablas, el campeón mundial que conserva el título, se nombra en primer lugar); el año y el lugar (ciudad o país) del encuentro; en la segunda línea, el número de victorias, derrotas y tablas del vencedor, así como la puntuación del encuentro.

LOS ENCUENTROS DEL CAMPEONATO DEL MUNDO

1. Steinitz +10 -5 =5	Zukertort (12, 5/7, 5)	1886	EE.UU.
2. Steinitz +10 -6 =1	Chigorin (10, 5/6, 5)	1889	La Habana
3. Steinitz +6 -4 =9	Gunsberg (10, 5/8, 5)	1890-91	Nueva York
4. Steinitz +10 -8 =5	Chigorin (12, 5/10, 5)	1892	La Habana
5. Lasker +10 -5 =4	Steinitz (12/7)	1894	EE.UU.
6. Lasker +10 -2 =5	Steinitz (12, 5/4, 5)	1896-97	Moscú
7. Lasker +8 -0 =7	Marshall (11, 5/3, 5)	1907	EE.UU.
8. Lasker +8 -3 =5	Tarrasch (10, 5/5, 5)	1908	Alemania
9. Lasker +7 -1 =2	Janowski (8/2)	1909	París
10. Lasker +1 -1 =8	Schlechter (5/5)	1910	Viena, Berlín
11. Lasker +8 -0 =3	Janowski (9, 5/1, 5)	1910	Berlín
12. Capablanca +4 -0 =10	Lasker (9/5)	1921	La Habana
13. Alekhine +6 -3 =25	Capablanca (18, 5/15, 5)	1927	Buenos Aires
14. Alekhine +11 -5 =9	Bogoljubow (15, 5/9, 5)	1929	Alemania, Holanda
15. Alekhine +8 -3 =15	Bogoljubow (15, 5/10, 5)	1934	Alemania
16. Euwe +9 -8 =13	Alekhine (15, 5/14, 5)	1935	Holanda
17. Alekhine +10 -4 =11	Euwe (15, 5/9, 5)	1937	Holanda
18. Botvinnik[1] +10 -2 =8		1948	La Haya, Moscú
19. Botvinnik +5 -5 =14	Bronstein (12/12)	1951	Moscú

20. Botvinnik +7 -7 =10	Smyslov (12/12)	1954	Moscú
21. Smyslov +6 -3 =13	Botvinnik (12, 5/9, 5)	1957	Moscú
22. Botvinnik +7 -5 =11	Smyslov (12, 5/10, 5)	1958	Moscú
23. Tal +6 -2 =13	Botvinnik (12, 5/8, 5)	1960	Moscú
24. Botvinnik +10 -5 =6	Tal (13/8)	1961	Moscú
25. Petrosian +5 -2 =15	Botvinnik (12, 5/9, 5)	1963	Moscú
26. Petrosian +4 -3 =17	Spassky (12, 5/11, 5)	1966	Moscú
27. Spassky +6 -4 =13	Petrosian (12, 5/10, 5)	1969	Moscú
28. Fischer +7 -3 =11	Spassky (12, 5/8, 5)	1972	Reykjavik
29. Karpov +6 -5 =21	Korchnoi (16, 5/15, 5)	1978	Baguio
30. Karpov +6 -2 =10	Korchnoi (11/7)	1981	Merano
31. Karpov +5 -3 =40	Kasparov (25/23)	1984	Moscú
32. Kasparov +5 -3 =16	Karpov (13/11)	1985	Moscú
33. Kasparov +5 -4 =15	Karpov (12, 5/11, 5)	1986	Londres, Leningrado
34. Kasparov +4 -4 =16	Karpov (12/12)	1987	Sevilla
35. Kasparov +4 -3 =17	Karpov (12, 5/11, 5)	1990	Nueva York, Lyon

[1.] La decimoctava confrontación por la corona suprema se disputó en un torneo, "Encuentro-Torneo de los 5 grandes maestros". Botvinnik quedó vencedor. Éste es el detalle de la clasificación final:

18. Botvinnik	1948	La Haya, Moscú
1 – Botvinnik	(+10 -2 = 8)	14 puntos
2– Smyslov	(contra Botvinnik: 2/3)	11 puntos
3/4 - Kéres, Reshevsky	(contra Botvinnik: 1/4)	10, 5 puntos
5– Euwe	(contra Botvinnik: 1, 5/3, 5)	4 puntos

Los diecisiete primeros encuentros se desarrollaron sin sistema alguno: el campeón mundial jugaba cuando quería, contra quien quería (y no siempre contra el mejor aspirante) y en las condiciones que él mismo dictaba.

El primer encuentro debía jugarse hasta la obtención de diez victorias, pero, durante la competición, los dos adversarios decidieron con el tanteo de 9/9 prolongar el combate hasta ocho victorias más.

Los demás partidos se han jugado a un número determinado de victorias o por mayoría. El encuentro Capablanca - Alekhine debía otorgar el título al primero que se adjudicase seis victorias; con un tanteo de 5/5, el campeón mundial conservaba su título. En los otros cuatro encuentros que jugó Alekhine como campeón mundial, estaban planeadas treinta partidas y él fue vencedor con 15, 5 puntos. En 1946, tras la muerte de Alekhine, el mundo quedó privado de campeón de ajedrez, lo cual explica el encuentro-torneo del cuadro, que figura con el número 18. Los mejores grandes maestros de la época determinaron el mejor de entre ellos.

Los siguientes encuentros se desarrollaron bajo los auspicios de la Federación Internacional de Ajedrez (FIDE) y el campeón fue privado del derecho a escoger a sus adversarios. Desde entonces, un riguroso sistema de preselecciones determina el aspirante. Desde 1951, casi todos los encuentros han tenido un máximo de 24 partidas. Un jugador tres veces campeón del mundo utiliza el derecho de jugar un encuentro de revancha; por eso en el cuadro hay tres líneas suplementarias. Falta el año 1975, cuando Fischer rehusó defender su título.

Tres encuentros se jugaron hasta seis victorias: Baguio-78, Merano-81 y Moscú-84. Las reglas cambiaron un poco. Con un tanteo de 5/5, el campeón no conservaba su título, pero en contrapartida en caso de derrota obtenía el derecho de jugar un encuentro de revancha.

La maratón de 1984 duró cinco meses enteros, pero, por primera vez en la historia del campeonato por la corona, no fue terminada. El presidente de la FIDE, el Sr. Campomanes, interrumpió la competición sin dar el nombre del vencedor. Se volvió a jugar el encuentro Karpov - Kasparov, pero según el sistema tradicional.

1. W. STEINITZ - I. ZUKERTORT

Wilhelm Steinitz fue el mejor jugador del mundo en 1866 tras su victoria sobre Andersen.

Y, veinte años después, jugó un encuentro contra uno de sus contemporáneos que le dio el título de primer campeón mundial oficial de ajedrez.

Veamos el final de la séptima partida que jugó con mucha energía el primer rey del ajedrez.

Zukertort - Steinitz

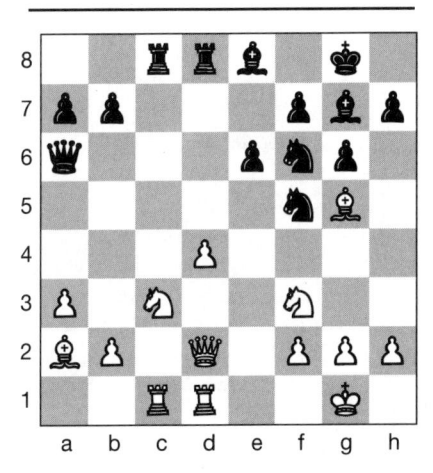

Diagrama 238

21. g2-g4.
Contando con el repliegue del caballo para luego jugar 22. Df4 situando la presión sobre el caballo f6 negro. Sin embargo, una amarga decepción aguardaba a las blancas.
21. ..., Cf5xd4!; 22. Cf3xd4, e6-e5; 23. Cc3-d5, Tc8xc1; 24. Dd2xc1, e5xd4; 25. Td1xd4, Cf6xd5; 26. Td4xd5, Td8xd5; 27. Aa2xd5, Da6-e2.

Es una buena explotación de la insuficiente protección del rey adversario. Pero el combate prosigue...
28. h2-h3, h7-h6; 29. Ad5-c4?
Había que jugar 29. Ae3, con posibilidad de tablas. Ahora, Steinitz puede crear una red de mate imparable.
29. ..., De2-f3; 30. Dc1-e3, Df3-d1+; 31. Rg1-h2, Ae8-c6; 32. Ag5-e7.
La captura en h6 llevaba a la pérdida de la dama: 32. Axh6, Axh6; 33. Dxh6, Dh1+; 34. Rg3, Dg1+; 35. Rf4, Dc1+.
32. ..., Ag7-e5+!; 33. f2-f4.
Ahora es imposible capturar el alfil: 33. Dxe5, Dh1+; 34. Rg3, Dg2+; 35. Rh4, Dxf2+; 36. Dg3, g5+.
33. ..., Ae5xf4+; 34. De3xf4, Dd1-h1+; 35. Rh2-g3, Dh1-g1+.
Las blancas abandonan.

2. W. STEINITZ - M. CHIGORIN

Si a Steinitz se le considera, por derecho pleno, el precursor del juego posicional, Chigorin en cambio es el maestro del estilo combinatorio.

Así, el encuentro de estas dos luminarias del siglo pasado animó los debates sobre la creación artística.

Nunca hubo en la historia del ajedrez encuentro más sangriento; sólo la última partida se saldó con la paz.

La concepción del juego de Steinitz triunfó sobre la de su adversario y conservó su título.

Steinitz - Chigorin

Diagrama 239

Es el célebre final de la vigésima partida. Las negras acaban de capturar con el caballo e6 la torre blanca d4, aunque 23. ..., Te7 hubiese sido mejor. Ahora, Steinitz juega una combinación sencilla pero eficaz con un sacrificio de torre, ilustrando la fuerza de largo alcance de los alfiles.

24. Th1xh7+!, Rh8xh7; 25. Df1-h1+, Rh7-g7; 26. Ae3-h6+, Rg7-f6; 27. Dh1-h4+, Rf6-e5; 28. Dh4xd4+.

Las negras abandonan.

3. W. STEINITZ - I. GUNSBERG

A finales de los años ochenta del siglo pasado, Gunsberg ganó toda una serie de grandes torneos e hizo tablas en el encuentro contra Chigorin.

Ello le dio derecho a arrojar el guante al campeón del mundo. El tanteo final no proporcionó una gran ventaja a Steinitz, pero éste conservó su título.

Veamos el final de la séptima partida.

Steinitz - Gunsberg

Diagrama 240

22. Tf2xf6!, g7xf6.

Si 22. ..., Dxf6, entonces 23. d7, Ted8; 24. Dxa8!, Txa8; 25. Tc8+, Dd8; 26. Txa8, Dxa8; 27. Ae7.

23. d6-d7, Te8-g8; 24. d4xe5, Tg8-g5; 25. Dd5xa8!, Dd8xa8; 26. Tc1-c8+, Tg5-g8; 27. Tc8xa8, Tg8xa8; 28. e5-e6.

Las negras abandonan.

4. W. STEINITZ - M. CHIGORIN

El segundo encuentro que enfrentaba a Steinitz y Chigorin estuvo mucho más reñido.

Chigorin - Steinitz

Esta posición de la 23ª partida del encuentro es una de las más

Diagrama 241

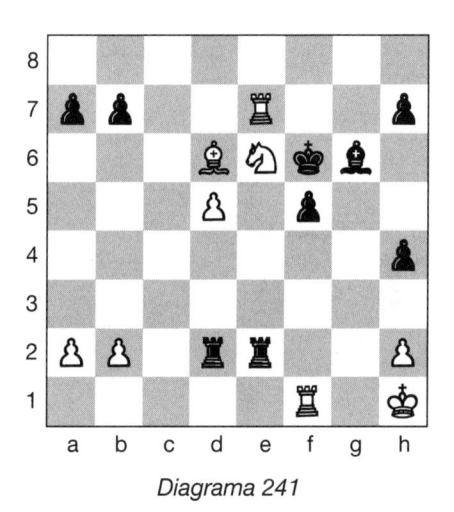

dramáticas. En caso de victoria, Chigorin igualaba. Cada jugador tenía en su haber nueve victorias y la victoria final se lograba después de tres victorias más. El momento era particularmente crítico.

Las blancas tenían una pieza más y, al ganar un peón más (32. Txb7), iban a ganar esta decisiva partida. Pero siguió 32. Ab4?, y luego otra jugada:
32. ..., Te2xh2+
Y el encuentro ha terminado.
33. Rh1-g1, Td2-g2#.

---

5. EM. LASKER - W. STEINITZ

Emmanuel Lasker, el fundador del enfoque psicológico del juego, era treinta y dos años más joven que su ilustre predecesor y esta diferencia de edad fue una ventaja demasiado grande. Al entregar su corona, Steinitz lanzó un triple "hurra" en honor del nuevo campeón mundial.

Lasker - Steinitz

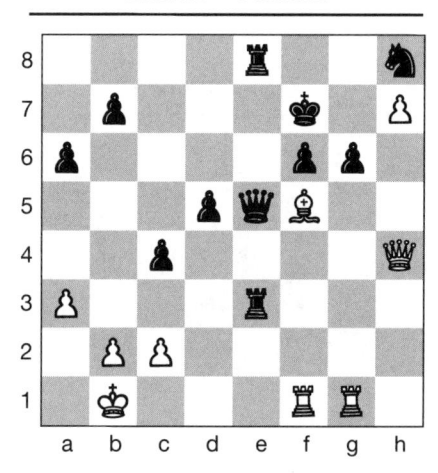

Diagrama 242

Es la posición de la séptima partida. Avanzando ahora los peones del ala de dama, Steinitz podía dominar y ponerse en cabeza del tanteo. Pero sus nervios flaquearon, cometió un error y abandonó pronto la partida. Fue la primera de cinco derrotas sucesivas.

34. ..., g6xf5?; 35. Dh4-h5+, Rf7-e7; 36. Tg1-g8, Re7-d6; 37. Tf1xf5, De5-e6; 38. Tg8xe8, De6xe8; 39. Tf5xf6+, Rd6-c5; 40. Dh5-h6, Te3-e7; 41. Dh6-h2, De8-d7; 42. Dh2-g1+, d5-d4; 43. Dg1-g5+, Dd7-d5; 44. Tf6-f5, Dd5xf5; 45. Dg5xf5+, Rc5-d6; 46. Df5-f6+.

Las negras abandonan.

---

6. EM. LASKER - W. STEINITZ

El primer rey no soportó haber sido destronado y provocó a Lasker en un encuentro de revancha. Steinitz tenía más de sesenta años y no es de extrañar que sufriese una vergonzosa derrota. En la segunda partida, Lasker hizo una admirable combinación de mate.

Lasker - Steinitz

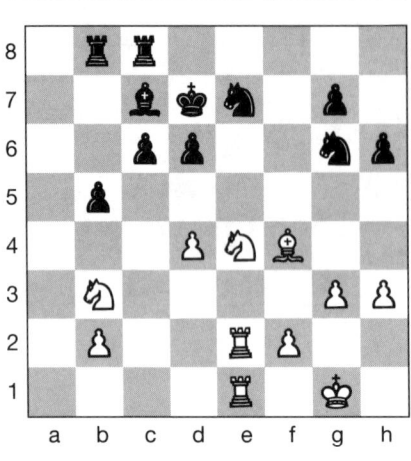

Diagrama 243

31. h3-h4, h6-h5; **32.** Af4-g5, Ac7-d8; **33.** g3-g4!, h5xg4; **34.** h4-h5, Cg6-f8; **35.** Ce4-c5+!, d6xc5; **36.** Cb3xc5+, Rd7-d6.

Si 36. ..., Rc7, entonces bastaba jugar 37. Axe7, Axe7; 38. Txe7+, Rb6; 39. Txg7, pero ahora hay un mate forzoso.

37. Ag5-f4+, Rd6-d5; **38.** Te2-e5+, Rd5-c4; **39.** Te1-c1+, Rc4xd4; **40.** Cc5-b3+, Rd4-d3; **41.** Te1-e3#.

7. EM. LASKER - F. MARSHALL

Tras una interrupción de diez años que Lasker dedicó a ocupaciones científicas, tuvo lugar un nuevo encuentro. La superioridad del campeón mundial era indiscutible y conservó su título sin problemas. Veamos el final de la tercera partida.

Marshall - Lasker

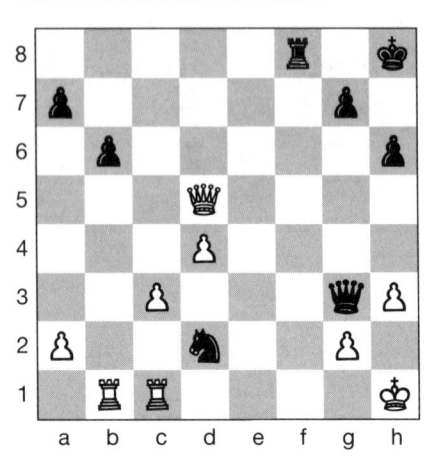

Diagrama 244

37. ..., Cd2-f3!; **38.** g2xf3, Dg3xh3+; **39.** Rh1-g1, Dh3-g3+; **40.** Rg1-h1, Tf8-f4; **41.** Dd5-d8+?, Rh8-h7; **42.** Tc1-f1?

42. Tc2, Th4+; 43. Dxh4, Dxh4+; 44. Rg2 conservaba posibilidades de tablas.

42. ..., Tf4-f5!

Las blancas abandonan.

8. EM. LASKER - S. TARRASCH

El gran maestro Tarrasch fue para Lasker y durante muchos años el adversario más serio y el más opuesto en cuanto a estilo. Buscaba en el ajedrez la verdad absoluta. Lasker adaptaba su juego en función de cada adversario y desarmó fácilmente a Tarrasch.

Veamos el final de la segunda partida.

Diagrama 245

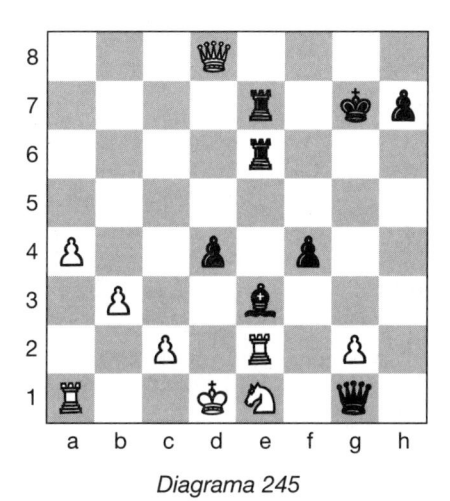

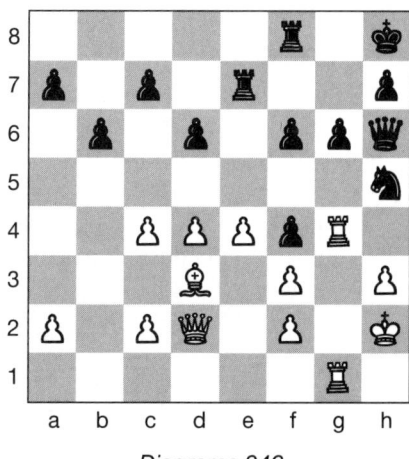

Diagrama 246

Tarrasch - Lasker

40. ..., f4-f3!
La continuación 40. ..., Af2; 41. Txe6, Txe6; 42. Dd7+ provocaba las tablas por un jaque perpetuo.
41. g2xf3, Ae3-g5.
Las blancas abandonan.

9. EM. LASKER - D. JANOWSKI

En 1909, Janowski hizo tablas contra Lasker en un encuentro exhibición de cuatro partidas. Este éxito fue el pretexto de Janowski para desafiar al campeón por la corona, pero ello sólo le accarreó decepciones.

Veamos el final de la segunda partida.

Janowski - Lasker

La posición de las blancas parece sólida, pero una precisa jugada del caballo las coloca en una situación crítica.

24. ..., Ch5-g7!; 25. c2-c3, Cg7-e6; 26. Ad3-f1, f6-f5; 27. Tg4-g2, Tf8-f6!; 28. Af1-d3, g6-g5!; 29. Tg1-h1.

Las blancas podían "inmortalizar" la partida jugando 29. exf5 y entonces habría seguido 29. ..., Dxh3+!!; 30. Rxh3, Th6+; 31. Rg4, Th4#.

29. ..., g5-g4!; 30. Ad3-e2, Ce6-g5; 31. f3xg4, f4-f3; 32. Tg2-g3, f5xe4.

Las blancas abandonan.

10. EM. LASKER - K. SCHLECHTER

Se decidió jugar el encuentro a treinta partidas, pero, a falta de medios materiales, hubo que limitarlo a diez. Dado el reducido número de partidas, Lasker puso la siguiente condición: para arrebatarle la corona el aspirante debía no sólo ganar el encuentro sino superarle por dos puntos.

Esta condición era muy difícil de cumplir, aunque ello no impidió a Schlechter estar a punto de lograrlo.

Contaba con una victoria por ocho tablas y, en la décima partida, no tuvo suerte...

Lasker - Schlechter

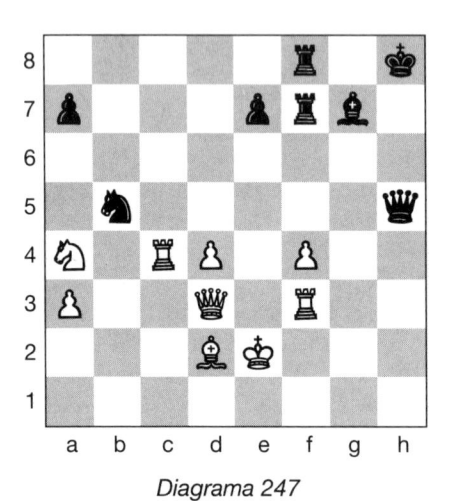

Diagrama 247

La posición del rey blanco es sumamente peligrosa. Después de 35. ..., Td8; 36. Ae3, e5!; 37. d5, Cd6! o 37. Tc5, Cxd4+; 38. Axd4, Txf4, las negras tomaban la delantera. No cambiaba nada: 36. d5, Txd5; 37. Tc8+, Tf8; 38. Txf8+, Axf8; 39. Ac3+, Ag7; 40. Dc4, Cxc3+; 41. Cxc3, Tc5, etc. Pero Schlechter sacrifica inesperadamente la calidad, dejando escapar sus últimas posibilidades de ser el tercer campeón mundial de ajedrez.

35. ..., Tf7xf4?; 36. Ad2xf4, Tf8xf4; 37. Tc4-c8+, Ag7-f8; 38. Re2-f2, Dh5-h2+.

Las negras habían contado con la continuación 38. ..., Dh4+; 39. Rg2, Dg4+, y observan demasiado tarde que, después de 40. Tg3!, Dxc8; 41. Dg6, se daba mate a su rey.

39. Re2-e1, Dh2-h1+?

No hay victoria posible; las tablas se obtenían con 39. ..., Dh4+; 40. Rd2, Dh2+; 41. Re3, Txf3+; 42. Rxf3, Dh3+; 43. Re2, Dxc8.

40. Tf3-f1, Dh1-h4+; 41. Re1-d2, Tf3xf1; 42. Dd3xf1, Dh4xd4+; 43. Df1-d3, Dd4-f2+; 44. Rd2-d1, Cb5-d6; 45. Tc8-c5, Ag7-h6; 46. Tc5-d5, Rh7-g8.

Continuando con 46. ..., Da2, las negras tenían aún posibilidades de salvar la situación.

Pero a partir de entonces la irreprochable técnica de Lasker en el final le permitiría realizar su ventaja material.

En la 71ª jugada, obtuvo la victoria. El resultado del encuentro fue 5/5.

---

11. EM. LASKER - D. JANOWSKI

Su derrota en el primer encuentro no le desanimó y desafió una vez más a Lasker.

Esta vez, la victoria obtenida por el campeón fue aún mayor.

La posición siguiente, extraída de la quinta partida, se pone de ejemplo a veces para ilustrar el método psicológico de Lasker.

Diagrama 248

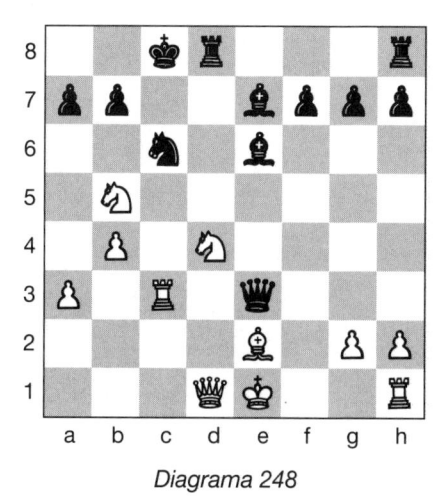

Éste escoge a menudo continuaciones arriesgadas sabiendo que no gustarán a su adversario.

Lasker - Janowski

Las negras obtienen una seria ventaja; el audaz sacrificio 17. ..., Dxc3+!; 18. Cxc3, Cxd4! les daba una compensación suficiente y, además, suponía un ataque peligroso. Janowski estuvo indeciso y la situación cambió en un instante.

17. ..., Ae7-h4+?; 18. g2-g3, De3-e4; 19. O-O, Ah4-f6; 20. Tf1xf6, g7xf6; 21. Ae2-f3, De4-e5; 22. Cb5xa7+, Rc8-c7; 23. Ca7xc6, b7xc6; 24. Tc3xc6+, Rc7-b8; 25. Tc6-b6+, Rb8-c8; 26. Dd1-c1+, Rc8-d7; 27. Cd4xe6, f7xe6; 28. Tb6-b7+, Rd7-e8; 29. Af3-c6+.

Las negras abandonan.

12. J. R. CAPABLANCA - EM. LASKER

¡Lasker fue campeón mundial durante veintisiete años! Hoy en día hay tantos aspirantes a la corona que resulta difícil creer que este récord se pueda repetir algún día... José Raúl Capablanca desafió a Lasker en 1911; el campeón invicto presentía quizá que había llegado la hora de ceder la corona. Durante diez años, había evitado enfrentarse al cubano e incluso había declarado que abandonaba el trono. Pero el mundo "tenía sed de espectáculo".

A pesar de sus resultados siempre brillantes, no logró vencer el último encuentro. Lo abandonó antes del final de las diez partidas; el final de la quinta atestigua su mala forma. Fue su primera derrota.

Capablanca - Lasker

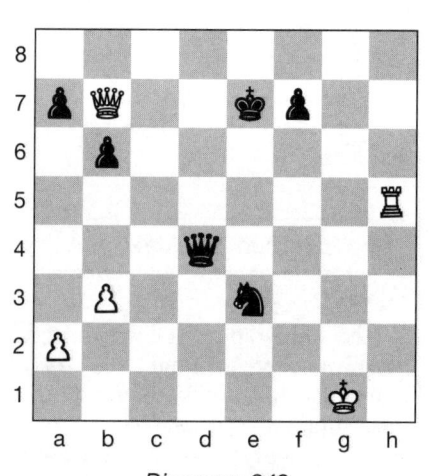

Diagrama 249

Las negras habían logrado jugar una defensa difícil y les era fácil hacer tablas jugando Re6 o Rf6. Pero siguió:
45. ..., Re7-f8??
Y después
46. Db7-b8+!
Lasker abandonó (46. ..., Rg7; 47. Dh8+, 46. ..., Re7; 47. De5+).

13. A. ALEKHINE - J. R. CAPABLANCA

Esta confrontación de los dos genios es hasta hoy un acontecimiento excepcional en toda la historia del ajedrez. Se enfrentaron dos gigantes, en la edad de oro de la creación. Capablanca, el invicto, con su prodigiosa técnica, que le permitía enunciar la hipótesis de la "muerte del ajedrez por las tablas", y el mago de las combinaciones, Alexandre Alekhine, que refutaba esta hipótesis gracias a su irresistible fantasía. Alekhine obtuvo en el encuentro las seis victorias necesarias y demostró al mundo que el ajedrez era una fuente inagotable de sorpresas.

Veamos el célebre final de la 21ª partida de este histórico encuentro.

Capablanca - Alekhine

26. ..., Af6-b2!
Es el inicio de una combinación asombrosa y original. La torre blanca no dispone de ninguna buena casilla para replegarse.
27. Tc1-e1, Tc8-d8; 28. a4xb5, a6xb5; 29. h2-h3, e6-e5; 30. Te1-b1,

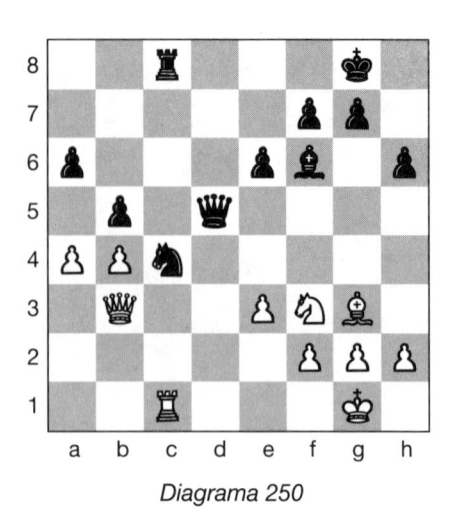

Diagrama 250

e5-e4; 31. Cf3-d4, Ab2xd4; 32. Tc1-d1, Cc4xe3!
Una brillante conclusión; las blancas abandonan. 33. Dxd5, Txd5; 34. Txd4, Txd4; 35. fxe3, Txb4.

14. A. ALEKHINE - E. BOGOLJUBOW

Alekhine jugó su primer encuentro como campeón mundial contra Bogoljubow. Nadie en esa época igualaba a Alekhine, cosa que confirmó este encuentro. La octava partida acabó con un mate puro.

Bogoljubow - Alekhine

26. ..., Ch5-g3+!; 27. h2xg3, h4xg3+; 28. Cf2-h3, Ac8xh3; 29. g2xh3, Th8xh3+; 30. Rh1-g2, Th3-h2#.

Diagrama 251

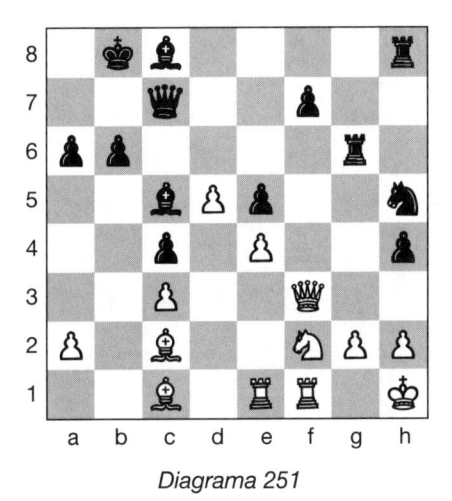

15. A. ALEKHINE - E. BOGOLJUBOW

El segundo encuentro fue muy poco distinto del primero; la superioridad de Alekhine era indiscutible.

Veamos el final de la 16ª partida.

Alekhine - Bogoljubow

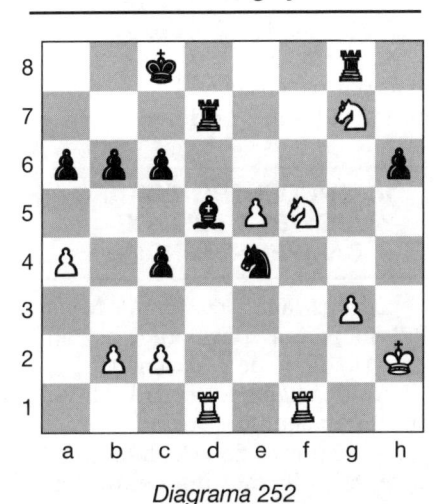

Diagrama 252

La última jugada de las negras Th8-g8 tenía como objetivo expulsar al caballo, pero éste se quedó donde estaba...

30. e5-e6!!

Bella combinación que rechazaba la maniobra de las negras.

30. ..., Td7xg7; 31. Cf5xg7, Tg8xg7; 32. Td1xd5!

Una nueva jugada impresionante sobre la que se construye toda la combinación.

32. ..., c6xd5; 33. Tf1-f8+, Rc8-c7; 34. Tf8-f7+, Rc7-d6; 35. Tf7xg7, Rd6xe6; 36. Tg7-g6+, Re6-e5; 37. Rh2-g2, b6-b5; 38. a4-a5, d5-d4; 39. Tg6xa6, b5-b4; 40. Rg2-f3, c4-c3; 41. b2xc3, b4xc3; 42. Ta6-e6+!, Re5xe6; 43. Rf3xe4.

Las negras abandonan.

16. M. EUWE - A. ALEKHINE

Alekhine había subestimado a su adversario y, dos años más tarde, cedía la corona a Max Euwe.

¡El período entre la 20ª y la 26ª partida (cuatro victorias y tres tablas) fue particularmente favorable al jugador holandés! Veamos cómo obtuvo su primera victoria.

Euwe - Alekhine

18. Ce4-g5!, f6xg5.

Después de 18. ..., Ac8; 19. Db3+, Rh8; 20. Axe5, Dxe5; 21. Cf7+ y para no terminar con un mate de ahogo, las negras habrían tenido que dar la calidad.

19. Af4xe5, Ae7-f6; 20. Af4xb8, Af6xc3; 21. Ab8-d6, Tf8-f7; 22. b2xc3, Tf7-d7; 23. Td1-b1, Td7xd6;

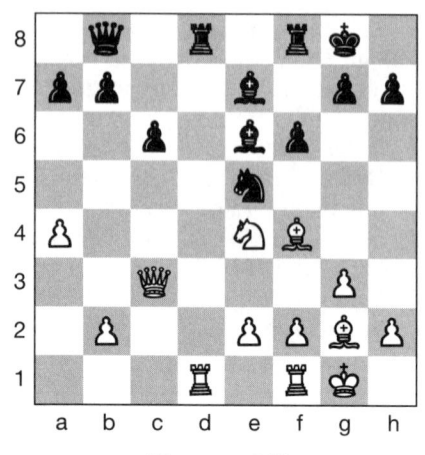

Diagrama 253

24. Tb1xb7, Td8-d7; 25. Tb7xd7, Ae6xd7; 26. Ag2-e4.

Y las blancas ganaron pronto.

17. A. ALEKHINE - M. EUWE

El encuentro de revancha tuvo lugar dos años más tarde y terminó con la victoria de Alekhine, que jugó con su mejor estilo y recuperó la corona.

La sexta partida acabó pronto.

Alekhine - Euwe
Defensa Eslava

1. d2-d4, d7-d5; 2. c2-c4, c7-c6; 3. Cb1-c3, d5xc4; 4. e2-e4, e7-e5; 5. Af1xc4, e5xd4.

Esta variante no promete nada particular a las blancas. Alekhine depositaba visiblemente todas sus esperanzas en la continuación.

6. Cg1-f3!?

Encontramos este tipo de posiciones en las simultáneas... Se demostró a continuación que el sacri-

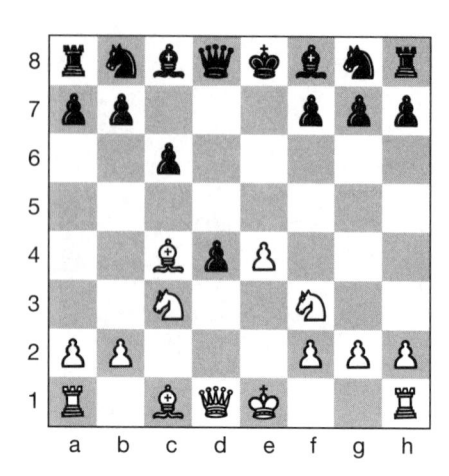

Diagrama 254

ficio de caballo era malo: 6. ..., dxc3; 7. Axf7+, Re7; 8. Db3, cxb2; 9. Axb2, Db6; 10. Aa3+, c5; 11. Axg8, Txg8; 12. Axc5+, Dxc5; 13. O-O, Dh5!; 14. Dxg8, Ae6; 15. Dh8, Cc6 y las negras obtienen una posición vencedora.

6. ..., b7-b5?; 7. Cc3xb5, Ac8-a6.

Las negras, desamparadas, no han visto que si 7. ..., cxb5, entonces 8. Ad5.

8. Dd1-b3, Dd8-e7; 9. O-O, Aa6xb5; 10. Ac4xb5, Cg8-f6; 11. Ab5-c4, Cb8-d7; 12. Cf3xd4.

Las blancas obtienen ventaja material y posicional y ganarán diez jugadas más tarde.

18. ENCUENTRO-TORNEO POR EL TÍTULO DE CAMPEÓN MUNDIAL

En los años cuarenta, Mijaíl Botvinnik era considerado un adversario digno de Alekhine.

Ambos habían acordado disputar un encuentro por la corona, pero la muerte de Alekhine privó al mundo de este interesante enfrentamiento. Botvinnik hubo de demostrar que este proyecto de encuentro no le debía nada al azar.

Ganó el encuentro-torneo de los cinco mejores grandes maestros del mundo con una diferencia de tres puntos. Por tanto, gracias a este resultado fue el 6º rey del ajedrez. La partida siguiente es la de la décima ronda, en la que aún no se jugaba nada. Si Keres ganaba, igualaba al líder.

el ajedrez durante tres años para dedicarse únicamente a la ciencia. Escribió su tesis de doctorado en electrotécnica.

Su "traición" al ajedrez podía costarle cara.

En el transcurso del primer encuentro que se desarrolló según las reglas de la FIDE, Bronstein no cedió nada a su adversario y le faltó solamente algo de suerte para subir al trono.

Botvinnik - Keres

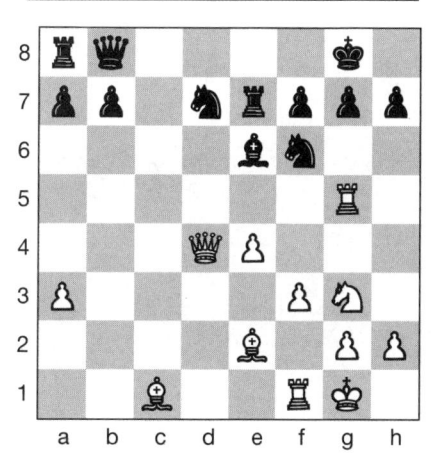

Diagrama 255

21. Tg5xg7+!
El rey negro cae en una red de mate.
21. ..., Rg8xg7; 22. Cg3-h5+, Rg7-g6; 23. Dd4-e3.
Las negras abandonan.

19. M. BOTVINNIK - D. BRONSTEIN

Botvinnik demostró ser el mejor jugador del mundo. Abandonó

Botvinnik - Bronstein

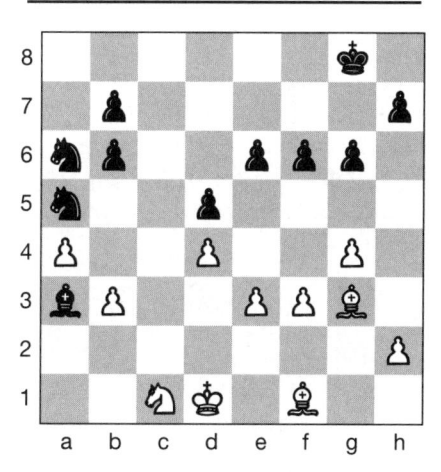

Diagrama 256

35. ..., Aa3xc1?
Es el más grave error del final de este encuentro (23ª partida). La continuación 35. ..., Rf7 ya no dejaba ninguna posibilidad a las blancas. Ahora, las negras ganan un peón pero pierden la presión en el ala de dama. Botvinnik tiene las manos libres y sus dos alfiles aumentan su zona de actividad.

36. Rd1xc1, Ca5xb3+; 37. Rc1-c2, Cb3-a5; 38. Rc2-c3, Rg8-f7; 39. e3-e4, f6-f5; 40. g4xf5, g6xf5; 41.

Af1-d3, Rf7-g6; 42. Ag3-d6, Ca5-c6; 43. Ad3-b1, Rg6-f6?

¡Bronstein se viene abajo! Después de 43. ..., Ca7; 44. exd5, exd5; 45. Aa2, b5; 46. a5, b4+; 47. Rd3, Cb5; 48. Ae5, Cac7; 49. Rc2, Rf7; 50. Rb3, Ca6, la fortaleza de las negras era aún inexpugnable.

44. Ad6-g3!

Esta brillante jugada, hallada por Botvinnik tras una noche en blanco, rechaza la maniobra del rey.

44. ..., f5xe4; 45. f3xe4, h7-h6; 46. Ag3-f4, h6-h5; 47. e4xd5, e6xd5; 48. h2-h4, Ca6-b8; 49. Af4-g5+, Rf6-f7; 50. Ab1-f5, Cc6-a7; 51. Ag5-f4, Cb8-c6; 52. Af5-d3, Ca7-c8; 53. Ad3-e2, Rf7-g6; 54. Ae2-d3+, Rg6-f6; 55. Ad3-e2, Rf6-g6; 56. Ae2-f3, Cc6-e7; 57. Af4-g5.

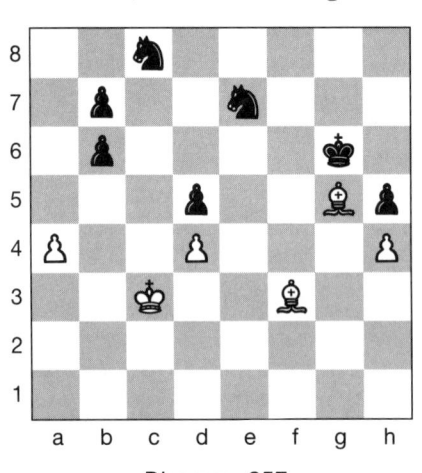

Diagrama 257

Las negras tienen un peón más, pero están en zugzwang. Tras media hora de reflexión, Bronstein detuvo el reloj y el tanteo quedó igualado. Estaba muy abatido. Más tarde Botvinnik mostró esta variante ganadora: 57. ..., Cc6; 58. Axd5, Cd6; 59. Af3, Rf5; 60. Ac1, b5; 61. Axc6, bxc6; 62. a5 pero aún había que encontrarla en el tablero.

20. M. BOTVINNIK - V. SMYSLOV

Fue un encuentro excepcionalmente cautivador, del que damos el final de la 12ª partida.

Botvinnik - Smyslov

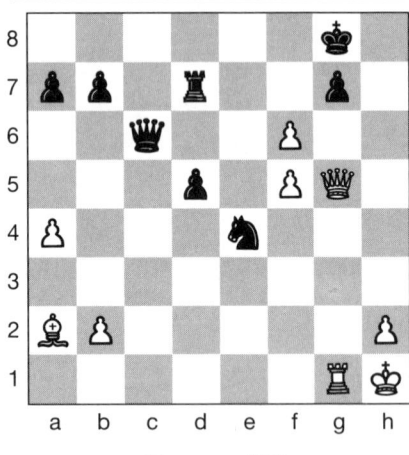

Diagrama 258

El caballo negro acaba de desplazarse de c5 a e4. Tras la captura por parte del peón blanco e5xf6 y la jugada intermedia Cc5-e4, Smyslov se sentía visiblemente optimista. Efectivamente, tras el retroceso de la dama, el caballo captura en f6 y todos los peones blancos son débiles...

31. f6-f7+!

Desagradable sorpresa: las blancas ganan por motivos geométricos. Al rey le es imposible capturar el peón a causa de 32. Dxg7+, intersec-

ción de la séptima línea y de la columna "g" y si como en la partida **31. ..., Td7xf7** entonces:
32. Dg5-d8+, Rg8-h7; 33. Aa2xd5.
Intersección de la columna "d" y de la diagonal a2-g8.
33. ..., Ce4-f2+; 34. Rh1-g2, Dc6-f6; 35. Dd8xf6, Tf7xf6; 36. Rg2xf2, Tf6xf5+; 37. Ad5-f3, Tf5-f4; 38. Tg1-g4.
Las negras abandonan.

21. V. SMYSLOV - M. BOTVINNIK

Los años cincuenta transcurrieron bajo el signo de la rivalidad entre Botvinnik y Smyslov. En el primer encuentro, el aspirante obtuvo unas honrosas tablas y, en el ciclo siguiente, logró alcanzar la cima.

Veamos el final del sexto encuentro.

Smyslov - Botvinnik

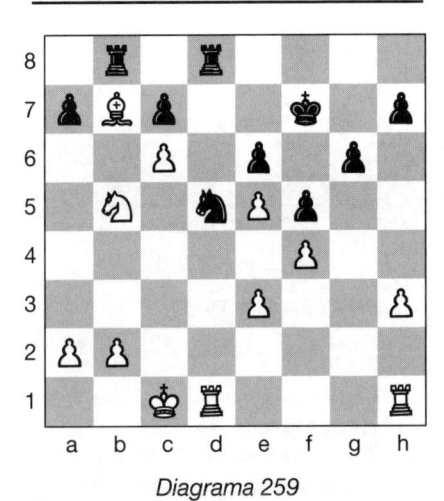

Diagrama 259

23. Td1xd5!
Esta brillante combinación decide de inmediato la suerte de la partida.
23. ..., e6xd5; 24. Cb5xc7, Td8-c8; 25. Ab7xc8, Tb8xc8; 26. Cc7xd5, Tc8xc6+; 27. Rc1-d2, Rf7-e6; 28. Cd5-c3.
Las negras abandonan.

22. M. BOTVINNIK - V. SMYSLOV

Botvinnik preparó perfectamente su encuentro de revancha y recuperó la corona.

Botvinnik - Smyslov

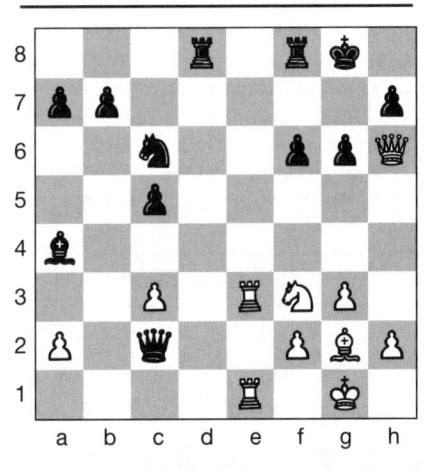

Diagrama 260

Es una posición de la 18ª partida. El cerco se estrecha en torno al rey negro, pero las blancas sólo transformaron su ventaja en victoria después de... 50 jugadas (y además, ¡mientras tanto se les podía dar mate!). No obstante, la primera impresión de la partida no es engañosa: las blancas tenían una buena combinación que, desafor-

tunadamente, quedó entre bastidores.
23. Cf3-d4!!, c5xd4.
No cambiaba nada: 23. ..., Cxd4; 24. Ad5!, Txd5; 25. Te7, Tf7; 26. Te8+.
24. Ag2-d5+!, Td8xd5; 25. Te3-e8!
Y el mate es inevitable.

23. M. TAL - M. BOTVINNIK

A caballo entre los años cincuenta y sesenta, Tal, el mago del ajedrez, hizo temblar a los más grandes maestros con sus increíbles combinaciones.

En tres años, ¡pasó de la fase de gran maestro a la de campeón! Tal dominó a su adversario valiéndose de sus combinaciones.

Una jugada táctica le dio la victoria también en la 17ª partida del encuentro que le permitió obtener el título de campeón mundial.

Tal - Botvinnik

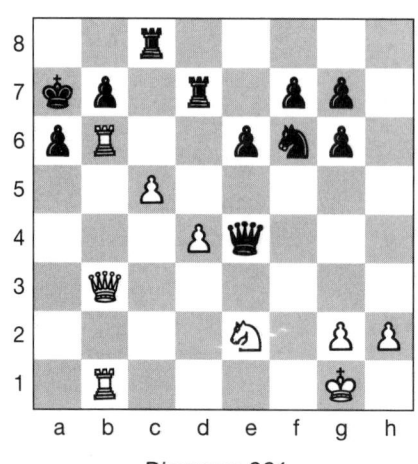

Diagrama 261

Las negras obtienen una ventaja considerable que conservaban jugando 39. ..., Ra8 pero estaban en falta de tiempo...
39. ..., De4-d5?; 40. Tb6xa6+!, Ra7-b8; 41. Db3-a4.
Las negras abandonan.

24. M. BOTVINNIK - M. TAL

Botvinnik brilló de nuevo porque sabía hallar el "talón de Aquiles" del juego de sus adversarios. Analizó profundamente las razones de su derrota en el encuentro anterior y, con asombrosa facilidad, recuperó su corona.

Veamos el final de la 21ª partida.

Botvinnik - Tal

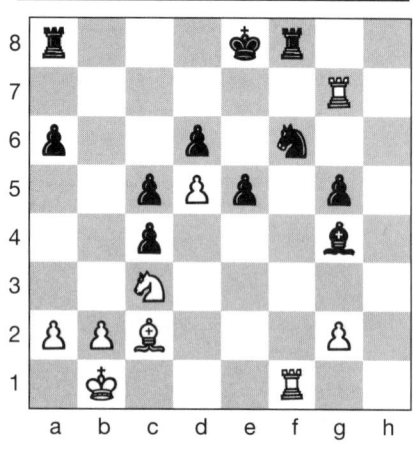

Diagrama 262

28. Cc3-e4!, Cf6-d7.
Si 28. ..., Cxe4, entonces 29. Aa4+!
29. Ce4xd6+, Re8-d8; 30. Tf1xf8+, Cd7xf8; 31. Cd6xc4, Ag4-d7; 32. Tg7-f7, Rd8-c7; 33. d5-d6+.
Las negras abandonan.

25. T. PETROSIAN - M. BOTVINNIK

En la plenitud de su talento, Petrosian demostró su admirable arte de la defensa en el cual era casi insuperable. Ni siquiera un campeón mundial logró comprenderlo.

Veamos un extracto de la 18ª partida.

Botvinnik - Petrosian

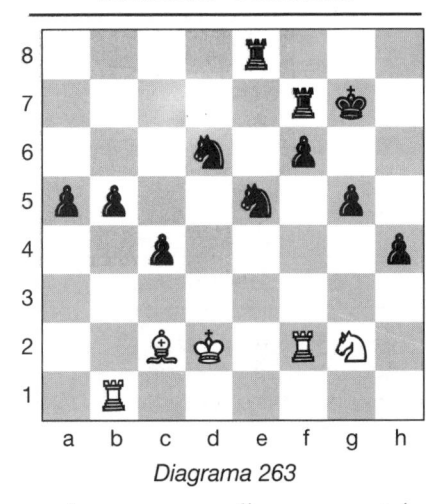

Diagrama 263

Las negras realizan su ventaja posicional.

51. ..., c4-c3+!; 52. Rd2xc3, Tf7-c7+; 53. Rc3-d2, Ce5-c4+; 54. Rd2-d1, Cc4-a3!; 55. Tb1-b2, Cd6-c4; 56. Tb2-a2, a5xb4; 57. a4xb5, Ca3xb5; 58. Ta2-a6, Cb5-c3+; 59. Rd1-c1, Cc3xd5; 60. Ac2-a4, Te8-c8; 61. Cg2-e1, Cd5-f4.

Las blancas abandonan.

26. T. PETROSIAN - B. SPASSKY

En su cuarto ciclo del combate por la corona Spassky logró por fin enfrentarse al campeón.

Pero su hora de gloria aún no había llegado. Petrosian era muy bueno y realizaba jugadas muy precisas; conservó su título.

La 7ª partida fue muy brillante; Petrosian utilizó su arma favorita: el sacrificio de la calidad.

Spassky - Petrosian

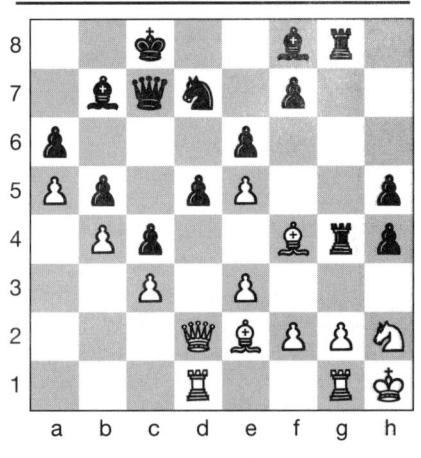

Diagrama 264

24. ..., Cd7xe5!; 25. Ch2xg4, h5xg4; 26. e3-e4, Af8-d6; 27. Dd2-e3, Ce5-d7; 28. Af4xd6, Dc7xd6; 29. Td1-d4, e6-e5; 30. Td4-d2, f7-f5; 31. e4xd5, f5-f4; 32. De3-e4, Cd7-f6; 33. De4-f5+, Rc8-b8; 34. f2-f3, Ab7-c8; 35. Df5-b1, g4-g3; 36. Tg1-e1, h4-h3; 37. Ae2-f1, Tg8-h8; 38. g2xh3, Ac8xh3; 39. Rh1-g1, Ah3xf1; 40. Rg1xf1, e5-e4; 41. Db1-d1, Cf6-g4!; 42. f3xg4, f4-f3; 43. Td2-g2, f3xg2+.

Las blancas abandonan.

27. B. SPASSKY - T. PETROSIAN

En 1954, Spassky, que entonces tenía diecisiete años, jugó su primera selección para el zonal y llegó hasta el torneo de aspirantes.

Pero los dos ciclos siguientes fueron dramáticos para él. Por cuarta vez, Spassky venció a todos sus adversarios, excepto a Petrosian. Hubo de luchar durante quince años para conocer la consagración suprema.

En nuestro libro hemos incluido varios episodios de este cautivador encuentro. Veamos la primera victoria de Spassky en su cuarta partida.

Petrosian - Spassky

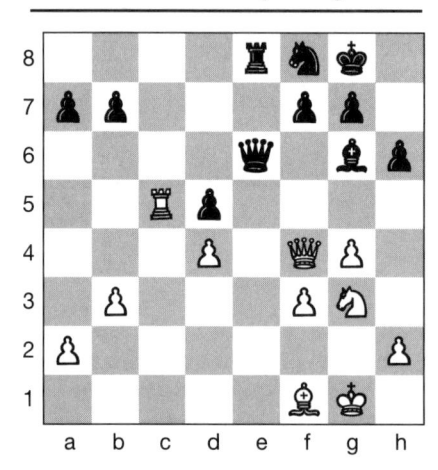

Diagrama 265

El resultado más probable era tablas. Y, sin embargo, ¡las blancas abandonarán siete jugadas más tarde! Tienen debilidades en el ala de rey y Spassky va a aprovecharlo.

34. ..., Ag6-b1!; 35. a2-a4, Cf8-g6; 36. Df4-d2, De6-f6; 37. Rg1-f2.

Si 37. Tc1, entonces 37. ..., Ch4 y el alfil regresa a su campo.

37. ..., Cg6-f4; 38. a4-a5, Ab1-d3!

Una bella idea de interceptación.

39. Cg3-f5, Df6-g5!

Con la amenaza Ch3+ confiscando la dama.

40. Cf5-e3, Dg5-h4+; 41. Rf2-g1, Ad3xf1.

Las blancas abandonan. Si 42. Cxf1, Te2 gana la dama blanca y si 42. Rxf1, Dh3+ decide.

---

28. R. FISCHER - B. SPASSKY

A comienzos de los años setenta, Fischer asombró al mundo entero con sus fantásticas victorias y el advenimiento del undécimo campeón fue saludado como merecía.

Veamos el final de la quinta partida.

Spassky - Fischer

26. ..., Ch5-f4; 27. Dd3-c2?

La iniciativa les corresponde a las negras, pero después de 27. Db1 las blancas tienen una posición completamente defendible.

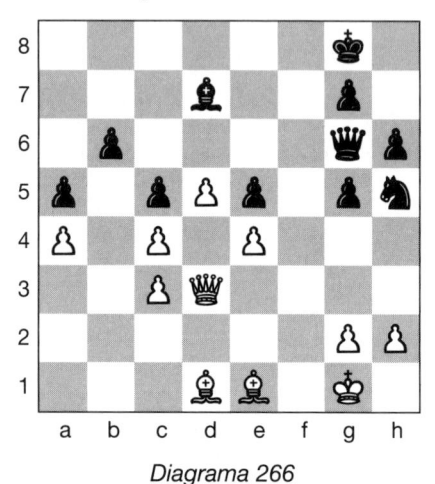

Diagrama 266

Spassky comete un grave error y permite que las negras terminen la partida con una elegante jugada.

27. ..., Ad7xa4!

Las blancas abandonan, ya que después de 28. Dxa4 (28. Db1, Axd1; 29. Dxd1, Dxe4) 28. ..., Dxe4, su rey no puede evitar el mate.

29. A. KARPOV - V. KORCHNOI

El campeonato en Baguio duró más de dos meses. Todo iba bien para mí, tras la 27ª partida, el tanteo de las victorias era de 5/2 y el encuentro se acercaba a su fin. Pero mi exceso de confianza me debilitó; mi adversario, gracias a encarnizados esfuerzos, igualó el tanteo en 5/5.

Perdí en cuatro partidas lo que había ganado en veintisiete. Tenía sobrados motivos para estar descontento de mí mismo.

De todos modos, pude librarme de la carga de mis faltas y estaba dispuesto a jugar el combate decisivo en la 32ª partida.

Jugué con calma, estaba seguro de mí mismo y, cuando me hallé en una posición aplastante, me dije: "¡No debes apresurarte!", recordando que había sentido más de una vez el deseo de realizar la ventaja lo antes posible.

Veamos el final de la partida decisiva.

Karpov - Korchnoi

25. e4-e5!

Golpe bajo, reforzado con argumentos serios: 25. ..., Cfxd5; 26.

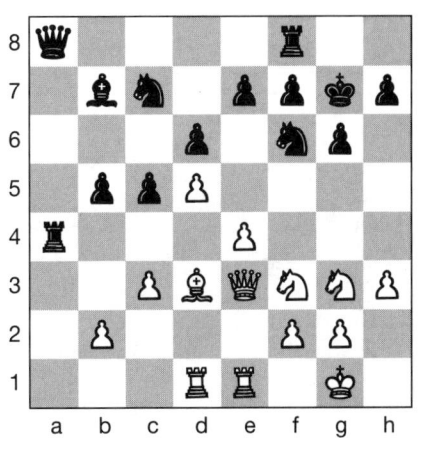

Diagrama 267

Ch5+, gxh5 (26. ..., Rh8; 27. Dh6, Tg8; 28. Cg5); 27. Dg5+, Rh8; 28. Df5.

25. ..., d6xe5; 26. De3xe5, Cc7xd5; 27. Ad3xb5, Ta4-a7; 28. Cf3-h4, Ab7-c8; 29. Ab5-e2!, Ac8-e6; 30. c3-c4;Cd5-b4; 31. De3xc5, Da8-b8; 32. Ae2-f1, Tf8-c8; 33. Dc5-g5, Rg8-h8 34. Td1-d2, Cb4-c6; 35. Dg5-h6, Tc8-g8; 36. Ch4-f3, Db8-f8; 37. Dh6-e3, Rh8-g7; 38. Cf3-g5, Ae6-d7; 39. b2-b4, Df8-a8; 40. b4-b5, Cc6-a5; 41. b5-b6, Ta7-b7.

Las negras abandonan.

30. A. KARPOV - V. KORCHNOI

El siguiente encuentro contra Korchnoi se desarrolló con mayor calma.

Desde el principio desempeñé la función de líder y, más tarde, el tanteo se amplió...

Veamos la conclusión de mi primera victoria.

Korchnoi - Karpov

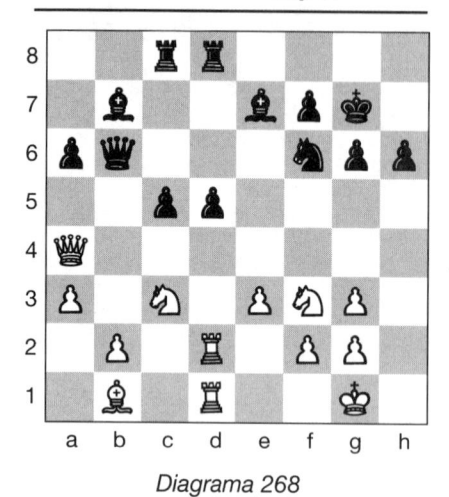

Diagrama 268

24. ..., d5-d4!; 25. Cc3-e2.

Antes de efectuar la penetración en el centro, analicé cuidadosamente las variantes con 25. exd4. Después de 25. ..., Ac6!; 26. Dc4, Axf3; 27. gxf3, cxd4; 28. Ca4, Db5; 29. De2, Te8!; 30. Dxb5, axb5; 31. Cb6, Tc6, las blancas pierden una pieza.

25. ..., d4xe3; 26. f2xe3, c5-c4; 27. Ce2-d4, Db6-c7; 28. Cf3-h4, Dc7-e5; 29. Rg1-h1, Rg7-g8; 30. Cd4-f3, De5xg3; 31. Td4xd8+, Ae7xd8; 32. Da4-b4, Ab7-e4; 33. Ab1xe4, Cf6xe4; 34. Td1-d4, Ce4-f2+; 35. Rh1-g1, Cf2-d3; 36. Db4-b7, Tc8-b8; 37. Db7-d7, Ad8-c7; 38. Rg1-h1, Tb8xb2; 39. Td4xd3, c4xd3; 40. Dd7xd3, Dg3-d6; 41. Dd3-e4, Dd6-d1+; 42. Cf3-g1, Dd1-d6; 43. Ch4-f3, Tb2-b5.

Las blancas abandonan.

31. A. KARPOV - G. KASPAROV

Mi primer encuentro con Kasparov duró cinco meses y batió todos los récords.

Nadie esperaba una "apertura" de encuentro tan violenta.

Después de diez partidas, yo dominaba 4/0.

El desarrollo del encuentro también fue interesante. Se estableció un nuevo récord: 17 tablas seguidas.

Pero el final fue de lo más misterioso.

Con 48 partidas y un tanteo a mi favor de 5/3, el presidente de la FIDE, Sr. Campomanes, declaró el encuentro terminado sin declarar vencedor.

Veamos una posición de la 41ª partida que evoca en mí tristes recuerdos.

Karpov - Kasparov

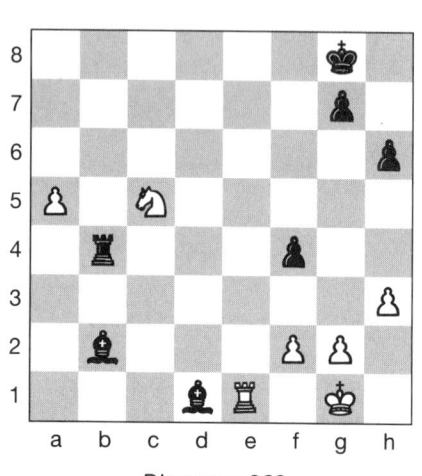

Diagrama 269

Las blancas habrían podido ganar aquí y obtener su ansiada sexta victoria prosiguiendo con:

33. a5-a6!, Ad1-b3.
(33. ..., Aa4; 34. a7, Ac6; 35. Te6, Ad5; 36. Td6; 33. ..., Tb8; 34. Txd1, Aa3; 35. Cb7!).
34. Cc5xb3, Tb4-a4.
(34. ..., Txb3; 35. Te8+ y 36. a7).
35. Cb3-c5, Ta4-a5; 36. Te1-e4!, Rg8-f7; 37. Te4-a4!, Ta5xa4; 38. Cc5xa4, Ab2-d4; 39. Ca4-c3!

Y las negras pierden el alfil. En plena falta de tiempo, no pensé en adelantar mi peón pasado, capturé el alfil d1 y las negras pudieron salvarse.

32. G. KASPAROV - A. KARPOV

Tras mi falta en la 11ª partida (leer la conversación sobre los sacrificios de dama), había perdido mi buena forma y, por primera vez en mi vida, perdí un encuentro por la corona...

Pero sin embargo gané partidas en este encuentro, como por ejemplo la 4ª, cuyo final les presento.

Karpov - Kasparov

La partida fue aplazada en esta posición y un análisis minucioso demostró que las blancas tenían enormes recursos para atacar...

41. Df5-e6+, Rg8-h8; 42. De6-g6, Rh8-g8; 43. Dg6-e6+, Rg8-h8; 44. Ab1-f5!, Dd2-c3; 45. De6-g6, Rh8-g8; 46. Af5-e6+, Rg8-h8; 47. Ae6-f5, Rh8-g8; 48. g2-g3, Rg8-f8;

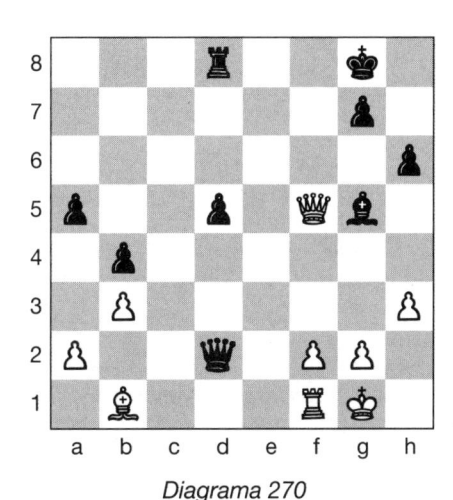

Diagrama 270

49. Rg1-g2, Dc3-f6; 50. Dg6-h7, Df6-f7; 51. h3-h4, Ag5-d2; 52. Tf1-d1, Ad2-c3; 53. Td1-d3, Td8-d6; 54. Td3-f3!, Rf8-e7.

El rey se ve obligado a abandonar su refugio. La torre en e3 soluciona el problema de la interceptación de la columna "f" (en la jugada anterior, con 54. Te3, las negras salían del trance con 54. ..., g5!). Si ahora, 54. ..., Af6; 55. Te3, g5; 56. Dxh6+: la acción de la torre es interceptada; y si 54. ..., Tf6; 55. Te3, g5; 56. Dh8+: la acción del alfil es interceptada.

¡Sólo geometría pura!

55. Dh7-h8!, d5-d4; 56. Dh8-c8, Td6-f6; 57. Dc8-c5+, Re7-e8; 58. Tf3-f4, Df7-b7+; 59. Tf4-e4+, Re8-f7.

Con 59. ..., Te6, entonces 60. Dc4!, Txe4; 61. Dg8+, Re7; 62. Dxg7+ y 63. Dxb7.

60. Dc5-c4+, Rf7-f8; 61. Af5-h7!, Tf6-f7; 62. Dc4-e6, Db7-d7; 63. De6-e5!

Las negras abandonan.

33. G. KASPAROV - A. KARPOV

El encuentro revancha estuvo muy animado, pero la fortuna no me sonreía.

La 22ª partida fue decisiva; las blancas jugaron como en un verdadero estudio.

Kasparov - Karpov

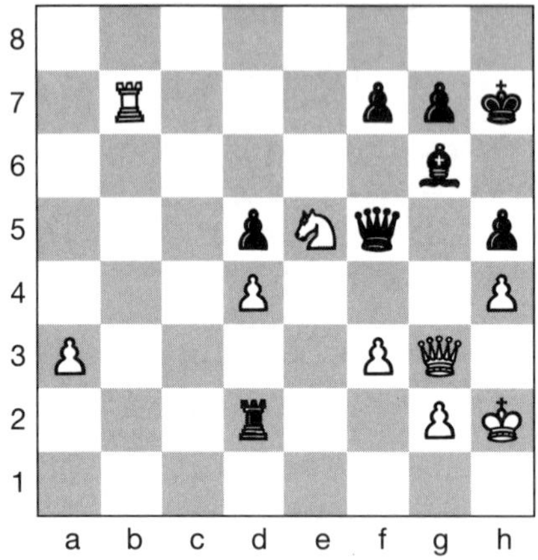

Diagrama 271

Partida aplazada. Si las blancas hubiesen inscrito como jugada 41. Tb4, entonces después de 41. ..., f6; 42. Cxg6, Dxg6; 43. Dxg6+, Rxg6, habría habido un final de torres en tablas, pero Kasparov halló una brillante solución...

41. Ce5-d7!!, Td2xd4.

El repliegue previo del rey ante el jaque no conducía a nada: 41. ..., Rh6; 42. Cf8, f6 (42. ..., Ah7; 43. Txf7!, Dxf7; 44. Dg5#.) 43. Cxg6, Dxg6; 44. Df4+, capturando la torre. La captura 42. ..., Txd4 lleva a la misma posición que en la partida; las negras no tienen otras jugadas útiles.

42. Cd7-f8+, Rh7-h6; 43. Tb7-b4!

Jugada tranquila e inesperada en la que se basa la combinación de las blancas.

Tras el intercambio de las torres, la diagonal c1-h6 queda descubierta y el rey negro cae en una red de mate. Cualquier pinchazo en esta diagonal sería mortal.

43. ..., Td4-c4.

La otra forma de intercambiar las torres pierde también: 43. ..., Txb4; 44. axb4, d4; 45. b5, d3; 46. b6, d2; 47. b7, d1=D; 48. b8=D, Dd2; 49. Cxg6, Dxg6; 50. Dh8+, Dh7; 51. Dgxg7#!

44. Td4xc4, d5xc4; 45. Dg3-d6, c4-c3; 46. Dd6-d4!

Las negras abandonan.

34. G. KASPAROV - A. KARPOV

Este encuentro fue violento y el tanteo igual. Gané la 23ª partida brillantemente y, justo antes del fin, me puse en cabeza.

Pero no puede mantener el tanteo. En la última partida, Kasparov restableció la igualdad.

Veamos el final de la primera parte mencionada.

Karpov - Kasparov

50. ..., Tf7-f3?; 51. g2xf3, Tf1xf3.

Las negras parecen tener la situación controlada pero...

52. Tc6-c7+, Rh7-h8; 53. Ad2-h6!

Es una combinación de la desviación y la sobrecarga.

Diagrama 272

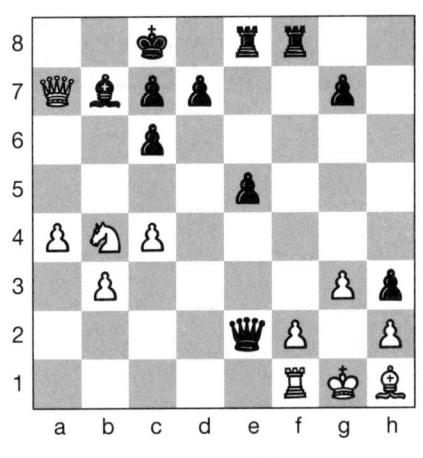

Diagrama 273

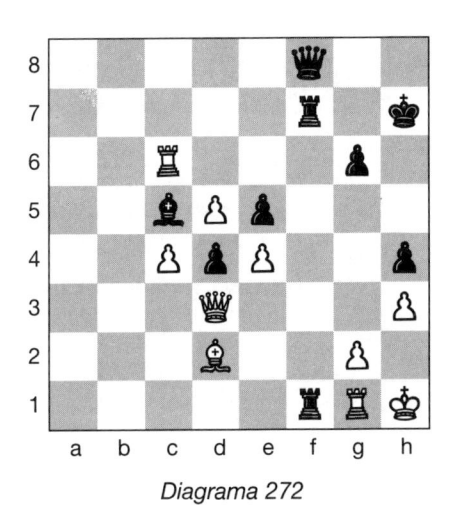

53. ..., Tf3xd3; 54. Ah6xf8, Td3xh3+; 55. Rh1-g2, Th3-g3+; 56. Rg2-h2, Tg3xg1; 57. Af8xc5, d4-d3. Las negras abandonan.

35. G. KASPAROV - A. KARPOV

En nuestro último encuentro, el quinto, Kasparov volvió a quedar vencedor. Detalle divertido: unos ordenadores participaron activamente en los "comentarios" de esta partida (hablaremos de ello en la última conversación).

Observe lo que encontró el múltiple campeón mundial de los microordenadores, "Mephisto", para la 14ª partida de este encuentro.

Kasparov - Karpov

Tengo la calidad en el tablero, pero mi situación es preocupante a causa de las amenazas de avance del peón "a" y de la maniobra Cb4-a6. Después de 25. ..., d7-d5, la partida acaba en tablas pero pasé unos minutos desagradables. La máquina propone la variante dando inmediatamente las tablas: 25. ..., Tf3!! Es imposible capturar la torre a causa del mate. La amenaza es simplemente 26. ..., Txb3 y, con 26. Ca6, sigue 26. ..., Rd8!; 27. Dxb7, Txf2!; 28. Txf2, De1+ con jaque perpetuo.

El ordenador mostró que no había que jugar inmediatamente 25. ..., Rd8; 26. Dxb7, Txf2 a causa de la jugada intermedia 27. Db8+, Re7; 28. Cxc6+!!, y luego 28. ..., dxc6; 29. Dxc7+, Re6; 30. Dxc6+, Re7; 31. Dc7+, Re6; 32. Db6+ y 33. Dxf2.

DECIMOQUINTA CONVERSACIÓN

"La combinación es una preciosa flor, nacida de la fantasía, del amor, del trabajo y de la lógica."

(D. Bronstein, gran maestro)

Las miniaturas de los reyes

Cuando se oye decir que un gran maestro derrota a otro en 20 jugadas, uno se apresura a reconstituir la partida. ¿Qué ha sucedido? ¿Ha sido una innovación en la apertura? ¿Se trata de un sacrificio de dama o de una maniobra sutil? Las partidas de ajedrez cortas, llamadas miniaturas, suscitan siempre un vivo interés entre los aficionados. En estas partidas, las pasiones se concentran en un pequeño fragmento de combate. Esta concentración da a cada jugada un peso particular. El juego va muy deprisa y las combinaciones son brillantes y fáciles de memorizar.

Una miniatura jugada por jugadores medios puede ser muy instructiva pero raramente tiene cualidades artísticas. En las partidas de grandes maestros puede haber también una jugada imprecisa, una mala combinación o una maniobra fallida, pero estos errores no son tan evidentes y las refutaciones resultan a menudo inesperadas. Por tanto, con frecuencia una miniatura es una verdadera joya artística, en particular si uno de los jugadores es un campeón mundial como en este caso: una miniatura para cada rey.

Por consiguiente, esta conversación será particularmente instructiva para el lector. En efecto, presenta varios alicientes de distinta naturaleza: innovaciones sorprendentes en la apertura, magníficas combinaciones y verdaderas obras maestras inolvidables de todos los campeones mundiales...

K. Hamppe - V. Steinitz
Viena, 1859
Apertura Vienesa

La audaz jugada del rey en e2, imaginada por uno de los inventores de esta apertura, fue utilizada en varias circunstancias por el primer rey oficial del ajedrez, Wilhelm Steinitz.

Pero en esta partida la actividad del rey blanco resultó ser bastante temeraria y no quedó justificada por el resultado de la partida.

1. e2-e4, e7-e5; 2. Cb1-c3, Cg8-f6; 3. f2-f4, d7-d5; 4. e4xd5.

Una continuación considerada hoy insuficiente por la teoría moderna, que prefiere 4. fxe5, Cxe4 con un juego más o menos igual.

4. ..., Cf6xd5.

Después de 4. ..., e4!, el juego de las negras es igualmente preferible.

5. f4xe5, Cd5xc3; 6. b2xc3, Dd8-h4+; 7. Re1-e2, Ac8-g4+; 8. Cg1-f3, Cb8-c6; 9. d2-d4, O-O-O; 10. Ac1-d2.

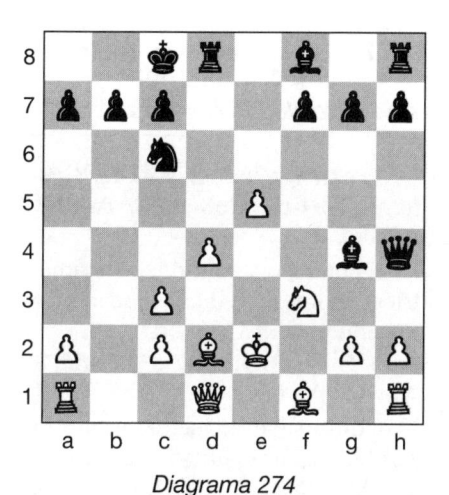

Diagrama 274

Si 10. De1, un sacrificio de torre permite a las negras aspirar al rey adversario: 10. ..., Txd4!; 11. cxd4, Cxd4+; 12. Rd3?, Af5+; 13. Rc4?, b5+; 14. Rc3, Ce2+; 15. Rb2, Da4! con la victoria. Pero después de 13. Rc3!, Ce2+!; 14. Rb3!, Da4+?!; 15. Rxa4, Axc2+; 16. Ra5!, b6+; 17. Ra6, el rey sale con los honores de la batalla. Además, al sacrificar su torre, las negras no tienen que complicarse la vida para provocar un bello mate: 12. ..., Cxf3; 13. Dxh4, Cxh4; entonces tienen una amplia compensación por la calidad. 10. Af4 es peor para las blancas a causa de 10. ..., f6: las negras abren ventajosamente la columna "e".

10. ..Ag4xf3+; 11. g2xf3, Cc6xe5; 12. d4xe5?

Error decisivo; había que rematar el desarrollo: 12. De1.

12. ..., Af8-c5; 13. Dd1-e1, Dh4-c4+; 14. Re2-d1, Dc4xc3; 15. Ta1-b1, Dc3xf3+; 16. De1-e2.

Si 16. Ae2, entonces 16. ..., Txd2+; 17. Rxd2, De3+; 18. Rd1, Td8+; 19. Ad3, Txd3+; 20. cxd3, Dxd3+; 21. Rc1, Aa3+; 22. Tb2, Db5; 23. Dd2, Dc6+.

16. ..., Td8xd2+!; 17. Rd1xd2, Th8-d8+; 18. Rd2-c1, Ac5-a3+; 19. Tb1-b2, Df3-c3; 20. Af1-h3+, Rc8-b8; 21. De2-b5, Dc3-d2+; 22. Rc1-b1, Dd2-d1+; 23. Th1xd1, Td8xd1#.

W. Steinitz - Em. Lasker
Londres, 1899
Apertura Vienesa

Este encuentro londinense ha quedado para la historia como la última batalla de los dos primeros reyes del ajedrez; también era el último torneo de Steinitz...

1. e2-e4, e7-e5; **2.** Cb1-c3, Cg8-f6; **3.** f2-f4, d7-d5; **4.** d2-d3.

La teoría moderna no da esta jugada que se encuentra a veces en las partidas de Steinitz.

4. ..., Cb8-c6; **5.** f4xe5, Cc6xe5; **6.** d3-d4, Ce5-g6; **7.** e4xd5, Cf6xd5; **8.** Cc3xd5.

Siempre es útil atraer a la dama adversaria y ganar algo de tiempo, pero, en este caso, las negras ocupan un excelente puesto en el centro, con la residencia del rey blanco a la vista. Era preciso rematar el desarrollo jugando 8. Cf3.

8. ..., Dd8xd5; **9.** Cg1-f3, Ac8-g4; **10.** Af1-e2, O-O-O; **11.** c2-c3, Af8-d6; **12.** O-O, Th8-e8; **13.** h2-h3, Ag4-d7; **14.** Cf3-g5, Cg6-h4!; **15.** Cg5-f3.

¡Conocemos el mecanismo de Lasker, que destruyó la fortaleza adversaria sacrificando sus dos alfiles! Ahora, diez años más tarde, descubre otro procedimiento del mismo orden; sacrifica esta vez otro par de piezas ligeras: un alfil y un caballo.

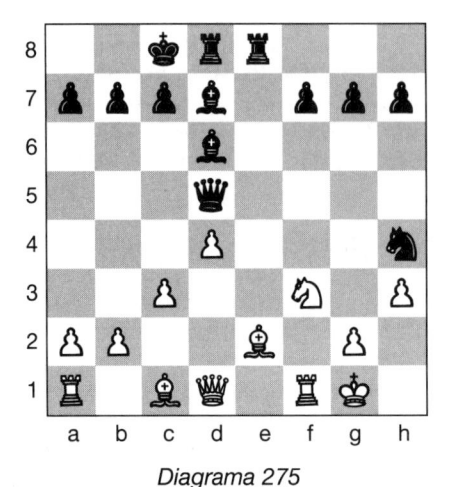

15. ..., Ch4xg2!; **16.** Rg1xg2, Ad7xh3+!; **17.** Rg2-f2.

Después de 17. Rxh3, sigue el final: 17. ..., Df5+; 18. Rg2, Dg4+; 19. Rh1, Dh3+; 20. Rg1, Dg3+; 21. Rh1, Te4!; 22. Ag5, Tde8; 23. Ce5, Axe5; 24. dxe5, Dxg5; 25. Tf2, Th4+; 26. Th2, Txh2+; 27. Rxh2. Dxe5+ y 28. ..., Dxe2.

17. ..., f7-f6!

La cadena de peones negros entra en movimiento.

18. Tf1-g1, g7-g5; **19.** Ac1xg5, f6xg5; **20.** Tg1xg5, Dd5-e6; **21.** Dd1-d3, Ad6-f4; **22.** Ta1-h1.

La torre no tiene casilla de repliegue aceptable: 22. Tg7, Ae3+; 23. Re1, Af5, y la llegada de la dama a la columna "h" es decisiva.

22. ..., Af4xg5; **23.** Cf3xg5, De6-f6+; **24.** Ae2-f3, Ah3-f5; **25.** Cg5xh7, Df6-g6; **26.** Dd3-b5, c7-c6; **27.** Db5-a5, Te8-e7; **28.** Th1-h5, Af5-g4; **29.** Th5-g5, Dg6-c2+; **30.** Rf2-g3, Ag4xf3.

Las blancas abandonan.

J. R. Capablanca - H. Steiner
Los Ángeles, 1933
Apertura de los cuatro caballos

1. e2-e4, e7-e5; **2.** Cg1-f3, Cg8-f6; **3.** Cb1-c3, Cb8-c6; **4.** Af1-b5, Af8-b4.

Es una vieja continuación simétrica; en nuestros días se juega muy a menudo 4. ..., Cd4.

5. O-O, O-O; **6.** d2-d3, d7-d6; **7.** Ac1-g5, Ab4xc3.

Como sabe el lector, ya no es posible copiar el juego más lejos: 7. ..., Ag4; 8. Cd5, Cd4; 9. Cxb4,

---

Diagrama 275

Cxb5; 10. Cd5, Cd4; 11. Dd2! y las blancas ganan.
8. b2xc3, Cc6-e7; 9. Cf3-h4, c7-c6; 10. Ab5-c4, Ac8-e6.
Maniobra fallida que Capablanca rechaza muy brillantemente. La jugada buena era: 10. ..., d5; 11. Ab3, Dd6.
11. Ag5xf6!, g7xf6; 12. Ac4xe6, f7xe6; 13. Dd1-g4+, Rg8-f7; 14. f2-f4, Tf8-g8; 15. Dg4-h5+, Rf7-g7; 16. f4xe5, d6xe5.

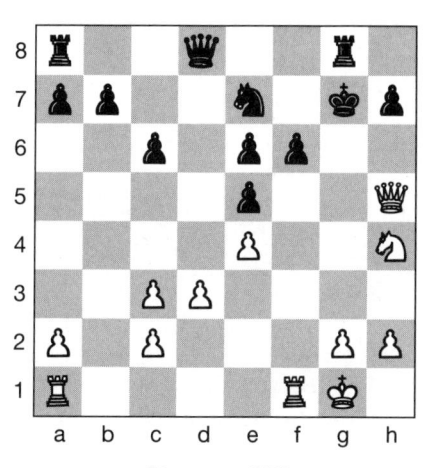

Diagrama 276

Esta partida era un espectáculo con piezas "vivas". Había que contentar a los espectadores y el final que encontró Capablanca fue asombroso.
17. Tf1xf6!!, Rg7xf6; 18. Ta1-f1+, Ce7-f5; 19. Ch4xf5!, e6xf5; 20. Tf1xf5+, Rf6-e7; 21. Dh5-f7+, Re7-d6; 22. Tf5-f6+, Rd6-c5; 23. Df7xb7, Dd8-b6.
Las negras defendieron los dos importantes puntos, pero después de un divertido sacrificio:
24. Tf6xc6+!!, Db6xc6; 25. Db7-b4#.

A. Alekhine - Em. Lasker
Zürich, 1934
Gambito de dama

Entre todos los campeones mundiales, es Alekhine el que posee el récord del número de miniaturas, por lo que una de ellas no ha sido fácil. Esta partida que enfrenta a dos reyes del ajedrez tiene una conclusión espectacular; habría podido formar parte del capítulo sobre las damas sacrificadas por los grandes maestros...
1. d2-d4, d7-d5; 2. c2-c4, e7-e6; 3. Cb1-c3, Cg8-f6; 4. Cg1-f3, Af8-e7; 5. Ac1-g5, Cb8-d7; 6. e2-e3, O-O; 7. Ta1-c1, c7-c6; 8. Af1-d3, d5xc4; 9. Ad3xc4, Cf6-d5; 10. Ag5xe7, Dd8xe7.
Sistema muy de moda a comienzos de siglo. Se jugaba a un alto nivel, incluso en el encuentro del campeonato del mundo entre Alekhine y Capablanca.
11. Cc3-e4.
Es la maniobra preferida de Alekhine. En el encuentro mencionado, la jugó ocho (!) veces, cada vez en esta variante.
11. ..., Cd5-f6; 12. Ce4-g3, e6-e5.
En el encuentro, Capablanca hacía aquí el intercambio de las damas: 12. ..., Db4+; 13. Dd2, Dxd2+; 14. Rxd2. La defensa de las negras era difícil pero resistieron con todos los honores; todas las partidas sin excepción acabaron en tablas. Lasker analizó minuciosamente las partidas del encuentro de Buenos Aires, ya que no deseaba jugar una aburrida defensa. Pero su impulso terminó tristemente...
13. O-O, e5xd4; 14. Cg3-f5, De7-d8; 15. Cf3xd4, Cd7-e5; 16.

Ac4-b3, Ac8xf5; 17. Cd4xf5, Dd8-b6; 18. Dd1-d6!, Ce5-d7; 19. Tf1-d1, Ta8-d8; 20. Dd6-g3, g7-g6; 21. Dg3-g5!, Rg8-h8; 22. Cf5-d6, Rh8-g7; 23. e3-e4!, Cf6-g8; 24. Td1-d3, f7-f6.

El ataque del rey blanco es mortal. Si 24. ..., h6 seguía entonces el sacrificio de dama: 25. Cf5+, Rh7; 26. Cxh6, f6; 27. Cf5, fxg5; 28. Th3+.

25. Cd6-f5+, Rg7-h8.

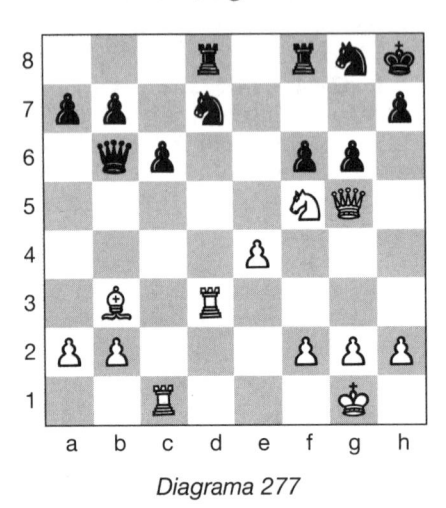

Diagrama 277

26. Dg5xg6!
Las negras abandonan.

M. Euwe - A. Landau
Amsterdam, 1939
Defensa Eslava

Existía en las partidas de Euwe, como en su vida, cierta disciplina interior, una forma científica de pensar y una esmerada técnica. La siguiente partida, tesoro del arte del ajedrez, es significativa del talento del gran maestro holandés.

1. d2-d4, d7-d5; 2. c2-c4, c7-c6; 3. Cg1-f3, Cg8-f6; 4. Cb1-c3, d5xc4; 5. a2-a4, Ac8-f5; 6. e2-e3, e7-e6; 7. Af1xc4, Af8-b4; 8. O-O, Cb8-d7.

Los teóricos demostraron que la jugada buena era 8. ..., O-O.

9. Dd1-b3!, Dd8-b6; 10. e3-e4, Af5-g6.

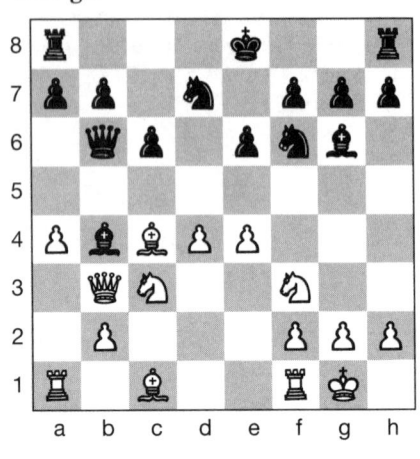

Diagrama 278

11. Ac4xe6!

Durante cuarenta años nadie repitió este sacrificio, pero en 1981, en el campeonato de la antigua URSS (días después de la muerte de Max Euwe), se dio esta variante en la partida Gavrikov - Dorfman...

11. ..., f7xe6; 12. a4-a5, Ab4xa5; 13. Db3xe6+, Re8-d8; 14. e4-e5, Th8-e8; 15. De6-h3, Aa5xc3; 16. e5xf6!, Ac3-b4.

Aquí, la posición de las negras es mucho peor; la exacta jugada buena era 16. ..., Axb2! con un contrajuego, como jugó Dorf-man.

17. f6xg7, Ab4-d6; 18. Cf3-e5!, Ad6xe5; 19. d4xe5, Ag6-f7; 20. Tf1-d1, Af7-d5; 21. e5-e6, Cd7-f6; 22. Ac1-g5, Rd8-e7; 23. Dh3-c3.

Las negras abandonan.

M. Botvinnik - R. Spielmann
Moscú, 1935
Defensa Caro-Kann

Botvinnik pasa por ser un importante maestro del ajedrez y sus adversarios fueron víctimas de sus asombrosas sorpresas en la apertura.

Por ello, existen numerosas miniaturas en las partidas de Botvinnik.

¡Esta partida es el no va más!
1. c2-c4, c7-c6; 2. e2-e4, d7-d5; 3. e4xd5, c6xd5; 4. d2-d4, Cg8-f6; 5. Cb1-c3, Cb8-c6.

La continuación moderna es 5. ..., e6.

6. Ac1-g5, Dd8-b6.

Aún no era demasiado tarde para hacer la jugada "normal" 6. ..., e6. En el ataque Panov, jugado en el tablero, después de c4-c5, ciertas dificultades acechan a las negras: 6. ..., Ae6 7. Axf6, exf6; 8. c5 o 6. ..., Ag4; 7. f3, Ae6; 8. c5.

Para evitar esta amenaza, en el encuentro Botvinnik - Flohr (Moscú, 1933), las negras capturaron de inmediato el peón: 6. ..., dxc4. Después de 7. d5, Ce5; 8. Dd4, Cd3+; 9. Axd3, cxd3, Botvinnik hizo una jugada de una fuerza increíble: 10. Cf3! Las blancas no tienen prisa por capturar el peón y terminan primero su desarrollo.

El peón d3 no fue recuperado durante la partida, 10. ..., g6; 11. Axf6, exf6; 12. O-O, Db6; 13. Tfe1+, Rd8; 14. Dh4, g5; 15. Dh5, Ad6; 16. Dxf7, Tf8; 17. Dxh7, g4; 18. Cd2, Dc7; 19. Dh6, Df7; 20. Cc4, Ae5; 21. Cxe5, fxe5; 22. Dg5+, De7; 23. Dxe5, Dxe5; 24. Txe5 y las negras acabaron abandonando.

7. c4xd5, Db6xb2.

Por desgracia, 7. ..., Cxd4 tampoco bastaba.

Las discusiones duraron décadas en torno a la variante: 8. Ae3, e5; 9. dxe6, Ac5; 10. exf7+, Re7, hasta que se estableció que jugando simplemente 8. Cf3, las blancas obtenían una gran ventaja.

8. Ta1-c1!

Después de 8. Ca4, Db4+; 9. Ad2, Dxd4; 10. dxc6, Ce4; 11. Ae3, Db4+; 12. Re2, bxc6, las negras realizan un ataque peligroso.

8. ..., Cc6-b4.

En otras jugadas de repliegue del caballo, las negras están en una triste situación: 8. ..., Cd8; 9. Axf6, exf6; 10. Ab5+, Ad7; 11. Tc2, Db4; 12. De2+, Ae7; 13. Axd7+, Rxd7; 14. Dg4+.

9. Cc3-a4, Db2xa2; 10. Af1-c4, Ac8-g4; 11. Cg1-f3, Ag4xf3; 12. g2xf3.

Las negras abandonan, ya que pierden una pieza: 12. ..., Da3; 13. Tc3, forzando 13. ..., Cc2+.

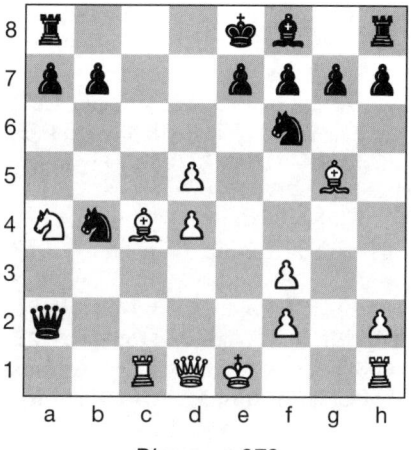

Diagrama 279

V. Smyslov - M. Botvinnik
Moscú, 1954
Defensa Francesa

La novena partida del encuentro del campeonato del mundo que enfrentaba a Smyslov y Botvinnik terminó con un bello sacrificio de dama.

Este episodio habría podido hallarse en otra conversación de este libro...

1. e2-e4, e7-e6; 2. d2-d4, d7-d5; 3. Cb1-c3, Af8-b4; 4. e4-e5, c7-c5; 5. a2-a3, Ab4-a5.

Hoy en día se juega casi automáticamente el intercambio del alfil en c3. Esta partida desveló los aspectos negativos de la construcción de las negras.

6. b2-b4, c5xd4; 7. Dd1-g4!, Cg8-e7; 8. b4xa5, d4xc3; 9. Dg4xg7, Th8-g8; 10. Dg7xh7, Cb8-d7.

10. ..., Cbc6 era más preciso, posteriormente con la idea Ad7 y el enroque largo.

11. Cg1-f3, Cd7-f8; 12. Dh7-d3, Dd8xa5; 13. h2-h4, Ac8-d7; 14. Ac1-g5!

No sólo el alfil obstaculiza el enroque, sino que reina en solitario sobre las casillas negras.

14. ..., Ta8-c8; 15. Cf3-d4, Ce7-f5; 16. Ta1-b1, Tc8-c4; 17. Cd4xf5, e6xf5; 18. Tb1xb7, Tc4-e4+ 19. Dd3xe4!!

Elegante sacrificio de dama que arrastra al rey negro a una red de mate.

19. ..., d5xe4; 20. Tb7-b8+, Ad7-c8; 21. Af1-b5+, Da5xb5; 22. Tb8xb5, Cf8-e6; 23. Ag5-f6, Tg8xg2; 24. h4-h5, Ac8-a6; 25. h5-h6.

Las negras abandonan.

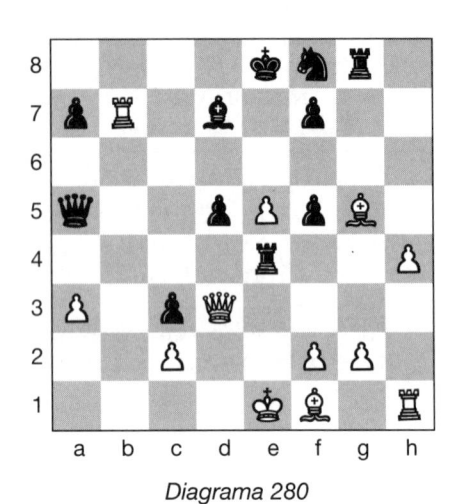

Diagrama 280

M. Tal - V. Smyslov
Yugoslavia, 1959

Raramente se da el mate por ahogo en partidas de grandes maestros. Pero Tal, que sabía crear preciosas combinaciones, no dejó de lado este tema táctico... Una partida más entre dos campeones del mundo.

1. e2-e4, c7-c6; 2. d2-d3, d7-d5; 3. Cb1-d2, e7-e5; 4. Cg1-f3, Cb8-d7; 5. d3-d4!

Es una forma típica de actuar en el centro, donde se han precipitado un poco los peones negros.

5. ..., d5xe4; 6. Cd2xe4, e5xd4; 7. Dd1xd4, Cg8-f6; 8. Ac1-g5, Af8-e7; 9. O-O-O, O-O; 10. Ce4-d6, Dd8-a5; 11. Af1-c4, b7-b5; 12. Ag5-d2!, Da5-a6.

Los demás retrocesos de la dama tampoco resuelven todos los problemas. En particular con 12. ..., Dc7, Tal iba a sacrificar dos piezas contra una torre: 13. Axf7+, Txf7; 14. Cxf7, Rxf7; 15. Cg5+, Rg8; 16. The1.

13. Cd6-f5, Ae7-d8; 14. Dd4-h4, b5xc4; 15. Dh4-g5.
Esta posición fue sometida a un minucioso análisis y el sacrificio de pieza fue puesto en duda a causa de 15. ..., g6. Pero se estableció a continuación que después de 16. Ac3, Dxa2; 17. Ch6+, Rg7, las blancas disponían de una poderosa iniciativa: 18. Ch4!, Da1+; 19. Rd2, Da6; 20. C4f5+, Rh8; 21. Re2, Te8+; 22. Rf1, etc.
15. ..., Cf6-h5; 16. Cf5-h6+, Rg8-h8; 17. Dg5xh5, Da6xa2; 18. Ad2-c3, Cd7-f6.

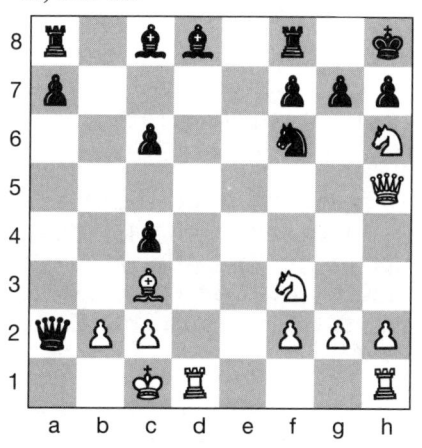

Diagrama 281

19. Dh5xf7!
Ésta es la jugada táctica. Si 19. ..., Te8, entonces 20. Dg8+!, Txg8; 21. Cf7#. Por tanto, las negras deben dar la calidad para jugar un final perdido de antemano.
19. ..., Da2-a1+; 20. Rc1-d2, Tf8xf7; 21. Ch6xf7+, Rh8-g8; 22. Td1xa1, Rg8xf7; 23. Cf3-e5+, Rf7-e6; 24. Ce5xc6, Cf6-e4+; 25. Rd2-e3, Ad8-b6+; 26. Ac3-d4.
Las negras abandonan.
La partida recibió el premio de belleza del torneo.

T. Petrosian - B. Spassky
Moscú, 1966

Fue una bella victoria de Petrosian en su primera partida contra Spassky.
1. Cg1-f3, Cg8-f6; 2. g2-g3, g7-g6; 3. c2-c4, Af8-g7; 4. Af1-g2, O-O; 5. O-O, Cb8-c6; 6. Cb1-c3, d7-d6; 7. d2-d4, a7-a6; 8. d4-d5, Cc6-a5; 9. Cf3-d2, c7-c5; 10. Dd1-c2, e7-e5; 11. b2-b3, Cf6-g4; 12. e2-e4, f7-f5; 13. e4xf5, g6xf5; 14. Cc3-d1, b7-b5; 15. f2-f3, e5-e4; 16. Ac1-b2.
Las opiniones de los distintos comentaristas sobre la posición que aparece después de 16. fxg4, Axa1; 17. gxf5, Axf5; 18. Cxe4, divergen.
16. ..., e4xf3; 17. Ag2xf3, Ag7xb2; 18. Dc2xb2, Cg4-e5; 19. Af3-e2, f5-f4.
Un análisis minucioso muestra que el orden ideal de las jugadas de los dos bandos es el siguiente: 19. ..., Ta7; 20. Ce3, Df6; 21. Dc2, Tg7; 22. Cg2, Cg6; 23. Rh1, f4; 24. Cxf4, Cxf4; 25. gxf4 Ah3 con oportunidades para ambos bandos.
20. g3xf4;Ac8-h3; 21. Cd1-e3!!
Petrosian sacrifica su primera calidad...
21. ..., Ah3xf1.
La captura en f4 es peligrosa: 21. ..., Txf4; 22. Txf4, Dg5+; 23. Tg4!, Axg4; 24. Cxg4, Cxg4; 25. Axg4, Dxg4+; 26. Rh1.
22. Ta1xf1, Ce5-g6; 23. Ae2-g4!, Cg6xf4; 24. Tf1xf4!
Ahora las blancas dan su segunda calidad...
24. ..., Tf8xf4; 25. Ag4-e6+, Tf4-f7; 26. Cd2-e4, Dd8-h4; 27. Ce4xd6, Dh4-g5+; 28. Rg1-h1, Ta8-a7.

Tampoco salvaba 28. ..., Dxe3; 29. Axf7+, Rf8; 30. Dh8+, Re7; 31. Cf5+

29. Ae6xf7+, Ta7xf7.

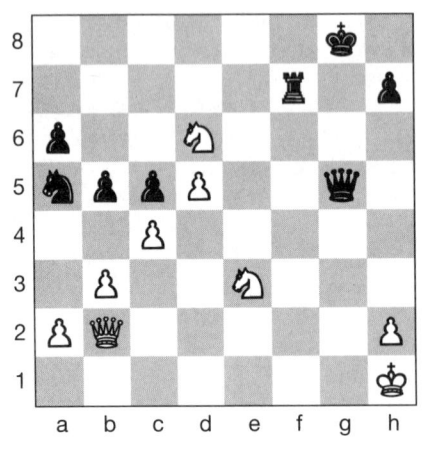

Diagrama 282

Se recupera una primera calidad y la segunda puede ser tomada para llegar a un final con un peón suplementario. Pero Spassky no pudo salir del trance con una desventaja tan ligera.

30. Db2-h8+!!

Las negras abandonan.

Este final, que incluye la jugada más larga de dama de los encuentros del campeonato del mundo, está presente en numerosos libros sobre táctica. Esta combinación habría podido situarse en el capítulo sobre los sacrificios de dama (ver la octava conversación).

B. Spassky - T. Petrosian
Moscú, 1969
Defensa Siciliana

Es la miniatura más importante en la biografía de Spassky. Esta 19a partida del encuentro era el fin de una penosa maratón por el primer puesto. La victoria le permitió ganar una ventaja de dos puntos y quedó claro que el mundo del ajedrez pronto iba a coronar a un nuevo campeón.

1. e2-e4, c7-c5; 2. Cg1-f3, d7-d6; 3. d2-d4, c5xd4; 4. Cf3xd4, Cg8-f6; 5. Cb1-c3, a7-a6; 6. Ac1-g5, Cb8-d7.

Es una jugada demasiado pasiva, que ya ha pasado de moda.

7. Af1-c4, Dd8-a5; 8. Dd1-d2, h7-h6; 9. Ag5xf6, Cd7xf6; 10. O-O-O, e7-e6; 11. Th1-e1, Af8-e7.

Las negras no debían hacer el enroque corto porque habían de esperar el empuje g2-g4-g5. Había que jugar 11. ..., Ad7 para preparar el enroque largo.

12. f2-f4, O-O; 13. Ac4-b3, Tf8-e8; 14. Rc1-b1, Ae7-f8; 15. g2-g4!, Cf6xg4; 16. Dd2-g2, Cg4-f6; 17. Te1-g1, Ac8-d7; 18. f4-f5!, Rg8-h8; 19. Td1-f1, Da5-d8; 20. f5xe6, f7xe6.

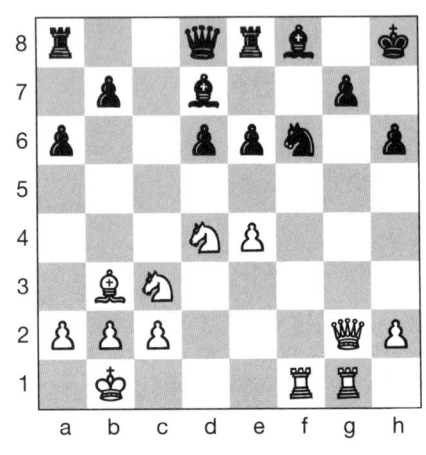

Diagrama 283

21. e4-e5!
Es el comienzo de la tormenta.
21. ..., d6xe5; 22. Cc3-e4!, Cf6-h5; 23. Dg2-g6!, e5xd4.
Otra curiosa conclusión: 23. ..., Cf4; 24. Txf4, exf4; 25. Cf3, Db6; 26. Tg5!!, Ac6; 27. Cf6.
24. Ce4-g5!
Las negras abandonan ya que 24. ..., hxg5; 25. Dxh5+, Rg8; 26. Df7+, Rh8; 27. Tg3, g4; 27. Tf5!.

R. Fischer - P. Benko
EE.UU., 1963
Defensa Pirc-Ufimtsev

Se trata de una miniatura famosa por su 19ª jugada. Una elegante maniobra de la torre transformó esta partida en una pequeña joya.
1. e2-e4, g7-g6; 2. d2-d4, Af8-g7; 3. Cb1-c3, d7-d6; 4. f2-f4, Cg8-f6; 5. Cg1-f3, O-O; 6. Af1-d3, Ac8-g4.
Desde el punto de vista de la batalla por el centro, la continuación lógica es 6. ..., Cc6. Esta partida envió a los archivos el ataque del alfil en g4.
7. h2-h3, Ag4xf3; 8. Dd1xf3, Cb8-c6; 9. Ac1-e3, e7-e5; 10. d4xe5, d6xe5; 11. f4-f5, g6xf5.
Si no se puede estar asfixiado después de g2-g4. La continuación 11. ..., Cd4 tampoco alivia a las negras.
12. Df3xf5, Cc6-d4; 13. Df5-f2, Cf6-e8; 14. O-O, Ce8-d6; 15. Df2-g3, Rf8-h8.
En el final que sigue, 15. ..., f5; 16. Ah6, Df6; 17. Axg7, Dxg7; 18. Dxg7+, Rxg7; 19. exf5, C6xf5; 20. Tae1, Tae8; 21. Ce4, la ventaja posicional de las blancas no plantea duda alguna.
16. Dg3-g4, c7-c6; 17. Dg4-h5, Dd8-e8; 18. Ae3xd4, e5xd4.

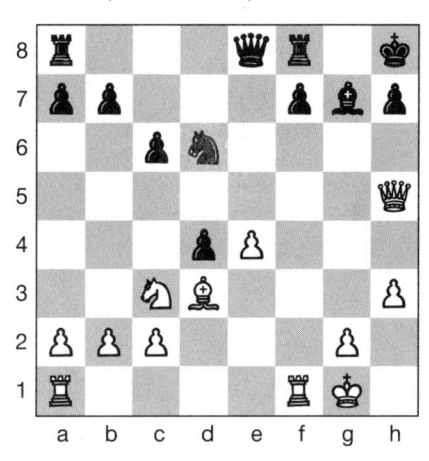

Diagrama 284

19. Tf1-f6!!
Es un buen ejemplo de interceptación y desviación. Con 19. e5 seguía la buena jugada 19. ..., f5. El peón "e" sólo avanza en la jugada siguiente.
19. ..., Rh8-g8; 20. e4-e5, h7-h6; 21. Cc3-e2!
Las negras abandonan. Benko confiaba mucho en 21. Txd6, Dxe5! Ahora, si 21. ..., Axf6, entonces 22. Dxh6+.

A. Karpov - V. Hort
Bugojno, 1978
Defensa Caro-Kann

---

1. e2-e4, c7-c6; 2. d2-d4, d7-d5; 3. Cb1-d2, d5xe4; 4. Cd2xe4, Cb8-d7; 5. Cg1-f3, Cg8-f6; 6. Ce4xf6+, Cd7xf6; 7. Cf3-e5, Ac8-f5.
7. ..., Ae6 era mejor, y a continuación g7-g6 y Af8-g7.

8. c2-c3, e7-e6; 9. g2-g4!, Af5-g6; 10. h2-h4, h7-h5.

Si las negras hubiesen podido poner su caballo en f5 sin daños, la debilidad de sus peones habría sido menor. Pero la posición de las negras es comprometida, por lo que deseo subrayarlo.

11. g4-g5, Cf6-d5; 12. Ce5xg6, f7xg6; 13. Dd1-c2!, Re8-f7;14. Th1-h3!

El paso de la torre por la tercera línea es decisivo.

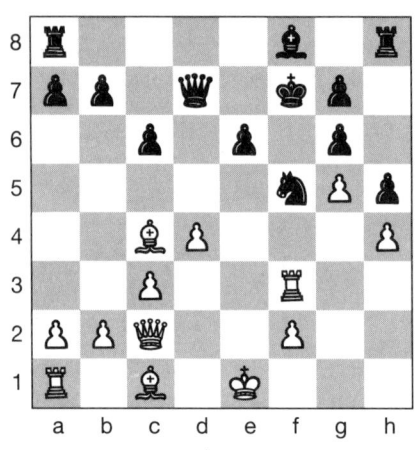

Diagrama 285

14. ..., Cd5-e7; 15. Af1-c4, Ce7-f5; 16. Th3-f3, Dd8-d7.
17. Tf3xf5+!

Las negras no tienen ninguna defensa satisfactoria que permita hacer frente a este sacrificio de la calidad.

17. ..., g6xf5; 18. Dc2xf5+, Rf7-e7; 19. Df5-e4, Ta8-e8; 20. Ac1-f4, Re7-d8; 21. De4-e5, Th8-g8; 22. O-O-O, g7-g6; 23. Td1-e1, Af8-g7; 24. De5-b8+, Rd8-e7; 25. Te1xe6+.

Las negras abandonan.

G. Kasparov - V. Ivantchuk
Moscú, 1988
Apertura Inglesa

1. c2-c4, Cg8-f6; 2. Cb1-c3, e7-e5; 3. Cg1-f3, Cb8-c6; 4. g2-g3, Af8-b4; 5. Ag1-g2, O-O; 6. O-O, e5-e4; 7. Cf3-g5, Ab4xc3;8. b2xc3, Tf8-e8; 9. f2-f3, e4xf3.

Jugué en la segunda partida del encuentro de Sevilla 9. ..., e4-e3!? y esta continuación me dio el éxito (el tanteo del encuentro estaba abierto).

Pero, al analizar la partida, se vio que las blancas podían jugar mejor. Por tanto, en la cuarta partida, abandoné este sacrificio de peón que implicaba largas continuaciones forzosas y capturé en f3.

10. Cg5xf3, d7-d5.

Esta cuarta partida prosiguió con 10. ..., De7; 11. e3, y entonces hice una mala jugada 11. ..., Ce5 (en lugar de 11. ..., d6 que ya había probado). Después de 12. Cd4!, Cd3; 13. De2, Cxc1; 14. Taxc1, d6; 15. Tf4, c6; 16. Tcf1, De5; 17. Dd3!, Ad7; 18. Cf5, Axf5; 19. Txf5, De6;20. Dd4, la dama blanca había efectuado un original recorrido Dd1-d3-d4, lo que subrayaba el valor de su posición. Kasparov acabó dominando, pero ¿qué me reservaba mi adversario con 10. ..., d5 la jugada teórica?

11. d2-d4!

Si 11. cxd5, Dxd5; 12. Cd4, Dh5! las negras tienen enormes posibilidades, pero la innovación de Kasparov, el sacrificio de peón, les obligó a revisar el valor de la variante.

11. ..., Cf6-e4.

Diagrama 286

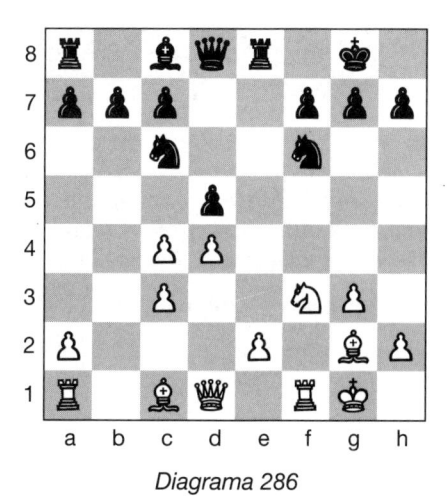

Si 11. ..., dxc4, entonces 12. Ag5 con una fuerte iniciativa para el peón.

12. Dd1-c2, d5xc4.

12. ..., Af5 era mejor: 13. Ch4, Ag6; 14. Cxg6, hxg6; 15. Tb1, Ca5.

13. Ta1-b1!

Jugada muy precisa. 13. Ce5, Cxe5; 14. Dxe4, Cg6 llevaba a un juego igual. La evidente superioridad en el centro y el par de alfiles hacen ventajosa para las blancas toda apertura de la posición. Pero ¿dónde?

13. ..., f7-f5; 14. g3-g4!

Aniquilando brillantemente el bloqueo de las casillas blancas.

14. ..., Dd8-e7.

Ello tiene desagradables consecuencias pero 14. ..., fxg4 no cambiaba nada. Después de 15. Ce5!, Cxe5; 16. Axe4, Cg6; 17. Axg6, hxg6; 18. Dxg6, el alfil de casillas negras se vuelve muy peligroso. Y la torre b1 amenaza con entrar en juego: Tb1-b5-h5 y Dh7#. Después de 18. ..., Dd7; 19. d5!, b6; 20. Aa3, Ab7; 21. e4, c5; 22. Tf5, Txe4; 23. Tbf1, Axd5; 24. Th5 las negras no pueden evitar el mate en h7.

15. g4xf5, Ce4-d6.

Si 15. ..., Axf5, 16. Cg5!, g6; 17. Cxe4, Axe4; 18. Axe4, Dxe4; 19. Dxe4, Txe4; 20. Txb7, Ce7; 21. Txc7, Cf5; 22. Txc4 es muy fuerte y da ventaja a las blancas.

16. Cf3-g5, De7xe2; 17. Ag2-d5+, Rg8-h8; 18. Dc2xe2, Te8xe2; 19. Ac1-f4, Cc6-d8; 20. Af4xd6, c7xd6; 21. Tb1-e1, Te2xe1; 22. Tf1xe1, Ac8-d7; 23. Te1-e7, Ad7-c6; 24. f5-f6!

Las negras abandonan.

DECIMOSEXTA CONVERSACIÓN

"El ajedrez es un juego por su forma, un arte por su contenido y una ciencia por su dificultad. Pero si usted aprende a jugar bien, sentirá entonces una auténtica alegría."

(T. Petrosian, 9° campeón mundial)

Las sorpresas en las aperturas

Al comienzo del libro hemos hablado de las catástrofes que se producen cuando no se conocen las combinaciones y las trampas en las aperturas. A continuación, hemos dedicado varias conversaciones a las aperturas y a su clasificación. El resto del libro se relaciona, en mayor o menor medida, con las aperturas. Las otras dos fases, el desarrollo y el final, son, por supuesto, muy importantes, pero es necesario poder llegar a ellas. Todo se basa, pues, en la apertura...

Los mejores ajedrecistas, incluidos los grandes maestros, pasan la mayoría del tiempo estudiando la fase inicial de la partida, y ello no es ningún secreto. Analizan las aperturas de sus colegas, preparan sus propios hallazgos para sorprender "agradablemente" a sus futuros adversarios. En casi todas las partidas de grandes maestros se halla una innovación; el primero que cree la sorpresa tendrá la iniciativa. Nuestra conversación sobre las sorpresas en las aperturas será, por tanto, interesante y útil.

Pero ¿sobre qué innovaciones es conveniente extenderse, entre todas las que existen? ¿Cuáles son las más influyentes e inesperadas? Para responder a estas cuestiones, hemos decidido basarnos en el *Informator*, una de las publicaciones de ajedrez más leídas en el mundo. En cada nuevo tomo del *Informator*, un jurado compuesto por grandes maestros designa la mejor innovación en aperturas del período anterior (durante más de veinte años se publicaba dos veces al año, mientras que en la actualidad sale tres veces al año) y el afortunado elegido recibe una prima.

Ahora bien, como las innovaciones premiadas se acumulan, tomamos como período a estudiar desde 1986 hasta la actualidad. Sin embargo, hemos encontrado grandes dificultades para seleccionar doce innovaciones de grandes maestros. ¡Basta y sobra para ser la primera vez! No todas las partidas han sido estudiadas hasta el final, ya que a veces una idea de apertura original se "estropea" con la continuación del juego. En tales casos he cortado la partida...

Veamos pues una docena de sorpresas que han transformado la teoría del ajedrez.

A. Karpov - J. Van der Wiel
Bruselas, 1986
Defensa Siciliana

En esta partida tuve ocasión de darle un buen golpe a lo que se denomina "gambito Kasparov".

Había comprendido este gambito con un poco de retraso...

1. e2-e4, c7-c5; 2. Cg1-f3, e7-e6; 3. d2-d4, c5xd4; 4. Cf3xd4, Cb8-c6; 5. Cd4-b5, d7-d6; 6. c2-c4, Cg8-f6; 7. Cb1-c3, a7-a6; 8. Cb5-a3, d6-d5?!

Karparov me había hecho esta jugada dos veces en el campeonato mundial de 1985, pero este sacrificio de peón no transformó la teoría.

Varias partidas interesantes demostraron que las negras no obtenían compensación alguna por el peón.

La partida siguiente puso fin a la discusión: las blancas obtienen ventaja.

9. c4xd5, e6xd5; 10. e4xd5, Cc6-b4; 11. Af1-e2.

En la 12ª partida, donde Kasparov había jugado su "gambito" por primera vez, siguió: 11. Ac4, Ag4; 12. Ae2, Axe2; 13. Dxe2+, De7; 14. Ae3, Cbxd5; 15. Cc2, Cxe3; 16. Cxe3, De6; 17. O-O, Ac5; 18. Tfe1, O-O. Tablas.

En lugar de hacer la tímida jugada 12. Ae2, había que jugar 12. Dd4!, pero el desarrollo inmediato del alfil en 32 era aún mejor.

11. ..., Ac8-c5.

Por el momento, todo coincide con la 16ª partida del encuentro donde después de 12. O-O, O-O; 13. Af3 (no había que aferrarse al peón; 13. Cc2 era más preciso o 13.

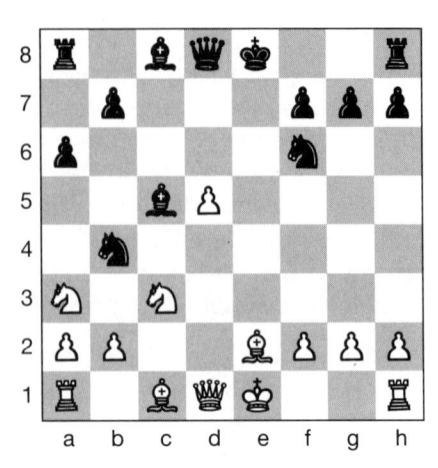

Diagrama 287

Cc4 o incluso 13. Ag5) 13. ..., Af5; 14. Ag5, Te8; 15. Dd2, b5; 16. Tad1, Cd3; 17. Cab1, h6; 18. Ah4, b4; 19. Ca4, Ad6; 20. Ag3, Tc8; 21. b3g5! las piezas negras dominan el tablero. Logré mantener el equilibrio.

12. Ac1-e3!.

Ésta es la innovación. El gran maestro Zaitsev, mi asistente, había hallado esa jugada antes de la 16ª partida, pero no había tenido tiempo de enseñármela.

12. ..., Ac5xe3; 13. Dd1-a4+, Cf6-d7; 14. Da4xb4, Ae3-c5; 15. Db4-e4+, Re8-f8; 16. O-O, b7-b5; 17. Ca3-c2, Cd7-f6; 18. De4-d3.

18. Dh4!, Ab7; 19. Tad1 era más fuerte y daba, con un peón más y una ventaja de desarrollo, una clara superioridad a las blancas. Además, las negras no pueden hallar casilla para su rey: 18. ..., g6; 19. Ce4, Ae7; 20. d6.

La discusión sobre la apertura está cerrada; las blancas jugarán algunas jugadas imprecisas y mi adversario logrará obtener tablas.

A. Miles - A. Beliavski
Tilburg, 1986
Defensa India de dama

1. d2-d4, Cg8-f6; 2. c2-c4, e7-e6; 3. Cg1-f3, b7-b6; 4. Cb1-c3, Af8-b4; 5. Ac1-g5, Ac8-b7; 6. e2-e3, h7-h6; 7. Ag5-h4, g7-g5; 8. Ah4-g3, Cf6-e4; 9. Dd1-c2, Ab4xc3+; 10. b2xc3, d7-d6; 11. Af1-d3, f7-f5; 12. d4-d5, Ce4-c5; 13. h2-h4, g5-g4; 14. Cf3-d4, Dd8-f6; 15. O-O, Cc5xd3; 16. Dc2xd3, e6-e5; 17. Cd4xf5, Ab7-c8.

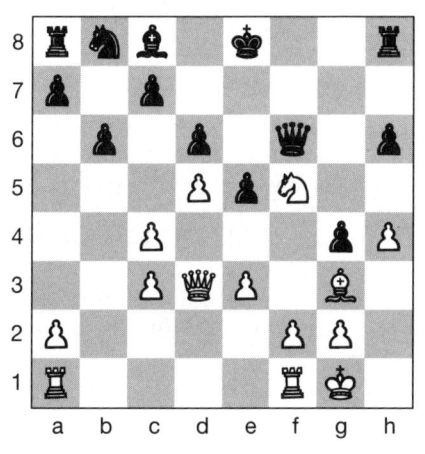

Diagrama 288

En la cuarta partida de su encuentro contra Timman (Hilversum, 1985), Kasparov obtuvo un ataque peligroso después de 13. h4, g4; 14. Cd4, Df6; 15. O-O, Cba6; 16. Cxe6, Cxe6; 17. Axf5! En la sexta partida, el gran maestro holandés escogió otra vía: 15. ..., Cxd3; 16. Dxd3, e5; 17. Cxf5, Ac8 (es la posición del diagrama); 18. Cd4, exd4; 19. cxd4, Df5; 20. e4, y las blancas obtuvieron una hermosa victoria.

Un año más tarde, las negras reforzaron su posición en la partida Glicoric-Popovic (Yugoslavia, 1986): 19. ..., O-O!; 20. f3, Dg7!; 21. Rh2, Cd7; 22. e4, Cf6; 23. f4?!, Cxe4!; 24. Dxe4, Af5; 25. De3, Tfe8; 26. Dd2, Te4; 27. Tad1, Tae8; 28. Tfe1, Dd7; 29. Txe4, Txe4. Tablas.

Y, ocho meses más tarde, las blancas pusieron su granito de arena. En lugar de jugar 18. Cd4, Miles sacrifica una pieza de otra forma.

18. f2-f4!!, Df6xf5.

18. ..., Axf5 era malo; 19. e4 y 20. fxe5. Parecía mejor 18. ..., gxf3 a.p. 19. Txf3, Axf5; 20. Txf5, Dg7, pero después de la enérgica jugada 21. Axe5!, dxe5; 22. d6!, la defensa de las negras resulta difícil.

19. e3-e4, Df5-h5; 20. f4xe5, d6xe5; 21. c4-c5!, Re8-d8; 22. d5-d6!, Dh5-e8; 23. d6xc7+, Rd8xc7; 24. Dd3-d5, Cb8-c6; 25. Tf1-f7+, Ac8-d7; 26. Ta1-f1!, Ta8-d8; 27. Tf1-f6, Rc7-c8; 28. c5xb6, a7xb6; 29. Dd5-b5.

Las negras abandonan.

Después de 18. c4! son pocos los que osarían defender la fortaleza de las negras.

V. Salov - M. Gurevich
Leningrado, 1987
Defensa Nimzovitch

1. d2-d4, Cg8-f6; 2. c2-c4, e7-e6; 3. Cb1-c3, Af8-b4; 4. e2-e3, c7-c5; 5. Cg1-e2, c5xd4; 6. e3xd4, d7-d5; 7. a2-a3, Ab4-e7; 8. c4-c5, O-O; 9. g2-g3, b7-b6; 10. b2-b4, b6xc5; 11. d4xc5, a7-a5; 12. Ta1-b1.

Todo esto es bien conocido; además, Gurevich había tenido esta posición con las blancas contra

Lerner (Tallin, 1987) unos meses antes de que se jugase la partida que comentamos: 12. ..., axb4;13. axb4, Cc6; 14. Ag2, Tb8; 15. Aa3, Aa6; 16. O-O, Ac4; 17. Te1, Dc7;18. Cd4, Tfd8; 19. Cxc6, Dxc6; 20. Ac1, Tb7; 21. Dd4, y las blancas conservan cierta ventaja. Analizando la partida en que tenía las blancas, Gurevich encontró una idea original para las negras...

12. ..., Cb8-c6; 13. Af1-g2.

Si invertimos las jugadas, la posición de la partida Gurevich - Lerner aparece ahora (13. ..., axb4; 14. axb4, Tb8; 15. Aa3), pero...

13. ..., Ta8-b8.

Los peones "a" aún no han abandonado el tablero y la casilla a3 es inaccesible para el alfil. Debe hallar otra vía...

14. Ac1-f4.

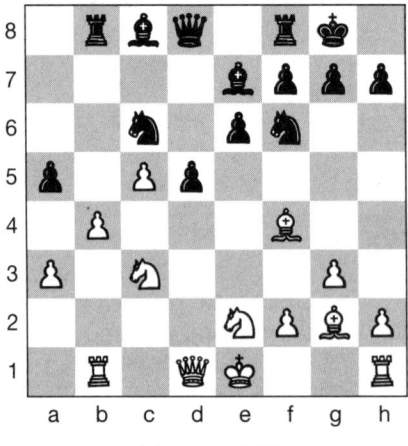

Diagrama 289

Las blancas reflexionaron una hora para hacer la jugada de alfil en f4. La variante 14. b5, Axc5; 15. bxc6, Txb1; 16. Cxb1, Db6! permite a las negras capturar muchos peones contra el caballo. La otra continuación 14. Da4, axb4; 15. axb4 (15. Dxc6, Ad7!) lleva a un juego incierto. Gurevich propuso 14. Cd4. Esta posibilidad fue verificada en la práctica. Las negras tuvieron aquí también excelentes posibilidades: 14. Cd4, Cxd4; 15. Dxd4, Cd7; 16. O-O, Aa6; 17. Td1, Af6; 18. Dd2 axb4; 19. axb4, Ce5; 20. Dc2, Cc6! y la ventaja negra se transformó rápidamente en victoria (Marin - Portisch, Szirak, 1987).

14. ..., a5xb4!

Y no 14. ..., e5 a causa de 15. Cxd5! Las negras sacrifican la calidad y destruyen por completo la cadena de peones adversaria.

15. Af4xb8, b4xc3; 16. Dd1-a4.

Por ello beneficia a las negras 16. Ad6, Axd6; 17. cxd6, Da5!; 18. O-O;Dxa3; 19. Dc2, Dxd6.

16. ..., Cc6xb8; 17. Tb1xb8, Cf6-d7!; 18. Tb8-a8.

18. Tb1, Cxc5; 19. Dc2, Aa6 con una iniciativa muy fuerte no es mejor.

18. ..., Cd7xc5; 19. Da4-b5, Dd8-d6!

19. ..., d4; 20. O-O, c2; 21. Txc8, Dxc8; 22. Cxd4 es insuficiente. Las blancas salen indemnes, ya que las negras no pueden jugar 22. ..., Cd3 a causa del contrajuego 23. Cc6!, Axa3; 24. Dxd3, c1=D; 25. Txc1, Axc1; 26. Ce7+. Las blancas no tienen tiempo de hacer enroque a causa de Aa6 con un ataque mortal.

20. Ag2-f3, Ac8-a6; 21. Ta8xf8+, Ae7xf8; 22. Db5-a5, Cc5-d3+;23. Re1-f1, Cd3-e5; 24. Da5xc3, d5-d4; 25. Dc3-b3, Aa6-c4.

Las blancas abandonan, ya que si 26. Db7, entonces 26. ..., Cxf3; 27. Dxf3, Ad5.

V. Korchnoi - K. Hulak
Zagreb, 1988
Defensa India de rey

1. Cg1-f3, Cg8-f6; 2. c2-c4, g7-g6; 3. Cb1-c3, Af8-g7; 4. e2-e4, O-O; 5. Af1-e2, d7-d6; 6. d2-d4, e7-e5; 7. O-O, Cb8-c6; 8. d4-d5, Cc6-e7;9. Cf3-e1, Cf6-d7; 10. Ac1-e3, f7-f5; 11. f2-f3, f5-f4; 12. Ae3-f2, g6-g5.

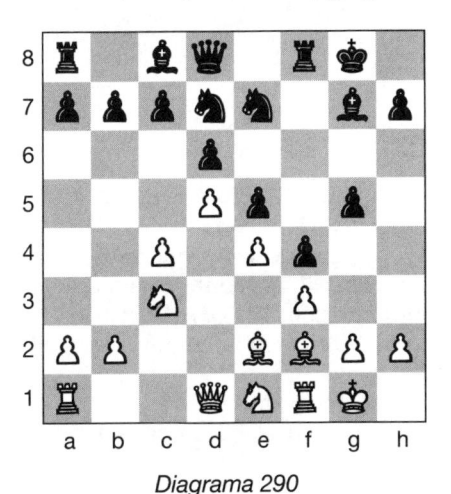

Diagrama 290

En esta conocida posición, las blancas adelantan habitualmente el peón "a" o el peón "b", pero Korchnoi tuvo otra idea.

13. Cc3-b5!, a7-a6.
Después de 13. ..., b6; 14. b4, a6; 15. Cc3, Cg6; 16. Cd3, Tf7; 17. a4, las blancas tienen una buena iniciativa.

14. Cb5-a7.
Ahí es donde quería llegar Korchnoi. Sin su alfil de casillas blancas, las negras ya no habrían podido albergar esperanzas en el ala de rey, por lo que hay que capturar en a7. ¿Y por qué no intercambiar dos piezas contra una torre? Pero el cerco del alfil requerirá tiempo y las blancas lo aprovecharán para actuar en el ala de dama.

14. ..., Ta8xa7; 15. Ae3xa7, b7-b6; 16. b2-b4, Ac8-b7; 17. c4-c5, d6xc5.
No es mejor 17. ..., bxc5; 18. bxc5, Da8; 19. Ab6, cxb6; 20. c6.

18. Ta1-c1, Ce7-c8.
Es posible otra variante: 18. ..., cxb4; 19. Da4, a5; 20. Ab5, Cf6; 21. Dc2, Da8; 22. Dxc7, Tc8; 23. Dxe7, Txc1; 24. De6+, Rh8; 25. Dxb6 con la victoria.

19. b4xc5, Ab7-a8; 20. c5-c6, Cd7-f6; 21. Aa7xb6, Cc8xb6; 22. Ae2xa6

Ha desaparecido un alfil blanco, pero el otro permite tener un dominio completo del tablero.

22. ..., g5-g4; 23. Ce1-d3, g4-g3.
Después de 23. ..., h5 subsistía aún en el ala de rey cierta tensión. Pero ahora esta partida está completamente helada y el ataque de las negras en el ala de dama pierde.

24. h2-h3, Cf6-e8; 25. Cd3-c5, Dd8-b8; 26. a2-a4, Ce8-d6;27. a4-a5, Cb6-c8; 28. Rg1-h1, Dd8-a7; 29. Dd1-c2, Cc8-e7; 30. Tc1-b1, Ce7-g6; 31. Tf1-c1, Ag7-f6; 32. Aa6-f1, Aa8xc6;33. d5xc6, Da7xa5; 34. Tb1-a1, Da5-b4; 35. Cc5-e6.
Las negras abandonan.

G. Sax - Y. Seirawan
Bruselas, 1988
Defensa Pirc Ufimtsev

1. e2-e4, d7-d6; 2. d2-d4, Cg8-f6; 3. Cb1-c3, g7-g6; 4. f2-f4, Af8-g7; 5. Cg1-f3, c7-c5; 6. Af1-b5+, Ac8-d7; 7. e4-e5, Cf6-g4; 8. e5-e6.

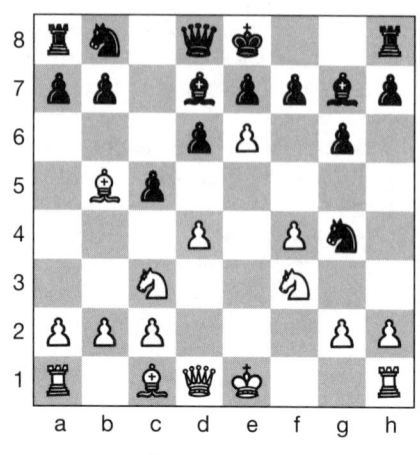

Diagrama 291

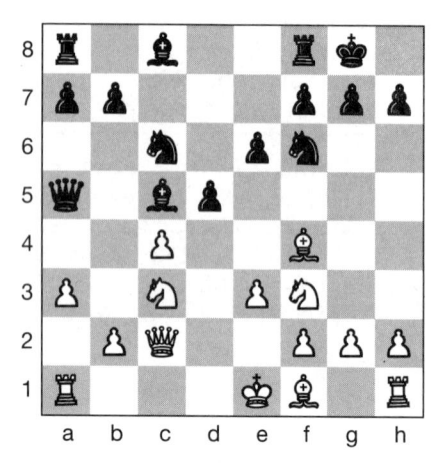

Diagrama 292

Esta posición ha sido estudiada desde todos los puntos de vista. Cada vez se ha producido automáticamente el intercambio en b5.

En la partida que comentamos, las negras capturan a sangre fría el peón...

8. ..., f7xe6!

Esta sorpresa en la apertura molestó a las blancas y el encuentro duró... 12 jugadas.

9. Cf3-g5, Ad7xb5; 10. Cg5xe6, Ag7xd4!; 11. Ce6xd8, Ad4-f2+; 12. Re1-d2, Af2-e3+.

Tablas por jaque perpetuo. ¡Un hecho muy poco habitual a estas alturas de la partida!

Esta variante es una página de teoría completamente nueva. Y su análisis aún no se ha llevado a cabo.

M. Gurevich - A. Sokolov
Moscú, 1988
Gambito de dama

1. Cg1-f3, d7-d5; 2. d2-d4, Cg8-f6; 3. c2-c4, e7-e6; 4. Ac1-f4, Af8-e7; 5. e2-e3, O-O; 6. Cb1-c3, c7-c5; 7. d4xc5, Ae7xc5; 8. Dd1-c2, Cb8-c6; 9. a2-a3, Dd8-a5.

Es una posición que se da con frecuencia; las continuaciones habituales son: 10. Td1, 10. Tc1 o 10. Cd2. Gurevich jugó una original novedad.

10. O-O-O!?

Las blancas hacen enroque por ese lado para lanzar un asalto de peones en el ala de rey.

10. ..., d5xc4.

Era mejor 10. ..., Ad7, jugada analizada más adelante en la partida Guelfand - Beliavski.

11. Af1xc4, Ac5-e7; 12. g2-g4!, b7-b5?!

El análisis mostró que 12. ..., Cxg4 o 12. ..., a6 benefician a las blancas. El contraataque en el centro con 12. ..., e5! merece atención. La partida termina ahora muy pronto.

13. Ac4xb5, Ac8-b7; 14. Cf3-d2!, Cc6-b4?!; 15. a3xb4, Ae7xb4; 16. Cd2-c4, Da5-a1+; 17. Rc1-d2!, Ab4xc3+; 18. Rd2-e2, Da1-a2; 19. Td1-a1.

Las negras abandonan.

Existe una anécdota relacionada con esta partida.

Durante el campeonato de la antigua URSS, se jugaban en Londres los cuartos de final del encuentro de los aspirantes Speelman - Short.

Tisdall, el asistente de Speelman leyó el periódico que hablaba de la nueva jugada de Gurevich. Short permaneció en la ignorancia (Nunn, su entrenador, no conoció la noticia hasta dos días más tarde).

En la tercera partida, Short reforzó el juego de las negras pero resistió poco tiempo.

**L. Oll - M. Ulybine
Tbilissi, 1989
Defensa Francesa**

1. e2-e4, e7-e6; 2. d2-d4, d7-d5; 3. Cb1-c3, Af8-b4; 4. e4-e5, c7-c5; 5. a2-a3, Ab4xc3+; 6. b2xc3, Cg8-e7; 7. Dd1-g4, O-O; 8. Af1-d3, Cb8-c6; 9. Dg4-h5, h7-h6.

Se piensa en la jugada h6, pero las blancas no tienen respuesta forzosa. El ataque 10. g4 da contrajuego a las negras.

Veamos la partida Short - Uhlmann (Helsinki, 1988): 10. ..., c4!; 11. Ae2 (11. Axh6 perdía a causa de la respuesta 11. ..., cxd3); 11. ..., Da5; 12. Ad2, f6!; 13. exf6, Txf6; 14. Cf3, Ad7; 15. g5, Tf5; 16. Dh3!, hxg5; 17. Cxg5, Txg5!; 18. Axg5, e5!; 19. Dxd7, Dxc3+; 20. Rf1, Dxa1+; 21. Rg2, Dxd4; 22. Axe7!, Cxe7; 23. Dxe7, Tf8; 24. De6+, Tf7; 25. f4, De4+; 26. Af3, Dxc2; 27. Rg3, e4! Tablas.

10. Ac1xh6!, g7xh6; 11. Dh5xh6, Ce7-f5; 12. Ad3xf5, e6xf5; 13. Cg1-h3, f7-f6; 14. Dh6-g6+, Rg8-h8; 15. Dg6-h6+, Rh8-g8; 16. Dh6-g6+, Rg8-h8.

Las blancas pueden hacer un jaque perpetuo.

La partida Oll - Dojoian (Klajpeda, 1988), jugada antes, acabó en tablas.

En este caso Oll no quedó satisfecho con el resultado.

17. O-O-O, f6xe5; 18. Td1-d3, f5-f4; 19. Dg6-h6+, Rh8-g8.

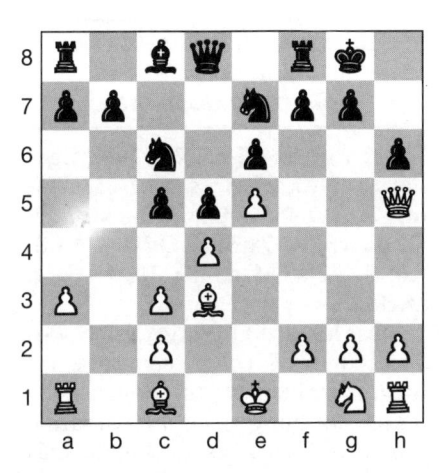

Diagrama 293

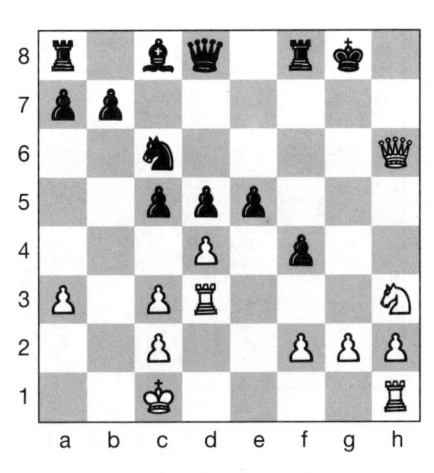

Diagrama 294

¿Tablas de todos modos? No, las blancas llevan a cabo una brillante maniobra que termina lógicamente la combinación de la apertura iniciada con el sacrificio en h6.
20. Td3-g3+!!, f4xg3; 21. Dh6-g6+, Rg8-h8; 22. h2xg3, Dd8-h4; 23. g3xh4.
Las negras abandonaron unas jugadas más tarde.

V. Korchnoi - A. Grunfeld
Beersheba, 1990
Apertura Inglesa

---

1. c2-c3, Cg8-f6; 2. Cb1-c3, c7-c5; 3. Cg1-f3, e7-e6; 4. g2-g3, b7-b6; 5. Af1-g2, Ac8-b7; 6. O-O, Af8-e7; 7. b2-b3, d7-d6; 8. d2-d4, c5xd4; 9. Dd1xd4, Cb8-d7; 10. Cc3-b5, Cd7-c5; 11. Tf1-d1, Cf6-e4.
Encontramos aquí 12. De3 o 12. b4, Af6; 13. De3, Axa1; 14. bxc5 con un juego abierto. Korchnoi, sin segundas intenciones, captura el peón "g", sacrificando su torre...

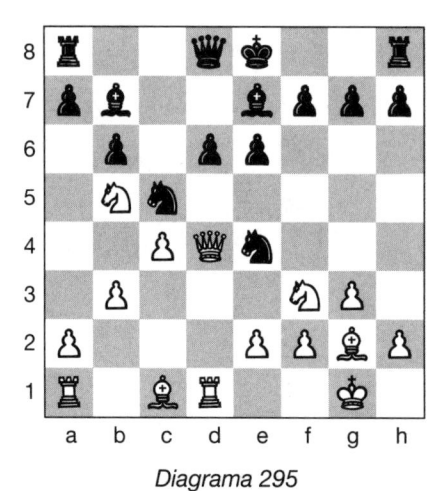

Diagrama 295

12. Dd4xg7!, Ae7-f6; 13. Dg7-h6, Af6xa1; 14. Cf3-g5, Aa1-e5; 15. b3-b4.
Era aún más fuerte 15. Cxe4!, Cxe4; 16. Axe4, Axe4; 17. f4, con un ataque irrefutable. Tras la jugada realizada, las negras podrán intercambiar las damas, aunque las blancas conservarán cierta iniciativa.
15. ..., Dd8-f6; 16. Dh6xf6, Ce4xf6; 17. f2-f4, Ab7xg2; 18. f4xe5, d6xe5; 19. b4xc5, Ag2-c6; 20. Cb5-c7+, Re8-f8.
20. ..., Re7 era más tenaz.
21. Cc7xa8, Ac6xa8; 22. Ac1-b2, Th8-g8; 23. Ab2xe5, Rf8-e7; 24. Td1-f1, Cf6-d7; 25. Cg5xf7, b6xc5; 26. Ae5-d6+, Re7-e8; 27. Ad6-c7, Re8-e7; 28. Tf1-f4, Aa8-c6; 29. Rg1-f2, Tg8-g7.
Error decisivo, la última oportunidad era 29. ..., Cf6.
30. Cf7-e5, Cd7xe5; 31. Ac7xe5, Tg7-g6; 32. Tf4-h4, h7-h6; 33. Ae5-f4, Ac6-b7; 34. Rf2-e3, Ab7-a6; 35. Af4xh6, e6-e5; 36. Re3-d3, Tg6-d6+, 37. Rd3-c3.
Las negras abandonan.

B. Guelfand - A. Beliavski
Linares, 1991
Gambito de dama

---

1. Cg1-f3, d7-d5; 2. d2-d4, Cg8-f6; 3. c2-c4, e7-e6; 4. Cb1-c3, Af8-e7; 5. Ac1-f4, O-O; 6. e2-e3, c7-c5; 7. d4xc5, Ae7xc5; 8. Dd1-c2, Cb8-c6; 9. a2-a3, Dd8-a5; 10. O-O-O, Ac8-d7.
En la partida Gurevich - Sokolov, como el lector recordará, las negras habían capturado en c4 y perdieron muy pronto. El desarrollo del alfil en d7 es una jugada más precisa.

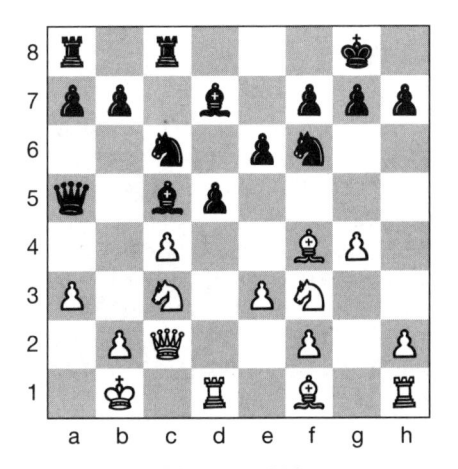

Diagrama 296

11. g2-g4.
Jugada activa, que se da a menudo en esta posición.
11. ..., Tf8-c8; 12. Rc1-b1.
Habitualmente las negras retroceden en este caso su alfil a f8, protegiendo su ala de rey. Esta vez han preparado un sutil plan de contrajuego.
12. ..., b7-b5!!; 13. c4xb5.
Si 13. cxd5, entonces 13. ..., b4!
13. ..., Cc6-e7; 14. Cf3-d2, Da5-d8!
Pierde 14. ..., Axa3?; 15. Cb3, Db4; 16. Td4.
15. Cd2-b3, Cf6-e4; 16. Cb3xc5, Tc8xc5; 17. Af4-e5, Ce4xc3+; 18. Ae5xc3, Ad7xb5; 19. Af1xb5, Tc5xb5.
Las negras obtienen ventaja.
Veamos el disputado fin de esta partida.
20. h2-h4, Ta8-c8; 21. h4-h5, Dd8-d6; 22. Dc2-a4, Dd6-b8!; 23. Ac3-e5, Db8-b7; 24. g4-g5, Ce7-c6; 25. Td1-c1, d5-d4!; 26. Ae5xd4, Tc8-b8!; 27. Ad4-c3, Tb5xb2+; 28. Rb1-a1, Tb2-b6; 29. g5-g6, Tb6-a6!;

30. g6xf7+, Rg8xf7; 31. Da4-f4+, Rf7-g8; 32. Df4-d6, Cc6-d4!
Las blancas abandonan.

A. Karpov - A. Khalifman
Reykjavik, 1991
Defensa India de dama

1. d2-d4, Cg8-f6; 2. c2-c4, e7-e6; 3. Cg1-f3, b7-b6; 4. g2-g3, Ac8-a6; 5. b2-b3, Af8-b4+; 6. Ac1-d2, Ab4-e7; 7. Af1-g2, c7-c6; 8. Ad2-c3, d7-d5; 9. Cb1-d2, Cb8-d7; 10. O-O, O-O; 11. Tf1-e1, c6-c5; 12. e2-e4, d5xc4; 13. Cd2xc4, Ac6-b7.
Encontramos en este caso 14. e5 y 14. Cfe5 con un juego igual.
14. Dd1-d3!
Tímida innovación, pero suficiente para dejar a las negras sin contrajuego.
14. ..., c5xd4; 15. Cf3xd4, Cd7-c5; 16. Dd3-c2, a7-a6; 17. Ta1-d1, Dd8-c7; 18. Ac3-d2!, Cc5-d7.
Por extraño que pueda parecer, esta jugada es única. Pierden a continuación 18. ..., b5; 19. Af4,

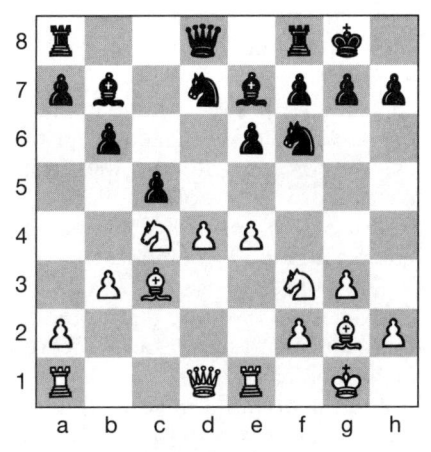

Diagrama 297

Dc8; 20. Cb6; 18. ..., Ccxe4; 19. Af4, Dc5; 20. Axe4, Cxe4; 21. Txe4, b5; 22. Te5 o 18. ..., e5; 19. Cf5 con la amenaza 20. Cxb6, Dxb6; 21. Cxe7+.
 19. Ad2-f4, Dc7-c5; 20. Af4-c1, Dc5-c7; 21. e4-e5, Cf6-d5; 22. Cc4-e3, Dc7xc2; 23. Cd4xc2, Ta8-c8; 24. Ag2xd5, e6xd5; 25. Ce3xd5, Ab7xd5; 26. Td1xd5, Tc8xc2; 27. Td5xd7, Ae7-b4; 28. Te1-d1, Tc2xa2; 29. Ac1-e3, Ab4-c5; 30. Ae3xc5, b6xc5; 31. Td7-c7!, Ta2-a3; 32. e5-e6, f7xe6; 33. Td1-d7.
 Las negras abandonan.

J. Timman - V. Anand
Tilburg, 1991

 1. e2-e4, e7-e5; 2. Cg1-f3, Cg8-f6; 3. Cf3xe5, d7-d6; 4. Ce5-f3, Cf6xe4; 5. d2-d4, d6-d5; 6. Af1-d3, Af8-d6; 7. O-O, O-O, 8. c2-c4, c7-c6; 9. c4xd5, c6xd5; 10. Cb1-c3, Ce4xc3; 11. b2xc3, Ac8-g4; 12. Ta1-b1, Cb8-d7; 13. h2-h3, Ag4-h5; 14. Tb1-b5, Cd7-b6; 15. c3-c4, Ah5xf3; 16. Dd1xf3, d5xc4; 17. Ad3-c2, Dd8-d7; 18. a2-a4, Ad6-c7; 19. Tb5-c5, Ac7-d6; 20. Tb5, Ac7; 21. Tc5, Ad6.
 Hemos pasado rápidamente por la veintena de jugadas de esta complicada variante de apertura, parte ahora de la teoría moderna.
 En efecto, ¡esta posición ya se ha presentado en la práctica!
 22. a4-a5!
 Novedad bastante inesperada. Las blancas no desplazan su torre (se jugaba hasta ahora 22. Tg5); en primer lugar van a mejorar fundamentalmente la disposición de sus piezas.

 22. ..., Cb6-c8.
 22. ..., Axc5 es malo a causa de 23. dxc5, Cc8; 24. a6!
 23. Ac2-f5, Dd7-d8; 24. a5-a6, Cc8-e7; 25. a6xb7, Ta8-b8; 26. Ac1-g5!, f7-f6; 27. Af5-e6+, Rg8-h8; 28. Ag5-f4, Ad6xf4; 29. Df3xf4, Tb8xb7; 30. d4-d5, Ce7-g6; 31. Df4xc4, Dd8-b8; 32. Tf1-c1, Tb7-b1; 33. Tc5-c7, Tb1xc1+; 34. Dc4xc1, Tf8-d8; 35. Ae6-f5, Db8-b6; 36. Dc1-c6, Db6-a5; 37. Rg1-h2, Cg6-f8.
 Las blancas reforzaban su ventaja jugando 38. Ae4. Prefirieron 38. Tc8, Txc8; 39. Axc8 y la partida acabó en tablas.

J. Timman - A. Yusupov
Linares, 1992
Partida Rusa

 Es la segunda vez consecutiva que esta apertura relativamente poco jugada vence en el concurso para la mejor innovación...
 1. e2-e4, e7-e5; 2. Cg1-f3, Cg8-f6; 3. d2-d4, Cf6xe4; 4. Af1-d3, d7-d5; 5. Cf3xe5, Af8-d6; 6. O-O, O-O; 7. c2-c4, Ad6xe5; 8. d4xe5, Cb8-c6; 9. c4xd5, Dd8xd5; 10. Dd1-c2, Cc6-b4; 11. Ad3xe4, Cb4xc2; 12. Ae4xd5, Ac8-f5; 13. g2-g4, Af5xg4; 14. Ad5-e4, Cc2xa1; 15. Ac1-f4, f7-f5; 16. Ae4-d5+, Rg8-h8; 17. Tf1-c1, c7-c6; 18. Ad5-g2, Tf8-d8; 19. Cb1-d2, h7-h6; 20. h2-h4, Td8-d3.
 21. Ag2-f1!
 Hemos dejado veinte jugadas más sin comentarios; la innovación aparece ahora... 21. Txa1 lleva a un juego igual. Por ejemplo, en la segunda partida de este mismo encuentro de aspirantes, después de

Diagrama 298

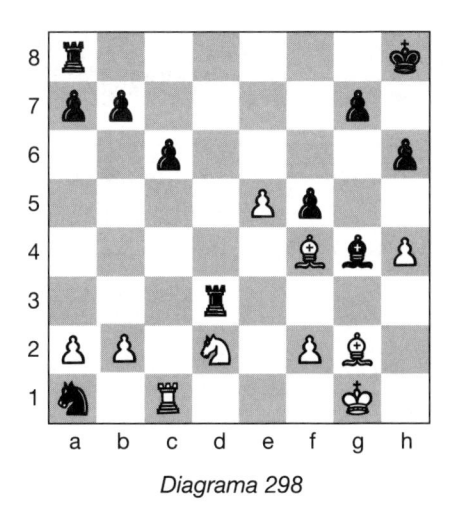

21. ..., g5; 22. hxg5, hxg5; 23. Axg5, Tg8; 24. Af6+, Rh7; 25. Cf1, f4; 26. Rh2, Tg6; 27. Te1, Th6+; 28. Rg1, Tg6; 29. Rh2, los adversarios hicieron tablas.

Una jugada intermedia de alfil modifica radicalmente la valoración de la posición.

21. ..., Td3-d4; 22. Af4-e3, Td4-d5; 23. Tc1xa1.

Al atacar la torre, las blancas ganan tiempo y capturan entonces el caballo, refugiado en un rincón del tablero. La persecución de la torre continúa.

23. ..., Td5xe5; 24. Cd2-c4, Te5-d5; 25. Af1-g2, Td5-b5; 26. Ta1-e1, Ta8-d8; 27. Ae3xa7, Td8-d1; 28. Te1xd1, Ag4xd1; 29. Aa7-d4.

La posición de las negras es desesperada. A pesar de su feroz resistencia, acabaron rindiendo las armas.

DECIMOSÉPTIMA CONVERSACIÓN

> *"Realizar análisis permite aprender a pensar y a calcular."*
>
> **(M. Botvinnik, 6º campeón mundial)**

La estética de los estudios en el ajedrez

Se acerca el final del libro y aún no hemos hablado de la composición en el ajedrez, campo importante e interesante del juego. Por tanto, consagramos una conversación a esa "poesía del ajedrez" que es la composición.

Un jugador que tiene ante sus ojos un diagrama sólo está satisfecho si soluciona la posición. Dejando a un lado la pasión y la satisfacción, el estudio de los problemas y su resolución aporta también cierta utilidad y desarrolla la comprensión del ajedrez desde el punto de vista estético. Existe una diferencia esencial entre los problemas y los estudios. En un problema, el número de jugadas al cabo del cual debe darse mate al rey adversario se indica claramente. La posición inicial se aleja a menudo de las situaciones que aparecen en una partida real. La resolución de los problemas incluye un gran número de variantes y desarrolla así la perspicacia táctica.

En un estudio, el número de jugadas necesario para la victoria o para las tablas no está limitado. La disposición inicial de las piezas procede de una partida real o de un final. La resolución de un estudio desarrolla el arte del análisis en el ajedrez y perfecciona el juego en la fase final.

La composición guarda una relación directa con el arte; la partida de ajedrez, por su parte, tiene un interés deportivo y no siempre es una obra de arte. En una partida entre grandes maestros, un lamentable error estropea a veces una hermosa idea y una bonita combinación se queda a menudo entre bastidores. La composición, la más pura forma del ajedrez, es un verdadero arte tanto por su expresión como por su contenido. Da origen a la creación de problemas y estudios (muchos grandes maestros se dedican a ello). El campo del estudio es muy amplio; abundan los temas y las ideas. Optaremos por un fascinante tema que comienza con un interesante estudio de peones. El lector descubrirá, a través de las distintas variantes, lo que se llama belleza del juego y la estética que le es propia.

Esta conversación será una valiosa lección en el estudio de los finales de peones, ¡sin cuyo conocimiento no se puede decir que se sepa jugar realmente! Matemos dos pájaros de un tiro...

Veamos el estudio representado en el diagrama, que asombrará al jugador principiante.

Fue imaginado por el gran maestro y compositor checo Richard Reti. Se dice que es "simplemente genial".

R. Reti, 1921

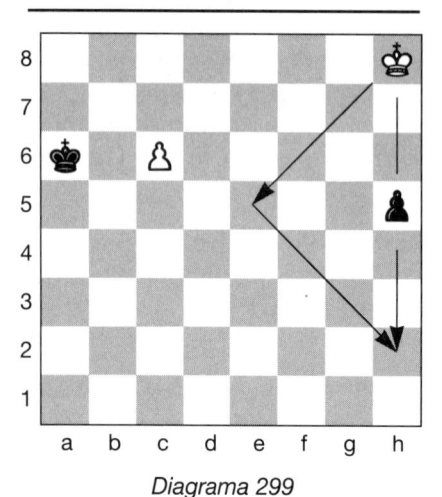

Diagrama 299

Tablas.

Al principio es una tarea que parece imposible de realizar. El rey negro está a dos pasos del peón blanco y su propio peón avanza sin que el rey adversario pueda detenerlo. ¡Pero las blancas lo alcanzan!

Si el rey escoge un trazado rectilíneo (1. Rh7, h4; 2. Rh6, h3, etc.), el interés será escaso. Pero efectúa una maniobra absolutamente inesperada y paradójica.

1. Rh8-g7!, h5-h4; 2. Rg7-f6!, Ra6-b6.

Después de 2. ..., h3; 3. Re7, h2; 4. c7, Rb7; 5. Rd7, ambos peones van a dama.

3. Rf6-e5!, Rb6xc6.

3. ..., h3; 4. Rd6, h2; 5. c7, Rb7; 6. Rd7 condujo una vez más a la creación de dos damas simultáneamente.

4. Re5-f4, h4-h3; 5. Rf4-g3, h3-h2; 6. Rg3xh2.

Así pues, el rey ha alcanzado al peón justo antes de su promoción. La partida acaba en tablas; lo increíble se ha hecho realidad.

¿Cómo se ha producido este milagro y cómo han podido salvar su partida las blancas?

Una geometría poco habitual en el tablero puede explicarlo.

Se dice que la línea recta es el camino más corto entre dos puntos, pero, en el tablero, la distancia más corta no es forzosamente la línea recta.

En nuestro ejemplo, el rey puede alcanzar las casillas h8 y h2 en seis jugadas, en línea recta o en zigzag.

Escogiendo el camino más extraño a simple vista, las blancas ganan tiempo, ya que obligan al rey negro a hacer dos jugadas más. Por tanto, su peón pierde velocidad.

De los 51 caminos que separan al rey de h2, ¡sólo uno le salva!

Para el rey, la suma de los lados del triángulo rectángulo recorrido... ¡es igual a su hipotenusa! Este teorema matemático sólo se aplica a un tablero...

En su época, el cuarteto de Reti hizo una gran impresión en el mundo del ajedrez.

Tuvo numerosos seguidores entre los compositores. La idea geométrica del estudio que se denomina la "maniobra de Reti" se llevó a cabo varias veces desde entonces y se produndizó. Pero la pureza de la forma y el poco material utilizado no permiten superar el original, ya que en el tablero sólo hay dos reyes y dos peones. La idea de Reti tuvo un gran papel en la composición, pero también en la teoría de los finales y el juego práctico. Estudiaremos unos ejemplos que desarrollarán y enriquecerán este tema. Una síntesis entre la "maniobra de Reti" y otros temas se halla en varios estudios. Algunos ejemplos proceden de las partidas reales. Los primeros se interesan por el desplazamiento sutil del rey blanco.

C. Feather, 1939

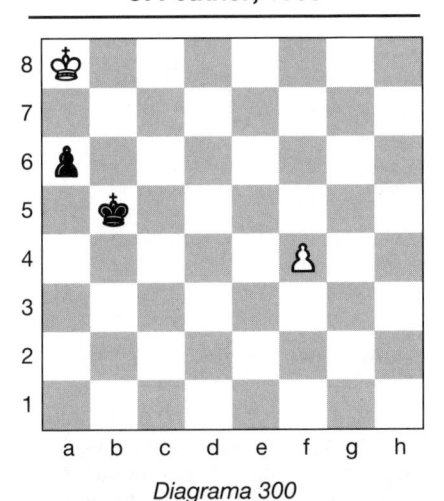

Diagrama 300

Tablas.
1. Ra8-b7!, a6-a5; **2. Rb7-c7**, Rb5-c5; **3. Rc7-d7**.
El rey blanco se acerca a su peón, pero no olvida el de su adversario.
3. ..., Rc5-d5; 4. Rd7-e7, Rd5-e4; 5. Re7-e6!, a5-a4; 6. f4-f5, a4-a3; 7. f5-f6.
Tablas.

L. Prokes, 1947

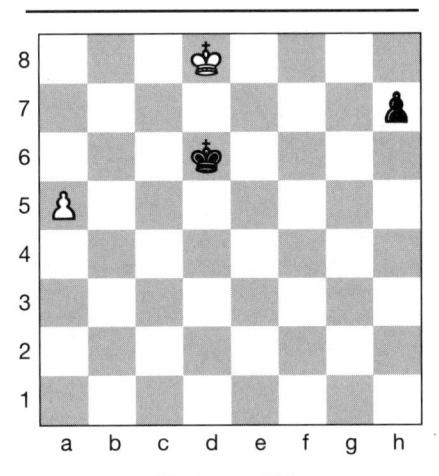

Diagrama 301

Tablas.
1. Rd8-c8.
De esta forma el rey blanco va a la caza del peón... "h".
1. ..., Rd6-c6; 2. Rc8-b8!, Rc6-b5; 3. Rb8-b7!, Rb5xa5; 4. Rb7-c6, h6-h5; 5. Rc6-d5
Y el rey está en el cuadrado.
Fue Emmanuel Lasker el primero en poner en práctica esta idea de desplazamiento paradójico del rey.

E. Lasker - S. Tarrasch
San Petersburgo, 1914

La posición de las blancas es preocupante; su peón "h" no es peligroso y, en la otra ala, las negras amenazan con crear un peón pasado.
40. h2-h4, Rf5-g4; 41. Rg7-g6!, Rg4xh4; 42. Rg6-f5.
Ahora las negras deben tener cuidado para no perder. Veamos el final del encuentro:

Diagrama 302

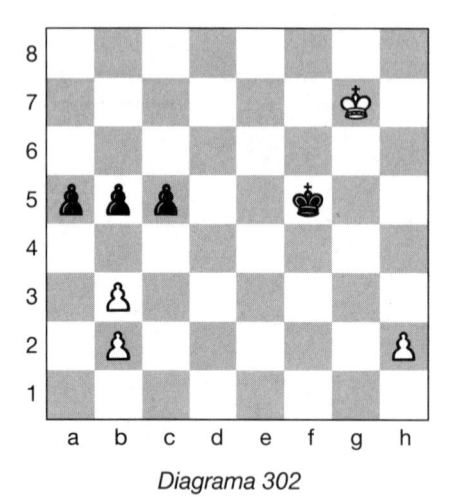

42. ..., Rh4-g3; 43. Rf5-e4, Rg3-f2; 44. Re4-d5, Rf2-e3; 45. Rd5xc5, Re3-d3; 46. Rc5xb5, Rd3-c2; 47. Rb5xa5, Rc2xb3.
Tablas.
Veamos otro ejemplo entre dos famosos jugadores.

F. Yates - F. Marshall
Carlsbad, 1929

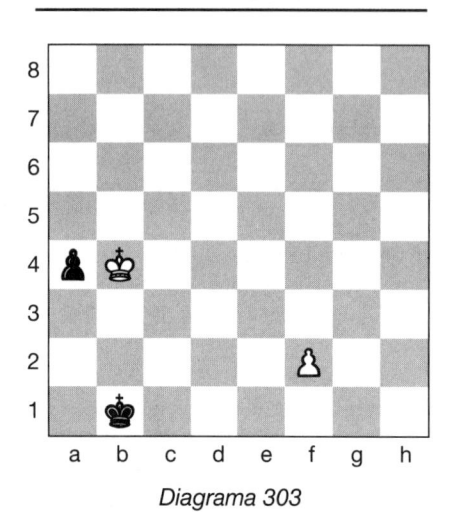

Diagrama 303

1. ..., Rb1-b2!
Pareciendo apoyar el empuje de su peón...
2. Rb4xa4, Rb2-c3!; 3. f2-f4, Rc3-d4.
Pero reteniendo en realidad el peón pasado adversario.

I. Maizelis, 1921

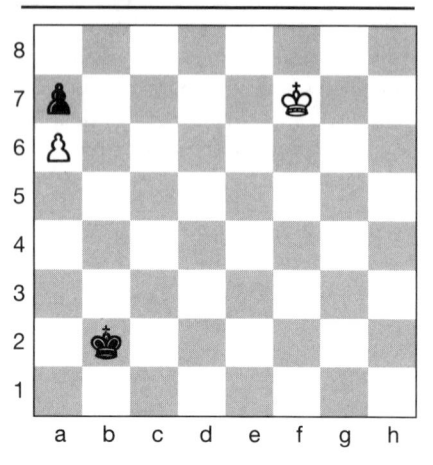

Diagrama 304

Victoria.
Tenemos ante nosotros una posición en la que el objetivo de las blancas no son las tablas, sino la victoria.
El peón a7 no está defendido. La única posibilidad que tienen las negras de evitar Rxa7 es arrinconar al rey blanco en el borde del tablero jugando Rc7.
El camino más corto del rey blanco hacia el peón a7 es de cinco jugadas. Existen treinta posibilidades de llegar igual de deprisa, pero una sola conduce al objetivo.
1. Rf7-e6!, Rb2-c3; 2. Re6-d5!!
Se trata de una maniobra muy frecuente en los finales. El rey negro ha sido ligeramente rechaza-

do; se ve obligado a dar un paso *in situ* y, por lo tanto, no llega al lugar en el que sucede la acción.

2. ..., Rc3-b4; 3. Rd5-c6, Rb4-a5; 4. Rc6-b7, Ra5-b5; 5. Rb7xa7, Rb5-c6; 6. Ra7-b8.

Y el peón se transforma en dama.

La posición del diagrama pertenece a la partida Schlage - Ahues (Berlín, 1921).

Las blancas no conocían la geometría del ajedrez y después de 1. Re6, Rc3; 2. Rd6?, Rd4; 3. Rc6, Re5; 4. Rb7, Rd6; 5. Rxa7, Rc7, la partida acabó en tablas.

O. Duras, 1905

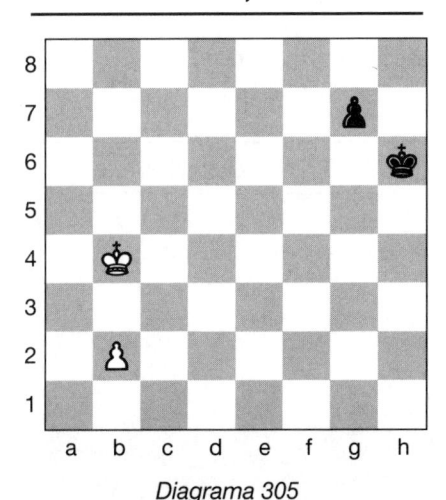

Diagrama 305

Victoria.

Los dos peones pasados están a igual distancia de su casilla de promoción, pero el rey blanco es un poco más activo y ello le permite maniobrar de forma que, en el momento en que su peón se convierta en dama, el rey negro se halle en jaque.

1. Rb4-c5!, g7-g5; 2. b2-b4, g5-g4; 3. Rc5-d4, Rh6-g5; 4. b4-b5, g4-g3; 5. Rd4-e3, Rg5-g4; 6. b5-b6, Rg4-h3; 7. b6-b7, g3-g2; 8. Re3-f2, Rh3-h2; 9. b7-b8=D+.

Otra variante: 1. ..., Rg6; 2. b4, Rf7 (2. ..., Rf6; 3. Rd6!); 3. b5, Re7; 4. Rc6!, Rd8; 5. Rb7, g5; 6. b6, g4; 7. Ra7, y las blancas vuelven a ganar, al llevarse a cabo la promoción de su peón con jaque.

**V. Korchnoi - A. Karpov
Moscú, 1974**

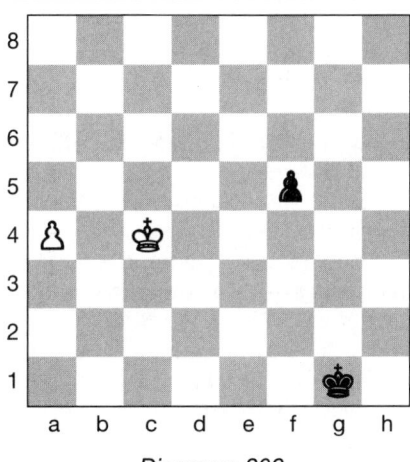

Diagrama 306

Esta posición podía aparecer en el aplazamiento de la 19ª partida de la final de aspirantes que asistió a la victoria de las blancas.

Los corresponsales de los periódicos, al citar esta posición, escribieron que las negras habían dejado escapar un salvamento digno de un estudio. Proponían la siguiente variante, completamente en la línea de Reti: 1. Rd4, Rf2; 2. Re5 (si no el peón "f" avanza); 2.

..., Re3!; 3. Rxf5 (a causa de la nueva amenaza f5-f4); 3. ..., Rd4 y el rey negro está en el cuadrado. En la partida, las negras obtuvieron efectivamente las tablas, pero antes de llegar al final. En la posición del diagrama, las blancas ganaban brillantemente con el medio que hemos visto.

1. Rc4-d3!, Rg1-h2!

Más encarnizado que 1. ..., Rf2 (si 1. ..., Rg2, el rey se pondría de inmediato en jaque); 2. a5, f4; 3. a6, f3; 4. a7, Rg1; 5. a8=D, f2; 6. Dg8+, Rh1; 7. Re2.

2. a4-a5, f5-f4; 3. a5-a6, f4-f3; 4. Rd3-e3!

En el momento oportuno el rey negro es arrastrado a la fatídica casilla g2.

4. ..., Rh2-g2; 5. a6-a7, f3-f2; 6. a7-a8=D+, etc.

En este "duelo de ideas", Duras venció a Reti.

Volvamos a la maniobra de Reti en una posición con gran número de peones.

Siete años después de su descubrimiento, Reti inventó una presentación del tema aún más paradójica.

R. Reti, 1928

Tablas.

Esta vez un solo peón blanco, y el más insignificante, ¡logra enfrentarse a los tres peones adversarios pasados y unidos!

1. Rh5-g6, Ra6-b6; 2. Rg6xg7, h6-h5.

O 2. ..., f5; 3. Rf6, f4; 4. Re5, f3; 5. Rd6.

3. Rg7xf6, h5-h4; 4. Rf6-e5.

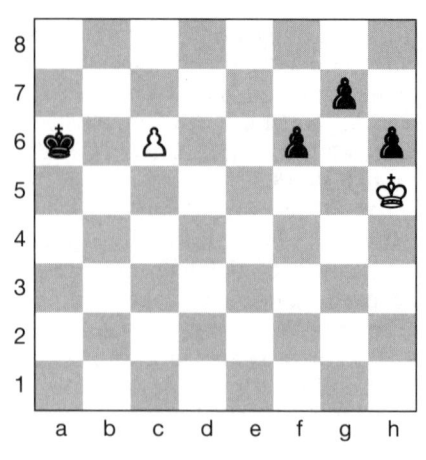

Diagrama 307

Con un final conocido:
1. ..., h6-h5; 2. Rg6xg7, h5-h4; 3. Rg7xf6, etc.
1. ..., f6-f5; 2. Rg6xg7, f5-f4; 3. Rg7-f6, f4-f3; 4. Re7.

Con tablas.

T. Gorguiev, 1967

Tablas.

Hay igualdad de material en el tablero, pero, si bien los peones

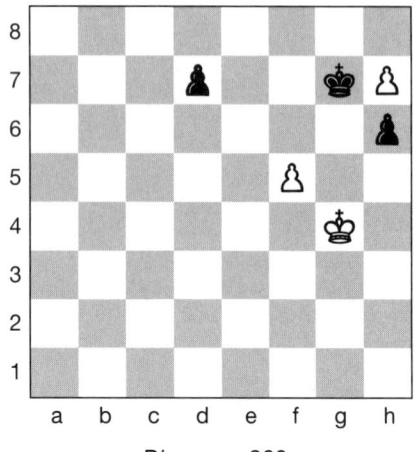

Diagrama 308

negros avanzan tranquilamente, en cambio los peones blancos no pueden contar con hacer lo mismo. Sin embargo, las blancas no pierden porque juegan dos veces la maniobra de Reti.
1. f5-f6+, Rg7xh7; 2. Rg4-f5!, Rh7-g8; 3. Rf5-g6, d7-d5!; 4. Rg6-f5, h6-h5; 5. Rf6-e6!, Rg8-f8; 6. Re6xd5, h5-h4; 7. Rd5-e4.
Tablas.

En el final que habría podido producirse en el transcurso de la partida Korchnoi - Karpov las esperanzas puestas en la maniobra de Reti no estaban justificadas.

En un estudio, esta idea (el bando fuerte impide al bando adversario efectuar esta maniobra salvadora) lleva el nombre de maniobra anti-Reti.

Veamos un ejemplo clásico.

H. Rinck, 1922

Victoria.
1. a3-a4, Ra2-b3!; 2. a4-a5, Rb3-c3!

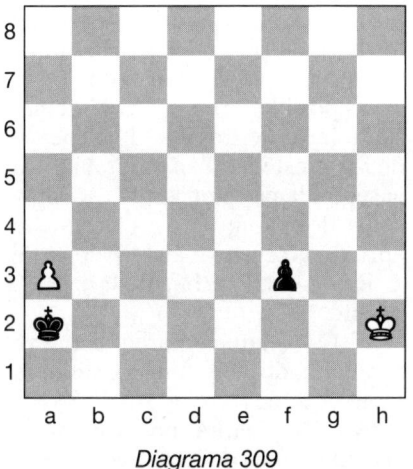

Diagrama 309

El rey negro se desplaza siguiendo la pauta de Reti. Va hacia su propio peón, pero apunta al peón adversario (2. ..., Rc4; 3. a6, Rd3; 4. a7, f2; 5. a8=D, f1=D; 6. Da6+).
3. Rh2-g1!
Las blancas destruyen así el proyecto de las negras. Con 3. a6?, Rd2! o 3. Rg3?, Rd4!, no lo consiguen.
3. ..., Rc3-d4; 4. a5-a6, Rd4-e3; 5. Rg1-f1
Con la victoria. La maniobra de Reti es posible con otros finales distintos de los finales de peones.

L. Mitrofanov, 1972

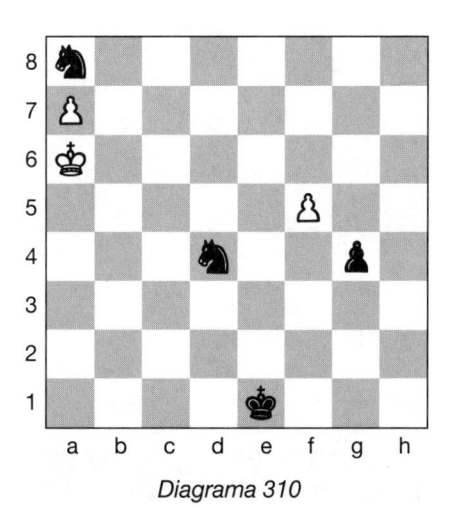

Diagrama 310

Tablas.
Es ciencia ficción, pero en este caso el rey alcanza al peón negro.
Por el momento les separa un abismo...
1. Ra6-b7, g4-g3; 2. Rb7xa8.
La distancia que separa al rey del peón negro se ha incrementado

pero el monarca blanco no irá más lejos.
2. ..., Cd4-b5; 3. Ra8-b7!
Y no 3. f6, g2; 4. f7, g1=D; 5. f8=D, Dxa7#.
3. ..., Cb5xa7; 4. f5-f6!, Ca7-b5; 5. Rb7-c6!, Cb5-d4+; 6. Rc6-d5, Cd4-f5; 7. f6-f7, Cf5-e7+; 8. Rd5-e4, Ce7-g6; 9. Re4-f3
Y las blancas llegan a tiempo.

V. Pomogalov, 1973

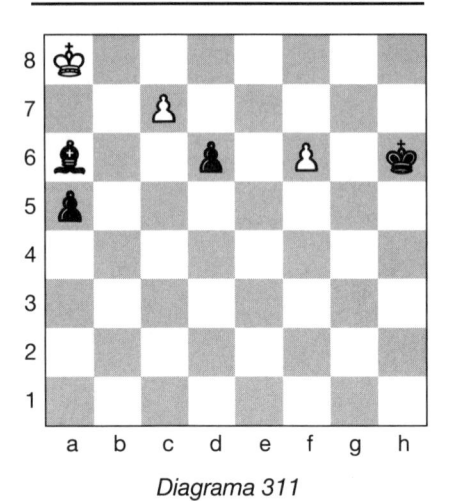

Diagrama 311

Tablas.
1. Ra8-a7, Aa6-c8; 2. Ra7-b8!, Ac8-e6; 3. c7-c8=D, Ae6xc8; 4. Rb8-c7!!
Sin olvidar las lecciones de Reti, después de 4. Rxc8, Rg6; 5. Rd7, Rxf6, las blancas pierden.
4. ..., Rh6-g6; 5. Rc7xd6!, Rg6xf6; 6. Rd6-c5.
Y el rey termina con el peón "a". Siete años después de la obra maestra de Reti, se creó otra composición genial, que hace referencia directa al tema que estamos tratando.

A. y K. Sarytchev, 1928

Diagrama 312

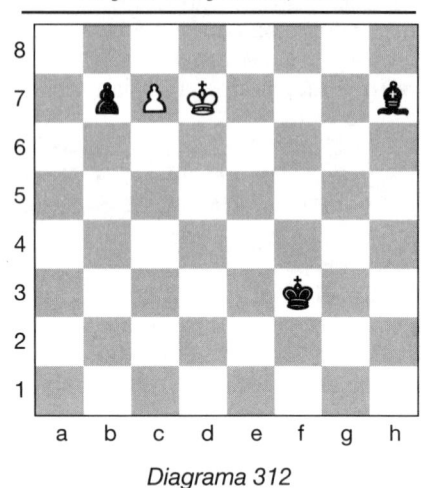

Tablas.
1. Rd7-c8!!
¡Jugada mágica! En lugar de alcanzar el peón adversario, el rey blanco se aparta de él. Pero no por mucho tiempo.
1. ..., b7-b5; 2. Rc8-d7!, b5-b4; 3. Rd7-d6!, Ah7-f5; 4. Rd6-e5!, Af5-c8; 5. Re5-d4.
Y el rey está en el cuadrado.
Existe cierta analogía entre las posiciones clásicas de Reti y la de los hermanos Sarytchev. En la primera posición, el peón "con el que no es posible terminar" está demasiado lejos del rey; desde el punto de vista estético es irrefutable. En la segunda posición el rey está muy cerca del peón, pero ya no puede aproximarse más a él: 1. Rd6, Af5; 2. Rc5, Ac8; 3. Rb6, Re4; 4. Ra7, b5, etc.
Este ataque paradójico va acompañado de una grandiosa fuerza estética.
Veamos ahora una miniatura clásica de otro género.

A. Troitski, 1895

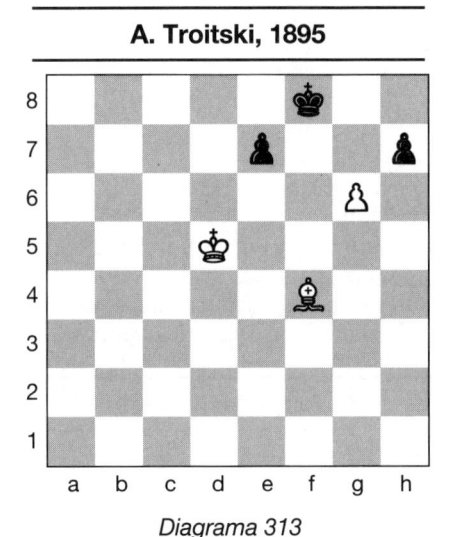

Diagrama 313

Victoria
1. Af4-h6+, Rf8-g8; 2. g6-g7, Rg8-f7.
O 2. ..., e5; 3. Re6, e4; 4. Rf6, e3; 5. Axe3; 2. ..., e6+; 3. Rd6, Rf7; 4. Re5, Rg8; 5. Rf6.
3. g7-g8=D+!!, Rf8xg8; 4. Rd5-e6, Rg8-h8; 5. Re6-f7!, e7-e5; 6. Ah6-g7#.

Es el mate de Troitski con un solo alfil.

Ello tiene poco que ver con la maniobra de Reti, pero hay que realizar una síntesis de los estudios para reunir todas las ideas aparentemente más alejadas y distintas.

E. Pogosiants, 1986

Victoria.
1. Ta2-a6!, Db6xa6; 2. b7-b8=C+!, Rc6-c7; 3. Ac8xa6, Rc7xb8; 4. Re7-d6!, Rb8-a8; 5. Rd6-c7, d7-d5; 6. Aa6-b7#.
La idea es llevada a la práctica.

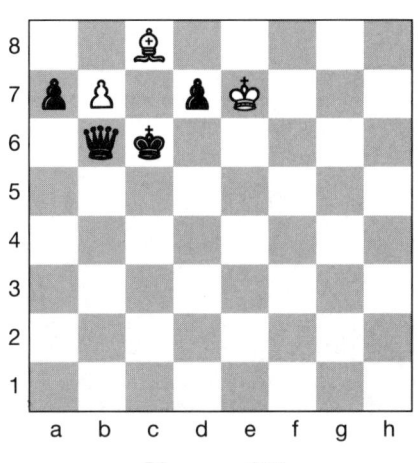

Diagrama 314

1. ..., Rc6-c7; 2. Ta6xb6, a7xb6; 3. Re7-f6, b6-b5; 4. Rf6-e5, b5-b4; 5. Re5-e4!!
Es el único itinerario adecuado del rey. Después de 5. Rd4?, d5!; 6. Rd3, Rb8; 7. Rc2, d4; 8. Rb3, d3, la partida acaba en tablas. Ahora los peones ya no pueden avanzar tanto.
5. ..., d7-d6!; 6. Re4-d3!, d6-d5; 7. Rd3-d4!, Rc7-b8; 8. Rd4xd5!, b4-b3; 9. Rd5-c6, b3-b2; 10. Ac8-f5.
Y las blancas ganan.

Brillante síntesis del mate de Troitski y de la maniobra de Reti.

Volvamos a los finales de peones.

El autor de la siguiente obra es uno de los mayores especialistas en el mundo de los finales de peones. El siguiente estudio eleva la notable idea de Reti a un nivel de calidad aún superior.

M. Zinar, 1982

Tablas.
Es posible apoderarse fácilmente del peón "h", pero después

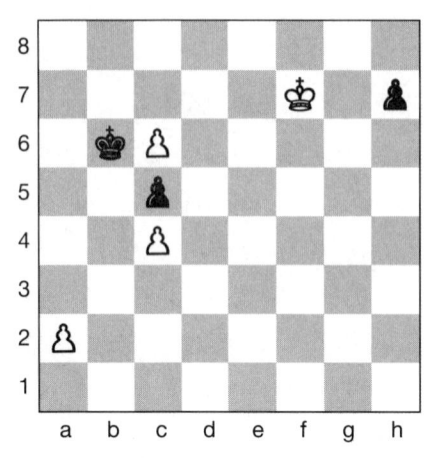

Diagrama 315

de 1. Rf6?, Rxc6; 2. Rg5, Rb6; 3. Rh6, Ra5; 4. Rxh7, Rb4; 5. Rg6, Rxc4; 6. Rf5, Rc3; 7. Re5, c4; 8. a4, Rb4, las negras dominan.

Por tanto, esta variante es una falsa pista.

1. Rf7-g7!!

Es asombroso: las blancas parecen querer acercarse al peón pasado negro. Esta jugada de rey está emparentada con la maniobra de los hermanos Sarytchev.

1. ..., h7-h5; 2. Rg7-f6!

Y ahora, ¡una continuación a lo Reti!

2. ..., h5-h4; 3. Rf6-e5!, Rb6xc6; 4. Re5-f4, Rc6-b6; 5. Rf4-g4, Rb6-a5; 6. Rg4xh4, Ra5-b4.

Con respecto a la falsa pista 1. Rf6, el rey blanco se encuentra ahora no en h7 sino en h4, lo cual es esencial.

7. Rh4-g3!!

La irreflexiva jugada 7. Rg4 es perdedora: 7. ..., Rxc4; 8. Rf3, Rd3!; 9. a4, c4; 10. a5, c3; 11. a6, c2; 12. a7, c1=D; 13. a8=D, Dh1+.

7. ..., Rb4xc4; 8. Rg3-f2!

Y no 8. Rf3?, Rd3 y las negras ganan como en la variante anterior.

8. ..., Rc4-c3; 9. Rf2-e2!

Precisión final: después de 9. Re1 (e3), el peón negro va a dama dando jaque.

9. ..., c5-c4; 10. a2-a4.

Tablas.

Se trata de un estudio fascinante. Unos años más tarde, Pogosiants alargó la resolución unas jugadas más añadiendo sólo unos peones.

E. Pogosiants, 1985

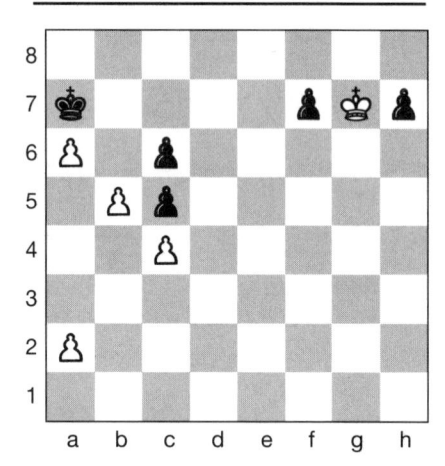

Diagrama 316

Tablas.

1. b5xc6!

Los peones se separan bruscamente. Después de 1. a4, cxb5, las negras se imponen fácilmente.

1. ..., Ra7-b6!!

Si 1. ..., Rxa6, la maniobra de Reti salva a las blancas: 2. Rxh7, Rb6; 3. Rg7, f5; 4. Rf6, f4; 5. Re5, f3; 6. Rd6, f2; 7. c7. Tablas.

2. a6-a7!!

Magnífica desviación parando la amenaza 2. ..., Rxc6.

2. ..., Rb6xa7; 3. Rg7xf7!!

Había una falsa pista tan oculta como notable: 3. Rxh7?, f5; 4. Rg6, f4; 5. Rf5 (5. Rf6, Rb8! otra sutileza); 5. ..., f3; 5. Re6, f2; 7. c7, f1=D; 8. c8=D, Dh3+. ¡Anti-Reti según la pauta de Duras!
3. ..., Ra7-b6.
Veamos la posición de Zinar.
4. Rf7-g7!
Y el rey blanco comienza a hacer milagros.

Para concluir veamos dos curiosas partidas. La primera se desarrolló en simultáneas y la segunda en un encuentro del campeonato del mundo. En estos dos ejemplos se da la geometría original del tablero (tienen otra similitud: ¡la de haber sido jugadas por campeones mundiales!).

La primera partida se desarrolló a comienzos de siglo en una simultánea dada por el futuro campeón mundial Alekhine a los miembros del Club de Ajedrez de Moscú.

A. Alekhine - V. Neistadt
Moscú, 1914

En respuesta al salto del caballo Ch7-f8, Alekhine respondió instantáneamente:
1. e5-e6.
Su adversario iba a capturar con el peón f7, pero, cuando volvió a su mesa, éste se equivocó (¡la victoria contra el gran maestro estaba tan cerca!) y capturó este peón con su caballo:
1. ..., Cf8xe6.
Alekhine sonrió y retiró el caballo del tablero:
2. Cd4xe6.

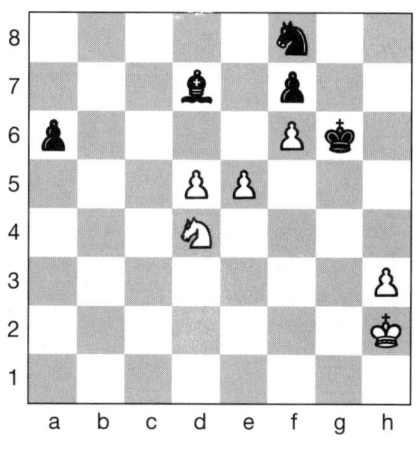

Diagrama 317

"¿Cómo proseguir? –se preguntó Neistadt–. Sin duda con el peón." Pero el gran maestro se acercó a la mesa (quedaban pocas partidas) y su adversario cogió maquinalmente su alfil y luego volvió a dejar la pieza. Alekhine le propuso repetir la jugada pero él rehusó orgullosamente.

"Lástima", dijo Alekhine con tono misterioso. A continuación derribó su propio rey. Neistadt no lo comprendió y después de la simultánea fue tímidamente a pedirle al gran maestro que le desvelase la explicación de su enigmático comportamiento.

"Con mucho gusto, –y volvieron a instalar la posición–. En esta triste posición, he calculado que jugando 1. e6, usted capturaba con su peón, o a continuación: 1. ..., fxe6; 2. Cxe6, Cxe6; 3. dxe6, Axe6, o tras el incidente de la partida 1. ..., Cxe6; 2. Cxe6, fxe6; 3. dxe6, Axe6", añadió Alekhine.

En las dos variantes, se llegó a la siguiente posición:

Diagrama 318

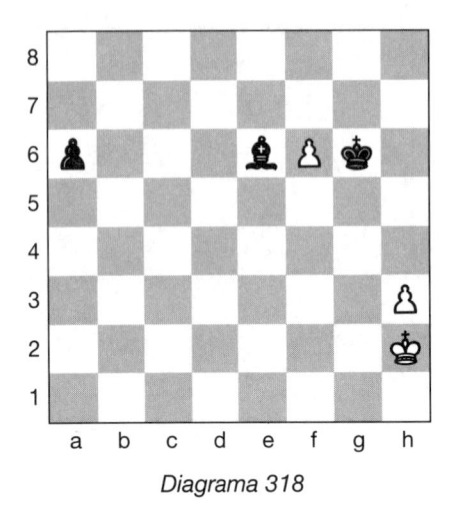

Alekhine preguntó a su adversario por qué no había capturado en e6 con el peón.

"Iba a hacerlo –dijo, confuso– y luego me pregunté de qué serviría. Ahora, viendo la posición, comprendo que la captura con el peón era más fuerte."

"¿Usted cree? –preguntó Alekhine sonriendo–. Sentémonos un momento."

"¿Vale la pena? Su rey no entra en el cuadrado de mi peón pasado", observó Neistadt.

Alekhine sonrió y, con gesto indolente, movió su rey: 4. Rg3. Jugaron dos jugadas más: 4. ..., a5; 5. Rf4, a4; 6. Re5! y el que tenía las negras dijo que era inútil adelantar el peón: 6. ..., a3; 7. Rxe6, a2; 8. f7. Tablas. El alfil retrocede, por lo tanto, sobre la diagonal a2-g8 y después de 7. Rd4, a3; 8. Rc3, a2; 9. Rb2, el rey alcanza al peón. No puede capturarlo, pero no es necesario, ya que hay tablas teóricas en el tablero.

Los espectadores, hechizados, rodearon la mesa en que se desarrollaba la discusión. Creían hallarse ante un milagro. El rey blanco se había acercado al peón de forma incomprensible.

Siete años antes que Reti, ¡el gran Alekhine había puesto en práctica su propia maniobra!

Yendo de mesa en mesa, había sabido hallar no sólo una idea geométrica original sino también... su refutación: 4. Rg3, Rxf6!; 5. Rf4, Af5!; 6. Re3, Re5; 7. Rd2, Rd4; 8. Rc1, Rc3 y el rey blanco ya no puede oponerse a la promoción del peón negro.

**D. Bronstein - M. Botvinnik
Moscú, 1951**

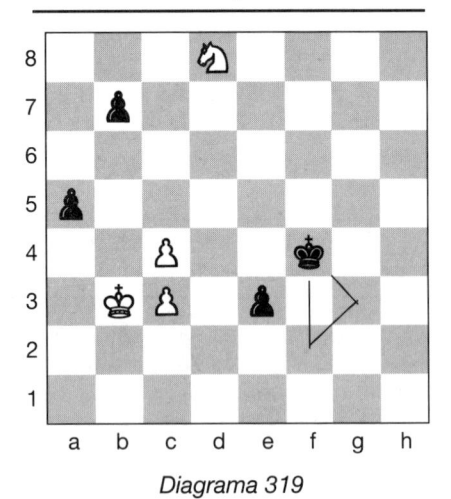

Diagrama 319

Esta posición, procedente de la sexta partida del match del campeonato del mundo, acaba fácilmente en tablas: 57. Ce6+ y 58. Cd4. Pero Bronstein decidió adelantar su rey hacia el peón con la esperanza de ganar. Jugó:

57. Rb3-c2.
El gran maestro comprendió que el rey negro podía ir a f2, pero sólo examinó con seguridad el itinerario directo Rf4-f3-f2, suponiendo que podría salvarse gracias a su caballo: Ce6 y Cd4+. ¡Cuál no sería su sorpresa al ver que el rey adversario se dirigía hacia la casilla f2, no por la línea directa sino haciendo zigzag!
Después de:
57. ..., Rf4-g3!!
Las blancas abandonan de inmediato, ya que no pueden detener al peón "e":

58. Cd8-e6, e3-e2.
Y el caballo blanco llega a d4 sin jaque (59. Rd2, Rf2!).
Es la maniobra Rf4-g3-f2 la que ha dado la victoria a las negras. ¡El movimiento en línea recta sólo daba las tablas! Después de 57. ..., Rf3; 58. Cf7!, e2; 59. Ce5+, Rf2; 60. Cd3+, Rf1; 61. Rb3, e1=D; 62. Cxe1, Rxe1; 63. Ra4, el final de peones acaba en tablas.
Así, las leyes de la geometría del ajedrez fueron confirmadas en la más alta instancia de nuestro juego, ¡un encuentro del campeonato del mundo!

DECIMOCTAVA CONVERSACIÓN

> *"Mi ideal en el ajedrez es jugar una partida y lograr una bella combinación."*
>
> **(V. Simaguin, gran maestro)**

Partidas memorables

En un libro tan variado y denso, el lector espera encontrar, sin duda, algunas de mis partidas que tal vez no ilustren un tema preciso (apertura o procedimiento táctico), sino simplemente por su simple valor estético. Mis bellas partidas son numerosas, pero ¿cuáles son las mejores?

He consultado el *Informator* para escogerlas. Recuerdo en particular el concurso de la "mejor innovación teórica" (hemos hablado de él en las "sorpresas en las aperturas") presente en cada número del *Informator*. Debo confesar que estoy satisfecho del número de partidas que se me han premiado: he obtenido en 13 ocasiones el primer premio. Algunas partidas premiadas han sido integradas en otras conversaciones; otras han envejecido un poco. Quedan, por lo tanto, seis partidas entre las "mejores", que son objeto de esta conversación. Espero que el lector comparta mi alegría al revisarlas.

J. Timman - A. Karpov
Montreal, 1979
Apertura Inglesa

En esta partida el gran maestro holandés cayó en la trampa de apertura que yo había reservado a Korchnoi en un encuentro del campeonato del mundo en Baguio. Cabe destacar que se jugó sólo un año después del encuentro en cuestión. Fue premiada dos veces, en el concurso de la mejor partida y en el de la mejor innovación.

1. c2-c4, Cg8-f6; 2. Cb1-c3, e7-e5; 3. Cg1-f3, Cb8-c6; 4. e2-e3, Af8-e7; 5. d2-d4, e5xd4; 6. Cf3xd4, O-O; 7. Cd4xc6, b7xc6; 8. Af1-e2, d7-d5; 9. O-O, Ae7-d6; 10. b2-b3, Dd8-e7; 11. Ac1-b2, d5xc4.

Había tenido esta idea al preparar el encuentro del campeonato del mundo.

Las negras pretenden ampliar al máximo el campo de acción de sus piezas dirigiéndolas al asalto del ala de rey. Antes se jugaba 11. ..., Td8; 12. cxd5, De5; 13. g3, Ah3; 14. Te1, Ab4; 15. Dc2 con ventaja blanca.

12. b3xc4.

Capturando con el alfil, las negras tenían posibilidades de ataque del tipo 12. ..., De5; 13. g3, Ah3; 12. ..., Cg4; 13. g3, Cxh2, e incluso 12. ..., Axh2+!? Ahora entra en juego la torre a8.

12. ..., Ta8-b8!

Las blancas deben estar alerta porque hay ataques dobles en el aire: 13. Tb1?, Txb2; 14. Txb2, De5.

13. Dd1-c1, Cf6-g4, g2-g3, Tf8-e8.

14. ..., Cxh2; 15. Rxh2, Dh4+ forzaba las tablas, pero yo contaba con mucho más.

15. Cc3-d1.

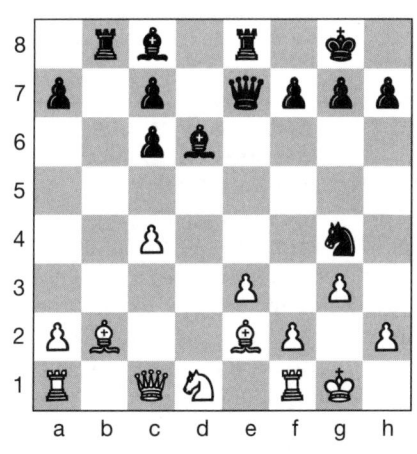

Diagrama 320

15. ..., Cg4xh2!

Por supuesto, Timman vio esta combinación, pero dirigió sus esperanzas a una jugada intermedia.

16. c4-c5.

Y no 16. Rxh2, Dh4+; 17. Rg2, Dh3+; 18. Rg1, Axg3; 19. fxg3, Dxg3+; 20. Rh1, Te4!; 21. Tf4, Ah3, y todo ha terminado.

16. ..., Ch2xf1!; 17. c5xd6, Cf1xg3!

Seguramente el gran maestro holandés no había tenido en cuenta ese salto de caballo que destruía totalmente el ala de rey de las blancas. El caballo negro da prueba de una vivacidad inhabitual. Como 18. dxe7, Cxe2+; 19. Rf1, Cxc1 es malo para las blancas, ya no pueden elegir.

18. f2xg3, De7xd6; 19. Rg1-f2, Dd6-h6; 20. Ab2-d4, Dh6-h2+; 21. Rf2-e1, Dh2xg3+; 22. Re1-d2, Dg3-g2; 23. Cd1-b2, Ac8-a6; 24. Cb2-d3,

Aa6xd3; 25. Rd2xd3, Tb8-d8; 26. Ae2-f1, Dg2-e4+; 27. Rd3-c3, c6-c5!; 28. Ad4xc5, De4-c6; 29. Rc3-b3, Td8-b8+; 30. Rb3-a3, Te8-e5; 31. Ac5-b4, Dc6-b6.
Las blancas abandonan.

A. Karpov - R. Hübner
Bad-Lauterberg, 1980
Defensa Siciliana

Es poco frecuente que dos grandes maestros que se enfrentan no cometan errores, sobre todo porque el juego es muy táctico. En esta partida, Hübner sólo cometió una falta, y luego todo fue sobre ruedas para las blancas...
1. e2-e4, c7-c5; 2. Cg1-f3, d7-d6; 3. d2-d4, c5xd4; 4. Cf3xd4, Cg8-f6; 5. Cb1-c3, a7-a6; 6. Af1-e2, e7-e6; 7. O-O, Af8-e7; 8. f2-f4, O-O; 9. Rg1-h1, Cb8-c6; 10. Ac1-e3, Ac8-d7; 11. Dd1-e1, Cc6xd4; 12. Ae3xd4, Ad7-c6; 13. De1-g3, b7-b5; 14. a2-a3, g7-g6.
Se trata de una tentativa para eliminar la tensión sobre el peón g7, pero había que hacer esta jugada algo más tarde. Es el único error de las negras en esta partida.
15. Ae2-f3, Dd8-d7; 16. Ta1-d1, Dd7-b7; 17. f4-f5.
Las blancas aprovechan el error de las negras. Ahora es imposible capturar en e4: 17. ..., Cxe4; 18. Cxe4, Axe4; 19. f6, Ad8; 20. Dh4, Axf3; 21. Dh6, Axg2+; 22. Rg1.
17. ..., e6-e5; 18. Ad4-e3, b5-b4; 19. a3xb4, Db7xb4; 20. Ae3-g5, Db4xb2; 21. Td1-d3.
Creando una amenaza oculta: 22. Tb1, Dxc2; 23. Ad1. Pero las blancas dan un segundo peón.

21. ..., Db2xc2; 22. Af3-d1, Dc2-b2; 23. Ag5xf6, Ae7xf6; 24. Td3xd6, Ac6-b5; 25. Tf1-f2, Db2-c1; 26. Td6xf6, Ta8-c8.
Después de 26. ..., Tad8, las blancas ganan de forma divertida: 27. fxg6, Txd1+; 28. Cxd1, Dxd1+; 29. Tf1, Axf1; 30. gxf7++, Rh8; 31. Dxe5, Axg2++; 32. Rxg2, Dg4+; 33. Rf2, Dg7; 34. h4! y, al llegar a h6, el peón decide la suerte de la partida.
Otra conclusión brillante: 27. ..., hxg6; 28. h3, Td3; 29. Dxg6+, fxg6; 30. Txf8+, Rh7; 31. T2f7+, Rh6; 32. Th8+, Rg5; 33. h4#.
27. Tf2-c2, Dc1-a1; 28. f5xg6, h7xg6.
Con 29. ..., Txc3 se pone en marcha un mecanismo de mate: 29. gxf7++, Rh8; 30. Dxe5, Dxd1+; 31. Tf1#. o 30. ..., Te3; 31. Dxa1, Te1+; 32. Tf1#.
29. Tf6-d6, Tc8-c7.
Si 29. ..., Tfd8; 30. Dxe5, Txd6; 31. Dxd6, Txc3; 32. Dd4, Ta3, la torre da mate: 33. Tc8+, Rh7; 34. Th8 #.
30. Dg3xe5, Tf8-c8; 31. De5-d5, Rg8-g7; 32. Dd5-d4+, Rg7-h7; 33. Cc3xb5.
Las negras abandonan.

A. Karpov - R. Hübner
Tilburg, 1982
Defensa Caro-Kann

Dos años más tarde, volvimos a jugar una bella partida juntos.
1. e2-e4, c7-c6; 2. d2-d4, d7-d5; 3. Cb1-d2, d5xe4; 4. Cd2xe4, Ac8-f5; 5. Ce4-g3, Af5-g6; 6. h2-h4, h7-h6; 7. Cg1-f3, Cb8-d7; 8. h4-h5, Ag6-h7; 9. Af1-d3, Ah7xd3; 10. Dd1xd3, Cg8-f6; 11. Ac1-f4, e7-e6.

Antes se jugaba 10. ..., Dc7, impidiendo al alfil blanco ir a f4. Si ya se hallaba ahí, se jugaba entonces 11. ..., Da5+. Y, antes de hacer el enroque largo, las blancas debían retroceder su alfil: 12. Ad2, Dc7; 13. O-O-O, e6, etc. En nuestra partida, las negras no habían tenido en cuenta esta sutileza; no reaccionaron ante la aparición del alfil en el centro del tablero. Pero, sin embargo, es él el que asestará un golpe definitivo a su fortaleza...

12. O-O-O, Af8-e7; 13. Cf3-e5, O-O; 14. c2-c4.

En el mismo torneo, Timman, que se había enfrentado con Hübner, prefirió 14. Cxd7, Dxd7; 15. Ae5, Tad8; 16. De2, Dd5; 17. Rb1, Td7; 18. c4, Da5; 19. f4, b5; 20. c5, Td5; 21. f5, y obtuvo también ventaja. Pero después de 17. ..., b5, las cosas no estaban tan claras.

14. ..., c6-c5.

Jugada lógica a simple vista, las negras quieren abrir la columna "d" y proceder al máximo a intercambios de piezas pesadas. d4-d5 parece imposible a causa de... Por otra parte, esperemos dos jugadas más.

15. d4-d5!?, Cd7xe5.

La captura del peón es mala debido al salto del caballo a f5.

16. Af4xe5, Cf6-g4.

17. Ae5xg7!

Hübner no había previsto este sacrificio de alfil. Por supuesto, después de 17. De2, Cxe5; 18. Dxe5, Af6, las negras tienen excelentes oportunidades de victoria. El sacrificio de calidad era poco prometedor: 17. f4, Cf2 (¡triple tenaza!); 18. Dc3, Cxd1; 19. Txd1, f6!; 20. dxe6, Db6!; 21. Cf5, Dxe6;

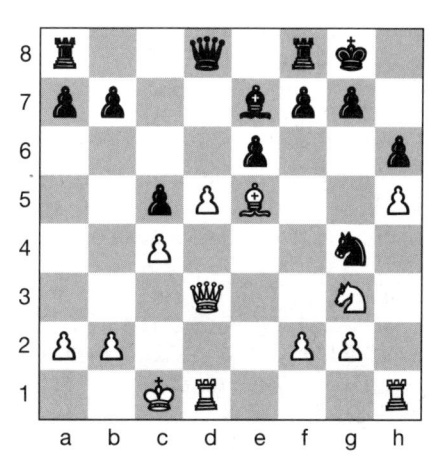

Diagrama 321

22. Cxe7+, Dxe7; 23. Ad6, De4; 24. Axf8, Dxf4+.

17. ..., Rg8xg7; 18. Dd3-e2, Ae7-g5+

18. ..., Cf6 era insuficiente: 19. dxe6, Dc7; 20. Cf5+ seguido de g3.

19. Rc1-b1, Cg4-f6; 20. d5xe6, Dd8-c8; 21. e6-e7, Tf8-e8; 22. Td1-d6!, Dc8-g4.

Si 22. ..., Af4, entonces 23. Txf6!, Axg3; 24. Df3!

23. De2-e5, Rg7-g8; 24. Th1-e1, Cf6-d7.

Las negras no pueden capturar el peón: 24. ..., Cxh5; 25. Cf5, Af4; 26. Dd5!

25. Td6xd7!, Dg4xd7; 26. Cg3-f5, f7-f6.

Tampoco salva la situación 26. ..., Dd3+; 27. Ra1, Dd4; 28. Cxd4, Txe7; 29. Dxe7, Axe7; 30. Cf5, etc.

27. De5-d5+, Dd7xd5; 28. c4xd5, Ag5-f4; 29. g2-g3, Af4-c7; 30. Rb1-c2, b7-b5; 31. Cf5xh6+, Rg8-h7; 32. Ch6-f5, Te8-g8; 33. d5-d6, Ac7-a5; 34. Te1-e6, Tg8-g5; 35. Te6xf6, Tg5xh5; 36. d6-d7, Th5-h2; 37. Cf5-e3.

Las negras abandonan.

A. Karpov - G. Sax
Linares, 1983
Defensa Siciliana

Esta partida fue reconocida como la mejor del torneo tras una votación de cada gran maestro. Más tarde, también fue premiada en el concurso del *Informator*.
1. e2-e4, c7-c5; 2. Cg1-f3, e7-e6; 3. d2-d4, c5xd4; 4. Cf3xd4, Cg8-f6; 5. Cb1-c3, d7-d6; 6. g2-g4, h7-h6; 7. Th1-g1, Af8-e7; 8. Ac1-e3, Cb8-c6; 9. Dd1-e2, Ac8-d7; 10. h2-h4.

Si 10. O-O-O, las continuaciones de la variante 10. ..., Cxd4; 11. Axd4, e5; 12. Ae3, Tc8, no están claras. Las blancas deben contar con el sacrificio de torre en c3.

10. ..., Cc6xd4; 11. Ae3xd4, e6-e5; 12. Ad4-e3, Ad7-c6; 13. De2-d3!

Defendiendo el peón e4 y reforzando el control de la casilla d5. Dada la amenaza 14. g5, las negras deben adoptar medidas urgentes.

13. ..., Dd8-a5; 14. O-O-O, Cf6xe4!; 15. Cc3xe4, d6-d5; 16. Dd3-b3!

Respuesta que las negras no habían previsto. Tras la captura del caballo, su rey no encuentra refugio en ninguna de las dos alas.

16. ..., d5xe4; 17. Af1-c4, Th8-f8.

La torre ocupa un incómodo lugar, pero 17. ..., O-O era malo a causa de 18. g5, hxg5; 19. Axg5, con un ataque muy fuerte.

18. Td1-d5!, Ac6xd5; 19. Ac4xd5, Ta8-d8; 20. Ad5-c4, Ae7-b4; 21. c2-c3, b7-b5.

Después de 21. ..., Ad6; 22. Dxb7, Dc7; 23. Dxe4, el ataque de las blancas sigue siendo igual de fuerte.

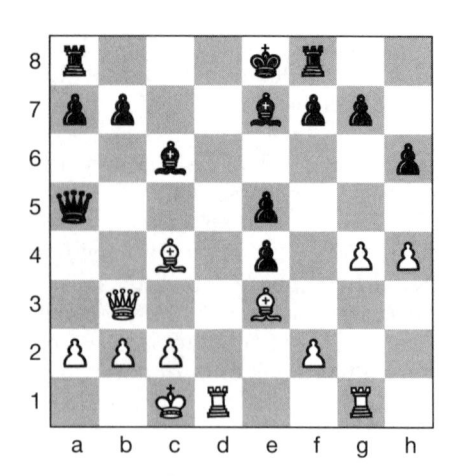

Diagrama 322

22. Ac4-e2, Ab4-d6; 23. Db3-d5, Re8-e7; 24. Ae3-c5, Ad6xc5; 25. Dd5xe5+, Re7-d7; 26. De5xc5, Da5-c7; 27. Dc5-f5+, Rd7-e7.

Con 27. ..., Rc6, era bueno 28. Dxb5+, Rd6; 29. Db4+, Dc5; 30. Db7, Re5; 31. Te1, Dxf2; 32. Dc7+, Td6; 33. Td1, Td8; 34. Ac4, etc.

28. Df5xe4+, Re7-d7; 29. De4-f5+, Rd7-e7; 30. Tg1-e1, Td8-d6; 31. Ae2-c4+, Re7-d8; 32. Ac4xb5, a7-a6.

Si 32. ..., Tf6, entonces 33. Dd5+, Rc8; 34. Te7!!, Dxe7; 35. Da8+, Rc7; 36. Dxa7+, Rd6; 37. Db6+, Re5; 38. Dd4+, Re6; 39. Ac4#.

33. Ab5-a4, g7-g6; 34. Df5-f3, Rd8-c8; 35. Te1-e7!!, Td6-d1+.

O 37. ..., Dxe7; 38. Da8+, Rc7; 39. Da7+, Rd8; 40. Db8#.

36. Rc1xd1, Dc7xe7.

Después de 36. ..., Td8+; 37. Td7!, las blancas entran en el final con dos peones más.

37. Df3-a8+, Rc8-c7; 38. Da8-a7+, Rc7-d6; 39. Da7-b6+.

Las negras abandonan.

A. Karpov - G. Kasparov
Belfort, 1988
Defensa Grünfeld

Esta partida prolongó la discusión iniciada con Kasparov en el encuentro del campeonato del mundo de Sevilla, un año antes. Esta vez, pude asestar un golpe serio a la defensa Grünfeld.

1. d2-d4, Cg8-f6; 2. c2-c4, g7-g6; 3. Cb1-c3, d7-d5; 4. c4xd5, Cf6xd5; 5. e2-e4, Cd5xc3; 6. b2xc3, Af8-g7; 7. Af1-c4, c7-c5; 8. Cg1-e2, Cb8-c6; 9. Ac1-e3, O-O; 10. O-O, Ac8-g4; 11. f2-f3, Cc6-a5; 12. Ac4xf7+.

La continuación habitual es 12. Ad3 o 12. Ad5, pero las blancas prefieren ganar un peón y dejarle contrajuego al adversario con una presión en su centro.

12. ..., Tf8xf7; 13. f3xg4, Tf7xf1+; 14. Rg1xf1, Dd8-d6; 15. e4-e5, Dd6-d5; 16. Ae3-f2, Ta8-d8.

Otra posibilidad: 16. ..., Tf8. Pero ¿dónde está mejor situada la torre? Es difícil decirlo.

17. Dd1-a4!

Esta jugada se llamó desde entonces "la jugada de Belfort".

La dama tiene varias posibilidades. En Sevilla, la retrocedí a e1. Un mes antes de Belfort, en el torneo de Amsterdam, jugué inmediatamente contra Kasparov 17. Dc2. Y algo más tarde descubrí que la jugada intermedia 17. Da4, b6 y, sólo ahora, 18. Dc2, Dc4; 19. De4 era mucho más precisa. El rey negro se queda sin apoyo.

17. ..., b7-b6.

El juego de las blancas era más agradable si 17. ..., Cc6; 18. Db3, c4; 19. Dxb7 o 17. ..., Cc4; 18. Cf4, Df7; 19. g3, Cd2+; 20. Rg2, Ce4; 21. Dc2, Cxf2; 22. Dxf2.

18. Da4-c2, Td8-f8.

Como ya he observado, si 18. ..., Dc4, seguía 19. De4 mejorando la posición de las piezas blancas. Pero 18. ..., Tc8 es una jugada más precisa.

19. Rf1-g1, Dd5-c4; 20. Dc2-d2.

La idea principal de las blancas es limitar la movilidad del alfil de casillas negras adversario. Si 20. De4, hay que contar con 20. ..., Ah6 y sobre todo con 20. ..., Cc6!? amenazando entonces la captura en e5, y 21. Dxc6, Dxe2 no gusta a las blancas.

20. ..., Dc4-e6.

20. ..., Df7 es una mala jugada: después de 21. Cg3 todo va bien para las blancas, el caballo se situará en e4 y la dama en e2. 20. ..., Ah6; 21. Dxh6, Dxe2 no evita las dificultades: 22. De3, Dxg4; 23. dxc5, bxc5; 24. Dxc5.

21. h2-h3, Ca5-c4; 22. Dd2-g5!

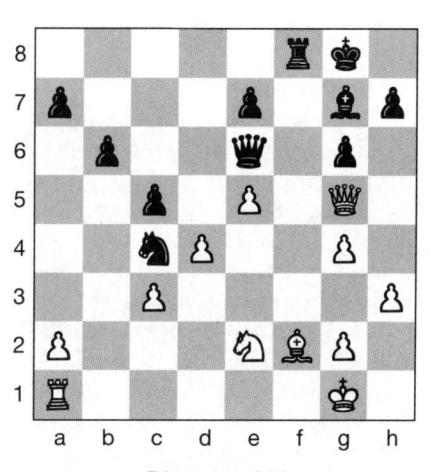

Diagrama 323

Momento importante: las amenazas Ce2-f4 y Af2-h4 son desagradables.
22. ..., h7-h6.
22. ..., Af6 no conviene a causa de 23. exf6, exf6; 24. Cf4.
23. Dg5-c1, De6-f7.
Para tener contrajuego había que escoger 23. ..., b5. Por ejemplo: 24. Cf4, Df7; 25. Cd3, b4!? pero 25. Ag3 permitía una ligera ventaja.
24. Af2-g3, g6-g5.
Esta jugada no es muy estética pero 24. ..., Dd5; 25. Cf4, De4; 26. Ce6 llevaba a una posición muy difícil para las negras, 26. ..., Tc8; 27. Db1!, De3+; 28. Af2, Dxc3; 29. Dxg6, Dxa1+; 30. Rh2 con un mate imparable; 26. ..., Ce3; 27. Dd2, cxd4; 28. cxd4, Tc8; 29. Te1, Tc2; 30. Txe3, Dc6; 31. d5 y las negras van mal; 26. ..., cxd4; 27. Cxf8, Ce3; 28. Dd2, dxc3; 29. De2, Axf8; 30. Df3 con una gran ventaja para las blancas.
25. Dc1-c2, Df7-d5; 26. Ag3-f2, b6-b5; 27. Ce2-g3, Tf8-f7.
Jugada forzosa, si 27. ..., b4, entonces 28. Cf5 y si 28. ..., Tf7, entonces 29. e6, Dxe6; 30. Te1, Dd7; 31. cxb4.
28. Ta1-e1.
Se podía poner fin al contrajuego de las negras en el ala de dama jugando 28. Tc1.
28. ..., b5-b4; 29. Dc2-g6, Rg8-f8; 30. Cg3-e4, Tf7xf2.
El sacrificio de calidad no puede restablecer la situación.
31. Rg1xf2, b4xc3; 32. Dg6-f5+, Rf8-g8; 33. Df5-c8+, Rg8-h7; 34. Dc8xc5, Dd5-f7+; 35. Rf2-g1, c3-c2; 36. Ce4-g3, Ag7-f8; 37. Cg3-f5, Rh7-g8; 38. Te1-c1.
Las negras abandonan.

A. Karpov - G. Kamski
Moscú, 1992
Defensa Grünfeld

Jugué esta partida con ocasión del supertorneo de Moscú dedicado al centenario del nacimiento de Alexandre Alekhine.

Es una maravillosa partida, seguramente la mejor de toda mi carrera. Fue una encarnizada batalla en todo el tablero, en un ala y en la otra, y las negras acabaron perdiendo por completo el sentido de la orientación...

1. d2-d4, Cg8-f6; 2. c2-c4, g7-g6; 3. Cg1-f3, Af8-g7; 4. g2-g3, c7-c6.

En la apertura, primero las blancas (4. g3, en lugar de 4. Cc3) y luego las negras (4. ..., c6, en lugar de 4. ..., d5), se apartaron de las variantes difíciles de la apertura y el juego adoptó un carácter posicional.

5. Af1-g2, d7-d5; 6. c4xd5, c6xd5; 7. Cb1-c3, O-O; 8. Cf3-e5, e7-e6; 9. O-O, Cf6-d7; 10. f2-f4, Cb8-c6; 11. Ac1-e3.

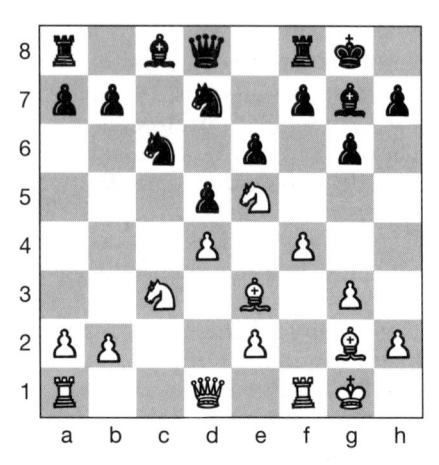

Diagrama 324

La disposición de las piezas negras se hizo muy popular tras el encuentro de Sevilla contra Kasparov. Aún no había podido probar la superioridad de las blancas. Pero existía, ya que nos hallamos ante factores como la ventaja de espacio, dos alfiles peligrosos (en final o en un juego abierto) e incluso un ataque en perspectiva en el ala de rey. Las posibilidades de contrajuego de las negras se hallan vinculadas a una presión en la columna abierta "c".

Las blancas preparan ahora el empuje e2-e4 por medio del caballo. Pero antes hay que reforzar el peón d4. El alfil de dama se ocupa de ello.

11. ..., Cd7-b6.

En las dos partidas que Timman jugó contra mí, comenzó siempre con un ataque o un intercambio del caballo e5.

Karpov - Timman (Amsterdam, 1987): 11. ..., Cdxe5; 12. fxe5, f6; 13. exf6, Txf6; 14. Dd2, Ad7; 15. Rh1, Txf1+; 16. Txf1, De7; 17. Td1, Tc8; 18. a3, Af6; 19. Ag1 y a las negras les cuesta mantener la posición después de e2-e4.

Karpov - Timman (Kuala Lumpur, 1990): 11. ..., f6; 12. Cd3, Cb6; 13. b3, De7; 14. a4, Ad7; 15. Ac1, Tfd8; 16. e3, Ae8; 17. Aa3, Df7; 18. Tc1, Af8; 19. Axf8, Dxf8; 20. g4, De7; 21. Dd2, Tac8; 22. Ce2, Tc7; 23. Tc5. Las blancas tienen un juego más libre y pueden contar con un desarrollo de la iniciativa.

12. Ae3-f2.

En el torneo de Kaninga (1990), Wojtkiewicz jugó contra mí 12. b3 (esta vez, defiendo la posición con las negras). Mi respuesta fue 12. ..., Ad7; 13. Dd2, f6; 14. Cd3, Cc8; 15. Tac1, Cd6; 16. Af2, f5; 17. Ce5, De7; 18. Rh1, Tfc8; 19. g4!?, Ce4; 20. Cxe4, fxe4; 21. Cxd7, Dxd7 con oportunidades iguales.

12. ..., Ac8-d7.

En la tercera partida del encuentro de Sevilla, Kasparov optó por 12. ..., Ce7 para poder intercambiar los peones con 13. e4 y controlar con sus caballos la casilla d5: 13. a4, a5; 14. Db3, Ad7; 15. Tfc1, Ac6; 16. Cb5. Pero las negras tuvieron problemas de desarrollo.

13. e2-e4, Cc6-e7.

Con la idea de situar el alfil en c6 y reforzar el centro.

14. Ce5xd7, Dd8xd7; 15. e4-e5, Ta8-c8.

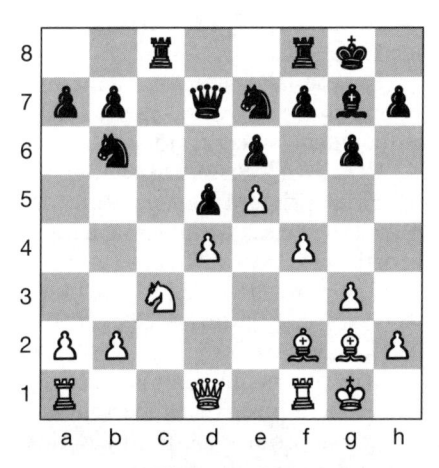

Diagrama 325

La teoría oficial se detiene aquí. En la primera partida del encuentro de Sevilla, se jugó 15. ..., Tfc8. Luego 16. Tc1, Af8; 17. Af3, Tc7; 18. b3, Tac8; 19. Dd2, Cc6 (amenaza 20. ..., Aa3); 20. Db2, a6; 21. Ae2, De7; 22. Cb1, Cb4; 23. Cc3, Cc6 llevó a una repetición de jugadas. El momento más importante llegó en la 17ª jugada. Las blancas podían sacrificar un peón: 17. g4, Tc4; 18. f5!? Pero eso es otra historia.

16. Ta1-c1, a7-a6.

El caballo "en el aire" en b6 iba a jugar una mala pasada a las negras, pero aún era demasiado pronto para adivinarlo. Con el inmediato 16. ..., Tc7, las negras temían 17. Db3; 17. ..., Cc4; 18. Cb5, Tc6; 19. Cxa7, Ta6; 20. Cb5, Tb6, seguido de 21. ..., Cd2 daba un contrajuego suficiente. Las negras ocupan una buena posición en el ala de dama pero no puede decirse lo mismo del ala de rey.

17. b2-b3.

Subrayando la mala posición del caballo en b6.

17. ..., Tc8-c7; 18. Dd1-d2, Tf8-c8; 19. g3-g4!

Es la señal de ataque. La molestia mutua de las piezas negras dificulta mucho su contrajuego.

19. ..., Ag7-f8; 20. Dd2-e3!

Es la primera de una serie de jugadas precisas de la dama, características de esta partida.

En la variante 20. Ce2, Txc1; 21. Txc1 (21. Cxc1, Dc7); 21. ..., Txc1+; 22. Cxc1, Cc6; 23. Cd3, las blancas conservan ventaja de espacio, pero la posición ha perdido su energía interna y las posibilidades blancas en el ala de rey no son grandes.

20. ..., Ce7-c6; 21. f4-f5!, Af8-a3.

Todas las piezas negras se hallan en el ala de dama dejando al rey abandonado, pero ello no resulta peligroso, ya que las figuras blancas, al otro lado del tablero, aún no están coordinadas.

Es malo 21. ..., exf5; 22. gxf5, Dxf5; 23. Ah3, Dh5; 24. Axc8, Ah6; 25. Dh3, Axc1; 26. Dxh5, gxh5; 27. Axb7. Tampoco convenía 21. ..., Ab4 a causa de 22. Rh1 con la idea de jugar 23. Ae1.

22. Tc1-d1, Cc6-b4.

Las piezas negras se enredan, el caballo bloquea su alfil, lo cual aprovechan las blancas.

23. De3-h6!

Kamski contaba quizá con 23. Cb1, Cc2!; 24. Dh6, Af8.

23. ..., Dd7-e8.

Ahora después de 23. ..., Cc2, ya no hay igualdad porque después de 24. Ce2, las torres negras ya no tienen casillas de ataque. 23. ..., De7 no es mejor: 24. Cb1, Ab2; 25. Ah4, Df8; 26. Dd2, Tc2; 27. De1 y las piezas negras se han estancado en el ala de dama en una seudoactividad. 23. ..., Cd3?! tampoco convenía a causa de 24. Cxd5!, Cxd5; 25. Txd3, Af8 (25. ..., Ac1; 26. g5 con las amenazas 27. f6 y 27. Th3); 26. Dg5, h6; 27. fxe6!, Dxe6; 28. Axd5, y las blancas tienen un peón más.

24. Cc3-b1!

El alfil debe abandonar la importante diagonal a3-f8.

24. ..., Aa3-b2; 25. Dh6-d2!

Los vaivenes de la dama blanca molestan mucho a las negras.

25. ..., Cb4-c2.

La jugada "brillante" 25. ..., a5?! con la trampa 26. Dxb2?, Tc2; 27. Da3, Txa2 es rechazada con 26. a3, Tc2; 27. De1, Db5 (27. ..., Cc6; 28. Td2!); 28. axb4, Te2; 29. Dxe2, Dxe2; 30. bxa5, Cd7; 31. Td2 o 30. Td2, Dxg4; 31. Txb2.

Las cinco últimas jugadas de las negras han sido muy activas. Abandonando a su suerte a su rey, se han lanzado al ataque del ala de

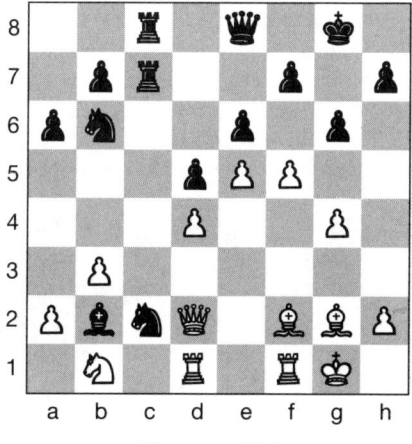

Diagrama 326

dama. En una sola jugada, su iniciativa queda completamente aniquilada y el tándem aparentemente terrible Cc2 y Ab2 exige una protección, paralizando así la acción de las torres. Por tanto, las blancas han detenido la agresión adversaria y desarrollan ahora su propio ataque. Ahora tienen que abrir la columna "f".

26. Rg1-h1!

Liberando un lugar para el alfil, que a su vez descubrirá la torre f1.

26. ..., De8-e7; 27. Af2-g1, Cb6-d7; 28. Tf1-f3.

En cada jugada, el ataque de las blancas gana algo más de fuerza y las negras, como vemos, están en un callejón sin salida.

28. ..., De7-b4; 29. Dd2-h6!

A causa de la amenaza 30. Th3, Cf8; 31. f6, las negras no tienen tiempo de ocuparse del peón d4. 29. Df4 era impreciso, a causa de 29. ..., Axd4!; 30. Axd4, Cxd4; 31. Txd4, Tc1+; 32. Tf1, Txf1+; 33. Axf1, De1; 34. Cd2, Cxe5 con un contrajuego suficiente.

29. ..., Db4-f8; 30. Dh6-g5.

30. Dh4 parecía más natural. La jugada 30. ..., Cxd4 no habría dado nada entonces: 31. Axd4, Axd4; 32. Txd4, Tc1+; 33. Tf1, Txf1+; 34. Axf1, Tc1; 35. Cd2 o 31. ..., Tc1; 32. Axb2!, Txd1+; 33. Tf1 y las blancas conservan la ventaja material. Por otra parte, las negras habrían podido responder 30. ..., Dg7, con lo que nada habría dado 31. f6, Df8!; 32. Th3, h6. Pero 30. ..., Dd8 habría sido aún más preciso. Con cualquiera de estas jugadas seguiría ahora 31. Dd2 y, con respecto a la posición de la 28ª jugada, la situación se ha modificado claramente en beneficio de las blancas.

30. ..., Df8-g7; 31. Dg5-d2!

Es difícil para la dama negra regresar a la casilla f8 a causa de la amenaza f5xe6.

31. ..., b7-b6.

No hay otro modo de liberar los "rehenes" b2 y c2. Las negras preparan 32. ..., a5 para reservar la casilla b4 a su caballo.

32. Td1-f1, a6-a5; 33. h2-h4, Cc2-b4; 34. a2-a3.

34. Dxb2?, Tc2. La invasión de la torre en c2 ya no es peligrosa para las blancas.

34. ..., Tc7-c2; 35. Dd2-f4, Cb4-c6; 36. Ag2-h3!

Con la amenaza 37. fxe6, fxe6; 38. g5, Cf8; 39. Dxf8+!!, Dxf8 (no es mejor: 39. ..., Txf8; 40. Axe6+); 40. Axe6+, Rg7; 41. Tf7+! con la victoria.

36. ..., Cc6-d8; 37. Ag1-e3.

La casilla c1 está controlada. El alfil apunta a h6.

37. ..., b6-b5; 38. Tf3-f2!

Después de reforzar su ala de rey, las blancas cambian bruscamente de táctica. Resulta paradóji-

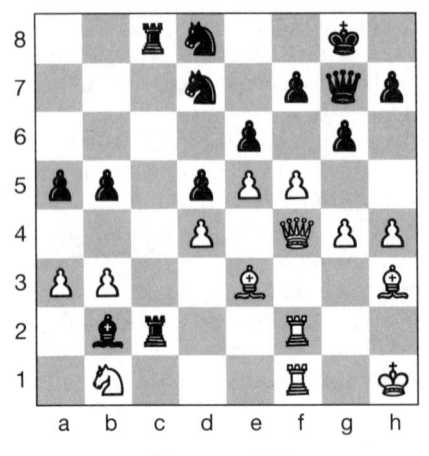

Diagrama 327

co que a causa de la mala disposición de sus piezas, en particular del alfil b2, las negras, tras el intercambio de las torres, vayan a perder precisamente donde acababan de establecer su dominio. Unas jugadas más tarde, la dama blanca domina la situación apoderándose de la columna "c".

38. ..., b5-b4; 39. a3xb4, a5xb4; 40. Tf2xc2, Tc8xc2; 41. Tf1-f2, Tc2xf2; 42. Df4xf2, Ab2-a3.

Lástima, si 42. ..., Ac3, entonces 43. f6, Df8; 44. Dc2, Ae1; 45. Dc7, De8; 46. Af1, Cf8; 47. De7!, Dd7; 48. Ah6! ¡Una divertida conclusión! El alfil e1 queda totalmente excluido del juego.

43. Df2-c2, Cd7xe5.

¡Desesperación! Era igualmente malo: 43. ..., Df8; 44. Dc7, De8; 45. f6. Si 43. ..., Cb8, entonces con 44. Cd2, Cdc6; 45. Cf3, las blancas ganan prácticamente con una pieza más, o 44. f6, Df8; 45. Af1 con una victoria simple. Sacrifiqué una pieza y logré hallar una elegante combinación.

44. d4xe5, Dg7xe5; 45. Dc2-c8!, De5-e4+.

Si 45. ..., Dxe3, hay mate en tres jugadas.

46. Ah3-g2, De4xb1+; 47. Rh1-h2, Aa3-b2; 48. Dc8xd8+, Rg8-g7.

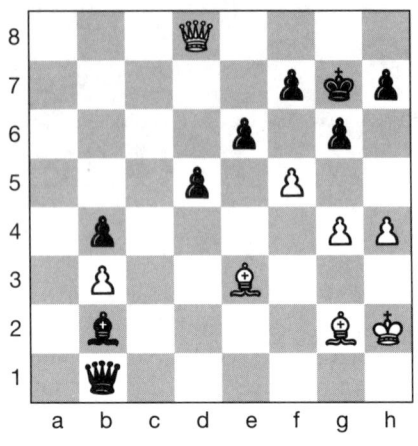

Diagrama 328

49. f5-f6+, Ab2xf6; 50. Ae3-h6+, Rg7xh6; 51. Dd8xf6, Db1-c2; 52. g4-g5+, Rh6-h5; 53. Rh2-g3.

Quedaba aún una posibilidad de echar a perder la victoria: 53. Rh3?, Df5+; 54. Dxf5, gxf5; 55. Af3+, Rg6.

53. ..., Dc2-c7+; 54. Rg3-h3.

Las negras abandonan. Por esta victoria obtuve el premio en el Memorial Alekhine de la mejor partida "en el estilo de Alekhine". Pero eso no es totalmente cierto... Sin duda hubo en la obra del campeón mundial ruso ejemplos sorprendentes con transferencia de la acción del ala de dama al ala de rey. Pero en este caso nos encontramos con un hecho menos frecuente: ¡la transferencia se lleva a cabo del ala de rey al ala de dama!

DECIMONOVENA CONVERSACIÓN

"Los problemas de ajedrez recuerdan los ejercicios de matemáticas y el juego en sí mismo es como una sinfonía de melodías matemáticas."

(G. Hardy, matemático y filósofo)

Las matemáticas en el tablero

Con la conversación anterior, hemos finalizado nuestro estudio fundamental del juego. Seguramente el lector habrá aprendido mucho, habrá entrado en el conocimiento de cosas nuevas, interesantes y útiles sobre el ajedrez y habrá elevado su nivel de juego. Pero, como ya dije en el prólogo, el ajedrez posee un valor no por sí mismo sino también en relación con las demás disciplinas. En efecto, existe cierto número de elementos comunes entre el ajedrez y otros campos de la actividad humana, entre ellos las matemáticas y la informática.

Las dos últimas conversaciones están dedicadas a los lazos que unen el ajedrez y estas dos materias.

Surge una pregunta: ¿debemos apartarnos en el libro de lo que se denomina "ajedrez puro" para hablar del ajedrez "aplicado"?

Deseo abordar algunos problemas anexos. Dado que en numerosos países se ha introducido ahora el ajedrez en el programa escolar e incluso universitario, nuestro libro será utilizado por los escolares y los estudiantes como manual escolar. En este caso (¡y ése era mi objetivo!), los jóvenes podrán profundizar en el juego y, gracias al ajedrez, aprender cosas útiles en los campos de las matemáticas y de la informática.

Existen muchos puntos de contacto entre el ajedrez, las matemáticas y la informática. Numerosos libros se dedican a este tema.

La finalidad de estas dos últimas conversaciones es dar a conocer el ajedrez al lector y no le piden a éste amplios conocimientos, ni en el ajedrez, ni en las demás materias abordadas. El caso es totalmente distinto si el jugador es un apasionado de las matemáticas y de los ordenadores. Podrá consultar libros especializados. ¡Y yo me sentiré aún más satisfecho!

Espero que pueda asombrar a su profesor de matemáticas demostrándole el teorema de Pitágoras a través del ajedrez o hablándole de los ordenadores...

La conversación sobre las "matemáticas en el ajedrez" comenzará con dos ejemplos que demuestran cómo resolver problemas matemáticos en el tablero.

Para demostrar el teorema de Pitágoras, dibujemos un cuadrado en el tablero.

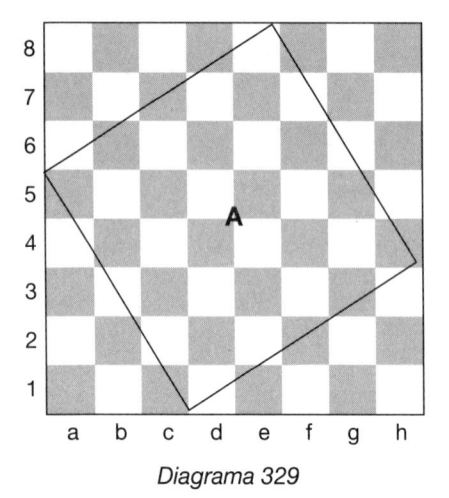

Diagrama 329

El tablero está dividido en cinco partes, un cuadrado (llamado **A**) y cuatro triángulos rectángulos idénticos. Ahora veamos el otro esquema.

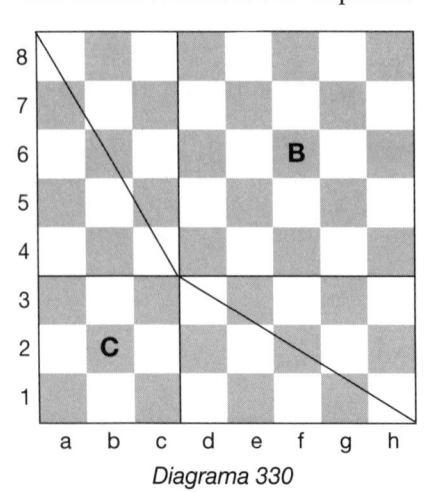

Volvemos a encontrar los cuatro triángulos así como dos cuadrados más pequeños (llamados **B** y **C**). Todos los triángulos son superponibles, por lo que ocupan la misma superficie. Por consiguiente, los demás trozos del tablero ocupan igualmente una superficie idéntica: en el primer esquema, el cuadrado **A**, en el segundo los cuadrados **B** y **C**. Como el cuadrado grande está construido sobre la hipotenusa del triángulo rectángulo y el pequeño sobre sus lados, podemos concluir que el cuadrado de la hipotenusa es igual a la suma de los cuadrados de los lados.

Por tanto, se puede "utilizar" el tablero para cualquier triángulo rectángulo. El célebre teorema de Pitágoras queda demostrado.

Veamos ahora el segundo rompecabezas: ¿es posible llenar por completo de fichas de dominó el cuadrado de 8 x 8, donde se han recortado dos casillas en los extremos de una de las diagonales?

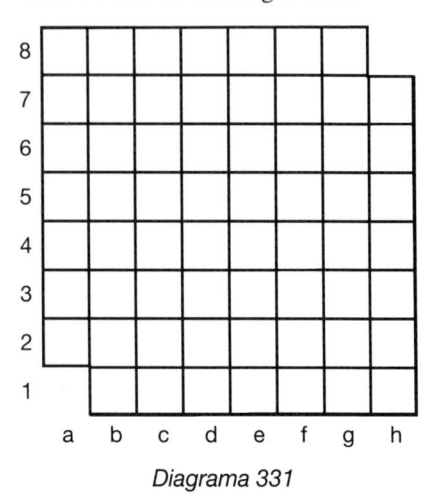

Diagrama 330

Diagrama 331

Se supone que cada ficha de dominó recubre exactamente dos casillas contiguas. ¡Habríamos podido recurrir a una compleja resolución algebraica, pero la utilización en el tablero es más sencilla!

Sombreemos nuestro cuadrado recortado en blanco y negro para convertirlo en un tablero de ajedrez sin las casillas angulares a1 y h8.

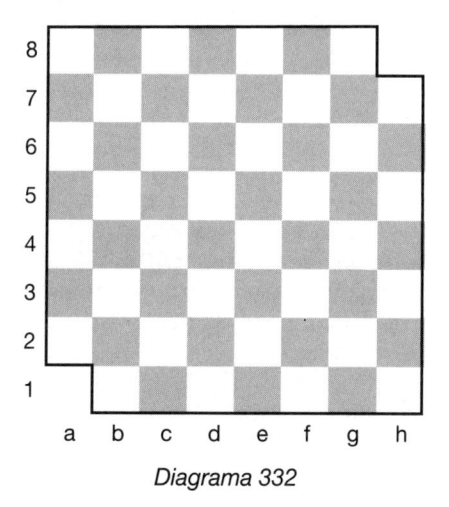

Diagrama 332

Al cubrir el tablero, cada ficha de dominó recubre una casilla blanca y una casilla negra. El conjunto de las 31 fichas de dominó recubre, por tanto, a partes iguales las casillas blancas y las casillas negras. Tenemos en el tablero dos casillas blancas de más (las casillas recortadas son casillas negras); por tanto, ¡es imposible recubrir el tablero!

El sombreado del tablero facilita que el ajedrecista se oriente mejor durante el juego. También permite resolver algunos rompecabezas matemáticos. Otros problemas matemáticos surgen cuando se introducen las piezas en el tablero. El héroe n° 1 es, sin duda alguna, el caballo.

EL PROBLEMA DEL DESPLAZAMIENTO DEL CABALLO

El problema es el siguiente: recorrer con el caballo todas las casillas de un tablero ocupando cada casilla una sola vez.

En los siglos XVIII y XIX, grandes matemáticos intentaron resolverlo. El ilustre Leonhard Euler le dedicó la memoria "Resolución de una cuestión curiosa que no parece someterse a ningún estudio". Aunque el problema era conocido antes de Euler, fue él el primero en hallar su esencia matemática. Por tanto, a menudo se vincula su nombre a este problema. La dificultad no es la cuestión de hallar un recorrido concreto, sino el método que permita obtener todos los recorridos del caballo en el tablero y su recuento.

Este problema aún no ha sido resuelto en nuestros días y aparentemente no existen posibilidades de lograrlo. Euler lo sabía bien cuando hubo de dar título a su memoria. Únicamente se sabe que el número de recorridos supera los treinta millones.

Existen numerosos libros dedicados al desplazamiento del caballo, que ilustra a menudo campos modernos de la cibernética como la investigación de las operaciones y la teoría de los grafos. Se conocen numerosos métodos de construcción de los recorridos de caballo, que llevan el nombre de sus inventores: los métodos de Euler y de Vandermonde, de Munn y Coligny, Polignac y Roger. Veamos la regla más asombrosa que permite obtener los recorridos del caballo:

LA REGLA DE WARNSDORF

Para construir su recorrido, es necesario situar el caballo cada vez en la casilla que le permita realizar el menor número de saltos sobre casillas aún sin recorrer. Si existen varias, se escoge una al azar.

De acuerdo con la regla de Warnsdorf, se debe comenzar por un ángulo (aquí hay dos casillas que ofrecen la menor posibilidad de elección). La experiencia demuestra que esta regla es válida no sólo para un tablero normal sino también para tableros de todos los tamaños y formas (es muy poco frecuente que el caballo se encuentre en un callejón sin salida antes de acabar su recorrido).

Numerosos investigadores han intentado con la mayor frecuencia posible introducir en su investigación de los recorridos un elemento estético y los resultados son muy interesantes. Un itinerario de caballo se compone del recorrido de una mitad del tablero, de su doblado simétrico y de la reunión de los dos caminos.

Se conoce el número exacto de recorridos para una mitad de tablero. Ello ha permitido aproximar el valor mínimo de treinta millones para el número de todas las soluciones.

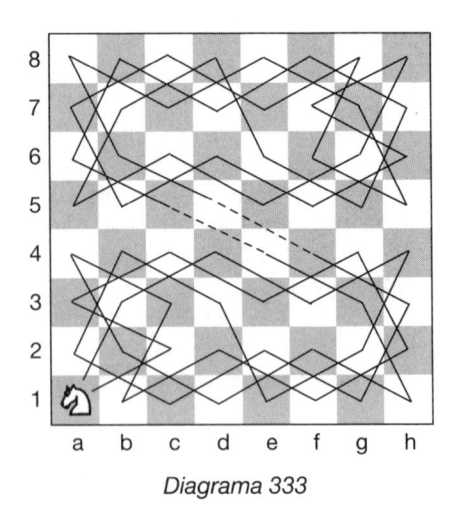

Diagrama 333

Hablemos de las representaciones gráficas de los recorridos de caballo (los centros de las casillas que se pueden recorrer se reúnen lógicamente mediante segmentos de recta).

Se han inventado multitud de soluciones, representadas mediante letras y signos (se conoce, por ejemplo, el recorrido de Napoleón).

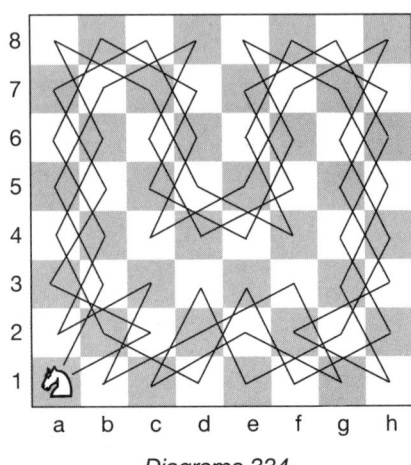

Diagrama 334

LAS MATEMÁTICAS EN EL TABLERO 245

Diagrama 335

Diagrama 336

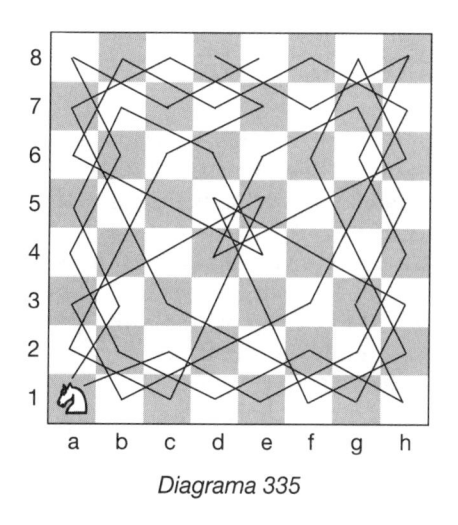

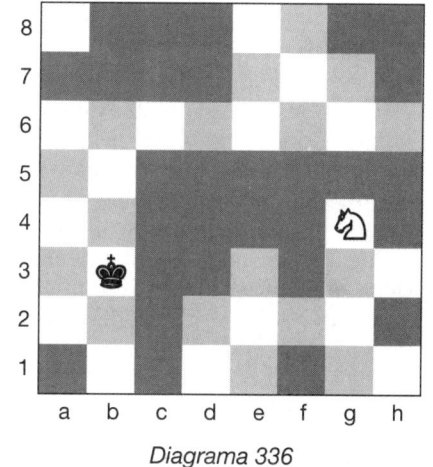

La representación gráfica del primer recorrido recuerda un jarrón y la del segundo, una flor, cuyas partes están dispuestas de forma simétrica.

¡Veamos otro rompecabezas con un caballo que tiene vínculos con las matemáticas y con la historia!

EL PROBLEMA DEL CABALLO DE ATILA

Hay dos piezas en el tablero: un caballo blanco y el rey negro. Varias casillas son "ardientes". El caballo debe alcanzar al rey enemigo, derribarlo y volver a su casilla inicial. Las casillas ardientes le están prohibidas, así como las casillas que ya ha recorrido.

Atila, el rey de los hunos, dijo: "¡Por donde pasa mi caballo, no vuelve a crecer la hierba!", para indicar que las tropas que mandaba destruían a su paso todo lo que estaba vivo.

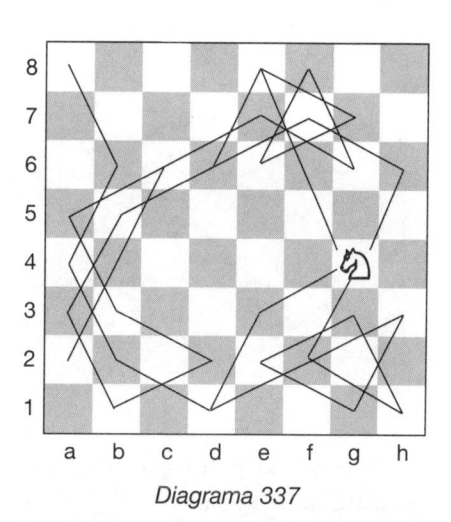

En el esquema, el caballo de Atila está en g4 y el rey enemigo en b3. Las casillas ardientes están sombreadas. Reuniendo mediante segmentos de recta los pares de las casillas accesibles al caballo y entre las cuales es posible una jugada de caballo, se obtiene el "grafo del caballo".

Hay que hallar un camino en el gráfico que no contenga ningún

Diagrama 337

"vértice" más de una vez y que pase por dos vértices determinados (en el diagrama forman círculos).

Estos métodos son laberintos y se les conoce como teoría de los grafos. El camino desconocido del caballo de Atila no es difícil de encontrar y es inmediato. Se compone de los dieciocho movimientos siguientes: Cg4-f6-e8-g7-e6-f8-g6-e7-c6-a5-b3-d2-b1-a3-b5-d6-f7-h6-g4.

El caballo de Atila debe recorrer 18 casillas de 35, que no están quemadas al principio del combate.

También se pueden encontrar en los libros de matemáticas problemas muy variados sobre los recorridos de las piezas, no sólo de los caballos sino también de los alfiles, las torres, el rey y la dama. Se demuestra, por ejemplo, que el itinerario más corto de la dama para recorrer todas las casillas del tablero es de 14 movimientos.

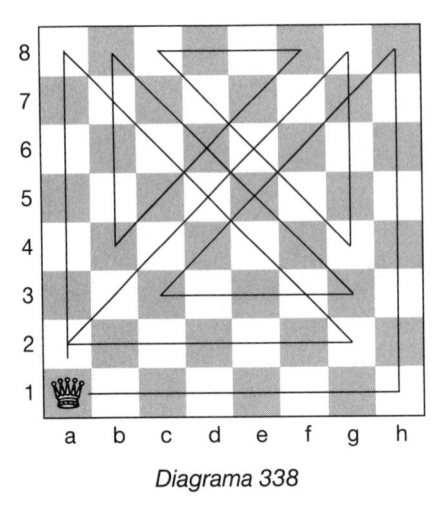

Diagrama 338

Veamos el problema más interesante sobre la dama:

EL PROBLEMA DE LAS OCHO DAMAS

¿Cómo pueden colocarse en el tablero ocho damas para que no se amenacen mutuamente, es decir, que dos de ellas no se encuentren en la misma columna, la misma línea o la misma diagonal?

El gran matemático Karl Gauss se interesó por el problema de las ocho damas y realizó un enfoque aritmético del problema.

Los dos enfoques, el del ajedrez y el de las matemáticas, están estrechamente relacionados.

Si bien es fácil hallar la disposición de las ocho damas que no se amenazan (en el diagrama figura una de las disposiciones buscadas), resulta mucho más difícil dar el número exacto de esas disposiciones.

Ahí está el problema.

Contrariamente al problema del desplazamiento del caballo, es posible contar las variantes. Existen 92 disposiciones de las damas, 12 de ellas fundamentales. Las de-

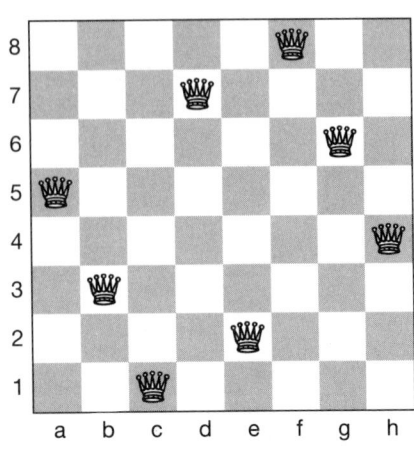

Diagrama 339

más se obtienen girando el tablero y por reflexión en un espejo. Cada disposición posee una u otra propiedad. Por ejemplo, la "posición" del diagrama se caracteriza por su simetría exterior y por la ausencia de dama en el centro del tablero y en sus principales diagonales.

Se encuentran a menudo en la teoría de los grafos y en cibernética problemas del mismo tipo sobre la disposición del mayor número de piezas "tranquilas" (además de las damas, torres, alfiles, caballos y reyes). Se pueden colocar en el tablero indiferentemente como máximo 32 caballos o 14 alfiles u 8 torres o también 16 reyes, que no se amenacen.

Problemas inversos hacen referencia a la disposición del menor número de piezas que ataquen todas las casillas libres del tablero. Tomemos de nuevo las damas.

EL PROBLEMA DE LAS DAMAS CENTINELAS

En cada celda de la prisión se puede colocar un centinela. Situado junto a una celda en particular, este centinela ve lo que sucede en las demás, que están separadas de ella por corredores.

¿Qué número mínimo de centinelas es necesario para observar todas las celdas?

Si el tablero es una prisión (perdone la analogía), sus casillas son celdas y sus columnas, sus líneas y sus diagonales son los corredores. Las damas son naturalmente centinelas porque son capaces de observar en todas las direcciones.

La tarea de los centinelas adopta una formulación de ajedrez. ¿Qué número mínimo de damas puede colocarse en el tablero para que tengan a tiro todas las casillas libres del ajedrez? La respuesta es 5.

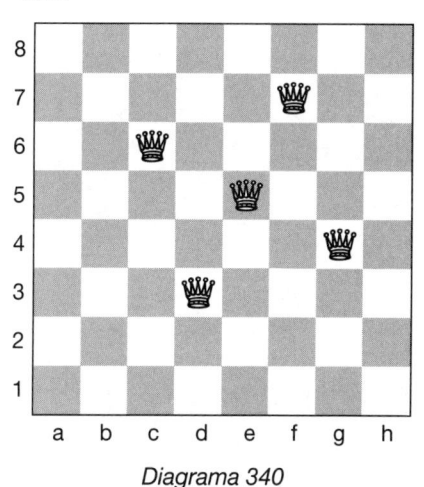

Diagrama 340

Se demuestra también que para controlar todas las casillas libres del tablero se deben colocar 8 torres, 8 alfiles, 9 reyes o 12 caballos.

Sólo hemos visto algunos problemas y rompecabezas sobre la disposición y los recorridos de las piezas. Los lazos entre el ajedrez y las matemáticas son numerosos. Los temas más difundidos son el cálculo de la fuerza de las piezas de ajedrez, los récords matemáticos en el tablero, el ajedrez mágico, es decir, los juegos en tableros especiales con piezas especiales o con reglas diferentes, el análisis de los sistemas de emparejamiento de los torneos de ajedrez, el enfoque matemático de la clasificación y, por último, las matemáticas están presentes en el campo de los ordenadores de ajedrez (ver la conversación siguiente).

Ponemos fin a esta conversación con un problema sobre el desplazamiento de las piezas, inventado por el gran maestro de los rompecabezas, Samuel Loyd.

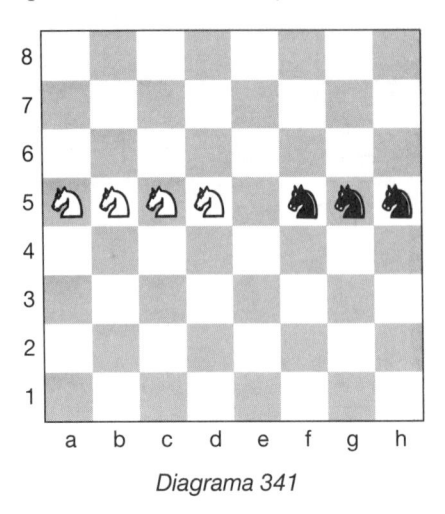

Diagrama 341

"EL PASO DEL DANUBIO"

Hay que desplazar lo más rápido posible sobre el diagrama los caballos blancos del ala de dama al ala de rey, es decir, a las columnas e, f, g y h, y los caballos negros del ala de rey al ala de dama a las columnas a, b, c. Los caballos deben cambiar de ala (son las "orillas del Danubio"). No se está obligado a seguir el orden de los caballos pero está prohibido llevarlos hacia atrás (para los caballos blancos, a la izquierda; para los negros, a la derecha) y sólo puede haber un caballo a la vez por columna. Loyd decía que era uno de los rompecabezas más difíciles. Y pocos de sus amigos conseguían que los caballos pasasen el Danubio (la columna "e").

En el lenguaje de la teoría de los grafos, el problema es elemental, pero le proponemos que se "rompa la cabeza". Para los que no tengan paciencia, indicamos el número de desplazamientos: el objetivo se alcanza en 19 movimientos. La parte del tablero, superior o inferior, en que caen los caballos es indiferente; basta indicar las columnas del tablero: de, fd, eg, ce, bc, db, fd, hf, gf, ce, ac, ba, db, fd, ef, ce, dc, ¡y el Danubio es conquistado!

VIGÉSIMA CONVERSACIÓN

> *"El ajedrez no es una futil distracción; permite desarrollar en nosotros las cualidades del espíritu más necesarias en la vida."*
>
> **(B. Franklin, científico)**

El ordenador juega y analiza

Este libro toca a su fin y nuestra última conversación está dedicada a los ordenadores de ajedrez. Es un capítulo muy interesante y atractivo, ya que la informática entra cada vez más en todos los campos de la actividad humana, y el ajedrez no es una excepción...

Desde el principio, los especialistas en electrotécnica y en cibernética se han interesado por el ajedrez con fines científicos, utilizándolo como modelo de verificación del "pensamiento" de las máquinas (Goethe llamaba al ajedrez la "piedra de toque del intelecto"). Hoy en día, los jugadores se han tomado la revancha y obtienen un considerable provecho de sus relaciones con los ordenadores.

Los ordenadores modernos juegan con la fuerza de un gran ajedrecista, los más difíciles con la de un maestro y, cada vez más, atacan a los grandes maestros. El ordenador se convierte en un adversario permanente. Las partidas que disputan los ajedrecistas contra él les proporcionan satisfacción y sobre todo elevan su nivel de juego. Las máquinas analizan los finales, resuelven y refutan los problemas y los estudios, solucionan los rompecabezas. Los ordenadores personales se utilizan como repertorios de aperturas y "bancos" de partidas. Los entrenadores y los grandes maestros los utilizan. Existen numerosos torneos entre los programas de ajedrez y los ordenadores, entre ellos el campeonato del mundo (por separado supercomputadora y microordenador).

Los ordenadores juegan constantemente en torneos en los que participan maestros y grandes maestros. Kasparov y yo jugamos contra "Deep Thought" ("Pensamiento Profundo"), el programa norteamericano más difícil del mundo. Nos tomamos el juego muy en serio y debimos esforzarnos mucho para ganar.

El barón húngaro Wolfgang Kempelen, mecánico e inventor, inventó hace más de dos siglos el primer "ordenador" de ajedrez. Expuso en Viena en 1769 un jugador mecánico, tocado con un turbante como un turco. Este robot encantó a todo el mundo, ya que derrotaba a los mejores jugadores de la época. Por desgracia, este milagro sólo era una mistificación; el secreto se hallaba en la caja que sostenía el tablero. Un hombre permanecía en el interior y dirigía un sofisticado mecanismo. No era visible ni siquiera cuando se abría la caja, ya que un sistema de espejos daba la ilusión de la realidad. Estaba situado en un rincón oculto por tabiques.

El robot de Kempelen fue muy conocido en los siglos XVIII y XIX: "el ajedrecista turco" hizo una gira por las cortes de Europa, fue a Rusia, Polonia, Alemania, Francia e Inglaterra. Tenía en todas partes un éxito resonante. Tras la muerte de Kempelen, el robot continuó sus viajes por las capitales de todo el mundo. Se cuenta que jugó en 1809 contra Napoleón ante su estado mayor...

¿Quién se escondía en el "turco"? Durante setenta años, célebres jugadores austríacos ocuparon por turnos el cerebro del robot. Frente a Napoleón por ejemplo, fue Allgaier, uno de los mejores jugadores vieneses. "El turco" pasó de unas manos a otras varias veces más y en 1836 se depositó en el Museo de Filadelfia, en Estados Unidos, donde se quemó veinte años después. Así acabó tristemente la carrera del robot de Kempelen.

A comienzos de siglo, un famoso escritor, A. Bierce, escribió un cuento fantástico, "El maestro de Mokson", cuyo protagonista, un ordenador de ajedrez, perdía tan a menudo que acabó no soportándolo. Cuando se le dio mate por última vez, asesinó a su creador...

Cabe suponer que los ordenadores modernos no amenazan de muerte a sus inventores, a no ser en el tablero...

C. Shannon, iniciador de la teoría de la informática, fue el primero en enunciar los principios del ajedrez de los ordenadores. El algoritmo (las reglas de la elección de un movimiento) propuesto por el científico norteamericano era el siguiente: en posición de análisis (puede ser arbitraria) todas las variantes posibles se examinan a una profundidad determinada. Y, mediante una función llamada de estimación, se atribuyen unos números determinados (valores) a posiciones finales. Dichos valores sirven para estimar la posición inicial y determinar al mismo tiempo el mejor movimiento desde el punto de vista de la máquina.

La función de estimación tiene dos componentes: un componente material y otro posicional. El primero se determina según una escala de valores de las piezas, el segundo tiene en cuenta los signos más importantes de la posición. El conjunto de variantes posibles se denomina árbol de juego. La posición estudiada es su "raíz". La profundidad de elección es siempre limitada y depende de las posibilidades técnicas de la máquina y de la situación en el tablero (dificultad de la posición, cantidad de piezas, etc.).

Los programas de los años cincuenta y sesenta eran bastante flojos. Hubo que aumentar la capacidad de las máquinas. La idea general de Shannon se ha mantenido hasta nuestros días, pero se sigue perfeccionando. Las grandes corrientes de actuación pretenden mejorar la función de estimación y aumentar la profundidad de la elección. Uno de los métodos de elección, llamado procedimiento alfa-beta, se basa en esto: si para un movimiento determinado se halla una refutación, ya no se analizan las demás ramas del árbol. Ello aporta un gran ahorro de tiempo. Un segundo método se denomina "Variante Forzosa" (VF): a una profundidad de cálculo determinada, que va hasta la posición final, la máquina no da conclusión. Continúa, buscando los jaques recíprocos y las capturas que compensan el material dado (los "movimientos tranquilos" no se examinan). La VF permite al ordenador tener un juego de combinaciones y evitar también los errores graves. La profundidad de elección de las variantes depende de la dificultad de la posición y del número de ramas del árbol, y aumenta con la rapidez de las máquinas. En conclusión, la "visión táctica" del ordenador crece también. Los programas modernos de ajedrez están provistos de una biblioteca de aperturas, es decir, que se hallan en su memoria variantes y esquemas de aperturas (es otro medio de reducir la posibilidad de elección), al menos hasta la primera decena de movimientos. Cuanto mayor es la memoria de la máquina, más rico es su "banco de datos" y por tanto mayor es su repertorio de aperturas.

Sólo hemos recordado los principios generales del juego por ordenador. Cada creador de programa de ajedrez inventa sus propios medios de mejorar el algoritmo. La capacidad del programa depende no sólo de la técnica del programador sino también de las posibilidades del ordenador que utiliza (medios especiales, microprocesadores, etc.).

En los últimos diez años el aspecto físico de los ajedrecistas electrónicos se ha modificado profundamente. En la época de las primeras generaciones de ordenadores, lámparas electrónicas cumplían la función de elementos lógicos. Luego los sustituyeron los transistores. Ahora, todo se construye sobre microesquemas. Hoy en día, la máquina más grande no ocupa más espacio que una pequeña biblioteca y un microordenador, en particular los portátiles, aún menos. Las grandes máquinas se distinguen de los microordenadores por la presencia de elementos y mecanismos más sofisticados y caros. Por tanto, superan a sus "microcolegas" en rapidez y memoria. Pero la diferencia en la capacidad de su juego es cada vez menor.

Los ordenadores personales, como sus predecesores, son máquinas de clase universal, resuelven los problemas más diversos y juegan a todos los juegos posibles. Todo depende del disco (programa) de que dispongan. Y, desde los años ochenta, se fabrican ordenadores de ajedrez especializados que sólo están hechos para jugar. Estos ordenadores no son grandes, algunos tienen el tamaño de un tablero, otros el de un maletín y otros más pequeños caben en un bolsillo.

Así, los "ajedrecistas de bolsillo" han tomado el relevo de los tableros de bolsillo que existen desde hace tiempo... Los microordenadores de ajedrez difieren en su aspecto exterior, en sus datos técnicos y en los diversos servicios que pueden prestar. En estos ordenadores se pueden instalar los distintos niveles de juego.

Está prevista incluso una cadencia de análisis (¡la máquina puede pensar al menos una noche!) y una cadencia de torneos (dos horas para hacer 40 movimientos para toda la partida).

Existe una cadencia particular para resolver los problemas de ajedrez (elección completa de variantes para un número determinado de jugadas).

¡Ningún "fanático" del ajedrez habría podido pensar que algún día tendría a su disposición un adversario permanente, que podría jugar sin salir de su casa y llevarse esta "maravilla" en sus desplazamientos o en vacaciones!

El campeonato del mundo presenta un gran interés para el ajedrez, a nivel deportivo y artístico. ¡Y esto hace referencia al campeonato humano y al de las máquinas!

Hasta hoy, se han celebrado siete campeonatos del mundo de supercomputadoras y doce de microordenadores (además, se aceptan microordenadores y programas de ajedrez para ordenadores personales en el campeonato de las máquinas "más sólidas").

El campeonato de superordenadores, como el de los jugadores masculinos, se celebra una vez cada tres años desde 1974. Los microordenadores jugaron su primer campeonato en 1980 y los encuentros tienen lugar ahora cada año.

El programa soviético "Kaisa" (Caisa en castellano) fue el primer supercampeón del mundo en 1974. Luego los programas norteamericanos fueron cinco veces vencedores: "Chess", "Belle", "Cray Blitz" (dos veces) y "Deep Thought". En el último campeonato de 1992, "Deep Thought" rehusó defender su título, dedicando todos sus esfuerzos a encuentros contra grandes maestros.

Fue el programa holandés "Chess Machine" el que ganó. "Mephisto" (Alemania) ganó casi todos los campeonatos de microordenadores.

Veamos ahora dos partidas del campeonato del mundo entre ordenadores. El segundo campeonato (Toronto, 1977) comenzó con una sorpresa: en la primera ronda, "Kaisa" sufrió una derrota que alteró durante mucho tiempo el espíritu de los programadores y los aficionados que habían seguido el juego.

Han transcurrido más de quince años, pero el final de la partida es único y merece ser recordado.

"Duchess" - "Kaisa"

Las blancas acaban de jugar Da4-a8+ y la reacción de las negras es absolutamente sorprendente...

34. ..., Te7-e8?!

Se tiene la impresión de que es un error, ¡de que "Kaisa" da gratuitamente una torre! Los comentaristas presentes en el campeonato, entre ellos jugadores de alto nivel, quedaron desconcertados. Explicaron al público que los ordenadores estaban aún lejos de ser perfectos y que se podía esperar

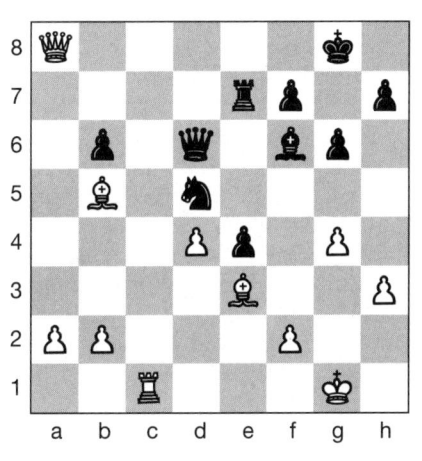

Diagrama 342

cualquier cosa de ellos... Cuál no sería su sorpresa cuando después de la partida "Kaisa" compensó su error (después de haberle introducido la jugada "natural" 34. ..., Rg7), con la magnífica variante: 35. Df8+!!, Rxf8; 36. Ah6+ y 37. Tc8+ con el mate.

Esta jugada inesperada en el transcurso del juego no está al alcance de todo el mundo, ¡ni siquiera de un maestro! "Kaisa" debía arriesgarse y adelantar su rey: el juego sin la torre no dejaba esperanza alguna, sobre todo porque 35. g5 llevaba a las blancas a la catástrofe: 35. ..., Cxe3; 36. gxf6+, Dxf6; 37. fxe3, Dg5+ y 38. ..., Dxb5. Pero el mate "predomina" sobre la torre y el ordenador no capta los matices psicológicos...

35. Da8xe8+, Rg8-g7; 36. g4-g5.

Cabe destacar que con las blancas el ordenador habría reaccionado como un campeón mundial.

La siguiente partida procede del quinto campeonato del mundo (Colonia, 1986). Fue un torneo de ordenadores muy interesante.

"Hitech" - "Schach"
Defensa Siciliana

1. e2-e4, c7-c5; 2. Cg1-f3, d7-d6; 3. Af1-c4, e7-e6; 4. d2-d4, c5xd4; 5. Cf3xd4, Cg8-f6; 6. Cb1-c3, Af8-e7; 7. Ac1-e3, Cb8-d7.

Estamos lejos de los caminos trillados de las aperturas. La continuación habitual es 7. ..., Cc6. Es posible jugar ahora 8. Axe6, fxe6; 9. Cxe6, Da5; 10. Cxg7, Rf7; 11. Cf5 con tres peones por un alfil. Pero "Hitech" prefiere una continuación más tranquila.

8. Dd1-d2, Cd7-e5; 9. Ac4-e2, O-O; 10. h2-h3, Ac8-d7; 11. Cd4-f3, Ce5xf3+; 12. g2xf3, Dd8-a5; 13. O-O-O, Ta8-c8.

Los ordenadores desvelan sus planes de aperturas: las blancas atacan el ala de rey, las negras tratan de hacer un contrajuego en el ala de dama.

14. Th1-g1, Tf8-e8; 15. Ae3-h6, g7-g6; 16. Ah6-g5, Da5-c5.

La pérdida de tiempo pone a las negras en mala posición. En el sentido de la posición, había 16. ..., b5; 17. Af4, b4!, sustituyendo la batalla en "su" parte del tablero.

17. Dd2-f4, Cf6-h5; 18. Df4-h4, f7-f6.

Pierde forzosamente. La posición de las negras ya no es defendible después de 18. ..., Axg5; 19. Txg5 y 20. Dxh5, pierden una pieza, y si 18. ..., Af8, entonces las blancas sacrifican su dama: 19. Dxh5!!, gxh5; 20. Af6+, Ag7; 21. Txg7+, Rf8; 22. Tdg1 con un mate imparable.

19. Ag5-e3, Dc5-a5.

La posición de las negras es bastante buena, la dama en a5

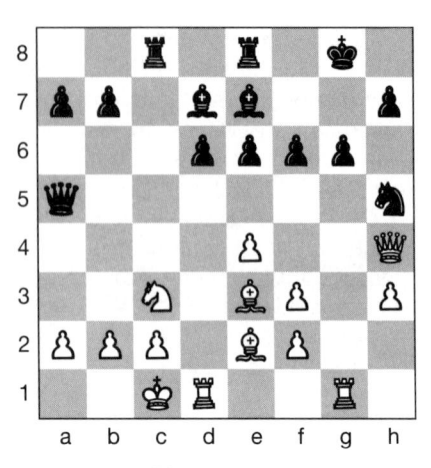

Diagrama 343

domina el ala de rey. Pero las blancas hallan un magnífico medio de cortarle el paso...

20. Ae2-b5!!, Ad7xb5; 21. Dh4xh5, g6-g5.

Después de 21. ..., Txc3; 22. Txg6+, Rh8; 23. Tdg1?, las negras ya dominan: 23. ..., Txc2+!; 24. Rb1 (24. Rxc2, Ad3+ y 25. ..., Dxh5); 24. ..., Txb2+!; 25. Tg1+, Rf8; 26. Th8+, Rf7; 27. Th7+, Rf8; 28. Ah6#. La bella maniobra del alfil en b5 ha inaugurado una combinación que va a concluir rápidamente la partida gracias a una jugada del otro alfil en la casilla simétrica...

22. Ae3xg5!!, f6xg5; 23. Tg1xg5+, Rg8-h8.

O 23. ..., Axg5; 24. Dxg5+, Rf7; 25. Dh5+, Re7; 26. Dxh7+, Rf6; 27. e5+! con un mate en el centro del tablero: 27. ..., Rxe5 (27. ..., dxe5; 28. Ce4#); 28. Dg7+, Rf5; 29. Df7+, Re5; 30. f4#.

24. Td1-g1.

Las negras abandonan, ya que no pueden parar el sacrificio de dama: 25. Dxh7+! y 26. Th5#.

Dos campeones, "Deep Thought" y "Mephisto", se enfrentan constantemente en torneos. Veamos su actuación en dos campeonatos de ordenadores celebrados en Estados Unidos.

"Mephisto" - "Deep Thought"

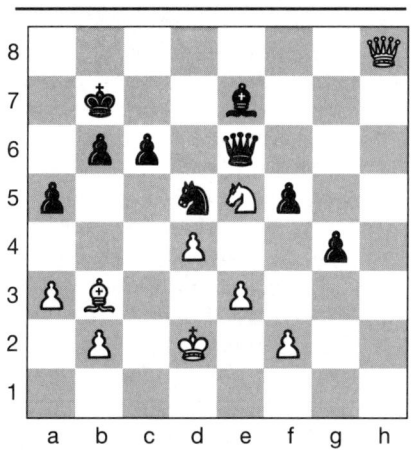

Diagrama 344

El caballo negro ha permanecido mucho tiempo vinculado a la defensa del alfil; las blancas destruyen ahora rápidamente este frágil equilibrio.

49. Ce5xc6!, De6xc6.

Era muy malo 49. ..., Rxc6; 50. Da8+, Rd6; 51. Db8+ y 52. Aa4+.

50. Dh8-e5.

Las blancas ganan una pieza y conservan un peón más para el final.

50. ..., Cd5-c7; 51. De5xe7, Dc6-g2; 52. De7-h4, f5-f4; 53. e3xf4, Dg2-e4; 54. Dh4xg4, De4xd4+; 55. Rd2-c1, Dd4xf2; 56. Dg4-f5, Df2-f3; 57. Rc1-c2, Rb7-c6; 58. Df5-e5.

El peón "f" va a dama sin encontrar obstáculos y las negras abandonarán unas jugadas más tarde.

"Deep Thought" - "Mephisto"

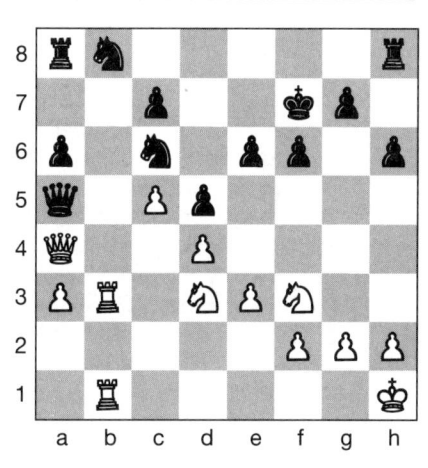

Diagrama 345

Al intercambiar las damas, los dos bandos pierden toda posibilidad de obtener ventaja. Pero "Deep Thought" hace una magnífica jugada táctica, que cambia bruscamente el curso del juego. La combinación es tan buena que formó parte de las mejores combinaciones del *Informator* siguiente.

32. Cd3-e5+!!, f6xe5; 33. Cf3xe5+, Rf6; 34. Da4xa5, Cc6xa5; 35. Tb3xb8!, Ta8xb8; 36. Tb1xb8, Th8xb8; 37. Ce5-d7+, Rf6-e7; 38. Cd7xb8, Ca5-c4.

Las blancas no consiguen capturar un segundo peón, pero uno solo basta para ganar, cosa que lograrán sin problemas. Los ordenadores juegan a menudo entre sí, pero también se enfrentan con los seres humanos en diversos torneos y encuentros. Tienen en su haber numerosas victorias contra maestros y grandes maestros. Nos limitaremos a un solo ejemplo: la primera victoria de un ordenador sobre un famoso gran maestro. En este torneo, "Deep Thought" compartió el primer premio con otro gran maestro, A. Miles.

B. Larsen - "Deep Thought"
Long Beach, 1986
Apertura Inglesa

1. c2-c4, e7-e5; 2. g2-g3, Cg8-f6; 3. Af1-g2, c7-c6; 4. Cg1-f3, e5-e4; 5. Cf3-d4, d7-d5; 6. c4xd5, Dd8xd5; 7. Cd4-c2, Dd5-h5; 8. h2-h4, Ac8-f5; 9. Cc2-e3, Af8-c5; 10. Dd1-b3, b7-b6; 11. Db3-a4, O-O; 12. Cb1-c3, b6-b5; 13. Da4-c2, Ac5xe3; 14. d2xe3, Tf8-e8.

Las negras ocupan una posición sólida. Por mucho que Larsen intenta romperla, nada puede hacer.

15. a2-a4, b5-b4; 16. Cc3-b1, Cb8-d7; 17. Cb1-d2, Te8-e6; 18. b2-b3, Ta8-d8; 19. Ac1-b2, Af5-g6; 20. Cd2-c4, Cf6-d5; 21. O-O-O, Cd7-f6; 22. Ag2-h3, Ag6-f5; 23. Ah3xf5, Dh5xf5; 24. f2-f3, h7-h5; 25. Ab2-d4, Td8-c8; 26. Rc1-b2, Tc8-c7.

27. g3-g4?!

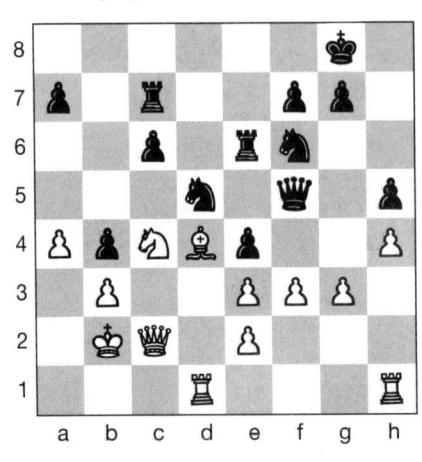

Diagrama 346

Al no hallar forma de vencer a su adversario electrónico, Larsen entra en un peligroso juego abierto, pero "Deep Thought" se lanza a brillantes complicaciones tácticas.

27. ..., h5xg4; 28. Th1-g1, c6-c5; 29. f3xg4, Cf6xg4; 30. Ad4xg7, Te6-g6!

El gran maestro contaba seguramente con 30. ..., Rxg7; 31. Txd5, Dxd5; 32. Tg1xg4+ con una situación embrollada en el tablero. Pero la máquina utiliza en beneficio propio la columna "g".

31. Dc2-d2, Tc7-d7; 32. Tg1xg4, Tg6xg4; 33. Cc4-e5, Cd5xe3!; 34. Dd2xd7, Ce3xd1+; 35. Dd7xd1, Tg4-g3; 36. Dd1-d6, Rg8xg7; 37. Ce5-d7, Tg3-e3; 38. Dd6-h2, Rg7-h7; 39. Cd7-f8+, Rh7-h8

Y las negras ganan.

Esta competición del hombre contra el ordenador fue una encarnizada batalla. Ya no estamos en la época en que se podía adivinar el resultado de este tipo de enfrentamientos. Y el ordenador discute con su adversario, no sólo sobre el juego sino también sobre el análisis de las posiciones.

Recuerdo mi último encuentro contra Kasparov en 1990; "Deep Thought" y "Mephisto" se mostraron activos. Examinaron las continuaciones complejas y críticas, dieron recomendaciones y propusieron en numerosas ocasiones sus propias soluciones.

Veamos la 15ª partida del encuentro:

A. Karpov - G. Kasparov

A falta de tiempo, ataqué el alfil g4 con mi peón. 26. f3? y des-

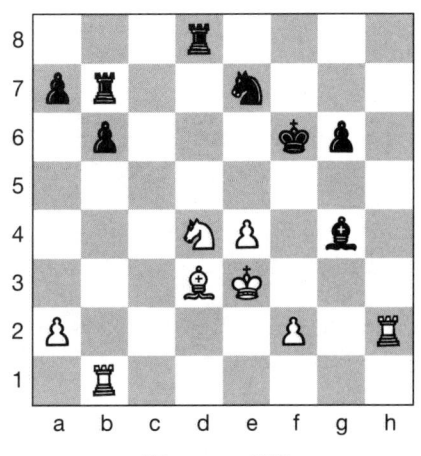

Diagrama 347

pués de 26. ..., Tbd7; 27. Tb4, Ae6; 28. Tc2, a5; 29. Ta4, g5; 30. Ab5, Td6; 31. Ae2, Ad7; 32. Tac4, Te8; 33. Tb2, Cd5+ hicimos tablas.

"Mephisto" halló mientras tanto la victoria de las blancas atacando el alfil con la torre:

26. Th2-h4!

Así, la torre encuentra la forma de participar en el ataque.

26. ..., Tb7-d7.

26. ..., Ac8 no funciona a causa de 27. f4; es imposible jugar 27. ..., Tbd7 para liberar la casilla e6: 28. e5+, etc.

27. e4-e5+, Rf6-g5.

Si 27. ..., Rxe5, entonces 28. Tb5+, Cd5+; 29. Txd5+, Rxd5; 30. Txg4, etc.

28. Th4xg4+!, Rg5xg4; 29. Tb1-g1+, Rg4-h5; 30. Tg1-h1+, Rh5-g5; 31. f2-f4+, Rg5-g4; 32. Ad3-e2+, Rg4-g3; 33. Th1-g1+, Rg3-h4; 34. Re3-f3.

Y es mate en la jugada siguiente.

La ayuda del ordenador en esta partida no me habría molestado... Pero, en caso de victoria, pasaba delante de Kasparov y la continuación del encuentro habría podido conocer otro desenlace... El lector ya conoce un hallazgo de "Mephisto" en mi último encuentro contra Kasparov (ver la 14ª conversación). Si bien en el tablero el gran maestro aún es capaz de derrotar a un ordenador, la cosa es muy distinta en el estudio de los finales, en particular los finales con pocas piezas. Las máquinas superan a los seres humanos y les ayudan a obtener resultados muy útiles para la teoría (con programas especializados). A veces son absolutamente inesperados (lo hemos visto en la 12ª conversación). Para algunos finales (dama y peón contra dama, torre y alfil contra torre, dama contra dos piezas ligeras, etc.) se demuestra que a veces se necesitan más de 50 movimientos, si uno de los dos bandos juega de la mejor forma posible, para obtener la victoria. Ello significa que la célebre regla de los 50 movimientos debe modificarse para estos finales. No hablaremos de estos casos particulares, por falta de tiempo y espacio. Veamos otra cosa:

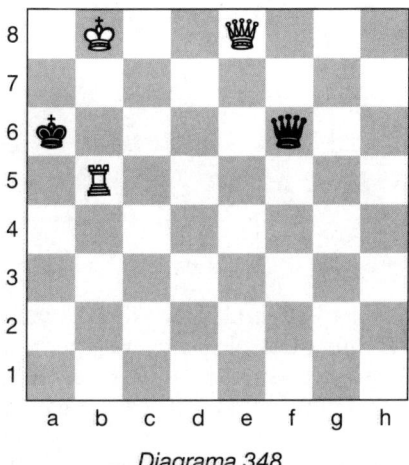

Diagrama 348

Sorprendente posición, hallada por un ordenador.

A pesar de la torre suplementaria y el turno..., las blancas no ganan. Con una jugada de torre, las negras ahogan al rey (1. Te5 o 1. Tb7, 1. ..., Dd8+), la dama no tiene buena casilla de repliegue y el rey no puede evitar los jaques. Si a las negras les corresponde el turno, es distinto; ya no pueden evitar la derrota.

¡Es una situación muy poco habitual de zugzwang recíproco con una superioridad material considerable de uno de los bandos!

Analizando el final, la máquina sigue buscando las construcciones paradójicas de este tipo. Veamos dos posiciones más de zugzwang recíproco cuyo descubrimiento le pertenece.

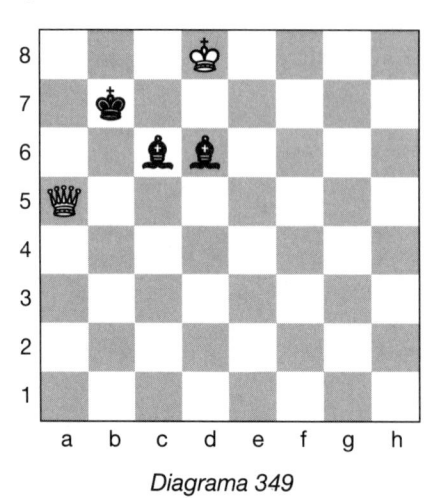

Diagrama 349

En general, una dama gana frente a dos piezas ligeras, pero el caso siguiente es una excepción. Con el turno, las blancas no ganan (con el repliegue de la dama sigue Ac7+); si les corresponde el turno, las negras pierden rápidamente a causa del jaque de la dama en c7 o en la columna "b".

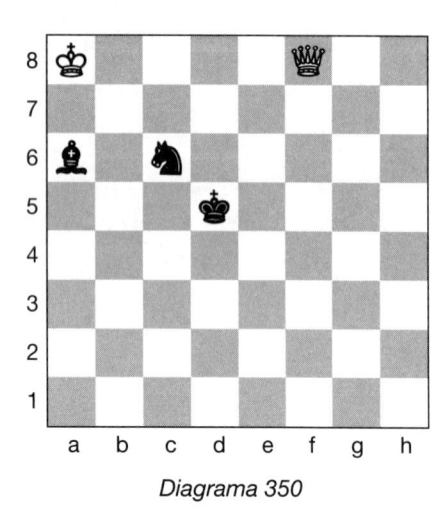

Diagrama 350

Si el turno es para las blancas, no pueden liberar su rey (1. Da3, Ac8!). En cambio, si las negras tienen el turno, la fortaleza se hunde al instante.

Nuestros ejemplos son únicos; contienen un curioso tema de ajedrez y es un ordenador el que los ha encontrado y no el hombre. Los ordenadores pueden resolver finales, pero también problemas, estudios e incluso rompecabezas matemáticos.

Si volvemos a la conversación anterior, la máquina pudo determinar fácilmente las 92 soluciones del "problema de las ocho damas" (¡Gauss no sabía hacerlo!) y hallar los recorridos interesantes en el "problema del desplazamiento del caballo".

Como conclusión de esta conversación y del libro, veamos un problema que se halla en el límite entre el rompecabezas matemático y el final de ajedrez. Sólo un ordenador ha podido resolverlo. Es el problema del rey intocable. El rey blanco está en c6 y no puede moverse. También hay en el tablero una dama blanca y un rey negro. ¿Pueden las blancas dar mate al rey negro?

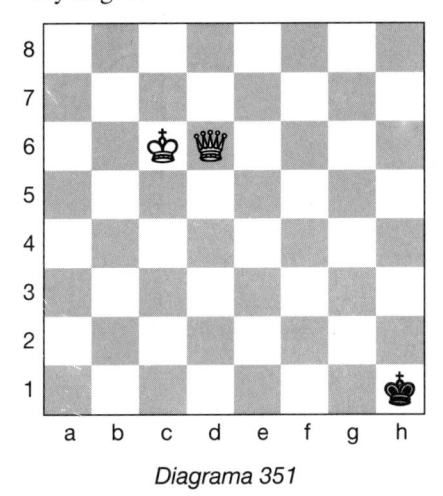

Diagrama 351

El problema es interesante en su forma, pero requiere una amplia investigación. Las personas que lo resolvieron, entre ellas grandes maestros, suponían que sólo se podía resolver este problema con cierta disposición de las piezas. Pero el ordenador demostró que se da mate en todos los casos y antes de la 23ª jugada. Esta posición posee la solución más larga: 1. Dh6+, Rg2; 2. Dh4, Rg1; 3. Dh3, Rf2; 4. Dg4, Rf1; 5. Dg3, Re2; 6. Df4, Re1; 7. Df3, Rd2; 8. De4, Rd1; 9. De3, Rc2; 10. Dd4, Rc1; 11. Dd3, Rb2; 12. Dc4, Ra1; 13. Db4, Ra2; 14. Dd4!, Rb1; 15. Dc3, Ra2; 16. Dc1, Rb3; 17. Dd2, Rc4; 18. De3, Rb4; 19. Dd3, Ra4; 20. Db5+, Ra3; 21. Db1, Ra4; 22. Db2, Ra5; 23. Da3 #.

Como verá el lector, la dama blanca debe dar pruebas de ingenio para vencer al rey negro. Este ejemplo es aún más reseñable porque es la primera vez en la historia del ajedrez y en la historia de los ordenadores que una máquina ha resuelto un problema antes que el hombre. Por supuesto, si se le dice a un jugador de alto nivel que existe el mate, acabará encontrándolo...

Anécdotas de ajedrez

Para terminar estas veinte conversaciones que me ha complacido mantener con usted, veamos algunas sabrosas anécdotas y agudezas de las que los ajedrecistas fueron unas veces autores y otras víctimas.

1 El gran maestro Saemisch daba un día una simultánea a ciegas en un pequeño club. Entre los espectadores se hallaba una encantadora dama, que no dejó de mirar en todo momento al maestro de la simultánea e hizo saber su asombro a los organizadores:

"¡Es un fraude! Le he observado bien; estoy segura de que no es ciego y ve perfectamente."

2 El gran maestro Bogoliubov había engordado un poco. Bernstein, que no lo había visto desde hacía mucho, exclamó al encontrarse con él un día en Amsterdam:

"¡Cómo ha cambiado usted, colega! ¡Ahora se parece a un verdadero peón doblado!"

3 Cuando, al final del torneo interzonal de Toluca, un reportero preguntó a Adorjan, gran maestro húngaro, lo que pensaba de esta competición, éste le respondió:

"Por desgracia, será para la historia un torneo que yo no habré ganado."

4 En las olimpiadas de Varna un corresponsal búlgaro se dirigió a Fischer para pedirle una entrevista.

"50 levas o no hay entrevista", respondió el joven gran maestro.

"¡Gracias, mi entrevista está hecha!", replicó el corresponsal con una gran presencia de ánimo.

5 Un jugador en un torneo hace su movimiento, olvida pulsar el reloj y abandona el tablero. Se vuelve, ve su reloj en marcha y hace un segundo movimiento. Su adversario reflexiona media hora larga y sólo en ese momento declara a su adversario que ha hecho dos movimientos. El culpable se disculpa, deshace su jugada y luego pregunta:

"Pero ¿por qué se ha callado usted tanto tiempo en lugar de decírmelo antes?"

"Me estaba preguntando cómo podía utilizar su error", respondió el jugador, imperturbable.

6 El gran Hemingway poseía una colección de cuadros de la que estaba orgulloso y que gustaba de enseñar a sus amigos. Un día uno de ellos mostró una perfecta indiferencia ante gran número de telas y se detuvo ante un cuadro que representaba a unos ajedrecistas jugando.

"¿Le gusta?", preguntó el maestro, halagado.

"Admirablemente, ¡es un asombroso mate en tres movimientos!", respondió el invitado, entusiasmado.

7 Durante el torneo de Filadelfia, el gran maestro Seirawan que ocupaba en el cuadro del torneo el segundo puesto después de De Firmian, fue a la peluquería.

"¿Hay que quitar algo por arriba?", preguntó el peluquero haciendo que su cliente se sentase en el sillón.

"Si puede, a Nick De Firmian", respondió impasible el gran maestro al estupefacto peluquero.

8 Un gran maestro se dirige un día a Tal:

"Micha, hoy salgo en la televisión; ¿qué debo decir a los telespectadores?"

"Déles un buen consejo: que escuchen la radio; ¡mañana soy yo quien sale!"

9 Alekhine estaba un día en un café y observaba cómo jugaban unos aficionados. Uno de los jugadores le propuso jugar contra él. El campeón mundial aceptó, pero a condición de tener un hándicap de una torre.

"¿Qué dice usted? ¡No me conoce!", exclamó el adversario, asombrado.
"¡Por eso mismo!", respondió Alekhine con sangre fría.

10 Un día los grandes maestros Maroczy y Spielmann juegan una partida.

"En su lugar, yo habría jugado el caballo en e4", le dijo a Spielmann Tartakover, que estaba con ellos.
"¡Pero eso es una tontería!", replicó Spielmann, a quien no gustaba ese movimiento de caballo.
"Por eso he dicho: 'en su lugar'", contestó Tartakover, muy satisfecho de su broma.

11 Hace mucho tiempo, en el torneo de San Petersburgo, dos veteranos divertían al público presente. El gran maestro Blackburne, de setenta y dos años, que había derrotado al gran maestro Gunsberg, de sesenta años, le dijo al vencido con severidad intencionada:

"¡Aún es usted joven para medirse conmigo!"

12 Un día, un desconocido visitó a Steinitz en su piso de Londres. Le pidió que le mostrase la mejor defensa en la apertura de los dos caballos.

"¿Qué variante tiene usted en perspectiva?", preguntó Steinitz.
El desconocido no pudo responderle lo que quería. Steinitz le mostró entonces las principales variantes de las aperturas. Varias horas más tarde, el desconocido movió la cabeza y dijo:
"Perdone, maestro, pero no es eso. Verá, juego a menudo con mi amigo Blackburne y él juega siempre con un hándicap de dos caballos. Sencillamente quisiera saber la mejor defensa posible con dos caballos más..."

13 En una simultánea, Spielmann gustaba de sacrificar peones a derecha e izquierda. Pero un día asombró a un adversario sacrificando el alfil en f5. Al cabo de una hora, la partida terminó y el adversario de Spielmann le confesó su asombro:

"Pero, ¿por qué no ha sacrificado el alfil en h7? Así ganaría de inmediato."

"Sí, ya lo sé, pero no he podido alcanzar la casilla h7", respondió con sangre fría el gran maestro, que, dicho sea de paso, no era particularmente alto..."

14 Con ocasión de un torneo, un gran maestro expresa su descontento al dueño del hotel.

"Su perro ha ladrado toda la noche y me ha impedido analizar una partida aplazada."

"No se preocupe, duerme de día", le respondió el hotelero.

15 Le preguntaron un día a Steinitz antes de un torneo:

"En su opinión, ¿quién tiene más posibilidades de ganar?"

"Yo, por supuesto –respondió el gran maestro sin sombra de duda–; tengo adversarios más flojos que los demás competidores. ¡Ellos tienen que jugar contra un campeón mundial y yo no!"

16 Dos maestros se sientan para jugar una partida en un torneo.

"Ahora veremos quién juega mejor de nosotros dos", dice uno de ellos.

El árbitro se acerca, pone el reloj en marcha y les dice:

"Ahora veremos quién va a jugar peor de ustedes dos..."

17 En Seattle, un ladrón de bancos es atrapado por la mañana... Se había dormido sobre un periódico. Se trataba de un problema de mate en cuatro movimientos que no había podido resolver.

"He escogido una mala afición", dijo cuando le capturaron.

"Tiene una buena afición –le respondió el policía–, pero es su profesión la que no es demasiado buena..."

18 Al final de una partida, un gran maestro le preguntó a su adversario, que había perdido por tiempo:

"¿Por qué ha reflexionado tanto tiempo sobre esa variante de apertura tan conocida?"
"¡No es por la apertura! He perdido las llaves de mi piso y he intentado recordar dónde había podido dejarlas."

19 Le preguntan a un maestro:

"¿Está contento de su yerno?"
"No sé qué decirle; no juega al ajedrez."
"Y eso, ¿qué tiene de malo?"
"No tiene nada de malo pero, aunque no sepa jugar, ¡juega siempre!"

20 El célebre Bernard Shaw va un día al restaurante.

"¿Qué puedo interpretar en su honor?", preguntó el director de orquesta.
Pero como la música impedía hablar al escritor y a sus amigos, solicitó modestamente:
"Le agradecería mucho que interpretase una partida de ajedrez."

Índice de partidas y estudios

Los números hacen referencia a los diagramas. Los caracteres normales son los de las posiciones y estudios, los caracteres en **negrita** son los de las partidas completas.

Adams *74*
Aftonomov *148*
Alekhine *89, 126, 213, 214, 250, 251, 252, 253, 254,* **277,** *317, 318*
Anderssen **120, 121**
Arulaid *210*
Augusta *113*

Bakulin *152*
Baratz *93*
Barbier *192*
Bardeleben *162, 163*
Bastrikov **23**
Bauer *87*
Beliavski **61, 288, 296**
Benko **284**
Bergraser *70*
Bernstein *125*
Bilek *150*
Bogdanovic *100*
Bogoliubov *77, 89,* **155,** *251, 252*
Bondarevski *143*
Böök *66*
Borissenko *212*
Botvinnik *73, 76, 98, 128, 142, 175, 179, 212, 234, 255, 256, 257, 258, 259, 260, 261, 262, 263,* **279, 280,** *319*
Bronstein *80, 256, 257, 319*
Brundtrap *69*
Budritch *69*
Byrne *65*

Capablanca **31,** *98, 125, 139, 213, 214, 249, 250,* **276**
Ciocaltea *203*
Ciric *165*

Claparède *230*
Clausen *165*
Colle *126*
Csoldos *104*

Chamkovich **23**
Chandler *108*
Cher *82*
Chigorin *117, 239, 241*
Chirov **60**

Davidson *127*
De Vries *15*
Deep thought *216, 344, 345, 346*
Donner *68*
Drimer *203*
Duchess *342*
Dufresne **121**
Duras *305*

Ekberg *233*
Estrine *99*
Euwe **31,** *127, 253, 254,* **278**
Evans *119*

Fahrni *221, 226*
Fasingbauer **29**
Feather *300*
Fischer *134, 266,* **284**
Flohr *189*

Gedevanichvili *166*
Geller *102, 149*
Gheorghiu *117,* **171**
Gibaud **25**
Goglidze *128*

Golubiev *82*
Gorguiev *308*
Göring **90, 91**
Grigoriev *97, 178*
Grob *230*
Guelfand **296**
Guik *75, 85, 86*
Gunsberg *240*
Gurevich *83, 106,* **289, 292**

Haag *210*
Häendel *71*
Hamppe **274**
Harrwitz **27**
Hitech **343**
Holz *208*
Holzhausen **22**
Hort **285**
Hübner *68,* **321**
Hulak **160, 161, 290**

Iandemirov *75*
Ivanchuk **286**

Janowski *246, 248*
Johansen *166*

Kaisa *342*
Kamski **60, 324, 325, 326, 327, 328**
Karpov **34, 35, 36, 37, 46, 47, 48, 49, 50, 58, 59, 62, 63, 64,** *67, 84, 85, 86, 102, 103, 104, 105, 106, 107, 108, 135, 144, 145,* **146, 147, 157,** *164,* **170,** *173, 215, 216, 235, 236, 267, 268, 269, 270, 271, 272, 273,* **285, 287, 297,** *306,* **320, 321, 322, 323, 324, 325, 326, 327, 328,** *347*
Kasparov **62,** *84, 135,* **171, 172,** *190, 209, 215, 236, 269, 270, 271, 272, 273,* **286, 323,** *347*
Kataev *78*
Katalymov *99*
Keres *118, 154, 255*
Khalifman **61, 297**
Kholmov *118*

Kieseritsky **120**
Kjuot **29**
Kling *188*
Kopaiev *194*
Korchnoi **36, 37, 48, 49,** *133,* **146, 147, 150,** *209, 267, 268,* **290,** *306*
Kostic **16**
Kotov *234*
Kupreichik **26, 39, 40**
Krogius *129*
Kuijpers *79*
Kurajica *235*

Landau **25, 278**
Larsen *173, 346*
Lasker Ed. *137*
Lasker Em. *87, 124, 136, 207, 242, 243, 244, 245, 246, 247, 248, 249,* **275, 277,** *302*
Lazard **25**
Legal **14**
Leonhardt **19**
Levitski *138*
Li Zunian *115*
Lilienthal *139, 143*
Liu Wenzé *114*
Lobron *83*

Maizelis *304*
Malaniuk **63, 64**
Markov *78*
Marshall *138, 244, 303*
Martius *233*
Mason *92*
Mayet **27**
Mephisto *344, 345*
Metger *220*
Miles *111,* **288**
Minckwitz *90, 91*
Minev *232*
Mitrofanov *310*
Molnar *167*
Morphy *122*
Mülock **16**
Murey *211*

Nadareichvili *191*
Najdorf *94, 151*
Neistadt *317, 318*
Nejmetdinov *156*
Nenarokov *97*
Nimzovich *88*
Noordijk **21**

Olafsson *67*
Oll **41, 42, 293, 294**
Osnos *187*
Oudheusden **15**

Pachman *132*
Panczyk *81*
Paulsen *122, 220*
Penrose **30**
Pérez *94*
Perlis **28**
Peterson *79*
Petrosian *95, 132,* **168,** *174, 263, 264, 265,* **282, 283**
Planinc *100*
Pogac **72**
Pogosiants *314, 316*
Polugaevski **169,** *151*
Pomogalov *311*
Portisch **52, 53,** *150,* **172,** *232*
Prokes *217, 301*
Psakhis *149*

Razumovski *96*
Razuvaev **26**
Reshevski **54,** *119*
Reti *77, 193, 207, 299*
Ribli *105*
Richter *93*
Rinck *229, 309*
Roch *123*
Rudakovski *76*
Rusakov **20**
Rubinstein **155**

Saavedra *192*
Saila *66*

Saint Brie **14**
Salov **289,** *107*
Salvioli *244*
Sarapu *112*
Sarytchev *312*
Sax *291,* **322**
Schach **343**
Schlechter **28,** *117, 247*
Schneider *109, 110*
Schurade *81*
Seirawan *190,* **291**
Sergueiev *96*
Sanadi *72*
Short *111*
Simaguine *80, 95*
Sisniega **51**
Smyslov *129,* **152,** *191, 237, 258, 259, 260,* **280, 281**
Sokolov **41, 42,** *152,* **292**
Solomon *184*
Suetin *130*
Spassky **38, 46, 47,** *133, 144, 145, 148,* **157, 160, 161, 168,** *174, 264, 265, 266,* **282, 283**
Spielmann **279**
Stahlberg *185*
Stamma *225*
Stein **38**
Steiner **276**
Steinitz *123, 124,* **141,** *162, 163, 238, 239, 240, 241, 242, 243,* **274, 275**
Stohl *167*
Stoica *115*
Suvskevicv *71*
Szabo *208*

Taimanov *156*
Tal **51, 52, 53,** *101, 109, 110, 130, 131, 134, 158, 159,* **169, 170,** *261, 262,* **281**
Tarjan *65*
Tarrasch **22,** *88, 245, 302*
Tartacover *185*
Tatai *103*
Thomas *137*

Timman *116*, **298, 320**
Titenko *211*
Toluch *142*
Torre *74, 116, 136*
Tringov *101*
Troitski *228, 313*

Ulybine **293, 294**
Unzicker **34, 35,** *112*
Uzman *113*

Vaganian **54,** *158, 159*
Van der Wiel **287**
Veich **30**
Verlinski **20**
Vidmar *73, 189*

Warren **29b**
Weenink *218*
Weiner *70*
Winaver *92*
Wohl *184*

Yates *303*
Yudasin *187*
Yusupov **39, 40, 58, 59,** *164,* **298**

Zakhodiakin *231*
Zelman **29b**
Zinar *315*
Zukertort **141,** *238*